# 电子产品质量控制与改进技术

主　编　许耀山
副主编　许为民　林晓鹏
参　编　陈继军　吴芳明　洪艺新

电子工业出版社
Publishing House of Electronics Industry
北京·BEIJING

## 内 容 简 介

本书按照教育部最新的职业教育改革要求，以为电子信息企业培养高技能型工程技术人员为主要目的，结合编者二十多年的企业工作和多年的教育教学经验编写而成。全书充分考虑了电子信息企业的研发岗位、工艺技术岗位、质量工作岗位和生产现场管理岗位的需求及当前高职学生的现状，采用了理实一体的项目式教学方式编写教材。本书应用 IPC-A-610E：2010 国际标准、GB/T2828.1-2012 国家标准和 ISO9001：2015 标准以及采用 MINITAB 软件进行教学提升学习效果和应用能力。

本书重点介绍电子质量控制与改进的基本概念、检验和 PDCA 循环质量工作程序，电子产品常见缺陷定义和 PCBA 的可接受标准，电子产品可制造性设计、评审和生产现场 6S 管理技术，统计抽样检验，QCC 活动开展及其 QC 新、旧七大工具的应用，SPC 的基本原理与控制图、过程能力分析及测量系统分析，六西格玛管理和 ISO9000 的基础知识等。其中六西格玛管理介绍六西格玛理念、组织构成、项目选择、改进流程方法 DMAIC 以及假设检验、方差分析、DOE、FMEA 和 QFD 工具的应用。

本书的许多数据源于生产实际，具有很强的实用性且方便自学，是电子信息类各专业较为理想的教材，可作为高等学校应用型本科、高职高专、成人高等教育和职业学校教材，同时也可作为电子信息企业工程技术人员参考用书或员工培训教材。

未经许可，不得以任何方式复制或抄袭本书之部分或全部内容。
版权所有，侵权必究。

图书在版编目（CIP）数据

电子产品质量控制与改进技术 / 许耀山主编. —北京：电子工业出版社，2017.1

ISBN 978-7-121-30625-9

Ⅰ. ①电… Ⅱ. ①许… Ⅲ. ①电子产品—产品质量—质量控制—高等学校—教材 Ⅳ. ①F407.636.3

中国版本图书馆 CIP 数据核字（2016）第 304235 号

责任编辑：郭乃明　　特约编辑：范　丽
印　　刷：北京七彩京通数码快印有限公司
装　　订：北京七彩京通数码快印有限公司
出版发行：电子工业出版社
　　　　　北京市海淀区万寿路 173 信箱　邮编　100036
开　　本：787×1 092　1/16　印张：18　字数：460.8 千字
版　　次：2017 年 1 月第 1 版
印　　次：2021 年 8 月第 6 次印刷
定　　价：40.00 元

凡所购买电子工业出版社图书有缺损问题，请向购买书店调换。若书店售缺，请与本社发行部联系，联系及邮购电话：(010) 88254888，88258888。
质量投诉请发邮件至 zlts@phei.com.cn，盗版侵权举报请发邮件至 dbqq@phei.com.cn。
本书咨询联系方式：(010) 88254561，34825072@qq.com。

# 编者的话

电子产品广泛应用于工业、农业、交通、冶金、电力等国民经济各个部门和行业，以及国防和人民日常生活，其质量水平的高低，反映一个国家的综合经济实力，质量问题是影响国民经济和社会发展的重要因素。电子产品的质量已成为消费者关注的焦点，是用户取向的重要因素。因此，电子信息企业对其产品的质量均高度重视，建立了健全的组织系统，设置了各个环节进行质量控制和提高质量水平。电子产品质量控制与改进属于过程控制与改进，涉及的岗位较多，从研发、工艺、品管到生产都有对应的质量控制与改进知识与技能。为了满足这一需求，我们与电子信息企业工程技术人员共同编写了本书。

本书按照电子信息企业的工作流程，从产品研发、部品采购、生产现场管理、过程质量控制活动和质量系统保证与提升等几方面来编写。教材强调质量意识教育和技术技能培训，重点介绍质量控制与改进的基本概念、检验和PDCA循环质量工作程序、PCBA缺陷识别和可接受条件，电子产品的可制造性设计方法与要求、生产现场6S管理的方法和推进程序，抽样检验的原理、GB/T2828.1抽样标准的应用、QCC活动如何开展、新旧7大QC工具的应用，SPC统计过程控制的基本原理、控制图、过程能力分析、测量系统分析，六西格玛的基本理念、组织构成、项目选择、改进流程方法（DMAIC）、部分常用工具（如假设检验、方差分析、DOE、FMEA和QFD）的应用和ISO9000基础知识等内容。本书内容新颖、操作简单、实用性强，将电子产品的意识教育和技能教育融为一体，注重培养读者的专业能力与解决实际问题的能力。

本书建议学时为54学时，使用多媒体实训室进行理实一体化教学。各学校可根据不同专业需要和实际教学情况对部分章节内容和学时进行适当的调整。其中，学习情境5的"任务3、过程能力分析"，"任务4、测量系统分析"。学习情境6的"任务2、六西格玛部分常用工具的应用"。这些工具很有应价值，但难度相对较大，可以根据不同的层次需求进行选择。

本书具有以下的特点：

**1. 创造性**：教材的编写源于企业的工作需求所要求的知识与技能，因此本教材改变了其他教材的编写思路，系统地把质量关键技术作为学习内容，具有独创性。

**2. 实用性**：本教材所有的技术都是企业常用的，对工作非常有实际意义。编者多年从事相关工作，真正理解质量控制与改进内涵。

**3. 阶梯性**：由浅至深，逐步提高。如6S、QCC、SPC、6σ均是逐步提升。强调基本的同时适当提升以满足不同层次人员的学习需求。

**4. 通俗性**：复杂的问题简单化。教材中的所有统计难题都通过MINITAB软件处理，降低了应用难度。

| 学习情景 | | 学习任务 | 建议学时 | |
|---|---|---|---|---|
| | | | 理论 | 实践 |
| 学习情境 1 | 任务 1 | 电子产品质量控制与改进基本概念及其相关知识 | 2 | 2 |
| | 任务 2 | PCBA 安装可接受条件和常见质量统计指标 | 1 | 1 |
| 学习情境 2 | 任务 1 | PCB 布局方案外形尺寸及定位的可制造性设计 | 2 | 2 |
| | 任务 2 | PCB 布局焊盘和印制导线可制造性设计 | 1 | 1 |
| | 任务 3 | 生产现场"6S"管理技术 | 1 | 1 |
| 学习情境 3 | 任务 1 | 抽样检验与抽样标准的应用 | 2 | 1 |
| | 任务 2 | MINITAB 在抽样检验中的应用 | 2 | 1 |
| 学习情境 4 | 任务 1 | QCC 活动的概念与实施步骤 | 1 | 1 |
| | 任务 2 | 基本 QC 工具及其应用 | 3 | 3 |
| | 任务 3 | QC 新七大工具应用 | 2 | 2 |
| 学习情境 5 | 任务 1 | SPC 基础知识。 | 1 | 1 |
| | 任务 2 | 计量值与计数值控制图的应用 | 2 | 2 |
| | 任务 3 | 过程能力分析 | 2 | 2 |
| | 任务 4 | 测量系统分析 | 2 | 2 |
| 学习情境 6 | 任务 1 | 六西格玛管理基本理念 | 1 | 1 |
| | 任务 2 | 六西格玛部分工具的应用 | 3 | 2 |
| | 任务 3 | ISO9000 基本知识 | 1 | 0 |

  本书由厦门海洋职业技术学院信息技术系高级工程师许耀山任主编。厦门斯贝特电子科技有限公司总经理许为民，厦门海洋职业技术学院信息技术系副教授林晓鹏任副主编。厦门海洋职业技术学院信息技术系讲师陈继军，厦门斯贝特电子科技有限公司工程技术人员吴芳明、洪艺新参与本书编写、审核。具体编写分工如下：学习情境 3、4、5、6 及学习情境 2 之任务 3 由许耀山编写；学习情境 1 由许为民、吴芳明、苏艺新编写；学习情景 2 之任务 1 和任务 2 由林晓鹏、陈继军编写。全书由许耀山负责统稿和定稿。本书在编写过程中还得到编者以前的同事——原厦门夏新电子有限公司许多工程技术人员的极大支持，也参考了大量企业技术和管理资料，同时也引用了互联网上的资料，不能一一列举，在此对相关作者表示最诚挚的谢意！

  由于时间仓促，编者水平有限，书中难免存在不足或错误之处，恳请广大读者批评指正。

编　者

# 目　录

**学习情境 1　电子产品质量控制与改进基本知识** ·················································· 1

　**任务 1　电子产品质量控制与改进——概念及其相关知识** ······························· 1
　　1.1　电子产品质量控制与改进概念及其相关知识 ················································· 2
　　　1.1.1　基本概念 ···································································································· 2
　　　1.1.2　质量管理常用术语 ······················································································ 3
　　　1.1.3　检验定义、目的和分类 ············································································· 5
　　　1.1.4　各类检验的特点、职责和要求 ·································································· 6
　　　1.1.5　PDCA 循环质量工作程序 ·········································································· 8
　　练习 ································································································································ 13
　**任务 2　PCBA 安装可接受条件和常见质量统计指标** ········································ 14
　　1.2　PCBA 安装可接受条件和常见质量统计指标 ················································· 14
　　　1.2.1　PCBA 常见缺陷定义 ·················································································· 14
　　　1.2.2　电子产品 PCBA 安装可接受条件 ····························································· 16
　　　1.2.3　质量管理中常用的统计指标 ······································································ 27
　　练习 ································································································································ 28

**学习情境 2　可制造性设计和现场 6S 管理** ······························································ 30

　**任务 1　PCB 布局方案外形尺寸及定位的可制造性设计** ··································· 30
　　2.1　PCB 布局方案外形尺寸及定位的可制造性设计 ············································ 31
　　　2.1.1　生产工艺流程 ····························································································· 31
　　　2.1.2　PCB 设计方案 ····························································································· 33
　　　2.1.3　PCB 的外形尺寸 ························································································· 34
　　　2.1.4　PCB 的定位孔尺寸和位置 ·········································································· 36
　　　2.1.5　定位标识的设计 ························································································· 39
　　　2.1.6　可制造性评审的内容与表单格式 ······························································ 42
　　练习 ································································································································ 44
　**任务 2　PCB 布局焊盘和印制导线可制造性设计** ··············································· 45
　　2.2　PCB 布局焊盘和印制导线可制造性设计 ························································ 46
　　　2.2.1　元器件的布局规则 ······················································································ 46
　　　2.2.2　部品配置禁止区域 ······················································································ 48
　　　2.2.3　其他标识设计 ····························································································· 51
　　　2.2.4　焊盘设计 ···································································································· 52
　　　2.2.5　PCB 电路板设计时常见的问题分析 ·························································· 55

练习 ································································································ 58
　　任务 3　生产现场 6S 管理技术 ········································································ 58
　　2.3　生产现场 6S 管理技术 ············································································ 59
　　　　2.3.1　什么是 6S ················································································· 59
　　　　2.3.2　6S 管理的基本内容与实施方法 ···························································· 59
　　　　2.3.3　6S 管理活动的推进程序 ··································································· 65
　　练习 ································································································ 67

## 学习情境 3　统计抽样检验 ················································································ 69

　　任务 1　抽样检验与抽样标准的应用 ·································································· 69
　　3.1　抽样检验基础知识 ················································································ 69
　　　　3.1.1　抽样检验的定义 ··········································································· 69
　　　　3.1.2　批质量的表示方法 ········································································· 70
　　　　3.1.3　抽样检验的分类 ··········································································· 72
　　　　3.1.4　抽样检验与免检、全数检验 ······························································ 75
　　　　3.1.5　我国已颁布的常用抽样检验标准 ························································· 76
　　　　3.1.6　GB/T 2828.1-2012 检验水平 ····························································· 77
　　　　3.1.7　GB2828.1-2012 的架构 ·································································· 77
　　练习 ································································································ 83
　　任务 2　MINITAB 在抽样检验中的应用 ····························································· 84
　　3.2　MINITAB 在抽样检验中的应用 ··································································· 84
　　　　3.2.1　抽样方案的接收概率 ······································································ 84
　　　　3.2.2　OC 曲线 ···················································································· 85
　　　　3.2.3　平均检验总数与平均检出质量 ··························································· 90
　　　　3.2.4　MINITAB 简介 ············································································· 91
　　　　3.2.5　MINITAB 在抽样检验中的应用 ·························································· 94
　　练习 ······························································································· 100

## 学习情境 4　QCC 活动的开展及其工具应用 ····························································· 102

　　任务 1　QCC 活动的概念与实施步骤 ································································ 102
　　4.1　QCC 活动的概念与实施步骤 ···································································· 102
　　　　4.1.1　QCC 活动的概念 ········································································· 102
　　　　4.1.2　QCC 活动管理程序 ······································································ 104
　　　　4.1.3　QCC 活动小组的产生 ···································································· 106
　　　　4.1.4　QCC 活动实施步骤 ······································································ 107
　　　　4.1.5　QCC 发觉问题的方法——头脑风暴法 ················································· 109
　　练习 ······························································································· 112
　　任务 2　基本 QC 工具及其应用 ····································································· 113
　　4.2　基本 QC 工具及其应用 ·········································································· 113
　　　　4.2.1　基本 QC 工具的构成和用途 ···························································· 113

|   |   |   |
|---|---|---|
| | 4.2.2 查检表 | 115 |
| | 4.2.3 层别法 | 117 |
| | 4.2.4 柏拉图 | 119 |
| | 4.2.5 因果图 | 124 |
| | 4.2.6 直方图 | 127 |
| | 4.2.7 散布图 | 132 |
| | 4.2.8 控制图 | 136 |
| 练习 | | 142 |
| 任务3 QC 新七大工具 | | 144 |
| 4.3 QC 新七大工具 | | 144 |
| | 4.3.1 QC 新七种工具的产生 | 144 |
| | 4.3.2 关联图法 | 145 |
| | 4.3.3 亲和图（KJ）法 | 147 |
| | 4.3.4 系统图法 | 149 |
| | 4.3.5 矩阵图法 | 153 |
| | 4.3.6 矩阵数据分析法 | 155 |
| | 4.3.7 PDPC 法 | 156 |
| | 4.3.8 网络图法 | 157 |
| 练习 | | 162 |

## 学习情境5 SPC 基本原理及其工具的应用 163

|   |   |   |
|---|---|---|
| 任务1 SPC 基础知识 | | 163 |
| 5.1 SPC 基础知识 | | 163 |
| | 5.1.1 SPC 概述 | 163 |
| | 5.1.2 控制图及其应用 | 165 |
| 练习 | | 175 |
| 任务2 计量值与计数值控制图的应用 | | 176 |
| 5.2 计量值与计数值控制图的应用 | | 177 |
| | 5.2.1 计量值控制图 | 177 |
| | 5.2.2 计数值控制图 | 181 |
| 练习 | | 188 |
| 任务3 过程能力分析 | | 189 |
| | 5.3.1 过程能力概述 | 190 |
| | 5.3.2 过程能力指数 | 191 |
| | 5.3.3 计量型过程能力 | 191 |
| | 5.3.4 计数型过程能力 | 198 |
| | 5.3.5 西格玛水平（Z 值） | 199 |
| 练习 | | 202 |
| 任务4 测量系统分析 | | 203 |
| | 5.4.1 什么是测量系统分析 | 204 |

##### 5.4.2 测量系统分析的指标 ··· 205
##### 5.4.3 Gage R&R P/T ··· 207
##### 5.4.4 如何安排测量系统实验 ··· 208
##### 5.4.5 如何使用 MINITAB 进行测量系统分析 ··· 210
##### 5.4.6 计数型测量系统分析 ··· 215
#### 练习 ··· 219

## 学习情境 6 六西格玛管理和 ISO9000 基本知识 ··· 221
### 任务 1 六西格玛管理基本理念 ··· 221
#### 6.1 六西格玛管理基本理念 ··· 222
##### 6.1.1 六西格玛基本概念 ··· 222
##### 6.1.2 六西格玛组织的构成 ··· 225
##### 6.1.3 六西格玛项目的选择 ··· 226
##### 6.1.4 六西格玛改进流程方法——DMAIC ··· 229
#### 练习 ··· 232
### 任务 2 六西格玛部分工具的应用 ··· 233
#### 6.2 六西格玛部分工具的应用 ··· 234
##### 6.2.1 假设检验 ··· 234
##### 6.2.2 实验设计（DOE） ··· 241
##### 6.2.3 潜在失效模式及后果分析（FMEA） ··· 254
##### 6.2.4 质量功能展开（QFD） ··· 257
#### 练习 ··· 263
### 任务 3 ISO9000 基本知识 ··· 264
#### 6.3 ISO9000 基本知识 ··· 264
##### 6.3.1 ISO9000 基本概念 ··· 264
##### 6.3.2 ISO9001:2015 七项质量管理原则 ··· 265
##### 6.3.3 ISO9001:2015 质量管理体系结构 ··· 269
##### 6.3.4 认证和质量认证 ··· 272
#### 练习 ··· 276

## 参考文献 ··· 277

# 学习情境 1　电子产品质量控制与改进基本知识

## 能力目标

1. 具备依据产品的特征设计基本质量统计报表的初步能力。
2. 具备依据 PDCA 循环原理制定质量计划的能力。
3. 具备对电子产品各种质量缺陷的识别能力。

## 知识目标

1. 理解电子产品质量控制与改进的基本概念、质量管理常用术语。
2. 掌握检验的定义、分类和各类检验职责。
3. 掌握 PDCA 循环工作程序和工作方法。
4. 掌握缺陷与不良品分类、质量指标的计算和导致不合格原因的分析方法。

## 任务 1　电子产品质量控制与改进——概念及其相关知识

### 任务描述

电子产品的质量控制与改进涉及多个部门，由此，要求相关部门的每一个员工都必须进行质量意识教育及系统或针对性的质量控制技术技能训练。本任务首先学习电子产品质量控制与改进的相关概念、质量管理的常用术语、检验的基本概念及其组织相应的职责、开展质量活动的工作程序 PDCA 循环。其次以某电子科技公司生产电子传感器为例进行质量控制理论实践。该产品的生产工艺流程如图 1-1 所示。其中，在物料检验、AOI 检查、性能检测等工序设置了质量控制点。现要求对各主要质量控制点设计质量记录表和质量活动计划表。

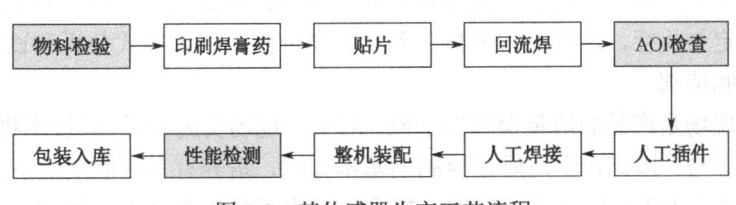

图 1-1　某传感器生产工艺流程

## 知识准备

## 1.1 电子产品质量控制与改进概念及其相关知识

### 1.1.1 基本概念

**1. 电子产品质量控制与改进的含义**

电子产品质量问题不仅关系到广大消费者的权益，而且关系到企业的生存与发展，是国家竞争实力的一种体现。质量控制（Quality Control）是指"质量管理中致力于达到质量要求的部分"，是通过日常的检验、试验和配备必要的资源，使产品质量维持在一定的水平。质量控制贯穿于产品形成的全过程，对产品形成的所有环节和阶段中有关质量的作业技术和活动进行控制。其目标是确保产品质量能够满足用户的要求。而质量改进是消除系统性的问题，对现有的质量水平在控制的基础上加以提高，使质量达到一个新水平、新高度。质量改进是通过不断采取纠正和预防措施来增强企业的质量管理水平，使产品的质量不断提高。

质量控制与质量改进是互相联系的。质量控制的重点是如何防止差错或问题的发生，充分发挥现有的能力；而改进的重点是提高质量保证能力。首先要搞好质量控制，充分发挥现有控制系统能力，使全过程处于受控状态。然后在控制的基础上进行质量改进，使产品从设计、制造、服务到最终满足顾客要求达到一个新水平。

**2. 电子产品质量控制与改进的主要内容**

电子产品质量控制与改进涉及的电子信息企业内部组织主要包括产品的研发、元器件的采购、工程技术、生产制造、品质管理和产品售后服务部门。按照电子信息产品的流程，各相关部门的质量控制与改进所需的技术如下。

（1）产品研发部

在保证产品的功能要求及技术指标下，进行可制造性的设计。可制造性设计是以提高产品自动化水平、安装质量为目标的一种规范要求的设计技术。

（2）采购部

电子产品质量与元器件密切相关，因此，必须对产品的原材料及辅助材料进行质量控制。原材料（电子元器件）的种类多，数量大，一般可分为 A 类、B 类、C 类。对材料的检验可依据不同的要求采取不同的方法。在电子信息企业广泛采用统计抽样技术。

（3）工程技术部

工程技术部主要负责产品的工艺过程控制，包括：可制造性评审、产品安装可接受性判定标准的制定与执行、过程能力分析、测量系统分析、失效模式分析和试验设计等。

（4）生产制造部

良好生产现场是产品的质量保障的基础。对生产现场实施 6S 管理技术极为重要。质量控制需要全员参与。因此，学习质量控制的基本知识，培养有良好的质量意识，开展 QCC 活动，应用 QC 七大工具解决现场问题，提升质量水平是生产制造部的首要工作。

(5) 品管部

品管部是开展质量管理活动的策划、组织和执行者。主要包括：IQC、PQC、FQC 和 OQC 岗位作业指导书的编写，全公司品质活动的组织与策划，如 QCC 活动、SPC、六格玛管理技术培训、ISO9000 认证、试验及各种质量数据统计分析等。

(6) 售后服务部

对客户反馈的产品质量问题进行统计分析，为相关部门改进产品质量提供数据支持。涉及 QC 工具的应用、SPC 技术。

由此可见，电子产品质量控制与改进技术是一种综合性强的实用技术。其主要内容包含：质量意识教育，可制造性设计和工艺评审，生产现场 6S 管理技术，统计抽样技术，QCC 工具，SPC 工具，六西格玛管理和 ISO9000 体系认证等。

**3. 电子产品质量控制与改进所涉及的工作岗位和主要要求**

研发部门的 PCB LAYOUT 工程技术人员，要求针对性地学习可制造性设计部分；元器件采购人员应针对性学习检验的基本知识及供应商管理知识；工程（工艺）技术部的 IE、TE、PE 人员和质量管理部门的 IQC、PQC、FQC、OQC 人员必须系统地学习全部的内容掌握技术技能；生产制造部要有针对性学习缺陷的判定标准、生产现场 6S 管理、QCC 活动与工具、SPC 工具；售后服务部门人员针对性学习统计工具及 ISO9000 相关知识。

## 1.1.2 质量管理常用术语

### 1. 质量的定义

质量是质量管理（Quality Management）的对象，正确、全面地理解质量的概念，对开展质量管理工作十分重要。不同的历史时期，人们对质量这一概念的理解在不断变化，并向更深化、更透彻和更全面的方向发展。在相当长的一段时间里，人们普遍把质量理解为"达成产品的使用所必须具备的性质"。使用产品的是消费者，我们希望生产出消费者最满意、最合适的东西，而不是最高级、最优良的东西。因此，20 世纪 60 年代，美国约瑟夫·M·朱兰博士——举世公认的现代质量管理的领军人物——给出了质量的一个基本定义：质量是一种合用性，即在产品使用期间能满足使用者的要求。目前这个定义在世界上仍然被普遍接受。

例如，现有甲、乙、丙三种手机。甲种是非常高级、性能也非常优良的手机，价格 5000 元以上；乙种是性能还算不错，可以方便使用的智能手机，价格是 1000~2000 元；丙种是性能一般、功能单一的手机，价格只有 300 元。如果这三种手机要普通人挑选的话，大部分一定都愿选购乙种手机。

所以我们评价质量的好坏，绝不能把产品的性能和产品的价格分开考虑，只有在估计产品实际用途和其价格后才能确定。

当前质量的内涵比以往更广。根据 ISO9000：2015，质量是客体的一组固有特性满足要求的程度。包括以下几个方面的含义。

(1) 质量不仅针对产品，即，过程的结果（如硬件、软件、流程性材料和服务），也针对过程和体系，或者它们的组合。

(2) 质量定义中的"要求"是指"明示的、通常隐含的或必须履行的需求或期望"。其中,"明示的需求或期望"是指在标准、规范、图样、技术要求和其他文件已经给出明确规定的要求;"隐含的需求"是指用户和社会所期望的,或者人们公认的、不言而喻的、不再进行明确说明的要求。

(3) 无论是产品、过程或体系,都是为了满足顾客或其他相关方一定的"要求"而生产的。

## 2. 质量水准

一般质量可分为生产者想要达到的所谓的目标质量(设计质量)及在实际生产时所能达到实际质量(制造质量)。在实施质量控制时,主要的问题是如何使实际质量与目标质量一致,如果未达到目标质量应立刻采取某种适当的措施使制造的质量与设计质量一致。所以要实施质量控制与管理之前必须先决定质量的目标放在哪个水准。质量水准必须考虑下列事项来决定:一是企业的经营方针;二是市场需求;三是公司经营能力。

例如,现代企业常用 $\sigma$ 来衡量质量水准,大多数中小企业处于 $3\sigma$,较好的企业处于 $4\sigma \sim 5\sigma$,优秀企业处于 $5\sigma \sim 6\sigma$。

## 3. 质量特性

把顾客所期待的质量,使用能测定的具体特性值来表示,这种特性就是质量特性。质量特性最好能用定量的值来把握,有计数值和计量值两种。能以连续量来测定的质量称为计量值;以个数来计算质量特性称为计数值。

例如,家庭影院中功率放大器:最大不失真功率 $\geqslant 100W$,信噪比 $\geqslant 98dB$,谐波失真 $\leqslant 0.01\%$。这些质量特性属于计量值;而对电路板要求缺陷率 $\leqslant 300DPPM$,这个质量特性就属于计数值。

## 4. 质量管理

现代的工业生产都希望生产价廉物美又有用途并为顾客所喜欢购买的产品。为实现这种工业生产目的而产生的一切努力和活动就是质量管理(Quality Management)。

ISO9000 的定义:质量管理是"指导和控制某组织与质量有关的彼此协调的活动"。与质量有关的活动,通常包括质量方针和质量目标的建立、质量策划、质量控制、质量保证和质量改进。

质量管理是企业围绕使产品质量满足不断更新的质量要求而开展的策划、组织、计划、实施、检查和监督审核等所有管理活动的总和,是企业管理的一个中心环节,其职能是负责制定并实施质量方针、目标和建立健全质量体系。

例如,企业开展的 QC 小组活动,进行 SPC 统计过程控制和 $6\sigma$ 管理以及进行 ISO9001、ISO14000 等认证,均是质量管理的一部分。

## 5. 质量方针

质量方针(Quality Policy)是"由组织的最高管理者正式颁布的该组织总的质量宗旨和方向"。质量方针是企业总方针的一个组成部分,由最高管理者批准。它是企业的质量政策,是企业全体职工必须遵守的准则和行动纲领,是企业长期或较长期内质量活动的指导原则,它反映了企业或单位领导的质量意识和决策。

例如，某电子有限公司的质量方针：质量为本，公司之魂。认真按标准作业为客户提供满意的产品和服务。某职业学院的实训中心的质量方针：质量第一，突出技能，工学一体，争创一流。

### 6. 质量目标

质量目标（Quality Objective）是"与质量有关的、所追求或作为目的的事物"。质量方针是总的质量宗旨，总的指导思想，而质量目标是比较具体的、定量的要求。因此，质量目标应是可测的，并应与质量方针，包括持续改进的承诺相一致。质量目标应覆盖那些为满足产品要求而确定的各种需求。因此，质量目标一般是按年度提出的在产品质量方面要达到的具体目标，如产品的质量特性、功能要达到什么样的先进水平，产品一等品率或优质率要提高的百分比，产品的废品率比上一年度降低的比率，销售后的返修率减少的百分比等。质量目标主要是依据历史水平并要根据经营管理的需要而制定的。

### 7. 质量策划

质量策划（Quality Planning）是"质量管理中致力于设定质量目标并规定必要的作业过程和相关资源以实现其质量目标的部分"。最高管理者应对实现质量方针、目标和要求所需的各项活动和资源进行质量策划。策划的输出应文件化。

必须注意质量策划与质量计划的差别，质量策划强调的是一系列活动，而质量计划是一种书面的文件，编制质量计划是质量策划的一部分。

### 8. 质量保证

质量保证（Quality Assurance）是"质量管理中致力于对达到质量要求提供信任的部分"。质量保证的基本思想强调对用户负责，其思路是：为了使用户或其他相关方能够确信产品过程和体系的质量，能够满足规定的质量要求，组织必须提供充分的证据，以证明其有足够的能力满足相应的质量要求。其中，所提供的证据应包括质量测定证据和管理证据。为了提供这种"证据"，组织必须开展有计划的、有系统的活动。质量保证分为内部质量保证和外部质量保证。内部质量保证是为了使组织的领导确信本组织提供的产品或服务等能够满足质量要求所进行的活动。外部质量保证是为了使用户确信本组织提供的产品或服务等能够满足质量要求所进行的活动。

### 9. 朱兰三部曲

从产品质量形成的过程来看，质量管理要贯穿于由设计、制造、销售、服务等环节构成的产品全生命周期。从管理的角度来看，要搞好质量管理，必须抓住计划、控制和改进这三个主要环节，即质量计划、质量控制和质量改进。这一管理模式是由美国约瑟夫•M•朱兰于1987年首先提出，故称朱兰三部曲。

## 1.1.3 检验定义、目的和分类

### 1. 检验的定义

检验是为确定产品或服务的各种特征是否合格而进行的测量、检查、试验或度量产品或服务的一种或多种特性并且与规定要求进行比较的活动。

**2. 检验的目的**

1）鉴定被检验对象是否符合技术要求，保证检验验收的产品达到规定的质量水平。

2）提供有关质量信息，以便及时采取措施改进和提高产品质量。检验是企业实施质量管理的基础，通过检验工作，可以了解企业的产品质量现状，以采取及时纠正措施来满足客户的需求。

**3. 检验的分类**

根据企业的生产流程，一般将检验分为以下几种。

1）来料检验（IQC，Incoming Quality Control）。
2）过程检验（PQC，Process Quality Control）。
3）最终检验（FQC，Final Quality Control）。
4）出货检验（OQC，Outgoing Quality Control）。

### 1.1.4　各类检验的特点、职责和要求

**1. IQC**

（1）IQC 的特点

1）IQC 是 Incoming Quality Control 的缩写，意思是来料检验，主要指：从供应商处采购的材料、半成品或成品零部件在加工和装配之前进行检查，以确定其完全符合生产要求。

2）IQC 对所购进的物料，可分为全检、抽检、免检等几种形式。而采用何种方式主要取决于以下因素。

① 物料对成品质量的重要程度。
② 供料厂商的质量保证程度。
③ 物料的数量、单价、体积、检验费用。
④ 实施 IQC 检验的可用时间。
⑤ 客户的特殊要求等。

一般情况下全检适用于数量少、单价高的重要来料，如 A 类材料。抽检适用于数量多或使用频率高的物料，也是大多数来料的检验方式。数量多、单价低或经认定列为免检厂商的物料可免检。

（2）IQC 的职责

1）来料检验。对供应商所送物料，按照验收检验（技术）标准或作业指导书进行检验。有时仅仅是对供应商提供的附属检验材料的验证。

2）处理物料质量问题。IQC 还要对检验过程中发现的质量问题以及生产和市场反馈的重大物料质量问题进行跟踪处理，并在 IQC 内部建立预防措施等。

3）全过程物料类质量问题统计。统计来料接收、检验过程中的质量数据，以周报、月报形式反馈给相关部门，作为供应商的来料质量控制和管理的依据。

IQC 一般的工作流程：核对来料验收单 → 按样品或承认书检验电性和外观 → 试验 → 填写 IQC 报表 → 贴检验结果标示卡。

（3）要求

1）如果进货符合检验标准，则贴好标示后转入货仓或进入正常生产程序。

2）如果 IQC 发现来料不符合检验标准，则应对货物进行隔离，并及时通知供应商处理。

3）如果时间紧迫，来不及对进料判定就必须下线生产时，则必须明确标识并具有可追溯性；万一发现来料不合格时，应隔离用此批物料的产品，并采取措施加以补救。

4）IQC 检验的程度与选择供应商的程度成反比，即：供应商的评估较松则 IQC 的检验就要严一些；供应商的评估严格，则 IQC 的检验就可放松一些。

2．PQC

（1）PQC 的特点

PQC（Process Quality Control）过程质量控制（制程质量控制），简称过程控制（制程控制）。所谓制程控制是指：①对每批次投入或更换产品时进行首件产品确认，这种确认具有预防功能特点。②对在线产品进行检验，并按首件样品要求进行控制。③对即将生产的产品的原材料进行确认，确保投入生产的物料的正确性。④PQC 还应做到善于发现问题并在自己力所能及的情况下解决问题或跟进问题。

（2）PQC 职责

1）作业条件检查。PQC 每天必须检查车间温度和湿度仪显示的数值，并进行记录。

2）首件检查。首件时间：开班时或换线后首样，要求一小时内完成。

3）巡检和抽检。① PQC 按照巡检表内容和要求对过程工艺进行逐项检查；② PQC 每小时需要核对生产线所接的物料是否正确。③PQC 定期对生产现场的半成品和成品进行抽样检验。

4）报表检查。PQC 每小时检查 LQC（Line Quality Control）和 FQC 的记录表，如果发现重大异常的情况，立即开出《异常反馈联络单》。

3．FQC

（1）FQC 的特点

FQC（Finish or Final Quality Control）是成品质量检验的简称。检验项目包括：成品功能性能检验；成品外观检验——外观是否破损、开裂、划伤等；成品标识检验——如商标批号是否正确；成品包装检验——包装是否牢固，是否符合运输要求等。批量合格则放行，不合格应及时返工或返修，直至检验合格。

（2）FQC 的职责

1）成品检验：

① 根据出货计划与生产计划制定成品检验计划。

② 严格按照成品检验规程及其他相关规定进行成品抽样和检验工作。

③ 对于经过检验成品，出具《FQC 检验报告》并写好相关的品质记录，放行经检验合格的产品，退回经检验不合格的产品。

2）质量统计分析：

① 及时填写质量记录，做好质量报表的统计分析工作，并及时上报给主管。

② 对成品检验档案资料进行分类、整理、统计、登记造册。

3）检验仪器设备管理：

① 严格按检验仪器的操作规程使用检验器具。

② 负责检验器具的日常保管、保养工作，按计划及时把检验器具送检，妥善保管自己使用的印章。

（3）要求

最终检验和试验是验证产品是否符合顾客要求的最终保障。当产品复杂时，检验活动会被策划成与生产同步进行。这样有助于最终检验的快速完成。因此，当把各种零件组装成半成品时，有必要把半成品作为最终产品来对待。因为有时候它们在装配后往往不能再进行单独的检验。

1）FQC 一般也称为线上最终检验，其检验标准至少应包括检验项目、规格、检验方法等。FQC 的编制：有的企业编在生产部门，有的企业编在质量部门；FQC 的检验类型又可分为全检、抽检或巡检等。

2）OQC 出货检验，一般在出厂前的最近的一段时间进行。因为对电子产品而言，环境中的温度和湿度往往会对成品的质量造成影响，所以出货检验时间应当有所选择。

3）OQC 的检验有时与 FQC 相同，有时会更加全面，有时则只检查某些项目，比如：①外观检验；②性能检验；③寿命试验；④特定的检验项目；⑤包装检验等。

### 1.1.5 PDCA 循环质量工作程序

要搞好质量管理，除了要正确的指导思想以外，还必须有一定的工作程序和管理方法。PDCA 循环就是质量管理活动所应遵守的科学工作程序，是全面质量管理的基本方法。

PDCA 循环又叫戴明环，是美国质量管理专家休哈特博士首先提出的，由戴明采纳、宣传，获得普及，也被称为"戴明环"。

PDCA 是英语单词 Plan（计划）、Do（执行）、Check（检查）和 Action（调整）的第一个字母，PDCA 循环就是按照这样的顺序进行质量管理，并且循环不止地进行下去的科学程序。

PDCA 循环的工作程序概括起来有 4 个阶段。这 4 个阶段包含 8 个步骤，详见表 1-1。

表 1-1 PDCA 循环基本步骤

| 阶 段 | 步 骤 | PDCA 过程示意图 |
| --- | --- | --- |
| 计划阶段（P） | 1. 分析现状找出问题<br>2. 分析产生问题的原因<br>3. 找出主要原因<br>4. 制定措施计划 | ④ A 调整　① P 计划<br>③ C 检查　② D 执行 |
| 实施阶段（D） | 5. 执行措施，执行计划 | |
| 检查阶段（C） | 6. 检查效果，发现问题 | |
| 调整阶段（A） | 7. 把工作结果、工作方法标准化<br>8. 遗留问题转到下个循环 | |

1）计划制定阶段——P 阶段：这一阶段的总体任务是确定质量目标，制定质量计划，拟定实施措施。具体分为 4 个步骤：第一，对质量现状进行分析，找出存在的质量问题。根据顾客、社会以及企业的要求和期望，衡量企业现在所提供的产品和服务的质量，找出差距或问题所在。第二，分析造成产品质量问题的各种原因和影响因素。根据质量问题及

某些迹象，进行细致的分析，找出导致质量问题产生的各种因素。第三，从各种原因中找出影响质量的主要原因。影响质量的因素往往很多，但起主要作用的则为数不多，找出这些因素并加以控制或消除，可产生显著的效果。第四，针对影响质量问题的主要原因制定对策，拟订相应的管理技术措施。

2) 计划执行阶段——D 阶段：按照预定的质量计划、目标和措施去执行。

3) 执行结果检查阶段——C 阶段：根据计划的要求，对实际执行情况进行检查，寻找和发现计划执行过程中的问题。

4) 调整阶段——A 阶段：对于存在的问题进行深入剖析，确定其原因并采取措施。此外，在该阶段还要不断总结经验教训，以巩固取得的成绩，防止问题再次发生。这一阶段分为两个具体的步骤：第一，根据检查结果，总结成功的经验和失败的教训，并采取措施将其规范化，纳入有关的标准和制度，巩固已取得的成绩，同时防止不良结果的再发生。第二，提出该循环尚未解决的问题，并将其转到下一循环中去，使其得到有效解决。

PDCA 循环有以下几个特点：一是大环套小环，小环保大环，推动大循环，互相衔接，互相促进；二是螺旋式上升，不断循环、不断上升。通过 PDCA 循环，企业可以使各环节、各方面的工作相互结合、相互促进，形成一个有机的整体。这样一来产品质量得以持续改进，不断提高，见图 1-2。三是 4 个阶段一个也不能少。PDCA 循环的 4 个阶段，反映了从事一项工作的逻辑思路，是必须遵循的。它不仅适用于整个质量管理过程，也适用于质量管理任何一个方面的活动。

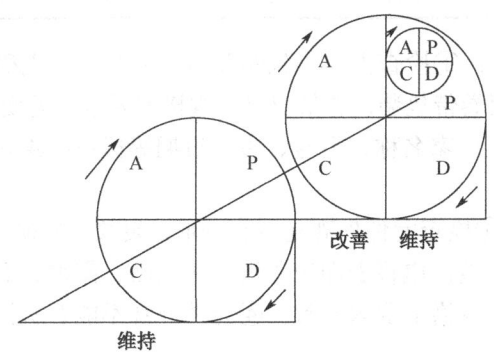

图 1-2　PDCA 大环套小环逐级上升

## 任务实施

### 1. 实验准备

1) 联网计算机，Windows 操作系统。

2) IE6 及以上浏览器。

3) Office：Microsoft Excel 2003，Microsoft Word 2003。

### 2. 实验过程

以任务描述为例设计 IQC 来料检验表、AOI 过程控制检查表和光幕传感器产品性能检验表。表格类型属于记录型查检表，制作要求参见基本 QCC 工具之查检表。

（1）电阻、电容和电感来料检验表的设计

表 1-2 为电阻、电容和电感来料检验表。

表 1-2 电阻、电容和电感来料检验表

| 物料类别 | | 电阻、电容、电感 | | 物料名称 | | 供应商 | |
|---|---|---|---|---|---|---|---|
| 送检单号 | | | | 采购单号 | | 订单数量 | |
| 检验依据 | | □图纸　　　图纸编号_____<br>□质量标准　文件编号_____<br>□封样　　　封样编号_____<br>□其他　　　文件编号_____ | | | | 抽样方案 | |
| 检验数量 | | | | 合格数量 | | 检验日期 | |
| 序号 | 检验项目 | | 使用器具 | 检验内容及要求 | | 检测数据 | 判定结果 |
| 1 | 包装/标识 | | 目检 | | | | □OK<br>□NG |
| 2 | 外观 | | 目检 | | | | □OK<br>□NG |
| 3 | 阻值/容值/感值 | | LCR 测试仪 | | | | □OK<br>□NG |
| IQC 检验结果 | | □合格　　　□不合格　　　　　检验员： | | | | | |
| 最终结果 | | □合格　□不合格　□让步放行　□挑选使用　□退货 | | | | | |

1）外包装/标识要求：①检查大、小包装及料盘外观，应无破损、变形、淋湿、散乱等现象；②物料必须使用卷带包装，卷带应符合规格书要求，无变形、破损、脱胶等现象；③包装箱上应有物料码、厂家名称、型号、生产日期等标识；④包装内实物应与标识内容一致。

2）元件外观要求：①检查元件外观是否有变形、裂纹、缺损、气泡等不良现象；②检查元件端电极镀层是否完整，电极表面应平滑，无凹凸、露铜、氧化、脏污等不良现象；③元件上标识的规格应与规格书要求一致；④元件外观不能有脏污；⑤元器件上的标识应该清晰可辨。

3）阻值/容值/感值测试：①按部品规格书要求调整测试仪测试模式、测试频率、电压，测试被测试样本值应符合规格书要求；②应分散多盘取样。

依据上述的要求完善表 1-2，并提交电子文档报告。

（2）AOI 过程控制检查表的设计

参照表 1-3 设计 AOI 过程控制检查表，并依据相关数据和公式计算 DPPM 值。

（3）接近传感器产品性能检验表的设计

1）参照表 1-4 完成传感器产品性能检验表的设计。

2）根据检测标准及测量对象为标准距离 5.00mm 接近传感器的测量结果，对各检测项目的结果进行判定。

3）提交电子文档报告。

（4）利用 PDCA 循环来制定"提升接近传感器焊接质量"的活动计划

参照表 1-5，利用 PDCA 循环设计活动计划表。

表 1-3 AOI 过程控制检查表

| 产品型号 | | ***D3Y2 | | 检查人（PQC） | | | | | 时间 | | |
|---|---|---|---|---|---|---|---|---|---|---|---|
| 板号 | | 0136 | 0003 | 0083 | 0062 | 0021 | 0041 | 0059 | 0005 | 0140 | 0001 | 0025 |
| 总点数 | | 1680 | 38000 | 11800 | 33300 | 22400 | 47520 | 15873 | 33600 | 1392 | 12544 | 30240 |
| 不良项目 | 少锡 | 10 | 10 | 0 | 3 | 0 | 1 | 0 | 23 | 0 | 5 | 1 |
| | 偏移 | 3 | 0 | 0 | 0 | 2 | 0 | 0 | 4 | 0 | 0 | 4 |
| | 起翘 | 0 | 1 | 0 | 0 | 0 | 0 | 0 | 0 | 0 | 0 | 0 |
| | 立碑 | 0 | 0 | 1 | 0 | 0 | 0 | 0 | 0 | 1 | 0 | 0 |
| | 短路 | 0 | 0 | 0 | 0 | 0 | 0 | 0 | 0 | 1 | 0 | 0 |
| | 错件 | 0 | 0 | 0 | 0 | 0 | 0 | 0 | 0 | 0 | 0 | 0 |
| | 少件 | 14 | 0 | 0 | 0 | 1 | 1 | 1 | 1 | 0 | 5 | 3 |
| | 多件 | 1 | 0 | 0 | 0 | 0 | 0 | 0 | 0 | 0 | 0 | 0 |
| | 其他 | 0 | 0 | 0 | 0 | 0 | 0 | 0 | 0 | 0 | 0 | 0 |
| 不良点数 | | 28 | 11 | 1 | 3 | 3 | 2 | 1 | 28 | 3 | 10 | 8 |
| DPPM | | | | | | | | | | | | |
| 备注 | | DPPM=不良点数÷总点数×$10^6$ | | | | | | | | | | |

表 1-4 接近传感器产品一般性能检验表（部分项目）

| 产品名称 | | 电感接近传感器（5mm） | 会签 | | | | | |
|---|---|---|---|---|---|---|---|---|
| 产品型号 | | | 测试者 | | | 日期 | | |
| 序号 | 检测项目 | 检测标准 | 测试设备 | 测量结果 | | | | FQC判定 |
| 1 | 动作距离 | 电感式、电容式、超声波式误差为距离的±10%，光电式为±20% | 自制调式台 | 4.90 | 4.90 | 5.10 | 5.08 | 5.00 | □OK □NG |
| 2 | 回差 | 标准距离×（3%~8%） | 自制调式台 | 0.20 | 0.25 | 0.15 | 0.20 | 0.25 | □OK □NG |
| 3 | 重复精度 | 常温下：8 小时内重复测试误差≤5%（动作距离） | 自制调式台 | 4.93 | 4.90 | 5.00 | 5.10 | 5.00 | □OK □NG |
| 4 | 残留电压 | 负载工作电流 200mA：DC3 芯≤2.5V、DC2 芯≤6V、AC3 芯和 2 芯≤10V | 自制调式台 | <2.5 | <2.5 | <2.5 | <2.5 | <2.5 | □OK □NG |
| 5 | 绝缘电阻 | 500MΩ以上（DC500V）充电部整体与外壳间 | 绝缘电阻测试仪 | >500 | >500 | >500 | >500 | >500 | □OK □NG |
| 6 | 温升 | 接线端子和外壳上任何一点温升<50K、接线端子的导体的长度 2~2.1 米 | 表面温度测试仪 | <50 | <50 | <50 | <50 | <50 | □OK □NG |
| 7 | 启动前的延时时间 | ≤300ms 无错误信号 | 自制调式台 | <300 | <300 | <300 | <300 | <300 | □OK □NG |
| 8 | 耐压 | AC500V，电源频率 50/60Hz，时间 60s，充电部整体与外壳间 | 耐压测试仪 | >500 | >500 | >500 | >500 | >500 | □OK □NG |

续表

| 产品名称 | 电感接近传感器（5mm） | | 会签 | | | | | |
|---|---|---|---|---|---|---|---|---|
| 产品型号 | | | 测试者 | | | 日期 | | |
| 序号 | 检测项目 | 检测标准 | 测试设备 | 测量结果 | | | | FQC判定 |
| 9 | 防护等级 | □IP67{尘密、短时间浸水（持续时间30分钟、深度≥15cm）} | 自制夹具 | OK | OK | OK | OK | OK | □OK<br>□NG |
| 10 | 静电放电 | 金属外壳用接触放电≥4kV、非金属外壳用空气放电≥8kV | 静电测试仪 | >8 | >8 | >8 | >8 | >8 | □OK<br>□NG |
| 11 | 电快速瞬变脉冲群 | ≥2kV | 群脉冲测试仪 | 4 | 4 | 4 | 4 | 4 | □OK<br>□NG |
| 最终结论 | □合格　　□不合格 | | 批准 | | | | | |

1）项目：P包含：选定课题、成立小组、现状调查、目标设定、要因论证、制定对策等；D包含：对策实施；C包含：效果检查；A包含：巩固和标准化、总结及下一步打算。

2）日程：计划和实际。

3）活动具体日程：按2个月完成来进行。

4）负责人：由同学自行分组分工进行，包含个人与集体。

5）使用Microsoft Excel 2003，完成以上内容。

6）提交电子文档报告。

表1-5 用PDCA循环制定活动计划示例

| 步骤 | 项目 | 区分 | 活动具体日程 | | | | | 负责人 |
|---|---|---|---|---|---|---|---|---|
| P | 选定课题 | 计划 | ⋯→ | | | | | |
| | | 实际 | → | | | | | |
| | 成立小组 | 计划 | | | | | | |
| | | 实际 | | | | | | |
| | 现状调查<br>目标设定 | 计划 | | | | | | |
| | | 实际 | | | | | | |
| | 要因论证 | 计划 | | | | | | |
| | | 实际 | | | | | | |
| | 制定对策 | 计划 | | | | | | |
| | | 实际 | | | | | | |
| D | 对策实施 | 计划 | | | | | | |
| | | 实际 | | | | | | |
| C | 效果检查 | 计划 | | | | | | |
| | | 实际 | | | | | | |
| A | 标准化<br>课题总结 | 计划 | | | | ⋯→ | | |
| | | 实际 | | | | → | | |

说明：制作本表时需要使用甘特图。甘特图也称条状图，它直观地表明任务计划在何时进行，及实际进展与计划要求的对比。主要用于安排各种活动计划；企业中的生产、检验计划。

一张甘特图只能展开一个过程的各项作业时间。时间单位可用日、周、旬、月、季、年等持续时间。计划时间用虚箭线表示，实际完成的时间用实箭线表示。

# 练　习

## 一、名词解释

1. 质量控制；2. 质量管理；3. 质量方针；4. 检验；5. 首件确认；6. PDCA 循环。

## 二、选择题

1. 确保生产质量能够满足用户的要求是（　　）。
   A. 质量水准　　　B. 质量特性　　　C. 质量控制　　　D. 质量方针
2. 质量管理中致力于提高有效性和效率的部分是（　　）。
   A. 质量特性　　　B. 质量目标　　　C. 质量计划　　　D. 质量改进
3. IQC 是以下哪个的简称（　　）。
   A. 来料检验　　　B. 过程检验　　　C. 最终检验　　　D. 出货检验
4. 巡查各工位的半成品质量是否与相应作业指导书要求相符是（　　）职责。
   A. OQC　　　　　B. LQC　　　　　C. PQC　　　　　D. FQC
5. PDCA 循环中，对于存在的问题进行深入剖析，确定其原因并采取措施属于（　　）阶段。
   A. P 阶段　　　　B. D 阶段　　　　C. C 阶段　　　　D. A 阶段

## 三、判断题

（　　）1. PQC 每小时检查 FQC 的记录表，如果发现重大异常的情况，立即开出《异常反馈联络单》。
（　　）2. 结构性检验是使用检验仪器或设备，如使用示波器来检验电气性能。
（　　）3. 检验的主要目的就是"不允许不合格的零件进行下一道工序"。
（　　）4. PDCA 循环就是质量管理活动所应遵守科学工作程序。
（　　）5. 朱兰质量三部曲：质量方针、质量目标、质量控制。
（　　）6. 质量策划（Quality Planning）是"质量管理中致力于设定质量目标并规定必要的作业过程和相关资源以实现其质量目标的部分"。

## 四、简答题

1. 质量的内涵有哪些？
2. 电子产品质量控制技术与改进所涉及的主要工作岗位有哪些？
3. 在什么情况要求 PQC 对生产线和产品进行首件确认？

4．简述 IQC、PQC、FQC 的工作职责。
5．PDCA 循环中计划阶段的主要内容有哪些？

## 任务 2　PCBA 安装可接受条件和常见质量统计指标

### 任务描述

PCBA（Printed Circuit Board Assembly）是指在印刷电路板上装上各种电子元器件的电路板组件 PCBA 安装质量对电子产品的质量有着重大影响，而要控制好 PCBA 质量必须从认识缺陷开始，把握其缺陷的判定和可接受条件。尤其是对于高等职业院校的学生或企业新员工来说，由于与生产实际接触面有限，许多学生或新员工不知缺陷的定义，更不知判定标准，相关教材也少；而对于企业的老员工来说，若没有系统的学习，也会对缺陷的判定标准知之甚少。因此，很有必要结合企业的生产实际对此进行教学或培训。本任务首先通过学习电子产品 PCBA 缺陷定义及因素和 IPC-A-610E-2010 标准制作常见缺陷表。其次通过学习质量管理中常用的统计指标制作质量目标计划表。

### 知识准备

## 1.2　PCBA 安装可接受条件和常见质量统计指标

### 1.2.1　PCBA 常见缺陷定义

**1．缺陷的定义与分类**

（1）定义

缺陷：指在产品单位上任何不符合特定要求条件者。例如，①沾锡：线路露铜沾锡等情形；②线路翘皮：PCB 线路翘起情形。

（2）分类

① 严重缺陷：指根据判断及经验显示，对使用、维修或依赖该产品的个人，有发生危险或不安结果的缺陷，有可能会造成严重的后果及影响。例如，安全缺失。

② 主要缺陷：指严重缺陷以外的缺陷，其结果或许会导致故障，或实质上减低产品单位的使用性能，以致不能达到期望的目标。例如，功能不全或缺件。

③ 次要缺陷：指产品单位在使用性能上不至于减低期望目的的缺陷，或虽与已设定之标准有所差异，但在产品单位的使用与操作上并无多大的影响。例如，外观轻微划伤。

**2．电子产品 PCBA 常见缺陷**

电子产品 PCBA 缺陷（也称不符合项）的种类很多，这里仅列一些较为常见部分，如表 1-6 所示。

表 1-6　PCBA 常见缺陷

| 序号 | 名称 | 描述 | 主要原因 | 检测方法 |
|---|---|---|---|---|
| 1 | 混料 | 不同料号的物料混装在一起 | 来料混料；过程疏忽混料 | BOM 对料；外观检查 |
| 2 | 错料 | 使用的物料料号或规格与 BOM 不符 | 来料错料；生产过程中人为疏忽 | BOM 对料；外观检查 |
| 3 | 掉件 | 已焊接元件因受外力作用而掉落 | PCBA 受到撞击；搬运方法不正确 | 外观检查 |
| 4 | 反向 | 极性元件方向错误 | 贴片程序错误；贴装或插件疏忽 | 外观检查 |
| 5 | 错位 | 元件贴装或插件的位置错误 | 贴片程序错误；贴装或插件疏忽 | 外观检查；功能测试 |
| 6 | 多件 | 焊接了 BOM 上没有要求的多余元件 | 贴片程序错误；贴装或插件疏忽 | 外观检查；功能测试 |
| 7 | 少件 | PCB 上漏焊接 BOM 要求的元件 | 贴片程序错误；贴装或插件疏忽 | 外观检查；功能测试 |
| 8 | 空焊 | 元件焊接端没有与 PCB 形成焊接 | 回流焊或波峰焊温度曲线不合理 | 外观检查；功能测试 |
| 9 | 桥接 | 两焊接点被锡短接 | 锡膏印刷过多；补焊人员疏忽 | 外观检查；功能测试 |
| 10 | 虚焊 | 元件焊接端与 PCB 形成的焊接点不牢靠，呈时开路时通路状态 | ①PCB 来料不良；②焊接温度不够；③锡线松香含量不够 | 外观检查；功能测试 |
| 11 | 少锡 | 元件焊接端或 PCB 焊盘上锡面积小于规格值 | 元件或 PCB 可焊性差；印刷不良 | 外观检查 |
| 12 | 锡珠 | PCB 焊盘边缘或板面上有易松脱的颗粒状锡球 | 锡膏成分不良；焊接温度曲线不合理；补焊手法不正确 | 外观检查 |
| 13 | 锡尖 | 焊点有拉伸状突出尖角，容易断裂 | 补焊烙铁温度偏低；补焊手法不正确 | 外观检查 |
| 14 | 锡渣 | PCB 焊盘边缘或板面上有泥状锡 | 补焊烙铁温度过高；补焊手法不正确 | 外观检查 |
| 15 | 起皮 | PCB 板上线路剥离 | ①焊接温度过高，时间过长；②PCB 来料不良 | 外观检查 |
| 16 | 多锡 | 焊接点锡量过多 | 锡膏印刷过多；补焊人员操作失误 | 外观检查 |
| 17 | 起泡 | PCB 板起泡 | PCB 不耐高温；焊接温度过高 | 外观检查 |
| 18 | 浮高 | 元件本体没有直接接触 PCB 板面 | PCB 受潮；锡膏印刷量不均匀；波峰焊制具不良 | 外观检查 |
| 19 | 锡孔 | 锡点有孔 | 焊盘破损；锡膏助焊剂含量过高；锡膏受潮；升温太快；波峰焊喷助剂过多 | 外观检查 |
| 20 | 焊反 | 线的正负极在 PCB 焊盘的位置焊反 | 人员操作失误 | 功能测试；外观检查 |

## 3. 不良品的定义与分类

(1) 定义

不良品指一个产品单位上含有一个或以上的缺陷。

(2) 分类

① 严重不良品：指一个产品单位上含有一个或更多的严重缺陷，同时亦可含有主要或次要缺陷。

② 主要不良品：指一个产品单位上含有一个或更多的主要缺陷，同时也可含次要缺陷，但并无严重缺陷。

③ 次要不良品：指一个产品单位上含有一个或更多的次要缺陷，但并无严重缺陷或主要缺陷。

### 1.2.2 电子产品 PCBA 安装可接受条件

**1. IPC-A-610E-2010 标准简介**

IPC-A-610E-2010 是最新的国际电子器件安装可接受性标准。IPC 是印制电路协会（Institute of Printed Circuits）的英文首字母缩写。IPC-A-610 是针对有关印制板和/或电子组件在相对理想条件下表现的各种高于最终产品性能标准所描述的最低可接受条件的特征及反映各种不受控（制程警示或缺陷）情形，以帮助生产现场管理人员判断是否采取纠正行动的图片说明性文件。它是一份业界认同的标准，但无法涵盖元器件和产品设计相关的所有情况。当使用特殊或不普遍的技术时，可能有必要另设验收条件。

分级：客户（用户）对产品使用何级别条件进行验收负有最终责任。检验者使用的文件中必须事先规定所适用的验收级别。接受/拒收的决定必须以与之相关的文件为依据，如合同、图纸、技术规范、标准和参考文件。IPC-A-610E-2010 规定的条件分为三个级别，分别是：1 级——通用类电子产品：包括那些以完整组件功能为主要要求的产品。

2 级——专用服务类电子产品：包括持续性表现及长使用寿命要求的产品；但保持不间断的工作是希望达到的而不是关键性的。一般其最终应用环境不会导致产品故障。

3 级——高性能电子产品：包括以持续性优良表现或严格按指令运行为关键的产品。这类产品的服务间断是不可接受的，且最终产品使用环境异常苛刻；产品在要求时必须能够操作，例如救生设备或其他关键系统。

对各级别均分有 4 级验收水平：目标条件（标准条件）、可接受条件、缺陷条件和制程警示条件。

1) 目标条件：是指近乎完美/首选的情形，然而这是一种理想而非总能达到的情形，且对于保证组件在使用环境下的可靠性并非必要的情形。

2) 可接受条件：是指组件不必完美但要在使用环境下保持完整性和可靠性的特征。

3) 缺陷条件：缺陷是指组件在其最终使用环境下不足以确保外形、装配和功能的情况。缺陷情况应当由制造商根据设计、服务和客户要求进行处置。处置可以是返工、维修、报废或照样使用。其中维修或"照样使用"可能需要客户的认可。1 级缺陷自动成为 2 级和 3 级缺陷。2 级缺陷意味着对 3 级也是缺陷。

4) 制程警示条件：制程警示（非缺陷）是指没有影响到产品的外形、装配和功能的情况。

这种情况是由于材料、设计和/或操作人员/机器设备等相关因素引起的，既不能完全满足可接受条件又非缺陷。应该将制程警示纳入过程控制系统而对其实行监控。

**2．安装缺陷判定和可接受条件的依据**

（1）用户与制造商之间达成的采购文件。
（2）反映用户具体要求的总图或总装图。
（3）用户引用或合同协议引用 IPC-A-610E-2010。

这里仅对电子产品 PCBA 安装时的两个关键工序：SMT 和插件工序的安装位置和焊接要求进行详细的说明。

**3．SMT 元件放置与焊接的缺陷判定和可接受条件**

1）SMT 所有元件放置状态目标条件，如表 1-7 所示。描述了表面安装时各种类型封装器件理想的安装位置。

表 1-7 SMT 所有元件放置状态目标条件

| 类别 | SMT 元件放置状态 |
|---|---|
| | 图片说明及标准描述 |
| 目标条件 | 元件贴装在焊盘的正中间，没有发生侧面与末端的偏移；红胶元件高度为钢网高度（0.15～0.2mm），锡膏元件平贴板面；BGA 边缘与 PCB 上的丝印标识在四个方向上的距离相等 |
| | 按工艺要求该贴片的位置都贴上正确的元件，极性元件方向正确；板面干净 |

2）SMT 元件放置状态缺陷条件。这里列出的缺陷主要包括：缺件、错件、反向、侧立、立碑、反白和偏移等，属于不可接受情况。如表 1-8 所示。

表 1-8　SMT 所有元件放置状态的缺陷条件

| 类别 | 缺陷描述 | 图片说明 |
|---|---|---|
| 缺陷条件 | ① 缺件：应贴片的位置未贴上元件 | |
| | ② 错件：所贴元件与工艺要求不相符 | 应贴 0603 元件　　错贴成 0805 元件 |
| | ③ 反向：元件放置方向错误 | |
| | ④ 侧立：元件侧面与焊盘接触 | |
| | ⑤ 立碑：片状元器件站立于一个端子上 | |
| | ⑥ 反白：元件字面向下 | |
| | ⑦ 偏移：端子偏出焊盘 | |

| | |
|---|---|
| ⑧ 末端重叠不充分 |  |

3）SMT 元件放置状态可接受条件，分可接受——1，2，3 级。其中 3 级能接受的，1 级、2 级也能接受，2 级能接受的 1 级也可接受。即高级向低兼容。如表 1-9 所示。

表 1-9  SMT 元件放置状态可接受条件

| 类别 | SMT 元件放置状态 | | |
|---|---|---|---|
| | 1 级 | 2 级 | 3 级 |
| 可接受条件 | 侧面偏移小于或等于元器件端子宽度的 50%，或焊盘宽度的 50%，取两者中的较小者 | 侧面偏移小于或等于元器件端子宽度的 50%，或焊盘宽度的 50%，取两者中的较小者。（即：与 1 级要求相同） | 侧面偏移小于或等于元器件端子宽度的 25%，或焊盘宽度的 25%，取两者中的较小者 |
| | 最大侧面偏移为城堡宽度的 50% | 最大侧面偏移为城堡宽度的 50%。（即：与 1 级要求相同） | 最大侧面偏移为城堡宽度的 25% |
| | 最大侧面偏移不大于引线宽度的 50% 或 0.5mm[0.02in]，取两者中的较小者 | 最大侧面偏移不大于引线宽度的 50% 或 0.5mm[0.02in]，取两者中的较小者。（即：与 1 级要求相同） | 最大侧面偏移不大于引线宽度的 25% 或 0.5mm[0.02in]，取两者中的较小者 |
| | 元器件端子的垂直表面润湿明显 | 元器件端子的垂直表面润湿明显。（即：与 1 级要求相同） | 最小填充高度为焊料厚度加上端子高度的 25%，或焊料厚度加上 0.5mm[0.02in]，取两者中的较小者 |

| | | |
|---|---|---|
|  散热面端子的侧面偏移不大于端子宽度的25%。散热面末端端子的末端连接宽度在与焊盘接触区域有100%润湿 | 散热面端子的侧面偏移不大于端子宽度的25%。散热面末端端子的末端连接宽度在与焊盘接触区域有100%润湿。<br>（即：与1级要求相同） | 散热面端子的侧面偏移不大于端子宽度的25%。散热面末端端子的末端连接宽度在与焊盘接触区域有100%润湿。<br>（即：与2级要求相同） |

4）SMT 元件焊接目标条件，如表 1-10 所示。

表 1-10 SMT 元件焊接目标条件

| SMT 元件焊接状态 ||
|---|---|
| 类别 | 图片说明及标准描述 |
| 目标条件 | 元件引脚与焊盘接触面可见明显焊料润湿，焊点光亮、平滑；对于片状、圆柱、矩形元件焊料润湿高度至少为 0.5mm，超过 2mm 高度的元件，焊料润湿高度至少为元件高度的 1/4；翼形引脚元件焊料润湿厚度至少为元件脚厚度或直径的 1/2，润湿高度至少为元件脚下弯至上弯处的 1/3 |

5）SMT 元件焊接的缺陷条件，如表 1-11 所示。主要包括空焊、桥接、虚焊和锡球等最常见的缺陷。

表 1-11 SMT 元件焊接的缺陷条件

| SMT 元件焊接状态 |||
|---|---|---|
| 类别 | 缺陷描述 | 图片说明 |
| 缺陷条件 | 空焊：引脚与焊盘之间无焊料填充 | |
| | 短路（桥接）：线路与线路或元件引脚之间不应导通而导通 | |

| | |
|---|---|
| 虚焊：焊点外观良好，焊锡量适合，但没有与引脚焊接在一起 |  |
| 锡球：锡球未被裹挟、包封、连接，或正常工作环境会引起锡球移动。锡球违反最小电气间隙 |  |

6）SMT元件焊接状态的可接受条件如表1-12所示。

表1-12　SMT元件焊接状态的可接受条件

| 类别 | SMT元件焊接状态 | | |
|---|---|---|---|
| | 1级 | 2级 | 3级 |
| 可接受条件 | 有吹孔、针孔、空洞等，只要焊接连接满足所有其他要求 | 制程警示 | 制程警示 |
| | 锡球被裹挟、包封或连接（例如裹挟在免洗残留物内，包封在敷形涂敷层下，焊接于金属表面，埋入阻焊膜或元器件下）。锡球不违反最小电气间隙 | 锡球被裹挟、包封或连接（例如裹挟在免洗残留物内，包封在敷形涂敷层下，焊接于金属表面，埋入阻焊膜或元器件下）。锡球不违反最小电气间隙。（即：与1级要求相同） | 锡球被裹挟、包封或连接（例如裹挟在免洗残留物内，包封在敷形涂敷层下，焊接于金属表面，埋入阻焊膜或元器件下）。锡球不违反最小电气间隙。（即：与2级要求相同） |
| | 润湿填充明显 | 最小填充高度为焊料厚度（未图示）加城堡高度的25% | 最小填充高度为焊料厚度（未图示）加城堡高度的50% |

| 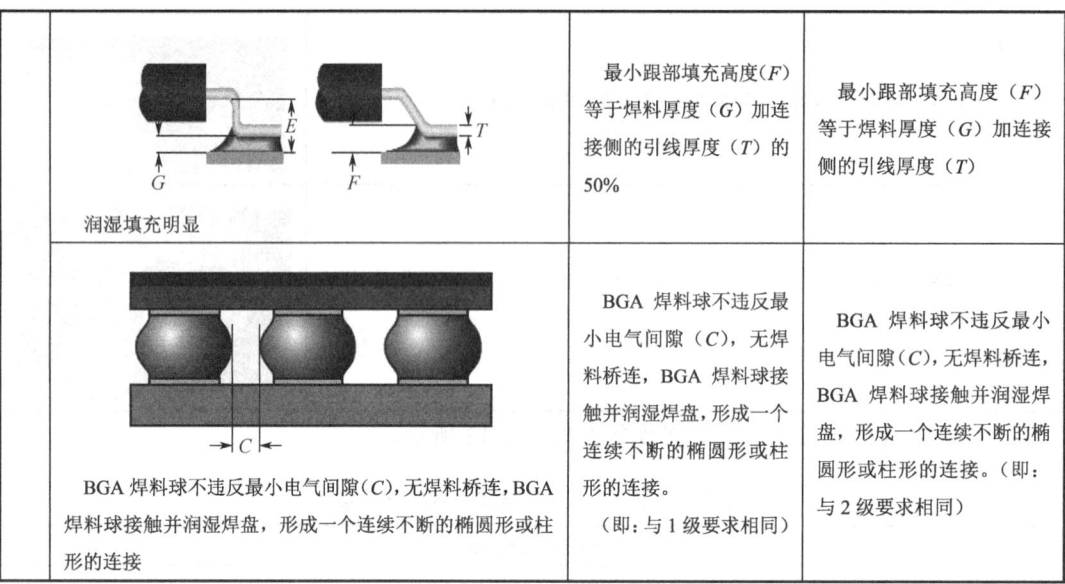 润湿填充明显 | 最小跟部填充高度($F$)等于焊料厚度($G$)加连接侧的引线厚度($T$)的50% | 最小跟部填充高度（$F$）等于焊料厚度（$G$）加连接侧的引线厚度（$T$） |
|---|---|---|
| BGA 焊料球不违反最小电气间隙（$C$），无焊料桥连，BGA 焊料球接触并润湿焊盘，形成一个连续不断的椭圆形或柱形的连接 | BGA 焊料球不违反最小电气间隙（$C$），无焊料桥连，BGA 焊料球接触并润湿焊盘，形成一个连续不断的椭圆形或柱形的连接。（即：与1级要求相同） | BGA 焊料球不违反最小电气间隙（$C$），无焊料桥连，BGA 焊料球接触并润湿焊盘，形成一个连续不断的椭圆形或柱形的连接。（即：与2级要求相同） |

**4．插件元件放置与焊接的缺陷的判定和可接受的条件**

1）插件元件放置状态目标条件，如表1-13所示。

**表1-13 插件元件放置状态目标条件**

| 类别 | 插件元件放置状态 | |
|---|---|---|
| | 标准描述 | 图片说明 |
| 目标条件 | 元器件位于其焊盘的中间，元器件标记可辨识，无极性元器件按照标记同向读取（从左至右或从上至下）的原则定向 | |
| | 水平安装：整个元器件本体接触板面。要求离开板面安装的元器件，与板面至少相距1.5mm[0.059in]。如：高发热元器件 | |
| | 水平安装：元件本体完全接触板面并位于丝印范围内，如有需要应有粘胶 | |

| | |
|---|---|
| 垂直安装：无极性元器件的标识从上至下读取。极性标识位于顶部。要求离开板面安装的元件距焊盘不超过 1.5mm，并且元器件本体垂直于板子 | |
| 垂直安装：元器件与板面垂直，其底面与板面平行，元件底面与板面/盘之间的间隙在 0.3mm[0.012in]到 2mm[0.079in]之间 | |
| 垂直安装：所有引线上的支撑肩紧靠焊盘，引线伸出长度满足要求 | |
| 元件和散热装置与安装表面完全接触，紧固件连接良好 | |

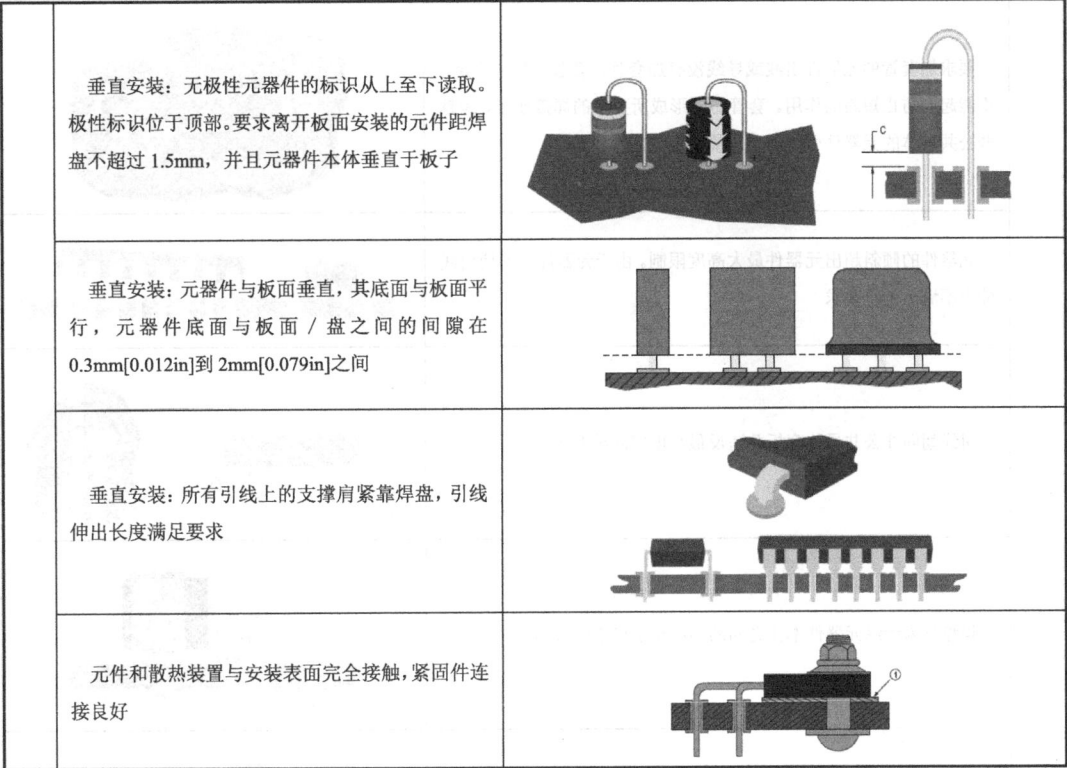

2）插件元件放置状态缺陷条件，如表 1-14 所示。

表 1-14　插件元件放置状态缺陷条件

| 插件元件放置状态 | | |
|---|---|---|
| 类别 | 缺陷描述 | 图片说明 |
| 缺陷条件 | 未按规定选用正确的元器件（错件）（A）；<br>元器件没有安装在正确的孔内（B）；<br>极性元器件逆向安放（C）；<br>多引线元器件取向错误（D） | |
| | 极性元器件逆向安装 | |

| 说明 | 图示 |
|---|---|
| 要求加套管的元器件引线或导线没有加套管。套管损伤/不足，不能起到防止短路的作用。套管妨碍形成所要求的焊接连接。跨越非公共导体的元器件引线违反了最小电气间隙要求 | |
| 元器件的倾斜超出元器件最大高度限制。由于元器件倾斜使引线伸出不满足验收要求 | |
| 引线朝向非公共导体弯折并违反最小电气间隙要求 | |
| 焊盘与未绝缘元器件本体之间的距离小于最小电气间隙 | |
| 由于倾斜或错位，实际使用中无法配接。元器件违反高度要求。板销没有完全插入/扣入板子。引线伸出不满足验收要求 | |

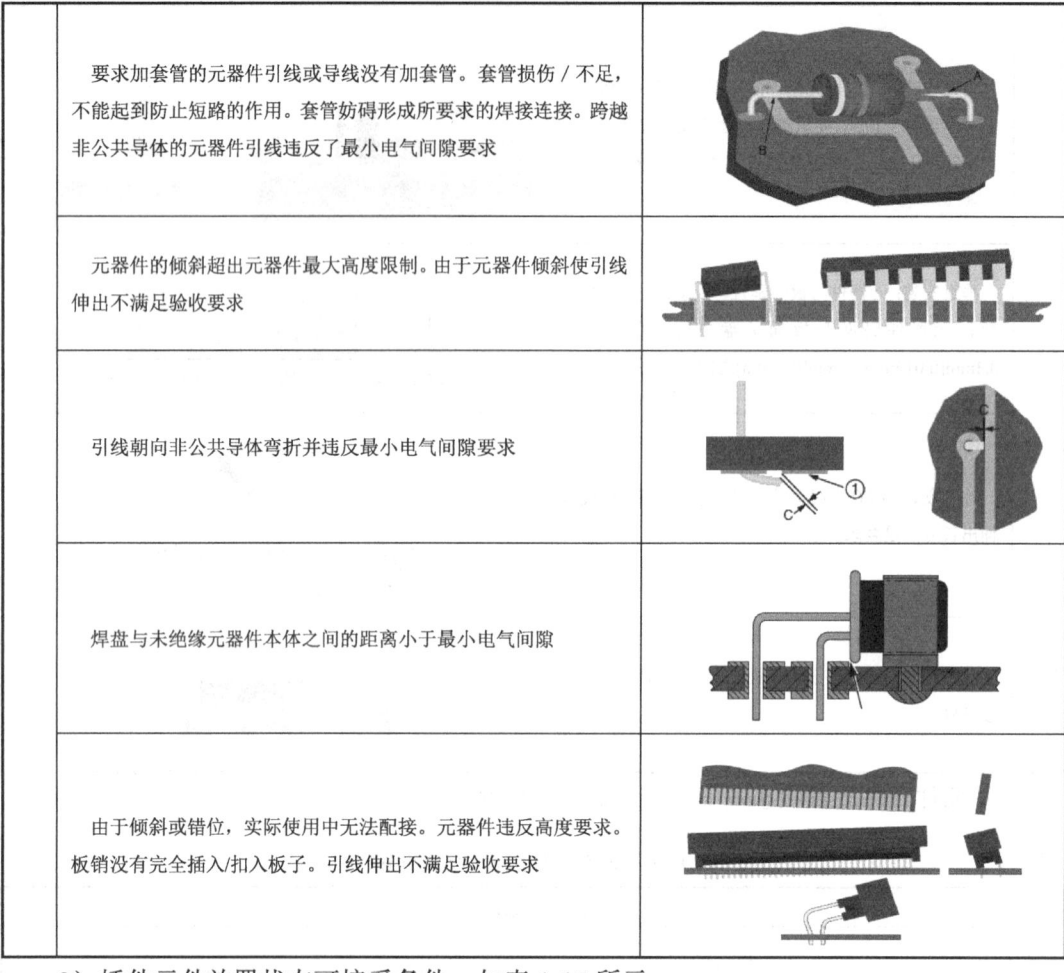

3）插件元件放置状态可接受条件，如表1-15所示。

表1-15 插件元件放置状态的可接受条件

| 类别 | 插件元件放置状态 | | |
|---|---|---|---|
| | 1级 | 2级 | 3级 |
| 可接受条件 | 描述同2、3级 | 极性元器件和多引线元器件定向正确。手工成形和手工插装时，极性标识符可辨识。所有元器件按规定选用，并安放到正确的焊盘上。无极性元器件没有按照标记同向读取（从左至右或从上至下）的原则定向。（即：与1级要求相同） | 极性元器件和多引线元器件定向正确。手工成形和手工插装时，极性标识符可辨识。所有元器件按规定选用，并安放到正确的焊盘上。无极性元器件没有按照标记同向读取（从左至右或从上至下）的原则定向。（即：与2级要求相同） |

| | | |
|---|---|---|
| 元器件的倾斜限制在引线最小伸出长度和高度要求范围内 | 元器件的倾斜限制在引线最小伸出长度和高度要求范围内。（即：与1级要求相同） | 元器件的倾斜限制在引线最小伸出长度和高度要求范围内。（即：与2级要求相同） |
| 从元器件本体的密封处到引线弯曲起始点的距离小于1倍引线直径或厚度，但不小于0.8mm[0.031in] | 从元器件本体的密封处到引线弯曲起始点的距离小于1倍引线直径或厚度，但不小于0.8mm[0.031in]。（即：与1级要求相同） | 从元器件本体的密封处到引线弯曲起始点的距离大于1倍引线直径或厚度 |
| 元器件倾斜不违反最小电气间隙要求 | 元器件倾斜不违反最小电气间隙。元器件底面与板面/盘之间的距离小于 0.3mm[0.012in]或大于2mm[0.079in]（制程警示） | 元器件倾斜不违反最小电气间隙。元器件底面与板面/盘之间的距离小于 0.3mm[0.012in]或大于2mm[0.079in]（制程警示）（即：与2级要求相同） |
| 描述同2级 | 元器件本体与板面的最大间隙（C）没有违反引线伸出要求或元件高度要求（H）。（H）是一个由用户规定的尺寸 | 元器件本体与板面的间隙（C）不超过 0.7mm[0.028in] |

4）插件元件焊接目标条件，如表 1-16 所示。

表 1-16　插件元件焊接目标条件

| 插件元件焊接状态 | | |
|---|---|---|
| 类别 | 标准描述 | 图片说明 |
| 目标条件 | 无空洞区域或表面瑕疵；引线和焊盘润湿良好；引线可辨识；引线周围有100%焊料填充；焊料覆盖引线，呈羽状外延在焊盘或导体上形成薄薄的边缘；无填充起翘的迹象<br><br>注：①为焊盘区域<br><br>贯穿孔：焊料100%填充 | |

| | |
|---|---|
| 引线和孔壁呈现360°的润湿。辅面焊盘区域被完全覆盖 | |
| 导线走最短的路径；导线不跨越或穿过元器件；导线不跨越用作测试点的图形或导通孔；导线不横跨元器件引线或焊盘区 | |

5）插件元件焊接缺陷条件，如表1-17所示。

表1-17 插件元件焊接状态缺陷条件

| 类别 | 插件元件焊接状态 | |
|---|---|---|
| | 缺陷描述 | 图片说明 |
| 缺陷条件 | ①焊料接触元器件本体或末端密封处。②因焊料过多引线轮廓不可辨识。③焊料没有润湿引线或焊盘 | |
| | 搭焊在元器件引线上的导线长度小于从焊盘边缘至引线膝弯处距离的75%；导线延伸超过元器件引线的膝弯处，伸出的导线违反最小电气间隙 | |
| | 焊接连接呈现不良润湿，辅面的焊接连接内可看到绝缘层 | |

6）插件元件焊接状态的可接受条件，如表1-18所示。

表1-18 插件元件焊接的可接受条件

| 类别 | 插件元件焊接缺陷程度判别 | | |
|---|---|---|---|
| | 1级 | 2级 | 3级 |
| 可接受条件 | 未建立-1级 | 对于2级产品，允许镀覆孔的垂直填充最小为50% | 最少75%填充。允许包括主面和辅面一起最多25%的下陷 |

| | | |
|---|---|---|
| 未建立-1级 | 引线和孔壁至少呈现180°的润湿 | 引线和孔壁至少呈现270°的润湿 |
| 最少270°润湿和填充（引线、孔壁和端子区域） | 最少270°润湿和填充（引线、孔壁和端子区域） | 最少330°润湿和填充（引线、孔壁和端子区域） |
| 有弯月面绝缘层的元器件满足以下条件可允许弯月面绝缘层陷入焊料内：<br>● 辅面有360°的润湿。<br>● 辅面的焊接连接内看不到引线的绝缘层 | 弯月面绝缘层没有进入镀覆孔，且弯月面绝缘层与焊料填充之间有可辨识的间隙 | 弯月面绝缘层没有进入镀覆孔，且弯月面绝缘层与焊料填充之间有可辨识的间隙。（即：与2级要求相同） |
| 描述同2级 | 导线搭焊在元器件的引线上，搭焊长度至少为从盘边缘至引线膝弯处距离的75%。导线搭焊在PTH／导通孔表面。导线在焊料中可辨识 | 导线搭焊在元器件的引线上，搭焊长度至少为从盘边缘至引线膝弯处距离的75%。导线搭焊在PTH／导通孔表面。导线在焊料中可辨识。（即：与2级要求相同） |

### 1.2.3 质量管理中常用的统计指标

质量管理的指标有许多，其中常用的统计指标如表1-19所示。这些指标常用于质量控制水平的描述。

表1-19 质量管理常用的统计指标名称与定义

| 部门 | 指标名称 | 定义 |
|---|---|---|
| 制造部 | 直通率（也称第一次良品率） | 直通率＝第一批产品出量（良品）÷批投入量×100%；可用于衡量现场质量控制水平及产品可制造性和稳定性 |
| | 总良品率 | 良品率＝批总产出量（含返工）÷批总投入量×100% |
| | 准时交货率 | 准时交货率＝准时交货批数÷应交货总批数×（1-批退货率）×100% |
| | 缺陷率（DPPM） | 缺陷率＝缺陷点数÷总点数×$10^6$（百万分之缺陷数） |

| 品管部 | 开箱不良率 | 开箱不良率＝顾客第一次使用不良数÷本批次销售数×100% |
|---|---|---|
| | 返修率 | 返修率＝市场退回不良数÷销售数×100% |
| | 顾客满意度 | 顾客满意度＝满意数÷调查总数×100% |
| | 来料检验出错率 | 来料检验出错率＝物料检验数÷物料总数×100% |
| | 成品合格率 | 成品合格率＝产品合格总数÷产品出货总数×100% |

## 任务实施

### 1. 实验准备

1）上网计算机，Windows 操作系统。
2）IE 浏览器，Office 软件。

### 2. 实验过程

（1）电子产品 PCBA 缺陷表的制作

根据表 1-20 所列 PCBA 缺陷名称，对缺陷进行描述，写出可能的原因、检测方法并依据电子产品 PCBA 缺陷判定和可接受条件相关内容或通过网络进行搜索，添加对应的图片。要求使用 Microsoft Excel 2003 创建上述电子产品 PCBA 缺陷表并进行识别，完成后提交电子文档报告。

表 1-20　PCBA 缺陷表

| 序号 | 名称 | 描述 | 原因 | 图片 | 检测方法 |
|---|---|---|---|---|---|
| 1 | 反向 | | | | |
| 2 | 错位 | | | | |
| 3 | 空焊 | | | | |
| 4 | 桥接 | | | | |
| 5 | 虚焊 | | | | |
| 6 | 少锡 | | | | |
| 7 | 锡珠 | | | | |
| 8 | 锡尖 | | | | |
| 9 | 浮高 | | | | |
| 10 | 锡孔 | | | | |

（2）质量目标的制定

表 1-21 为某电子传感器有限公司的质量目标。请依据今年实际值制定明年的质量目标。①打开 Microsoft Excel 2003，创建名为："电子科技质量目标"的文件；②模拟制作表格，并经小组讨论拟定相关的质量目标；③注意理解质量目标的含义并列出公式；④提交电子文档报告。

表 1-21　某电子科技明年年度质量目标

| 序号 | 责任部门 | 项目 | 考核目标 | 今年实际值 | 明年目标值 | 计算公式 |
|---|---|---|---|---|---|---|
| 1 | 生产部 | 炉后缺陷率（DPPM） | 1000 | 900 | | |
| 2 | | 半成品良品率 | ≥99.30% | 99.50% | | |
| 3 | | 成品良品率 | ≥99.00% | 99.10% | | |

| 4 | | 成品报废率 | ≤0.60% | 0.40% | | |
| 5 | | 直通率 | ≥99.7% | 99.7% | | |
| 6 | 品管部 | 开箱合格率 | 99.90% | 99.50% | | |
| 7 | | 客退返修率 | ≤0.25% | 0.25% | | |

# 练　习

## 一、名词解释

1. 缺陷；2. 目标条件；3. 接受条件；4. 制程警示条件；5. DPPM；6. 直通率。

## 二、选择题

1. 指根据判断及经验显示，对使用、维修或依赖该产品的个人，有发生危险或不安结果的缺陷为（　　）。
   A. 次要缺陷　　　B. 主要缺陷　　　C. 严重缺陷　　　D. 不良品
2. 以持续性优良表现或严格按指令运行为关键的产品属于（　　）产品。
   A. 1级　　　　　B. 2级　　　　　C. 3级　　　　　D. 专业服务类
3. （　　）是指组件不必完美但要在使用环境下保持完整性和可靠性的特征。
   A. 目标条件　　　B. 缺陷条件　　　C. 接受条件　　　D. 制程警示条件
4. 元件焊接端与PCB形成的焊接点不牢靠，呈时开路时通路状态称为（　　）。
   A. 空焊　　　　　B. 桥接　　　　　C. 浮高　　　　　D. 虚焊
5. 批总产出量（含返工）/批总投入量×100%称为（　　）。
   A. 返工率　　　　B. 总良品率　　　C. 直通率　　　　D. 合格率

## 三、判断题

（　　）1. 不同料号的物料混装在一起，习惯上称为错料。
（　　）2. 空焊就是元件焊接端没有与PCB形成焊接。
（　　）3. 良品率=良品数/（良品数+不良台数）×100%。
（　　）4. 最大侧面偏移为城堡宽度的50%的放置状态满足可接受条件3级水平。
（　　）5. 引线和孔壁至少呈现270°的润湿是插件元件焊接可接受条件2级水平。

## 四、简答题

1. PCB板常见的缺陷有哪些？
2. 电子产品的安装质量是如何分级的？
3. 电子产品的安装验收条件有哪些？
4. 简述PCBA安装质量验收标准的主要内容。
5. 直通率和良品率有什么区别？

# 学习情境 2　可制造性设计和现场 6S 管理

## 能力目标

1. 具备电子产品 PCB 板可制造性评审能力。
2. 具备依据可制造性相关规范对 PCB 板的外形、定位和 MARK 标识进行设计的能力。
3. 具备 PCB 板布局、焊盘和印制导线等基本可制造性设计能力。
4. 具有生产现场 6S 管理技术应用能力。

## 知识目标

1. 了解生产工艺流程、相关术语,掌握 PCB 设计方案。
2. 掌握 PCB 外形结构的规范和要求。
3. 掌握 PCB 板布局、焊盘和印制导线等基本可制造性设计方法。
4. 掌握生产现场开展 6S 管理活动的方法、步骤和要求。

据统计,产品总成本的 60%以上是由设计过程决定的,产品 70%~80%的缺陷可归之于设计方面的问题。由此可见,电子产品的质量问题不仅是品管人员、生产工程技术人员所关注的问题,而且更应当是研发人员所必须认真对待的问题。电子产品的质量与设计具有强相关性,因此,电子产品的质量控制与改进从产品的前端抓起,将会产品立竿见影的效果。同时也要看到质量控制与改进贯穿于产品整个过程。生产现场的质量控制与改进也极其重要,首先必须从 6S 管理做起,没有 6S 管理的企业是不可想象的。本学习情境主要是从与产品的质量强相关的重要环节可制造性设计和生产现场 6S 管理来论述质量控制与改进。

## 任务 1　PCB 布局方案外形尺寸及定位的可制造性设计

### 任务描述

某电子企业为了提高产品的质量、生产效率与降低成本,经过数据分析认为 PCB 设计缺陷是关键因子,存在不规范设计使得自动化作业率较低,影响产品品质控制和质量水平的提升。因此,应从设计入手,通过规范设计和加强可制造性评审来达到目标。本任务通过学习 PCB 布局方案、外形尺寸、定位孔和定位标志的设计规范，提高可制造性设计能力，要求能够对 PCB 进行可制造性评审。

## 知识准备

## 2.1 PCB 布局方案外形尺寸及定位的可制造性设计

### 2.1.1 生产工艺流程

**1. 生产流程相关术语**

1）SMT：电子电路表面组装技术（Surface Mount Technology），其技术内容包含表面组装元器件、组装基板、组装材料、组装工艺、组装设计、组装测试与检测技术等诸多学科，是一项综合性工程科学技术。

2）焊料：用来连接两种或多种金属表面，同时在被连接金属的表面之间起冶金学桥梁作用的金属材料。

3）丝印：将焊膏通过印刷机将焊膏涂敷到基板的焊盘图形上，为 SMC/SMD 的贴装、焊接提供黏附和焊接材料。

4）贴装：将已丝印上焊膏的基板通过贴片机（图 2-1）将 SMC/SMD，按照机台的预编程序，将其贴到指定的位置上。

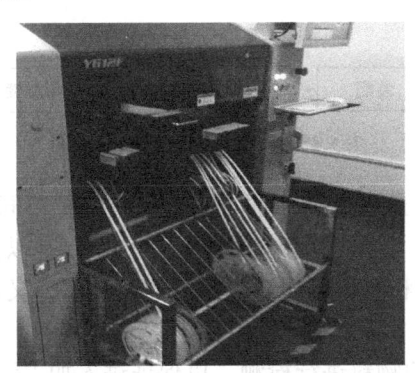

图 2-1　贴片机设备

5）回流：将贴装好的基板，放入已设定好温度曲线的回流炉，通过重新融化预先分配到印制板焊盘上的焊膏，实现表面组装元器件焊端或引脚与印制板焊盘之间机械与电气连接的一种焊接工艺。如图 2-2 所示。

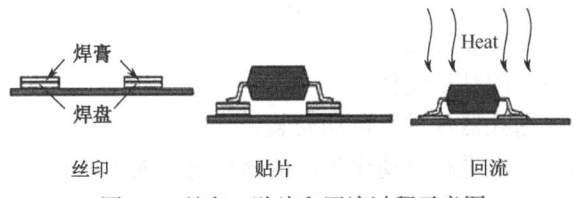

图 2-2　丝印、贴片和回流过程示意图

6）点胶：将红胶通过点胶机将胶点在两焊盘之间，以便将器件粘牢。

7）固化：将贴装好的基板，放入已设定好温度曲线的固化炉，实现表面组装元器件牢固粘在 PCB 板相应的元器件位置上。如图 2-3 所示。

点胶　　　　　贴片　　　　　固化

图 2-3　点胶、贴片和固化示意图

### 2. 电子产品生产工艺流程

电子产品 PCB 电路板的设计方案很多，那么如何进行选择呢？首先要了解你所在的企业或协作单位或相关企业的生产工艺流程，以便在 PCB 电路板设计时，选择流程最短、成本最低的方案。下面简单介绍一般企业的 PCB 电路板的制造工艺流程，流程如图 2-4 所示。

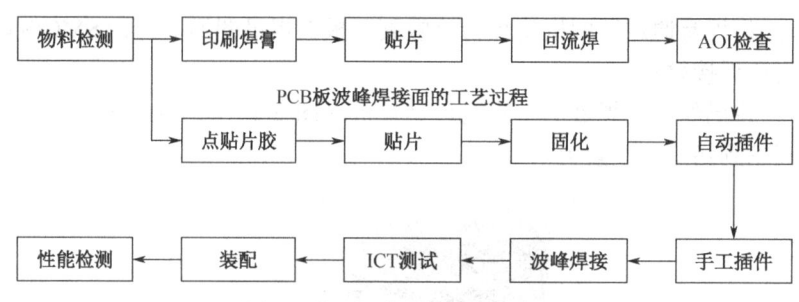

图 2-4　PCB 电路板生产流程图

从图中可以看出，整个 PCB 电路板生产工艺流程依据不同的侧重点可以分为两部分：一是以机器为主的表面贴装（SMT）和自动插件作业；二是以人工为主的机器与人工相结合的手工插件、焊接、装配和测试等作业。而表面贴装部分又可分为两种流程：焊膏工艺流程和点胶工艺流程。流程中各工序的作用如下。

1）物料检验：对投入的物料进行检测，以保证进入加工流程的器件是良品。

2）印刷焊膏（锡膏涂敷）：将要焊接的焊盘涂上焊料以便后续工序对产品进行焊接。

3）贴片：将需要安装的器件置于 PCB 电路板相应的位置。

4）回流焊：加温使焊膏熔化将元器件焊牢。其设备如图 2-5 所示。

5）AOI 检查：AOI 是用光学原理对器件进行自动检查的简称，是对于所贴的元件的正确性及焊接品质进行自动检查。如图 2-6 所示。

6）点贴片胶：用于粘住贴片元件。

7）固化：加温让胶牢固粘结元件。

8）自动插件：对于通孔器件进行自动安装。

9）手工插件：对于无法进行自动化生产的器件进行人工插装。

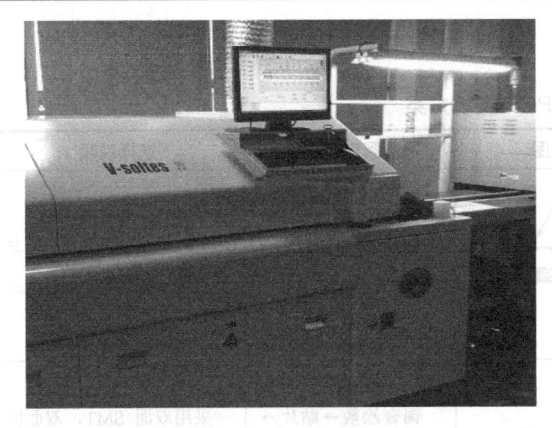

图 2-5　回流焊接设备　　　　　　　图 2-6　AOI 检查设备

10）波峰焊接：对于点胶后的贴片器件和人工手插件进行自动焊接。波峰焊接设备如图 2-7 所示。

11）ICT 测试：ICT 是在线测试的英文缩写，主要是检测所安装的器件是否正确，包括所安装的器件位置、器件规格及相关参数的正确性检测。相关设备如图 2-8 所示。

图 2-7　波峰焊接设备　　　　　　　图 2-8　ICT 在线测试设备

12）装配：用于对需要在波峰焊接之后的器件进行安装，也包括个别较大的器件及不能用波峰焊接的器件进行手工焊接。

13）性能检测：用于对整个 PCB 电路板进行综合电性能测试，主要是动态性能测试。

## 2.1.2　PCB 设计方案

PCB 电路板上的器件安装方式或安装布局所形成的方案决定了工艺流程的长短，影响了产品制造成本、质量控制、生产效率及产品售后服务成本。方案选择原则是在满足产品所需的性能指标的情况下，选择最短的生产工艺流程，最能保障产品质量的方案。表 2-1 为各类安装方式、所经过的工序及选择方法，供参考。

从上表我们可以看出，当安装方案全部采用 SMT 工艺来完成时，制作过程最有利于质量及成本的控制。在当今人力资源高度紧张的时期应当优选。而对于 SMT 与 THT 即贴片与通孔元件混装时，采用第 4 种方案最好。否则需要增加夹具、人工成本来确保焊接质量，同时也影响生产效率。

表 2-1 PCB 安装方案

| 序号 | 工艺名称 | 器件安装结构示意图 | 主要工艺流程 | 选择说明 |
|---|---|---|---|---|
| （1） | 单面 SMT（单层 PCB 板） | 贴片元件SMC/SMD；PCB基板 | 锡膏涂敷→贴片→回流焊 | 采用单面板和 SMT 工艺具有成本低的优势，应优选 |
| （2） | 双面 SMT（双层或多层 PCB 板） | SMC/SMD（A面）；SMC/SMD（B面） | 锡膏涂敷→贴片→回流焊→翻面→锡膏涂敷→贴片→回流焊 | 采用双面 SMT，双面回流焊，生产流程短，质量好，应优选 |
| （3） | SMT/THT 混装（双层或多层 PCB 板） | 穿孔元件THC（元件面）；SMC/SMD（焊接面） | 点胶→贴片→固化粘胶→翻面→自动插件→手工插件→波峰焊接 | 用波峰焊来焊接贴片元件，焊接质量控制较难 |
| （4） | SMT/THT 混装（双层或多层 PCB 板） | SMC/SMD/THC（元件面）；焊接面 | 锡膏涂敷→贴片→回流焊→插件→波峰焊接 | 用回流焊接来保证贴片质量，用波峰焊保证通孔器件焊接质量，优选 |
| （5） | SMT/THT 混装（双层或多层 PCB 板） | SMC/SMD/THC（元件面）；SMC/SMD（焊接面） | 锡膏涂敷→贴片→回流焊→翻面→点胶→贴片→固化粘胶→插件→波峰焊接 | 安装密度高用波峰焊来保证贴片焊接质量有困难 |
| （6） | SMT/THT 混装（双层或多层 PCB 板） | THC（元件面）；SMC/SMD/THC（元件面） | 点胶→贴片→固化→翻面→插件→波峰焊→手工插件→手工焊接 | 同上，但增加了人工修补焊接缺陷成本 |

总之，选择好的安装方案对于确保产品的生产质量，减少生产过程，降低成本非常重要，应当引起足够的重视。

## 2.1.3 PCB 的外形尺寸

PCB 电路板可制造性设计的目的之一就是提高自动化生产作业水平，也就是提高机器作业率。这是最基本的，也是最重要的目的。而要提高自动化作业水平就必须了解设备的性能，依据设备的能力特点对 PCB 电路板的设计进行各种规范。表 2-2 为某企业的设备极限尺寸参数表。

表 2-2 某企业的设备极限尺寸参数表　　　　　　　　单位：mm

| 设　备 | 最大 PCB 尺寸（长×宽） | 最小 PCB 尺寸（长×宽） |
| --- | --- | --- |
| 跳线机 | 508×381 | 90×60 |
| 卧插机 | 450×450 | 50×50 |
| 直插机 | 400×300 | 150×80 |
| 贴片机 | 510×460 | 50×50 |
| 点胶机 | 457×407 | 50×50 |
| UV 炉 | 500（宽）长度任意 | 50×50 |
| 丝印机 | 470×520 | 50×50 |
| 设　备 | PCB 最大宽度（单位：mm） | PCB 最小宽度（单位：mm） |
| 插件线 | 370 | 50 |
| 波峰焊机 | 400 | 50 |
| ICT | 370 | / |
| 割板机 | 460 | / |

### 1．设备的极限能力

针对生产工艺流程中的设备，设计人员要对设备特点有所了解，要知道这些设备的极限参数。了解设备极限参数的目的就是为了避免所设计的 PCB 电路板超出设备的加工能力，造成需要重新购买新设备，增加投入、浪费资源。这里的设备是指机器或生产流水线。对于设备来说最为关注的是能否适应 PCB 电路板的长度与宽度的尺寸需求；对于流水线来说最为关注的是宽度尺寸。这一点常常被一些设计人员所忽视。注意：表 2-2 所列的参数是某一电子企业的，不同的企业是不相同的，设计时应参照所在企业的设备参数进行 PCB 集合板外形尺寸设计。

### 2．PCB 外形长、宽尺寸的要求

PCB 的外形长、宽尺寸应参照《设备能力简表》（如表 2-2 所示），在保证满足各种设备要求下，各型号产品的 PCB 拼板应尽量相同，使之具有通用性，减少调整设备时间，以确保自动化生产的顺利进行。一般来说，对于小工作台的贴片设备选择 PCB 最大的面积：$X×Y=330mm×250mm$；对于大工作台的贴片设备选择 PCB 最大的面积：$X×Y=460mm×460mm$，最小面积：$X×Y=50mm×50mm$。

PCB 外形尺寸的最大值建议设置在 250mm×200mm 以内；以减少印制板的变形，保证元件的组装质量。与此同时，印制板的外形长宽尺寸应尽量符合 PCB 生产厂家建议的印制板外形尺寸，以减少 PCB 生产过程中的废边产生。

### 3．PCB 厚度尺寸要求

目前 SMT 机台可生产 PCB 厚度为 0.5~4mm，对于厚度小于 0.5mm 的 PCB，可以通过辅助夹具进行生产，最小厚度要求可放宽至 0.2mm，但最大厚度不可超出 4mm，建议 PCB 的厚度尽量≥1.0mm。一般采用 1.6mm。

## 2.1.4 PCB 的定位孔尺寸和位置

### 1. 贴片定位孔

贴片定位孔的作用是固定 PCB 板，使之在机台中的相对位置保持不变并和基准点识别的光学定位方式（MARK 标志）相结合以提高定位精度，满足高密度、高精度的装配要求。相对于基准点识别的光学定位方式是一种机械定位，定位精度较低。

对于厚度大于等于 0.8mm 的基板（如手机主板等），须在确定基板生产流向后，在上下工艺边设置四个贴片定位孔。定位孔的直径均为 $\Phi 3.2^{+0.05}$ mm，下工艺边定位孔的中心距左右工艺边缘 5mm，距下工艺边缘 5mm，（如图 2-9 中 A/B 点）上工艺边定位孔的中心距左右工艺边缘 5mm，距上工艺边缘 3mm（如图 2-9 中 C/D 点）。

对于厚度小于 0.8mm 的基板，由于生产过程中须使用载板进行辅助生产，基板上须在上下工艺边上设计 4 个定位孔进行定位，定位孔中心距左右工艺边缘 5mm，距上下工艺边缘 2mm。并在上工艺边的中间设计一防呆孔，定位孔及防呆孔的直径均为 $\Phi$2mm，见图 2-10。

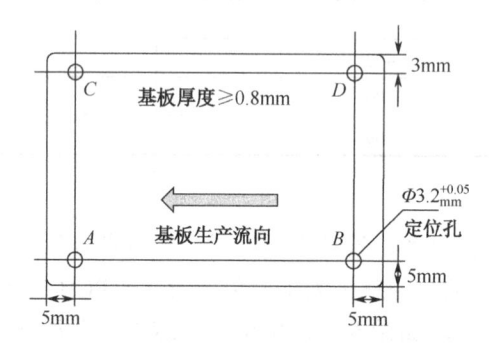

图 2-9　PCB 板厚度不小于 0.8mm 的贴片定位孔设计示意图

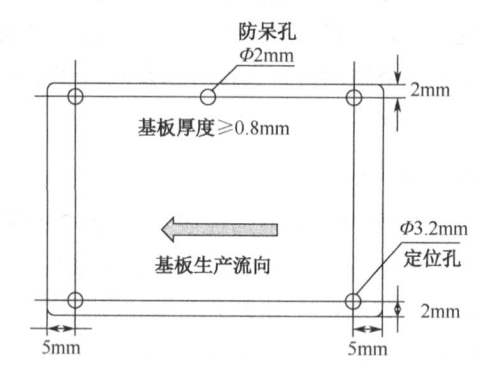

图 2-10　PCB 板厚度小于 0.8mm 的贴片定位孔及防呆孔设计示意图

### 2. 插件定位孔的设计

插件定位孔主要应用于自动插件、波峰焊接、ICT 测试和 PCBA（指已经装有元器件的 PCB 板）电路板性能测试等工序以固定 PCB 板，使之在机台中的相对位置保持不变。这些工序要求在 PCB 电路板的两个对角上设置定位孔 A、B、C、D，并且 A、B、C、D 必须是对称的，如图 2-11 所示。

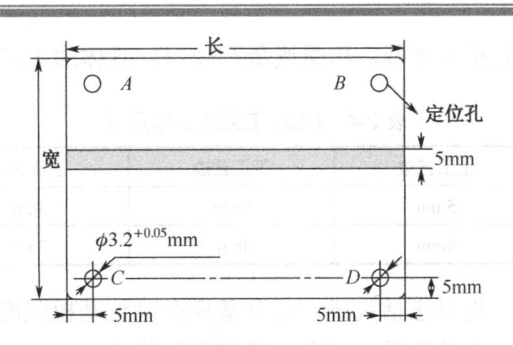

图 2-11　PCB 板插件定位孔设计示意图

说明：PCB 板中间有一个 5mm 宽的区域称为"中线区"，在这个区域内不能设置任何元器件，但元器件的管脚可以跨越此区。这条中线区是在 PCB 电路板的宽度≥120mm（单面板）、板上元器件较重且需要进行波峰焊接作业的条件下设置的。目的是在波峰焊接时，为防止板的变形，在波峰焊接机上拉一条中线以支撑 PCB 电路板。这个"中线区"最好在正中间位置，若有条件限制也可以偏离一些。

### 3．分板定位孔

（1）分板定位孔数量

对于采用拼板模式的 PCB，每单板至少需要三个定位圆孔用于割板定位，并且呈三角分布，防止机台自动割板时，基板受力不均、跳起，导致基板损伤或者割板不到位，残留些许毛边，如图 2-12 所示。

注：对于一些尺寸较小，板上器件密集的基板，可以考虑使用单板边缘的半孔作为分板定位孔。

图 2-12　分板定位孔设计示意图

（2）分板定位孔尺寸

分板定位孔的尺寸的设置，表 2-3 为定位顶针的尺寸规格和单板需求的定位圆孔的尺寸规格，定位顶针的公差范围 0～0.1mm。

表 2-3　定位针与分板定位孔相对应尺寸表　　　　　　　　　　单位：mm

| 顶针型号 | 1 | 2 | 3 | 4 | 5 | 6 | 7 | 8 |
|---|---|---|---|---|---|---|---|---|
| 顶针尺寸规格 | 1.2 | 1.5 | 1.7 | 2.0 | 2.5 | 2.7 | 3.2 | 4.0 |
| 分板定位孔尺寸 | 1.4 | 1.7 | 1.9 | 2.2 | 2.7 | 2.9 | 3.4 | 4.2 |

注：对于单板内的定位圆孔，尽量采用 2.5mm 和 2.7mm 的尺寸规格。在条件允许的情况下，尽量选用较大规格的定位圆孔。

（3）分板定位孔的孔间间距

由于定位顶针的底座较宽，为了避免底座靠得太近，造成干涉，定位针无法放置，单板间以及单板内的相邻定位孔外缘间距的最小距离为 10mm。

### 4．PCB 的工艺边宽度设置

为了加强 PCB 板的连接强度，减少变形量，防止机台加载的传感器检测不到印制板或误动作，以及机台加、卸载传送时干涉到器件，对基板的工艺边要求：PCB 板四边都须加有工艺边，对边应平齐且相互平行，尽量避免有缺口，具体的工艺边宽度要求见表2-4。

表2-4　PCB工艺边宽度尺寸

| PCB板厚度 | 上工艺边 | 下工艺边 | 左工艺边 | 右工艺边 |
|---|---|---|---|---|
| ≥0.8mm | 5mm | 8mm | 3mm | 3mm |
| <0.8mm | 4mm | 4mm | 3mm | 3mm |

注：以上工艺边尺寸均不包括铣槽，部分基板在确认基板强度足够、板边无器件干涉和不影响机台自动化贴装的条件下，可不设置左右工艺边。

### 5．PCB印制板的外部和内部缺口

印制板外缘，特别是沿基板生产流向的左右两工艺边 50mm×15mm 宽的范围内（图2-13阴影内），不可出现大于5mm×5mm的缺口，以防止机台加载的传感器检测不到印制板或误动作，以保证机台加、卸载能将印制板传送到位。若出现5mm×5mm以上的缺口须用板子填充，以免机台误判。

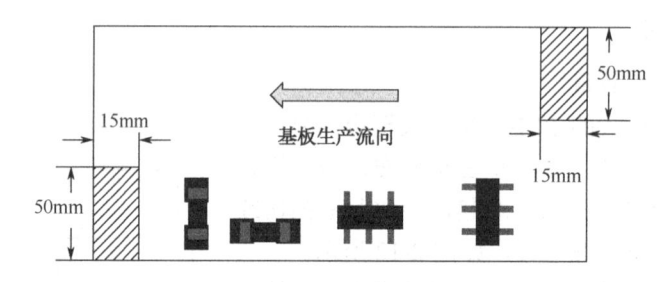

图2-13　PCB印制板的外部和内部缺口示意图

### 6．PCB的边角倒角半径 $R$

为了防止PCB锐利的边角在生产过程中造成人身伤害，保护作业人员，同时防止PCB传送过程中卡板（原理解释见图2-14），所有PCB板在四个边角应倒圆角，圆角半径 $R \geq 3mm$。

如图2-9所示，对于机台前后轨道的不一致，由于采取了圆弧设计，水平分量的力 $F_x$ 较未采用圆弧设计时小，同时产生的垂直分量的力 $F_y$ 可帮助印制板通过传送轨道，防止印制板卡死。

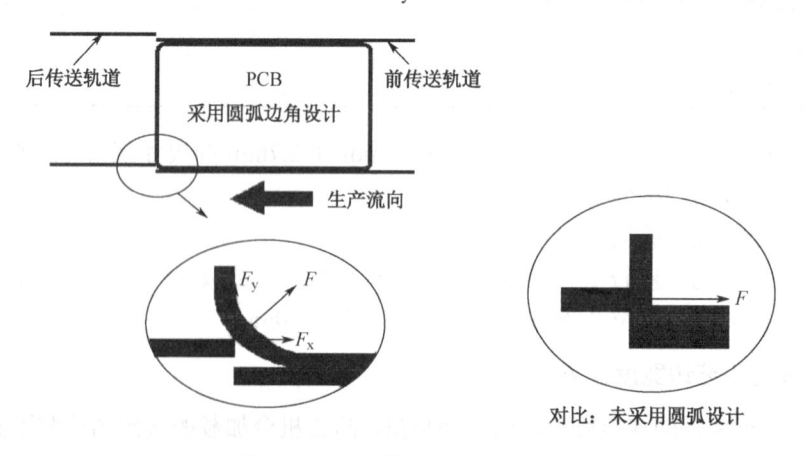

图2-14　PCB的边角倒角原理图

## 2.1.5 定位标识的设计

在自动化作业及生产测试时,为确保产品的质量和提高产品的生产效率,要求产品设计需要考虑定位方式、设置相应的定位的尺寸。一般来说,定位有两种方式:一种是在 PCB 电路板上设置定位调整 MARK 点,用于 SMT 作业校正。由于 PCB 制造误差或实际生产过程中的定位误差导致的同一贴装点在不同板之间贴装位置的不一致,因此,需要通过对 MARK 点识别,取得 MARK 间的偏移量,计算出相应的贴装位置坐标补偿量并进行调整以达到精确定位的目的;另一种是在 PCB 电路板上设置定位孔,用于自动插件作业、ICT 测试及 PCB 电路板测试作业等。

### 1. MARK 点

MARK 点是基准点识别的光学定位方式,是 SMT 的定位标识,其外形及尺寸如图 2-15 所示。不同板之间,MARK 点与板上贴装元件间的相对坐标是不变的,机台原点也是不变的。一般情况下 MARK 点外形有三种方式,分别为 MARK1、MARK2 和 MARK3。

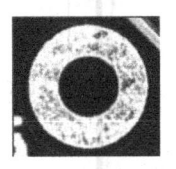

图 2-15 MARK 外形图

### 2. MARK 点尺寸要求

(1) MARK 1 和 MARK 2 的外形要求

1) 标志点:1×1 的方形或是直径为 1mm 的圆形焊盘,要求表面平整无内凹,反光性好。

2) 亚光区:标志点外圈要有 3mm 区域的亚光区,要求其反光性能差。

3) 保护圈:MARK 点亚光区外圈要有 0.2~0.3mm 宽的铜箔保护圈。

(2) MARK 3 的外形要求

1) 内圈:1mm 的圆形亚光区域,无铜箔,要求反光性能差。

2) 外圈:至少 2mm 的铜箔区域,要求表面平整光亮,反光性能好。

注意:对于 MARK1 和 MARK2,如果 MARK 点周围的线路太密,标志点及亚光区的尺寸可以适当减少,但必须保证亚光区的尺寸至少为标志点尺寸的两倍。

### 3. MARK 点的选择

1) PCB 生产厂家的加工能力较差的,如普通的单面 PCB,由于圆形 MARK 的加工难度较大,加工出来的外形尺寸难以保证,推荐采用更容易加工的方形 MARK1。

2) PCB 生产厂家的加工能力较高的,推荐优先采用圆形 MARK2。

3) 对于喷锡板,由于 PCB 生产厂家的喷锡工艺的限制,加工出来的 MARK 表面无法很平整,推荐采用圆环形 MARK3。

4) 对于局部基准点,推荐选用圆环形 MARK3,因为其占用的平面范围最小。

### 4．MARK 点识别的基本原理

MARK 点的制作和 PCB 上的其他焊盘图形的制作是在同一工艺流程的相同工序中制作出来的，所以不同板上两者的相对坐标的误差很小。

由于 PCB 制造误差或实际生产过程中的定位误差，导致了不同板间的同一 MARK 点相对机台坐标原点的绝对坐标有了一定的偏移量（$dx_1$，$dy_1$）和（$dx_2$，$dy_2$），并且可能存在有一定的转角偏差 $\theta$，如图 2-16 所示。如果不进行校识，则相应的元件贴装位置也将发生偏差。机台通过 MARK 点的识别，可以取得基准点间 $x$、$y$、$\theta$ 的偏移量，并计算出相应的贴装位置坐标补偿量，从而实现高精度的贴装。

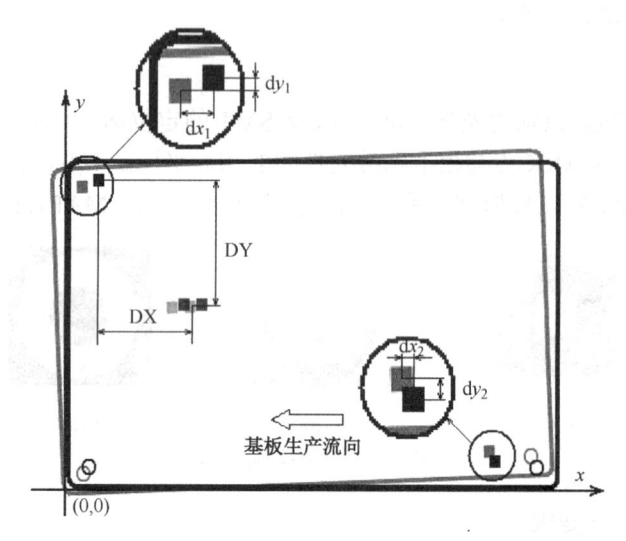

图 2-16 MARK 点识别的基本原理示意图

### 5．拼板 MARK、单板 MARK、元件 MARK 区别及作用范围

1）拼板 MARK：针对整个 PCB 电路板上的所有贴装元件进行表面贴装位置标识。对于由几块相同的或不同的单元板构成的拼板，除了每一块单元板上有各自的单元标识 MARK 外，整个拼板还必须有拼板 MARK。

2）单板 MARK：针对单块单元板上的所有贴装元件进行表面贴装位置标识。

3）元件 MARK：针对局部的单个元件或几个元件构成的元件组进行贴装位置的标识。目的是进一步提高细间距器件或局部元件组的贴装位置精度。如图 2-17 所示。

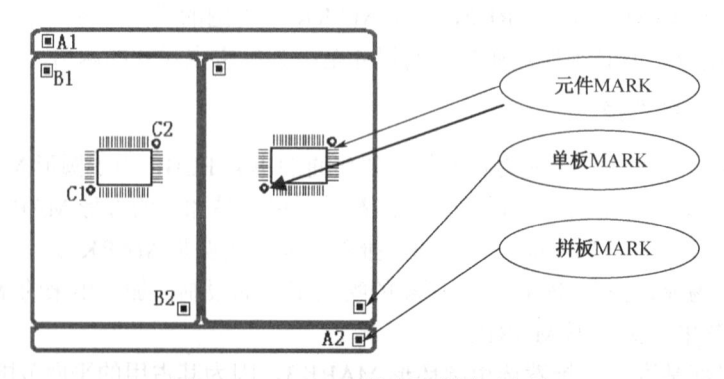

图 2-17 MARK 点的应用范围示意图

## 6. 拼板及单板 MARK 点的数量及分布

1）MARK 点外圈距板边 3mm，定位孔中心 5mm×4mm 的范围内不配置 MARK 点。

2）MARK 应成对出现，设置在对角尽量远处，但其位置不要对称，如图 2-18 中 $A$ 与 $A_1$ 或 $B$ 与 $B_1$。其目的是保证：当 PCB 板转置 180°时，机台无法识别通过，以防止放错板。

3）如 PCB 板为双面板，两面的拼板 MARK 点外形最好不同：如一面为圆形标志点，另一面则为方形标志点。或者以不同的 MARK 设置位置加以区分以防止 PCB 板面放反。

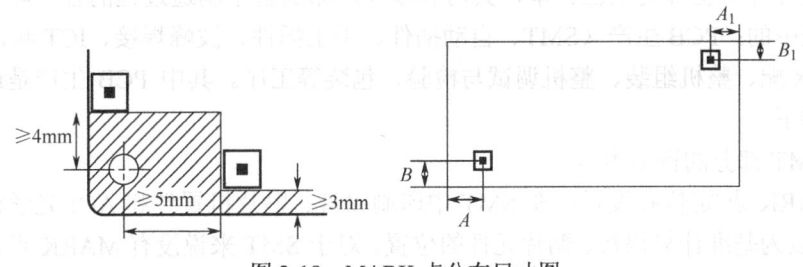

图 2-18  MARK 点分布尺寸图

## 7. 元件（QFP）的定位标识 MARK

1）正常情况下，当 IC 脚间距≤0.5mm 时，该器件须加 MARK 标识，以提高该 IC 的贴装精度。但如果布线太密，则允许仅对 0.4mm 及其以下的器件增加 MARK 标识。

2）如图 2-19 所示，该 QFP 封装器件的 MARK 为一对，在通过元件本体的对角中心线上（应尽量靠近 IC 的对角）设置，其形成的对角线方向最好与拼板的 MARK 的对角线方向相反。

3）若无法设置在 IC 的外部，也可设置在 IC 内部靠近对角处。

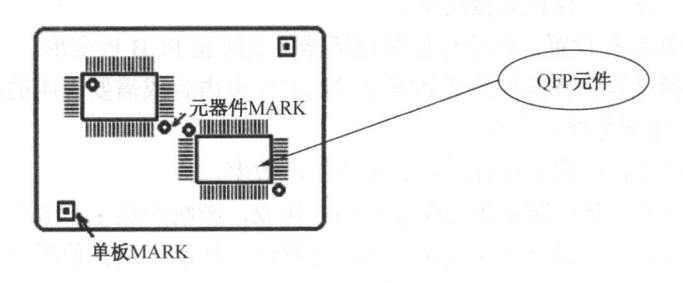

图 2-19  QFP 封装 MARK 设置图

## 8. 作业标识设计

为便于问题的追溯，同时规范对 PCB 板的生产作业标识，对各工序所涉及到的 PCB 板标识有以下规定，如表 2-5 所示。

表 2-5  作业标识内容

| IN | ICT | OP | ADJ | FI |
|---|---|---|---|---|
|  |  |  |  |  |

1）作业标识应用白油标识在 PCB 板元件面易识别的地方。

2）该作业标识除可作为工段作业标识外，还可用于试产、更改及内部试流等工艺标识用。

3)各英文字母的含义:IN 指投入岗位,ICT 指在线测试岗位,OP 指操作岗位,ADJ 指调试岗位,FI 指最终检查测岗位。

### 2.1.6 可制造性评审的内容与表单格式

#### 1. 可制造性评审的内容概述

可制造性评审也称为工艺评审,其内容涉及产品的整个制造过程的各个环节,主要包括工艺流程中的:PCB 生产(SMT、自动插件、手工插件、波峰焊接、ICT 测试、PCB 测试)、部件装配、整机组装、整机调试与检验、包装等工序。其中 PCB 生产是最主要的内容。具体如下。

(1)SMT 部分的评审内容

1)MARK 点/定位孔设置:在 SMT 中印刷锡膏、贴片机置件和 AOI 光学检查时都会以 MARK 点为基准计算锡膏、贴片元件的位置。对于 SMT 来说没有 MARK 点是很难准确定位的。尤其是 BGA 及一些引脚密集的元件在设计时需要设置专用的 MARK 点以精确定位。此外,MARK 点还有防呆作用。SMT 设备的第一个动作通常是判断 MARK 点,其相机可以分辨出 MARK 的形状。因此,若 PCB 板设有不同的 MARK 点时机器就会自动识别,并发出警报。而定位孔主要是便于 PCB 板在各种设备中的定位。

2)四角设计圆弧:使 PCB 板在设备上或线体中移动顺畅。

3)IC 第一脚/板号标志:确保集成电路安装位置正确。板号标志是为了方便管理和质量保证。

4)部品最小间距设置:确保元件的安装质量和自动作业的实施。

5)回流焊盘设计:保证焊接质量。

6)V 形槽/邮票孔设置:防止分板时损坏器件及防止 PCB 板变形。

7)其他:指对具有特殊性的产品需要增加的评审内容或需要说明的内容。

(2)自动插件部分评审内容

1)集合板的设计:便于保证质量、提高生产效率。

2)禁止区域的设计:防止出现无法自动化作业,影响产品生产效率与质量控制。

3)竖插与卧插元件最小间距设置:防止元器件干涉及出现其他质量问题。

(3)手工插件与波峰焊接部分评审内容

1)手工插件 IC 第一脚标志:便于元器件安装的正确性。

2)波峰焊盘设计:合理设计波峰焊盘可以提高焊接的可靠性,降低不良率。

3)异形孔设计:合理的设计可在波峰焊接时防止焊锡涌入元件面。

4)布局设计:使得 PCB 板安装质量可靠,质量控制简单,生产效率高。

5)中线设置:对于需要进行波峰焊接的较大 PCB 板才需要进行中线设置。

(4)ICT 测试部分

1)测试点的大小:根据 PCB 板的实际情况尽可能设置较大的测试点以便测试针的定位。

2)测试点位置:尽可能独立设置测试点,较大的焊盘(插件元件焊盘)也可作为测试点。

3)测试点的数量:一个等电位的铜箔(焊盘线)至少需要一个测试点。

## 2. 评审表单位格式

1）表单编号：表单应列入质量管理体系之中进行统一编号管理。
2）产品类型：现在电子产品的特点是多门类的，因此，表单应有门类区别。
3）产品型号：不同产品应分别进行评审。
4）板件名称。
5）评审内容。
6）评审结果：分别为：接受、建议更改和不可接受。对于不可接受属于严重问题，要求必须更改。
7）建议内容。
8）设计更改回复及确认。
9）其他。

## 3. 评审表单实例

见表 2-6。

表 2-6 电子产品 SMT 可制造性评审表

表单编号：                                                                 版本：

| 产品类型 | | | | 产品型号 | | 评审工序 | SMT |
|---|---|---|---|---|---|---|---|
| 研发人员 | | | | 板件号 | | 负责人 | |
| 评审内容 | 评审结果 | | | 现象描述 | 建议内容 | 设计更改答复 | 工艺技术部门确认 |
| | 接受 | 建议更改 | 不可接受 | | | | |
| PCB 设计方案 | √ | | | 属于优选方案 | | | |
| MARK 点/定位孔设置 | √ | | | 集合板有 MARK | | | |
| 四角设计圆弧 | √ | | | 四角设有圆弧 | | | |
| IC 第一脚/板号标志 | √ | | | IC 设置标志点 | | | |
| 部品最小间距设置 | √ | | | 大于 1mm | | | |
| 回流焊盘设计 | √ | | | 符合规范 | | | |
| V 形槽/邮票孔设置 | | | √ | C3、D1、Q6 靠近割板线，无法切割 | 重新布板 | | |
| 其他 | | | | | | | |
| 图片 | C3、D1、Q6 靠近割板线，无法切割 | | | | | 工艺流程：锡膏涂敷→贴片→回流焊 | |
| 评审人 | | | | 评审时间 | | | |

## 任务实施

### 1. 实验准备

1）上网计算机，Windows 操作系统。

2）IE6 及以上浏览器。

3）Office：Microsoft Excel 2003，Microsoft Word 2003。

### 2. 实验过程

1）依据可制造性评审的内容和要求制作评审表，可参考表 2-6。

2）依据图 2-20 及说明初步对其可制造性设计进行评审。无图示或说明的评审内容，如部品最小间距、回流焊盘设置、V 形槽设置视为符合要求。

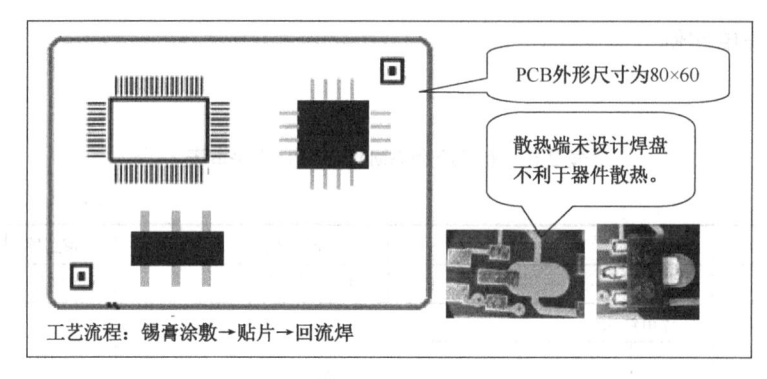

图 2-20　某产品可制造性问题图片

### 3. 提交实验报告

# 练　习

## 一、名词解释

1. 丝印；2. 回流；3. 点胶；4. 固化；5. AOI 检查；6. MARK。

## 二、选择题

1. 工艺流程为：锡膏涂敷→贴片→回流焊→插件→波峰焊接是（　　　）。
   A．单面 SMT 工艺　　　　　　　　B．双面 SMT 工艺
   C．多层 SMT 工艺　　　　　　　　D．SMT/THT 混合工艺

2. 将已丝印上焊膏的基板通过贴片机将 SMC/SMD，按照机台的预编程序，将其贴到指定的位置上称（　　　）。
   A．丝印　　　　B．点胶　　　　C．贴片　　　　D．固化

3. MARK 点的合理设置是（　　　）工序重要的评审内容之一。
   A．SMT　　　　B．自动插件　　　　C．手工插件　　　　D．波峰焊接

4. 下列中哪个方案最有利于质量的控制（　　　）。

A. 点胶→贴片→固化粘胶→翻面→自动插件→手工插件→波峰焊接
B. 锡膏涂敷→贴片→回流焊→插件→波峰焊接
C. 点胶→贴片→固化粘胶→翻面→插件→波峰焊接→手工插件→手工焊接

5. 对于小工作台的贴片设备选择 PCB 最大的面积（    ）
A. 330mm×250mm       B. 460mm×460mm
C. 330mm×200mm       D. 50mm×50mm

6. PCB 生产厂家的加工普通的单面 PCB，由于圆形 MARK 的加工难度较大，加工出来的外形尺寸难以保证，推荐采用（    ）。
A. MARK1    B. MARK2    C. MARK3    D. 三种均可

7. 正常情况下，当 IC 脚间距≤0.5mm 时，该器件须加 MARK 标识，以提高该 IC 的贴装精度。但若布线太密，允许仅对（    ）及其以下的器件增加 MARK 标识。
A. 0.8mm    B. 0.65mm    C. 0.5mm    D. 0.4mm

8. 针对单块单元板上的所有贴装元件进行表面贴装位置标识称（    ）。
A. 单板 MARK    B. 拼板 MARK    C. 元件 MARK    D. 作业 MARK。

9. 目前 SMT 机台可生产 PCB 厚度为 0.5～4mm，对于厚度小于 0.5mm 的 PCB，可以通过辅助夹具进行生产，最小厚度要求可放宽至（    ）mm。
A. 0.2mm    B. 0.3mm    C. 0.4mm    D. 0.5mm

### 三、判断题

（   ）1. MARK 应成对出现，设置在对角尽量远处，但其位置不要对称。
（   ）2. PCB 生产厂家的加工能力较高的，推荐优先采用圆形 MARK3。
（   ）3. 所有 PCB 板在四个边角应倒圆角，圆角半径 $R$≤3mm。
（   ）4. 对于采用拼板模式的 PCB，每单板至少需要三个定位圆孔用于割板定位，并且呈三角分布。
（   ）5. MARK 点的对角距离越远，对 $\theta$ 偏移量的校识越有利。

### 四、简答题

1. 整个 PCB 电路板生产工艺流程依据不同的侧重点可以分为几部分？
2. 当安装密度较高时如何选择安装方案？
3. PCB 可制造评审的内容有哪些？
4. 如何设置插件用的定位孔？
5. 简述 MARK 外形的要求。
6. 拼板及单板 MARK 点的数量及分布有哪些要求？

## 任务 2  PCB 布局焊盘和印制导线可制造性设计

### 任务描述

器件的排板布局、焊盘及导线的合理设计是其可制造性的最基本要求。基本的可制造性设计是产品生产高效率、高质量和低成本的关键。本任务就是通过对基本可制造性的要求、规范以提升可制造性设计能力和 PCB 板综合评审能力，要求能够制作 PCB 板综合评审表。

## ▌知识准备

## 2.2 PCB 布局焊盘和印制导线可制造性设计

### 2.2.1 元器件的布局规则

#### 1．两个基本概念

1）REFLOW 方向：标注在 PCB 电路板的元器件面的边缘或工艺边上，用于指明需要进行回流焊接的 PCB 电路板流向，回流面上元器件的焊盘设计应基于该方向，按照有利于提高回流质量的原则进行设计。

2）DIP 方向：标注在 PCB 电路板的元器件面的边缘或工艺边上，用于指明需要进行波峰焊接的 PCB 电路板在进行波峰焊接时的流向，点胶面上的元器件的焊盘设计应基于该方向，按照有利提高波峰焊接质量的原则进行设计。

#### 2．DIP、REFLOW 标识设置

标识设计的目的是确保部品安装的正确性，保证质量和方便生产管理。设计要点如下。

1）DIP 用于需要波峰焊接的标识设计；REFLOW 用于进行回流焊接的标识设计。DIP、REFLOW 文字及表示方向的箭头必须以醒目方式标在 PCB 电路板上（有工艺边的最好标在工艺边上）。如图 2-21 所示。

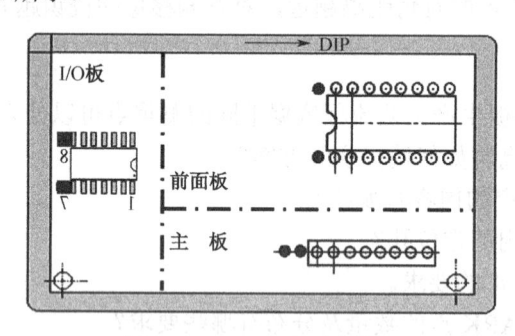

图 2-21 DIP 方向示意图

2）DIP 方向是以双列直插集成电路的波峰方向为依据，REFLOW 方向主要是以 PCB 电路板的尺寸适合设备生产的通用性及 PCB 电路板受热时变形量较小作为依据，通常为 PCB 电路板的长边方向。

3）REFLOW、DIP 方向可以一致也可以不一致。如图 2-22 所示。

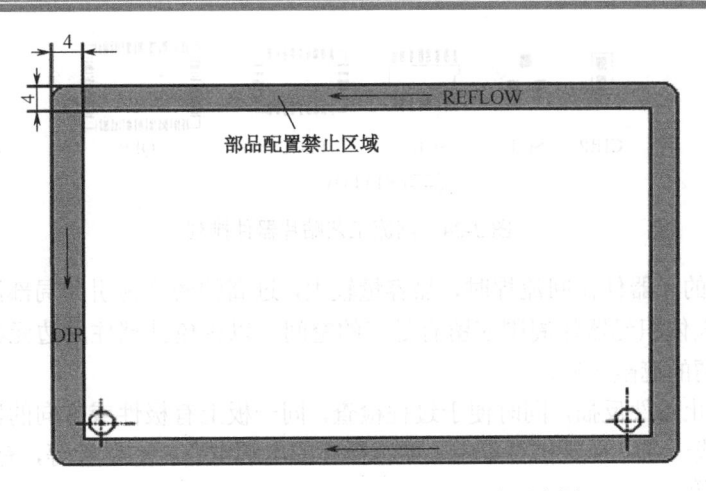

图 2-22　REFLOW 与 DIP 方向不一致示意图

**3．布局规则**

元器件合理布局要求有很多，这里仅说明一些对基本可制造性影响较大的关键点。

1）PCB 板沿 DIP 方向（DIP 用于需要波峰焊接的标识设计，指明需要进行波峰焊接的 PCB 在进行波峰焊接时的流向）的两侧起至少 5mm 宽的区域不得配置任何器件（包含打弯后的器件管脚，但该区域可设置为工艺边），且其前缘最好设置 3～5mm 的部品禁止区域。这是针对生产线体或生产设备提出的设计要求。

2）PCB 板上须均匀排放，避免轻重不均。同类元器件尽可能按相同的方向排列，以方便安装、焊接和检验。特别是大批量生产，这一点的要求更加重要。

3）当贴片元器采用点胶工艺需要经过波峰焊接时，器件放置的方向必须参照图 2-23 所示的 DIP 方向进行设计。即，图 2-23 中的"好的设计"。否则，在波峰焊接时就会产生遮蔽效应造成焊接不良。这一点虽然已经通过实践证明并成为企业的设计规范。然而，一些教科书或相关技术参考书却提出相反的观点，以致初级设计者或不熟悉生产工艺的设计人员常出现设计缺陷。

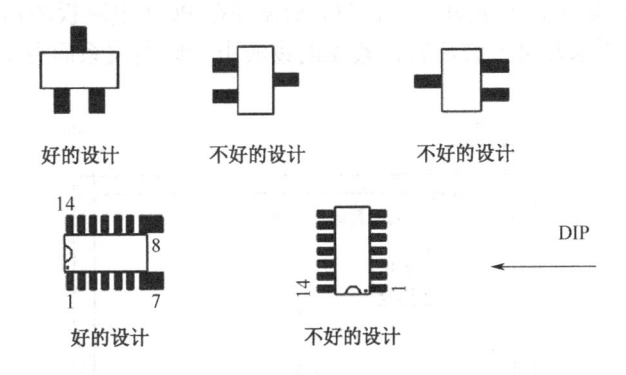

图 2-23　贴片元件布局示意图

**4．布局设计**

1）MC/SMD 在 PCB 上的排列方向应一致，以使回流焊时能形成较理想的热对流，降低焊接缺陷。如图 2-24 所示。

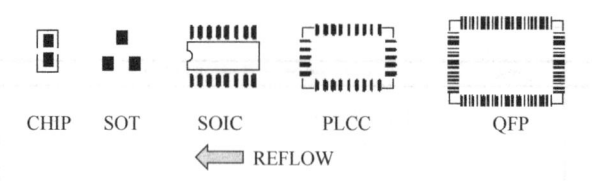

```
CHIP    SOT    SOIC    PLCC    QFP
              ← REFLOW
```

图 2-24 回流工艺贴片器件排列

2) 大质量的元器件在回流焊时，热容量较大，过高的密度易引起局部温度偏低而导致虚焊。因此，大体积元器件周围应留有足够的空间，以避免其挡住周边元器件，对热能的吸收而形成所谓的遮蔽效应。

3) 为了防止器件反插，同时便于过程检查，同一板上有极性或方向的器件其极性或方向标识应设置成一致，且要相对集中。如有极性的电解电容、二极管等，有方向的三极管、贴片 IC、排阻等。

### 2.2.2 部品配置禁止区域

为了提高设备自动化作业率，减少修补性人工作业，在 PCB 电路板设计时要求设计人员不得在禁止区域内放置器件，必须遵守相关规范。

**1. PCB 电路板外沿、定位孔周围的部品禁止区域设置**

1) PCB 电路板沿 DIP 方向的两侧起至少 5mm 宽的区域不得配置任何器件（包含打弯后的器件管脚，但该区域可设置为工艺边）。

①波峰面，PCB 电路板沿 DIP 方向两侧起宽 5mm 的区域内不能有任何可焊铜箔存在。

②元件面，PCB 电路板沿 DIP 方向两侧起宽 5mm 的区域内不能有任何元件实体存在。

2) 因波峰焊机的倾角关系，要求在波峰焊方向的 PCB 电路板前缘最好设置 3～5mm 的部品禁止区域，如图 2-25 所示。

3) 波峰焊方向的 PCB 电路板后缘若没设置非耐高温的器件（如电源插座、外线插座、耳机插座、螺旋线插座及拨动开关等器件），则可不设置部品禁止区域。但对于波峰面有贴片元器件的板，因可能会涉及到开第一波峰，则需要在 PCB 电路板的后边沿增加至少 3mm 的禁止区域，以免要求开第一波峰时，紊流的锡波由于倾角关系而浸上板面。

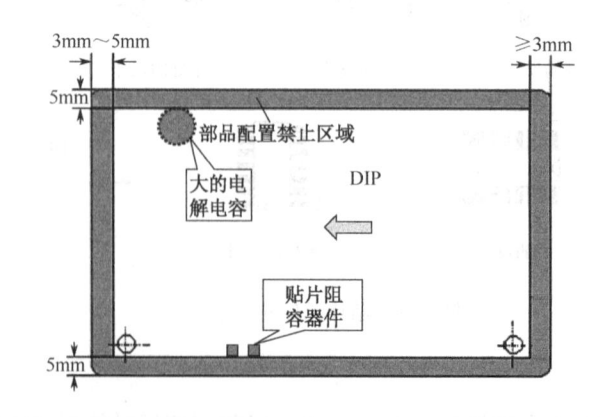

图 2-25 PCB 电路板外沿、定位孔周围的部品禁止区域示意图

### 2. PCB 电路板外部禁止部品露出

1) PCB 电路板外部最好不要设置有元件或部品露出（如一些常见的输入/输出端子、电源插座及拨动开关等）。

2) 若各拼板之间必须设置有超出 PCB 电路板边沿的器件或部品时，各拼板之间应根据元件或部品的本体尺寸合理布局，元件或部品之间必须遵循有关元件或部品间间距的相关规定。如图 2-26 所示为一端子露出边缘导致发生干涉的实例。出现这种情况将须增加对端子的手工焊接，对生产效率及品质将产生不利的影响，应尽量避免。

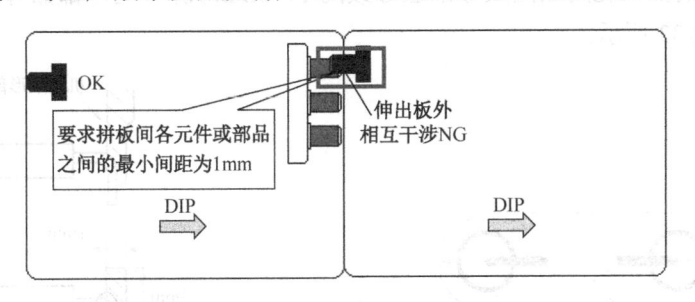

图 2-26 超出禁止区域产生干涉示意图

### 3. 竖插元件的禁止区域设置

1) 竖插元件管脚处：由于竖插元件在自动插件作业时管脚会被打弯，因此，在打弯处不能设计裸露的铜箔，如图 2-27 所示，图中灰色区域为禁止布线区。

2) 竖插件间的最小距离：

① 竖插件的部品外形边框与周围的部品外形边框（包括其他竖插元件、已焊接好的表面贴装元件、已插装好的卧插元件）间的最小距离为 1.0mm。如图 2-28 所示。

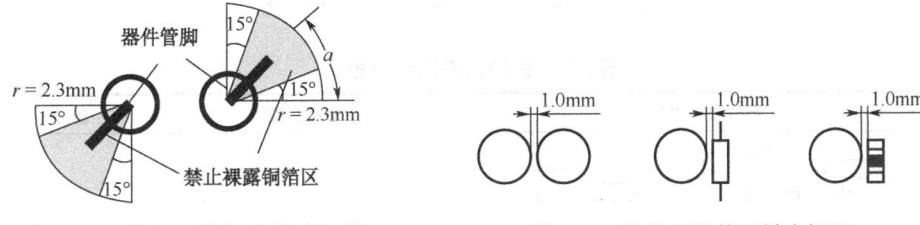

图 2-27 竖插元件打弯处示意图　　图 2-28 竖插部品外形最小间距

② 相邻竖插元件插入孔间的最小间距（从元件插入孔中心算起，下同）：如图 2-29 所示。

③ 竖插元件的插入孔与相邻的其他卧插件的插入孔之间也应有 3.0mm 以上的间距：如图 2-30 所示。

图 2-29 竖插部品插入孔间最小间距　　图 2-30 竖插与卧插部品插入孔间最小间距

#### 4. 卧插元件的禁止区域设置

1）卧插元件（包括跨接线）的管脚处：禁止裸露铜箔和配置元器件区域如图 2-31 所示。

2）元件插装面的器件间最小距离：

① 卧插件（含跨接线）间的最小距离（从插入孔中心计算，如表 2-7 所示。假定元件脚径与插入孔同心）。

② 卧插件的插入孔周围因成形部位导致的 1×3mm 死区，周围部品外形边框不能在该区域内，如图 2-32 所示。

图 2-31 卧插元件打弯处示意图

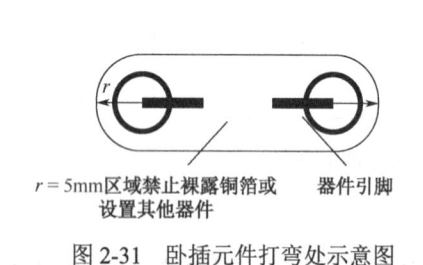

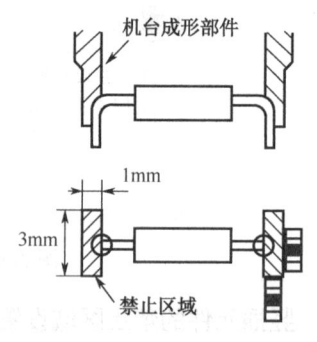

图 2-32 卧插件周围器件禁止区

③ 卧插件的部品外形边框与周围部品外形边框间的最小距离 0.5mm。如图 2-33 所示。

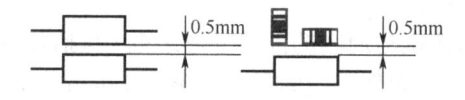

图 2-33 卧插件的部品外形间的最小距离

表 2-7 卧插器件间最小距离

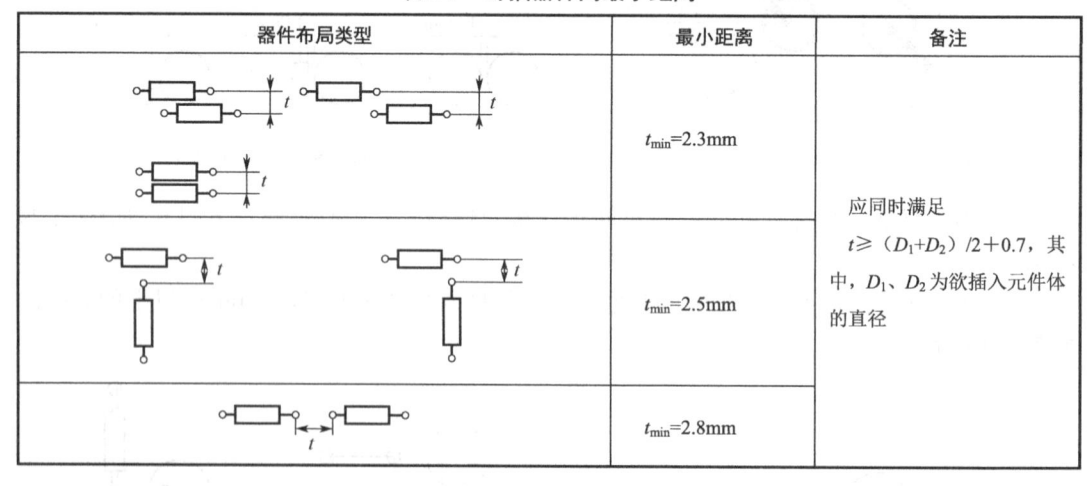

| 器件布局类型 | 最小距离 | 备注 |
| --- | --- | --- |
|  | $t_{min}$=2.3mm | 应同时满足 $t \geqslant (D_1+D_2)/2+0.7$，其中，$D_1$、$D_2$ 为欲插入元件体的直径 |
|  | $t_{min}$=2.5mm |  |
|  | $t_{min}$=2.8mm |  |

#### 5. 贴片元件的禁止区域设置

贴片 CHIP（芯片）件间的最小距离及 IC 器件与周围 CHIP（芯片）器件的最小距离如表 2-8 所示，在布局时尽量按一般装配的要求进行，器件间的间距越大越好并避免局部的元器件排列过密。

表 2-8 贴片器件间的最小距离

| 布局类型 | | |
|---|---|---|
| 一般装配 | $a=0.5$mm | $b=0.8$mm |
| 高密装配 | $a=0.3$mm | $b=0.5$mm |

### 2.2.3 其他标识设计

PCB 电路板设计时，必须符合生产工艺特性，方便生产现场管理，使生产过程不易出现差错，从而保证了过程质量，同时也有利于快速化生产，降低制造成本。这种可制造性设计需要通过下列规范来实现。

1）PCB 电路板必须有厂家标识、拼板号、分板号，且各拼板号和各分板号不能重复；各标识应尽量标在醒目位置且易于辨认。建议将拼板号标在 PCB 电路板的工艺边上。如图 2-34 所示。

2）必须设定部品位号，且同种产品位号不能重复；位号应清晰明了、不容易产生误解。

3）位号编号规则：位号和表示方向与位置以满足下列条件为准，文字方向：由下至上或由左至右；文字的位置：部品的下方或部品的右方。

4）基本要求：所有部品的位号都要靠近部品进行标识。若因空间制约不能邻近表示时，则可在附近找一空白区域，按元器件排列位置及方向标识，同时应明确表示已标示的区域和引出的部品区域间的对应关系，如图 2-35 所示。

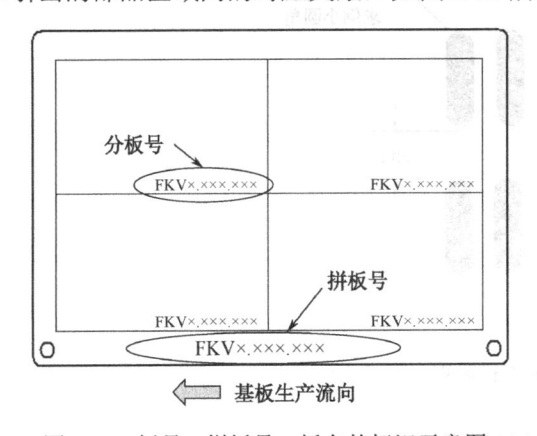

图 2-34 板号、拼板号、板名的标识示意图

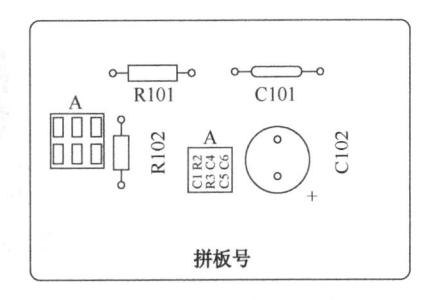

图 2-35 部品位号标识示意图

5）对于 SOP 和 QFP 等集成电路必须在明显处标出第 1 脚的位置。

## 2.2.4 焊盘设计

焊盘设计长度对焊接结果的影响：偏长容易造成锡量过多，容易导致立碑现象的发生；偏短则容易造成锡量过少，影响焊点强度。焊盘设计宽度对焊接结果的影响：偏宽容易造成元件的扭转及产生半边焊和立碑现象。焊盘设计的中心间距对焊接结果的影响：偏宽，元件与焊盘上锡膏接触面积过小，贴装后容易飞件或移位，回流后容易产生半边焊和立碑；偏窄，压在元件身体下的焊膏在回流时容易产生锡珠。

### 1. 矩形片状元器件焊盘设计

焊盘的设计主要依据元器件的长度、宽度、元器件焊端宽度、元器件的高度等因素来进行。为了方便设计，企业通常以经验值来代替复杂计算，如表2-9所示。

表2-9 矩形片状元器件焊盘尺寸

| 器件类型 | 矩形片状元器件焊盘示意图 | 尺寸（单位：mm） | | | 备注 |
|---|---|---|---|---|---|
| | | $a$ | $b$ | $c$ | |
| 1005型 | | 0.55 | 0.40 | 0.50 | 若采用点胶、波峰焊接工艺则焊盘的长度尺寸应增加0.2mm |
| 1608型 | | 0.80 | 0.70 | 0.80 | |
| 2125型 | | 1.0 | 1.0 | 1.2 | |
| 3216型 | | 1.2 | 2.0 | 1.6 | |

### 2. 1608型排阻焊盘设计

1608型排阻焊盘要求按图2-36设计。

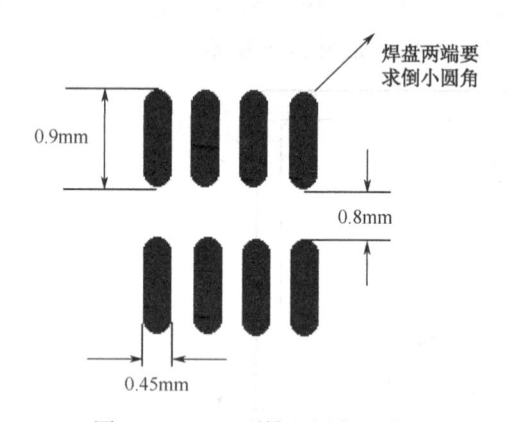

图2-36 1608型排阻焊盘尺寸

### 3. SOP、QFP元件带鸥翼形引脚焊盘设计（表2-10）

一般情况下，对于SOP、QFP元件带鸥翼形引脚焊盘，其焊盘的宽度$W_1$等于引脚的宽度$W$，焊盘的长度取$L=3×L_2$。焊盘的宽度与器件的引脚间距有关，不同的间距有不同的值，可参照表2-10所示的尺寸进行设计。焊盘的设计长度$L$根据$L_0$的实际长度而定，$L_1$为外侧长度，$L_2$为内侧长度，$L=L_1+L_0+L_2$。

表 2-10 SOP、QFP 元件不同脚间距的焊盘尺寸　　　　　（单位：mm）

| 脚间距 | 引脚尺寸 | | 焊盘尺寸 | | | |
|---|---|---|---|---|---|---|
| $P$ | $W$ | $L_0$ | $W_1$ | $L$ | $L_1$ | $L_2$ |
| 0.8 | 0.35 | 0.8 | 0.35 | 1.9 | 0.5 | 0.6 |
| 0.65 | 0.30 | 0.8 | 0.35 | 1.8 | 0.5 | 0.5 |
| 0.5 | 0.20 | 0.5 | 0.25 | 1.5 | 0.5 | 0.5 |
| 0.4 | 0.16 | 0.5 | 0.20 | 1.3 | 0.4 | 0.4 |
| 0.3 | 0.12 | 0.5 | 0.14 | 1.2 | 0.3 | 0.4 |

#### 4．BGA 焊盘设计

1）常见 BGA 焊盘尺寸设计见表 2-11。

表 2-11　BGA 焊盘尺寸

| 锡球间距（mm） | 设计尺寸 | |
|---|---|---|
| | 焊盘尺寸（mm） | 阻焊层（绿油）尺寸（mm） |
| 0.5 | 0.3 | 0.4 |
| 0.75 | 0.35 | 0.5 |
| 0.8 | 0.38 | 0.5 |
| 1.0 | 0.4 | 0.55 |
| 1.27 | 0.65 | 0.85 |

2）焊盘上的导通孔和焊盘附近的导通孔应该做成埋孔或盲孔，以免焊料流失造成焊接不良。

3）BGA 的调整标识和第一脚标识同 QFP 类元件。

4）BGA 焊盘与焊盘，焊盘与通孔连接均应采用设计上允许的最小线径连接；BGA 的焊盘直接与电源或地等大面积铜箔连接时，允许采用线宽为两倍于最小线径的连线连接。连线的长度最小为 0.254mm。

5）为了便于 BGA 的返修，BGA 的外框周围 2mm 范围内应尽量避免布置较高器件（如竖插电容）。为了避免返修时 BGA 底部加热对元器件可能造成的热冲击及影响热传递效率，BGA 的底部应尽量避免布置过密及耐热性能差的元器件。

6）较大面积的 BGA 焊盘与焊盘间的连接不宜采用大片铜箔连接再用阻焊膜覆盖出相应的焊盘图形，而应采用细颈线连接。

7）BGA 的外框应加相应的外框标识用于指示 BGA 的贴装位置，外框标识的大小应保证与 BGA 外框重合，保证贴装后可见，外框标识的位置应尽量准确。

8）BGA 焊盘周围多余的铜箔应尽量去除，避免在阻焊膜被破坏后（如返修过程中），再次焊接时引起桥接。

**5. 通孔器件焊盘设计**

对于通孔元器件的焊盘，在设计时必须依据实际元件管脚的粗细进行焊盘设计。具体的尺寸要求为：焊盘直径为孔径的 2～2.5 倍。同时为保证走线和通孔连接的可靠性，弥补钻孔偏差，必须在两者的连接处增加冗余的铜箔，推荐采用泪珠形设计，如图 2-37 所示。

**6. 无功焊盘设计**

无功焊盘是针对需要经过波峰焊接的 PCB 电路板而设计的，是在印制电路板上设置的一种没有设置器件焊接的焊盘。其目的是为了提高焊接质量、减少焊接过程的"桥接"缺陷。无功焊盘与 DIP 方向密切相关，由 DIP 方向来设置无功焊盘。

1）集成电路的无功焊盘设计如图 2-38 所示。

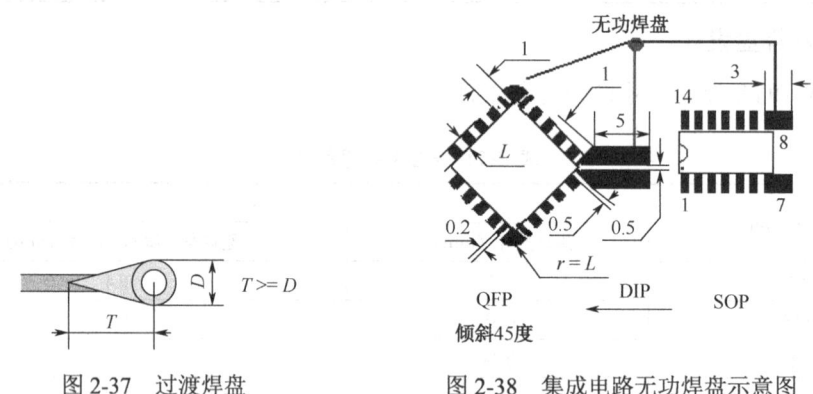

图 2-37 过渡焊盘

图 2-38 集成电路无功焊盘示意图

2）连续部品焊盘数不满 10 个的，设置 1 个无功焊盘；连续部品焊盘数 10 个以上的，设置 2 个无功焊盘。如图 2-39 所示。

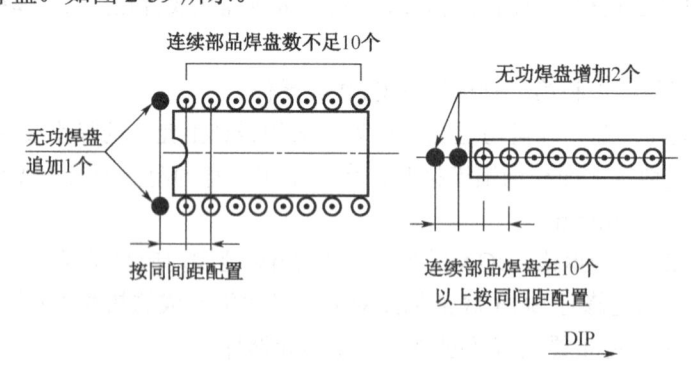

图 2-39 DIP 方向集成电路、连接器无功焊盘设计示意图

3）连续管脚的器件要相对于波焊方向平行配置，波焊终端要配置无功焊盘；必须直角配置时，须在焊盘后设置无功焊盘，如图 2-40 所示。

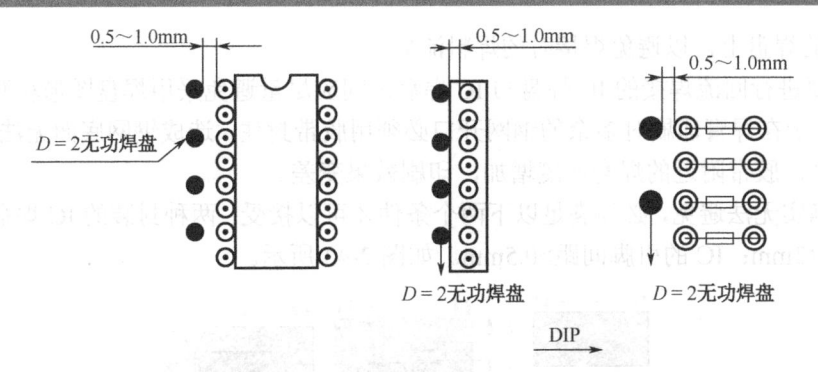

图 2-40　非 DIP 方向无功焊盘设计示意图

## 2.2.5　PCB 电路板设计时常见的问题分析

### 1. 金属化通孔的设置

焊盘上不能有贯穿金属化通孔或者贯穿金属化通孔距离焊盘过近，否则焊接时容易造成焊料流失，使周边的器件"桥接"或流失的焊料污染板面。金属化通孔不能设计在元件身体底下，以避免焊接时的助焊剂残渣等物质残留在通孔内无法清除影响产品寿命，此外，元件下的金属化通孔还可能造成元件底下夹藏锡珠而无法清除。同时对于较大的贯穿金属化通孔，波峰焊接时的焊料可能由于毛细作用上涌到元件插装面，影响到器件上已焊接好的焊点并造成对器件的热冲击。如果无法避免元件底下的通孔设置，在元件体下的通孔应设置阻焊膜覆盖。解决的方法如图 2-41 左边所示的合理设计。

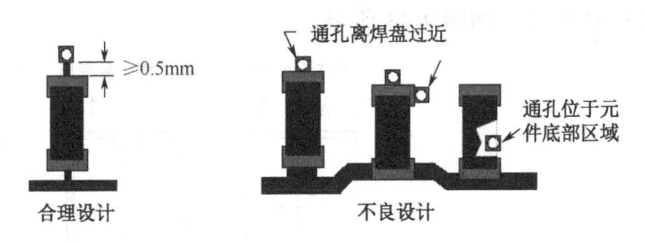

图 2-41　金属化通孔设计位置示意图

### 2. 焊盘与大面积铜箔连接

与焊盘相连接的铜箔走线过粗使得焊盘吸热慢散热快对焊接也会产生不利的影响，容易造成虚焊缺陷。因此，对于焊盘与大面积的铜箔相连接请参照图 2-42 的方式进行设计。具有多年设计经验的研发人员也常会出现这类问题，应当引起足够的重视。

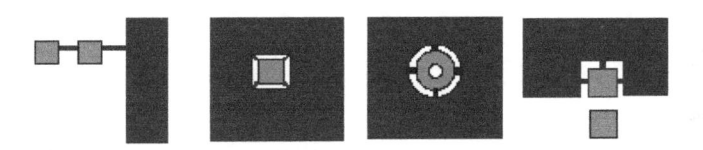

图 2-42　焊盘与大面积铜箔合理连接示意图

### 3. 相同功能不同封装的器件的交叠设计

1) 对 SMT 器件和 THT 器件，允许焊盘图形交叠设计，但 THT 器件的插件孔不应在

SMT 器件的焊盘上，以避免焊接时的焊料流失。

2）对要进行回流焊接的 IC 焊盘与 IC 焊盘之间应尽量避免采用焊盘图形相互交叠的设计，否则由于在焊膏印刷时多余的钢网开口必须用胶带封住，造成钢网底面无法与 PCB 表面完全接触，胶带附近的焊膏厚度增加，印刷效果变差。

如果确实无法避免，必须满足以下两个条件才可以接受：两种封装的 IC 焊盘间的距离（$L_1$&$L_2$）≥3mm；IC 的引脚间距>0.5mm。如图 2-43 所示。

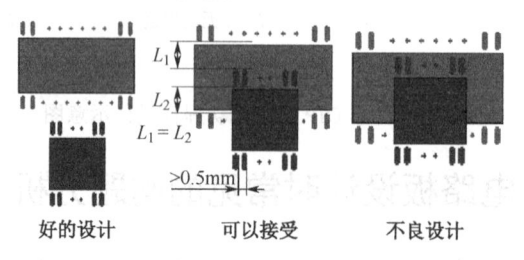

图 2-43　相同功能不同封装的器件的交叠设计

### 4．集成电路引脚焊盘间连接

IC 引脚焊盘间需要连接时，应从引脚外部连接，不允许在焊脚中间直接连接。密间距的器件引脚焊盘间避免走线，以防止阻焊不良造成短路。如图 2-44 所示，应当避免"不良设计"。

### 5．工艺边设计

设计合理的工艺边，为防止 PCB 电路板在生产过程中变形（如机插、回流、波峰焊时），工艺边上尽量避免开 V 形槽。如图 2-45 所示。

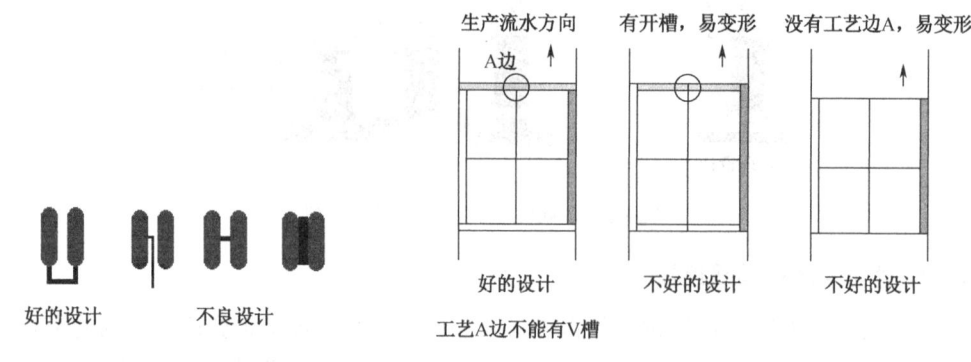

图 2-44　IC 引脚焊盘间连接设计示意图

图 2-45　工艺边设计要求示意图

## ▌ 任务实施

### 1．实验准备

1）上网计算机，Windows 操作系统。

2）IE6 及以上浏览器。

3）Office：Microsoft Excel 2003，Microsoft Word 2003。

## 2. 实验过程

根据本任务学习内容参照表 2-12 设计可制造性综合评审表，并根据表中图片进行评审。

表 2-12　电子产品 PCB 可制造性评审表

| 表单编号： | | | | | | 版本： | |
|---|---|---|---|---|---|---|---|
| 产品类型 | | | | 产品型号 | | 评审工序 | |
| 研发人员 | | | | 板件号 | | 负责人 | |
| 评审内容 | 评审结果 | | | 现象描述 | 建议内容 | 设计更改答复 | 工艺技术部门确认 |
| | 接受 | 建议更改 | 不可接受 | | | | |
| PCB 设计方案 | | | | | | | |
| MARK 点/定位孔设置 | | | | | | | |
| 四角设计圆弧 | | | | | | | |
| IC 第一脚/板号标志 | | | | | | | |
| 部品最小间距设置 | | | | | | | |
| 回流焊盘设计 | | | | | | | |
| V 形槽/邮票孔设置 | | | | | | | |
| REFLOW/DIP 标识设置 | | | | | | | |
| PCB 尺寸外形 | | | | | | | |
| 工艺边设置 | | | | | | | |
| 波峰焊盘设置 | | | | | | | |
| 焊盘连接设置 | | | | | | | |
| 部品禁止区域设置 | | | | | | | |
| 插件元件最小间距 | | | | | | | |
| PCB 板号及位号设置 | | | | | | | |
| 安装孔、螺钉孔、部品孔周围铜箔设计 | | | | | | | |
| 其他 | | | | | | | |
| 图片 | 1. 工艺流程：锡膏涂敷→贴片→回流焊→翻面→锡膏涂敷→贴片→回流焊。<br>2. PCB 外形尺寸：120mm×80mm。<br>3. 工艺边的尺寸如图所示，焊盘除特别说明外，其余未发现异常 | | | | | | |
| 评审人 | | | | | 评审时间 | | |

## 3. 提交实验报告

## 练　习

### 一、名词解释

1．REFLOW 方向；2．DIP 方向；3．无功焊盘；4．位号；5．焊盘。

### 二、选择题

1．卧插件的部品外形边框与周围部品外形边框间的最小距离（　　）。
　　A．0.5mm　　　　B．1.5mm　　　　C．2.5mm　　　　D．3.5mm
2．丝印焊盘偏宽容易造成元件的扭转及产生（　　）现象。
　　A．半边焊和立碑　B．桥接　　　　C．虚焊　　　　　D．空焊
3．焊盘图形相互交叠的设计两种封装的 IC 焊盘间的距离（$L_1 \& L_2$）≥（　　）；IC 的引脚间距>0.5mm。
　　A．0.8mm　　　　B．1mm　　　　　C．2mm　　　　　D．3mm
4．部品禁止区域的设置包括（　　）。
　　A．贴片元件　　　B．通孔元件　　　C．竖插元件　　　D．卧插元件。
5．连续部品焊盘数不满 10 个的，设置（　　）个无功焊盘。
　　A．2　　　　　　 B．3　　　　　　 C．4　　　　　　 D．1。

### 三、判断题

（　　）1．通孔不能设计在元件身体底下，否则焊接时容易造成焊料流失。
（　　）2．IC 引脚焊盘间需要连接时，应从引脚外部连接，不允许在焊脚中间直接连接。
（　　）3．连续管脚的器件平行于波焊方向，波焊终端不要配置无功焊盘。
（　　）4．PCB 电路板沿 DIP 方向的两侧起至少 5mm 宽的区域不得配置任何器件。
（　　）5．同一板上有极性或方向的器件其极性或方向标识应设置成一致。

### 四、简答题

1．如何进行 DIP、REFLOW 标识设置？
2．如何进行无功焊盘设计？
3．简述金属化通孔的设计要求。
4．如何对 PCB 电路板的部品位号、板号、拼板号、板名进行标识？

## 任务 3　生产现场 6S 管理技术

### ▎任务描述

有一企业接洽了一发达国家客商，客商来到企业后，没有进会议室，甚至连一口水都没有喝，直接来到了生产现场。看完生产现场后，客商对这家企业的负责人说：请贵公司

先做 6S 吧，一个连 6S 都做不好的企业，鄙公司不敢与之合作。

假如客商一进入企业大门，车辆停放凌乱，四周杂乱不洁，安全通道堵塞不通，车间凌乱不堪，满地垃圾，那么客商一定打心底怀疑这个企业的管理能力，对其产品的品质更是没有信心，哪还有下订单的勇气？因此，6S 管理技术对质量控制极其重要。本任务是学习 6S 管理技术，设计开展 6S 活动"红单"，评价 6S 活动效果。

## 知识准备

## 2.3 生产现场 6S 管理技术

### 2.3.1 什么是 6S

**1. 6S 的来源**

6S 源于 5S，5S 现场管理方法源于 20 世纪末的日本企业，是日本企业独特的一种管理方法。日本企业将 5S 活动作为工厂管理的基础，从而推行各种质量管理手法。他们在追求效率的过程中，循序渐进，从基础做起，首先在生产现场中将人员、机器、材料、方法等生产要素进行有效的管理，针对企业中每位员工日常行为提出要求，倡导从小事做起，力求使每位员都养成"事事讲究"的习惯，从而达到提高整体工作质量的目的。

二战战败后的日本，在自然资源十分匮乏的条件下，只用了短短二三十年的时间，创造了令世人震惊的经济奇迹，跻身世界经济强国之列，以其"质优价廉"的工业产品打得老牌工业强国节节败退。通过许多专家、学者的深入研究，发现成功的因素固然很多，但品管圈（QCC）和现场管理活动起着至关重要的作用，为日本工业成功的两大法宝。

我国企业在 5S 现场管理的基础上，结合国家如火如荼的安全生产活动，在原有的 5S 基础上增加了安全（Safety）要素，形成了 6S。

**2. 什么是 6S**

6S 是现场管理的一种方法，就是整理（Seiri）、整顿（Seiton）、清扫（Seiso）、清洁（Seiketsu）、素养（Shitsuke）和安全（Safety）6 个工作项目的简称。

因为前 5 个词的日语中罗马拼音的第一个字母都是"S"，后 1 个词是英文字母也是 S，所以简称为 6S。

### 2.3.2 6S 管理的基本内容与实施方法

**1. 整理**

1）定义：整理就是将必要和不必要的物品进行区分，并将不必要的物品进行废弃的活动。如图 2-46 所示。

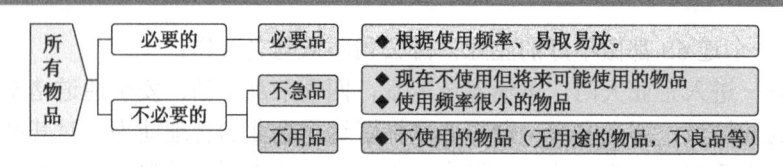

图 2-46 "必要的物品"和"不必要的物品"的区分

2) 整理的目的：主要是腾出空间，防止误用，塑造清爽的工作环境。具体的目的如下：①改善和增加作业面积；②现场无杂物，行道通畅，提高工作效率；③减少磕碰的机会，保障安全，提高质量；④消除管理上的混放、混料等差错事故；⑤有利于减少库存量，节约资金；⑥改变作风，提高工作情绪。

3) 整理的对象：①无使用价值的物品。②不使用的物品。③造成运输不便的物品。

4) 整理的流程：如图 2-47 所示。整理的实施步骤可以按照流程图来进行。在行动之前首先进行意识培训，包括整理的定义、目的、对象等；其次，现场调查和制定标准。整理的标准主要是区分必要的物品与非必要的物品的基准，如表 2-13 所示。最后，把不必要的处理掉，留下必要的物品。

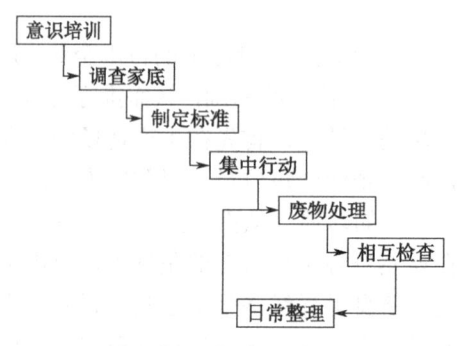

图 2-47 整理的流程图

表 2-13 必要物品与非必要物品的区分基准

| 类别 | 使用频度 | | 处理方法 | 备注 |
| --- | --- | --- | --- | --- |
| 必要物品 | 每小时 | | 放在工作台上或随身携带 | |
| | 每天 | | 现场存放（工作台附近） | |
| | 每周 | | 现场存放 | |
| 非必要物品 | 每月 | | 仓库存储 | |
| | 三个月 | | 仓库存储 | 定期检查 |
| | 半年 | | 仓库存储 | 定期检查 |
| | 一年 | | 仓库存储（封存） | 定期检查 |
| | 二年 | | 仓库存储（封存） | 定期检查 |
| | 未定 | 有用 | 定期检查 | 定期检查 |
| | | 不必要用 | 变卖/废弃 | 定期清理 |
| | 不能用 | | 废弃/变卖 | 立刻废弃 |

5) 推行整理的要领：①马上要用的、暂时不用的、长期不用的要区分对待。②即便是必要品，也要适量，要将必要品的数量降到最低程度。③在哪儿都可有可无的物品，不管是谁买的，有多昂贵，也应坚决处理掉，决不手软。

6）整理的实施方法：①定点摄影法：把存在的问题拍摄下来进行通报并要求整改。②红牌作战法：如表 2-14 所示，对存在的问题开出红色的整改通知单。③寻宝活动：是 6S 现场管理初期整理活动趣味化的一种手段。所谓的"宝"，是指需要彻底找出来的不必要物。说它是宝，并不是说它本身多大价值，而是因为它隐藏较深、不易被发现。

表 2-14  6S 红单

单位：

你单位在 6S 管理活动中以下区域存在问题，现送达问题票（红牌）与你，请在规定的时间内整改完毕。

| 编号 | | |
|---|---|---|
| 6S 区域名 | 问题部门 | 部门专员 |
|  |  |  |
| 问题发现时间 | 问题分类 | 要求改善完成日 |
|  |  |  |
| 问题描述：<br>1.<br>2. | | |
| 问题分类标准说明：<br>□A：立即整改  □B：1 天内整改<br>□C：3 天内整改  □D：1 周内整改<br>□E：2 周内整改  □F：2 周以上整改 | | |
| 改善说明： | | |
| 周执行主席 | | |
| 稽查员 | | |

签收人（部门负责人）：　　　　　　　　　年　　月　　日

### 2. 整顿（图 2-48）

（1）定义

整顿是指必要的物品要根据用途和频度指定保管场所，必要时可随时取出使用。

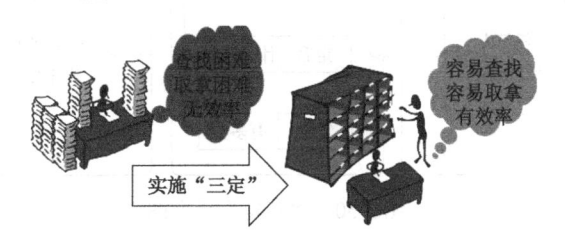

图 2-48  整顿

（2）整顿目的

① 工作场所一目了然。

② 消除找寻物品的时间。

③ 整整齐齐的工作环境。
④ 消除过多的物品积压。

（3）整顿活动的要点

① 物品摆放要有固定的地点和区域，以便于寻找，消除因混放而造成的差错。
② 物品摆放地点要科学合理。
③ 物品摆放目视化，使定量装载的物品做到过目知数，摆放不同物品的区域采用不同的色彩和标记加以区别。

（4）整顿的三要素

① 场所：物品的放置场所原则上要 100%设定，物品的保管要定点、定容、定量，生产线附近只能放置真正需要的物品。
② 方法：易取，不超过所规定的范围，在放置方法上多下工夫，要细化，比如要问一下到底是装上，还是放上，还是放入，还是挂上，还是其他等。
③ 标识：从方法上讲，选择很多，标签、KANBAN、图示、颜色或其他方法标识。同时放置场所和物品原则上要一对一。如图 2-49 所示。

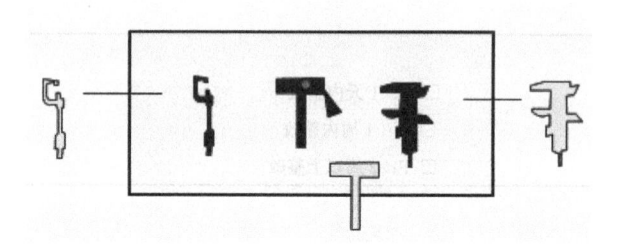

图 2-49　工具整顿示意图

（5）整顿的"三定"原则

① 定义：6S 活动的整顿阶段中，使任何人都能够很容易找到、使用和放回物品（材料、工具等）的方法就是"三定"。"三定"是使任何人均可容易了解物品放在何处（定点），用什么容器、颜色（定容），规定的数量是多少（定量）等状况的活动。如图 2-50 所示。

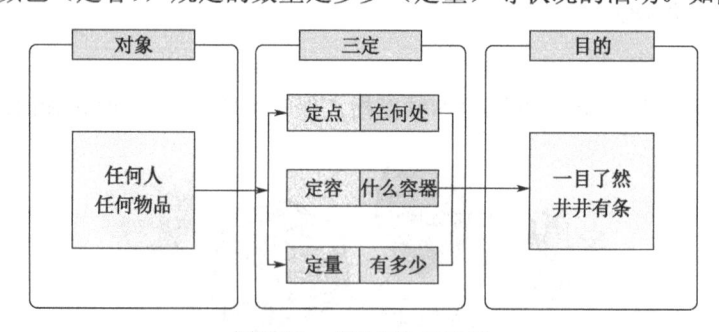

图 2-50　"三定"示意图

② "三定"到目视管理的推进顺序。

物品"三定"的目的就是为了达到目视管理状态，其推进顺序如图 2-51 所示。首先进行整理，去除不必要的物品，腾出空间，指定物品放置场所；然后标示场所、物品名称和数量；宣传遵守规则，最后，监督执行，以达到目视管理状态。

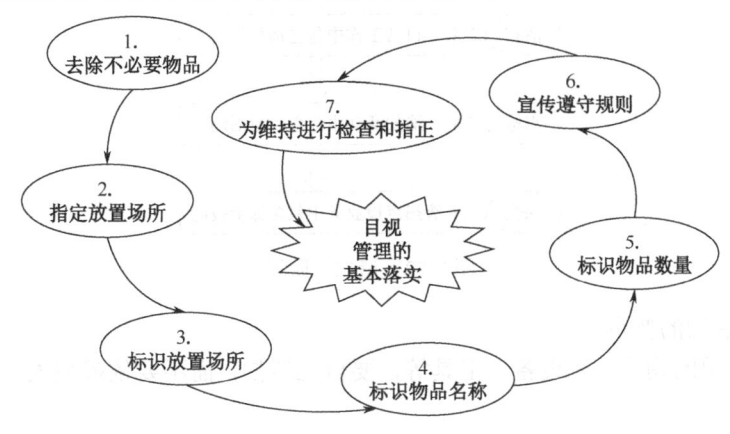

图 2-51 "三定"管理的推进顺序

（6）整顿重点

"整顿"是一门"摆放"、"标识"的技术。物品的标识要达到以下目的。

1）看了能够立即明白物品是什么，即在实物上进行标识，具体指出物品名称、使用时期、使用场所、现有状态（有用、无用、合格品或不合格品）。

2）物品可以立即取出，使用后能正确放回原位，不会忘记也不会放错，即使忘记或放错了，也能很容易辨别出来。根据物品的不同类型，可遵循不同的分类规则进行分类标识管理，具体规则如下：有用物品或无用物品；消耗品或固定资产；长期保存物品或非长期保存物品；合格品或不合格品；反复使用物品或非反复使用物品；专用物品或通用物品等。

3）整顿时需要注意以下几点：①整顿的结果要成为任何人都能立即取出所需要的东西的状态。②要站在新人、其他现场的人的立场来看，使得什么东西该放在什么地方更为明确。③要想办法使物品能立即取出使用。另外，使用后要能容易恢复到原位，没有恢复或误放时马上知道。

### 3. 清扫

（1）定义

清扫是指对作业场所（岗位）的灰尘、污染、污垢等进行去除，并发现设备机器的缺陷等后，使其恢复到原有状态的改善活动。清扫活动推进有三阶段。

第一阶段：日常清扫（干净的清扫）。对作业场所全面（地面、作业台、墙壁、空间、车床、设备）实施灰尘、污垢、油迹等的去除，将工作场所内看得见和看不见的地方清扫至无垃圾、无灰尘，干净整洁。

第二阶段：点检清扫（感知的清扫）。以机器和设备为重点发现缺陷的清扫活动。机器、设备本体、驱动部位等的点检；油、液压、排气等的点检。

第三阶段：保全清扫（改善的清扫）。对发现的缺陷，作业者自己直接进行复原或改善；作业者自己改善困难时，可邀请相关担当者进行帮助。如图 2-52 所示。

（2）清扫的目的

① 保持良好的工作情绪。

② 稳定品质。

③ 达到零故障、零损耗。

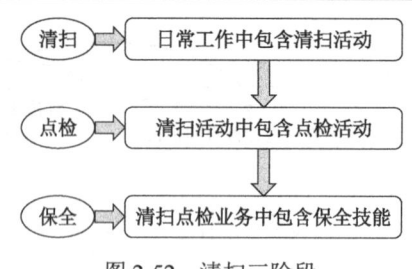

```
清扫  → 日常工作中包含清扫活动
点检  → 清扫活动中包含点检活动
保全  → 清扫点检业务中包含保全技能
```

图 2-52　清扫三阶段

（3）清扫活动的要点

① 自己使用的物品、如设备、工具等，要自己清扫，而不要依赖他人，不增加专门的清扫工。

② 对设备的清扫，着眼于对设备的维护保养。清扫设备要同时做设备的润滑工作，清扫也是保养。

③ 清扫也是为了改善。当清扫地面发现有飞屑和油水泄漏时，要查明原因，并采取措施加以改进。

4. 清洁

1）定义：整理、整顿、清扫之后要认真维护，使现场保持完美和最佳状态。

清洁，是对前三项活动的坚持与深入，从而消除发生安全事故的根源。创造一个良好的工作环境；使职工能愉快地工作。

2）目的：创造明朗现场，管理规范化、标准化。

3）清洁活动的要点：①车间环境清洁卫生，工人本身清洁精神上的"清洁"，要使环境不受污染。②落实前 3S 工作，将整理、整顿、清扫具体实施流程规范化、制度化，维持其成果。③制定目视管理及看板管理的基准。④制定 6S 实施办法、考核方法、制定奖惩制度，加强执行。

5. 素养

1）定义：是指对整理，整顿，清扫，清洁活动不间断地进行亲身实践，即不论何时都严格遵守约定的事项，逐步形成习惯。也就是人人依照规定和制度行事，养成好习惯，培养积极进取的精神。如图 2-53 所示。

图 2-53　素养示例

2）素养的目的：培养具有好习惯、遵守规则的员工，营造团队精神。

3）实施要点：①思考问题的原则：不逃避问题，能积极面对问题；不依赖、不等待、不依靠；反省自身的问题，不简单指责别人；对自己不断提出新的要求；相信对方，并真诚地给予对方支援。②解决问题的原则：不问时间、只要发生问题立即解决；解决问题时，尽量从对方优先的立场出发；解决问题时行动要迅速；集中、有效地解决问题，不拖泥带水；持续跟进，解决后有效跟进并确认效果。

4）素养的表现：①严格遵守规章制度，认真按照标准作业；时间观念强，按时上班，遵守会议时间约定；工作认真、无不良言行；着装得体、规范，正确佩戴工作牌，诚恳待人，互相尊重和帮助。②遵守社会公德，维护公共秩序。③富有责任感，关心他人，助人为乐。

5）素养活动培育的内容：①上、下班方面的行为素养。②交往方面的行为素养。③出席会议方面的行为素养。④接洽公务方面的行为素养。⑤公共场所的行为素养。

6）素养活动的实施方法：①持续推行前4S活动，全员形成习惯；制定规章制度（如工作服穿着标准看板）；教育培训；积极开展各种精神提升活动；培养员工热情和责任感。②实施素养活动应做的工作：规范早会制度；举办各种激励活动；制定服装、工牌识别标准；制定相关规则、守则；开展员工教育，学习相关规章制度。

#### 6. 安全

1）定义：安全是指消除事故隐患，排除险情，预防事故的发生。

2）安全的目的：保障职工安全，减少工伤事故，改善工作环境，减少机械设备损坏事故，降低生产成本，确保安全生产，保障食品安全。

3）安全的主要内容：安全检测设施；治安安全；特种设备安全；财产安全；设备运转安全；防火防爆安全；作业环境安全；食品安全；机动车辆安全等。

4）安全的推进方法：①建立严格安全制度。依法化建立健全安全生产责任制，制定完善安全生产规章制度和操作规程。②保证安全生产投入并有效实施。③落实规章制度，消除生产隐患。严格落实各项安全规章制度，及时消除安全生产隐患，完善安全生产事故应急预案并组织实施。

### 2.3.3 6S管理活动的推进程序

在学习情境1中已经学习了科学工作程序PDCA循环，因此，可以用PDCA循环的4个阶段8个步骤推进6S管理活动。如表2-15所示。在计划阶段中高层领导起关键作用。没有高层领导的参与和支持，6S管理活动是难以取得实质成效的。一般来说，单位最高领导者通常是6S管理推进组织的委员会主任，各部门的第一责任人是这个组织的委员会委员，单位全体员工都应当积极参与。同时，在计划阶段中也要进行现场调查，提出6S管理活动的短期目标、中期目标和长期目标。

表2-15 6S管理活动的推进程序表

| 阶段 | 步骤 |
| --- | --- |
| 计划阶段（P） | 第1步：现状调查，设定目标 |
| | 第2步：成立6S管理推进委员会并制定职责 |
| | 第3步：拟定推行方案 |
| | 第4步：宣传与培训 |

续表

| 阶段 | 步骤 |
|---|---|
| 实施阶段（D） | 第5步：局部推进：（1）现场诊断 |
| | （2）选定样板区 |
| | （3）实施改善 |
| | 第6步：全面启动：（1）区域责任制 |
| | （2）制定评价标准 |
| 检查阶段（C） | （3）评价、检查、考核 |
| 巩固阶段（A） | 第7步：维持6S管理成果（标准化、制度化） |
| | 第8步：挑战新目标 |

在实施阶段中最为重要的是选定样板区和制定评价标准，评价标准应当量化。在检查阶段要注意及时公告考核结果。在巩固阶段注意标准化和制度化，特别强调持之以恒，不断创新。

## 任务实施

### 1. 实验准备

1）上网计算机，Windows 操作系统。

2）IE6 及以上浏览器。

3）Office：Microsoft Excel 2003，Microsoft Word 2003。

### 2. 实验过程

1）以宿舍为单位相互检查各自的 6S 状况并参照表 2-14 对存在的问题开红单。

2）针对实训场所，根据 6S 的要求参照表 2-16 制作 6S 检查、考核评分表，并根据实际情况进行评分。

### 3. 提交实验报告

表2-16  6S检查、考核评分表

| 项目 | 检查内容 | 5分 | 4分 | 3分 | 0-2分 | 配分 | 得分 |
|---|---|---|---|---|---|---|---|
| 整理 | 是否有损坏的无使用价值的设备？ | 0 | 1-2台 | 3-4台 | 5台以上 | 5 | |
| | 现场是否有损坏的桌椅？ | 0 | 1-2张 | 3-4张 | 5张以上 | 5 | |
| | 通道是否畅通，垃圾是否及时处理？ | 是 | 1处 | 3处 | 5处以上 | 5 | |
| 整顿 | 计算机、教学设备是否有定位？ | 是 | 2处没有 | 3处没有 | 完全没有 | 5 | |
| | 设施放置是否有标识？ | 是 | 2处没有 | 6处没有 | 全无 | 5 | |
| | 计算机、桌椅摆放是否整齐？ | 是 | 2处不整 | 4处不整 | 完全混乱 | 5 | |
| | 教学器具放置是否合理？ | 是 | 不规范 | 不整齐 | 乱放置 | 5 | |
| 清扫 | 地上、桌上和墙面是否脏乱？ | 无 | 地面脏 | 桌面脏 | 墙面脏 | 5 | |
| | 饮水机、空调等是否定期清理？ | 是 | 不定期 | 部分 | 没有清理 | 5 | |
| | 卫生间是否不干净或有明显异味？ | 无 | 不明显 | 有异味 | 不干净 | 5 | |
| | 办公桌设施表面是否干净无灰尘？ | 无 | 隐蔽处 | 看得到 | 有污垢 | 5 | |

续表

| 项目 | 检查内容 | 5分 | 4分 | 3分 | 0-2分 | 配分 | 得分 |
|---|---|---|---|---|---|---|---|
| 清洁 | 计算机与显示器是否保持干净？ | 是 | 2处脏 | 3处脏 | 5处脏 | 5 | |
| | 物品是否依规定整整齐齐放置？ | 是 | 仅部分 | 随意放 | 无 | 5 | |
| 素养 | 实训室是否有人在上课时玩手机？ | 无 | 2个 | 3个以上 | 5个以上 | 5 | |
| | 是否熟悉、理解6S内涵和要求？ | 是 | 不理解 | 不熟悉 | 无所谓 | 5 | |
| | 是否有浪费电、水的现象？ | 无 | 个别 | 多数 | 没人管 | 5 | |
| | 学生是否有提早下课或迟到的情况？ | 无 | 1-2人 | 2-3人 | 4人以上 | 5 | |
| 安全 | 实训场所是否有逃生标志？ | 有 | 破损 | 不清晰 | 无 | 5 | |
| | 消防器材是否定期点检？ | 有 | 不定时 | 时有时无 | 无 | 5 | |
| | 实训室是否安全警示？ | 有 | 过时 | 不全 | 无 | 5 | |
| 合计 | | | | | | 100 | |

总得分为100分　　其中分以下70 立即改善　71-80 务必改善　80-100 良好并持续改善，每月由6S活动推动小组检核，并公布检核结果。

# 练　　习

## 一、名词解释

1. 整理；2. 整顿；3. 整顿三要素；4. "三定"原则；5. 素养。

## 二、选择题

1. 将整理、整顿、清扫三项活动的坚持与深入，从而消除发生安全事故的根源，这是（　　）内涵。

　　A．整理　　　　B．节约　　　　C．安全　　　　D．清洁

2. 下列中不属于整顿三要素的是（　　）。

　　A．场所　　　　B．标志　　　　C．方法　　　　D．定位

3. （　　）的目的是节省空间。

　　A．整理　　　　B．整顿　　　　C．清扫　　　　D．清洁

4. 开展"6S"管理活动的最终目的是（　　）。

　　A．提高质量　　B．提高生产效率　C．节约成本　　D．提高员工素养

5. 不属于整顿的"3定"原则的是（　　）。

　　A．定品　　　　B．定位置　　　C．定量　　　　D．定时

## 三、判断题

（　　）1. 开展"6S"管理活动最主要的内容是把环境打扫得干干净净。

（　　）2. "整顿"是一门"摆放"、"标识"的技术。

（　　）3. 物品可以立即取出，使用后能正确放回原位，这是整理的重点。

（　　）4. 红牌作战法是清扫实施的主要方法。

（　　）5. 严格遵守规章制度，认真按照标准作业；时间观念强，遵守会议时间约定

是有素养的表现。

### 四、简答题

1．一般情况下企业如何区分必要和非必要物品？
2．清扫推进可分为几个阶段？
3．清洁活动的要点有哪些？
4．简述素养活动实施的方法。
5．简述"6S"管理活动的推进程序。

# 学习情境 3  统计抽样检验

## 能力目标

1. 具备依据 GB/T2828.1-2012 进行抽样检验的能力。
2. 具备应用 OC 曲线分析抽样方案的能力。
3. 具备应用 MINITAB 16 进行抽样方案设计能力。

## 知识目标

1. 理解抽样检验常见术语、OC 曲线的含义。
2. 掌握抽样检验的分类和抽样标准。
3. 掌握抽样方案的制定与实施方法。

## 任务 1  抽样检验与抽样标准的应用

### 任务描述

某液晶电视机生产厂为提高生产效率和控制产品品质,把出厂检验直接设置在流水线上,并对产品进行全检。然而,实施一段时间后发现客户投诉较多,一些本应该在出厂前发现的问题却没有发现。这说明了在线全检的检验方式存在问题。同样,某传感器生产企业由于产品生产工艺流程短,也实施生产过程中品管人员全检后就出厂。结果客户抱怨也较多,甚至出厂的产品存在批量质量问题。后来在质量管理专家的指导下,实施增加出厂前的抽样检验,使得问题得到了解决。本任务主要学习抽样检验的基础知识,懂得抽样术语、分类和抽样方案的含义及应用 GB2828.1-2012 标准实施计数抽样检验。

### 知识准备

## 3.1  抽样检验基础知识

### 3.1.1  抽样检验的定义

抽样检验是从一批产品或一个过程中抽取一部分单位产品,进而判断产品批或过程是否接收的活动。它不是逐个检验批中的所有单位产品,而是按照规定的抽样方案和程序从一批产品中随机抽取部分单位产品组成样本，根据样本测定结果来判定该批产品是否接收。抽样检验有很多特定的术语，部分术语介绍如下。

1）单位产品：此为根据抽样检验的需要而划分的基本产品单位。GB/T2828.1-2012 将单位产品定义为：能被单独描述和考虑的一个事物。如：一个有形的实体；一定量的材料；一项服务、一次活动或一个过程；一个组织或个人；上述项目的任何组合。

2）批：作为检验对象而汇集在一起的一定数量的某种产品、材料或服务。由基本相同的制造条件、一定时间内制造出来的同种单位产品构成。

① 孤立批：是指脱离已生产或汇集的批系列，不属于当前检验批系列的批。

② 连续批：是指待检批可利用最近已检批所提供质量信息的连续提交检验批。

3）批量：批中包含的单位产品总数，常用 $N$ 来表示。

批量的大小，应当因时、因地制宜地确定。体积小、质量稳定的产品，批量宜大些。但是批量不宜过大，批量过大，一方面不易取得具有代表性的样本，另一方面，这样的批量一旦被拒收，经济损失也大。

4）样本：取自一个批并且能提供该批信息的一个或一组产品。样本的大小以符号 $n$ 表示。

5）合格判定个数：作为判定批量是否合格的基准不良个数，称为合格判定个数。合格判定个数以符号 $C$ 表示。

6）合格判定值：为判定批量是否合格的基准平均值，称为合格判定值。

7）不合格：不合格是指单位产品的任何一个质量特性不满足规范要求。根据质量特性的重要性或不符合的严重程度分为：

A 类不合格：单位产品的关键质量特性（Critical）不符合规定，或单位产品的质量特性极严重不符合规定。GB/T2828.1-2012 将 A 类定义为"最被关注的一种类型不合格"。在验收抽样中，将给这种类型的不合格指定一个很小的 AQL 值。

B 类不合格：单位产品的重要质量特性（Major）不符合规定，或单位产品的质量特性严重不符合规定。GB/T2828.1-2012 将 B 类定义为"关注程度比 A 稍低的一种类型不合格"。如果存在 C 类不合格，可以给 B 类不合格指定比 A 类不合格大但比 C 类不合格小的 AQL 值。

C 类不合格：单位产品的一般质量特性（Mineral）不符合规定，或单位产品的质量特性轻微不符合规定。

8）不合格品：具有一个或一个以上不合格的产品称为不合格品。通常分为：

A 类不合格品：有一个或一个以上 A 类不合格，也可能有 B 类和 C 类不合格的单位产品。

B 类不合格品：有一个或一个以上 B 类不合格，也可能有 C 类不合格，但没有 A 类不合格的单位产品。

C 类不合格品：有一个或一个以上 C 类不合格，但没有 A 类、B 类不合格的单位产品。

9）抽样方案：样本量和批接收准则的组合。一次抽样方案是样本量（$n$）、接收数（$Ac$）和拒收数（$Re$）的组合。二次抽样方案是两个样本量、第一个样本的接收数和拒收数及联合样本的接收数和拒收数的组合。抽样方案不包括如何抽取样本的规则。

## 3.1.2 批质量的表示方法

批质量是指检验批的质量。由于质量特性值的属性不同，衡量批质量的方法也不一样，计数抽样检验衡量批质量的方法以下三种。

### 1. 批不合格品率 p

批中不合格的单位产品所占的比例，称为批不合格率。即

$$p = \frac{D}{N}$$

式中：

$N$——批量；

$D$——批中的不合格品数。

例如，有一批液晶电视机，批量 $N=1000$ 台，已知其中 970 台是合格品，不合格品数=（1000-970）台=30 台。则批不合格率品为：

$$p = \frac{30}{1000} = 0.03$$

### 2. 批不合格品百分数

批中不合格品数除以批量，再乘以 100%，称为批不合格品百分数。即：

$$p = \frac{D}{N} \times 100\%$$

以上两种方法常用于计数件抽样检验。

### 3. 批每百单位产品不合格数

批中每百个单位产品平均包含的不合格个数，称为批每百单位产品不合格数。即：

$$100p = \frac{C}{N} \times 100$$

式中　$C$——批中的不合格数。

这种方法常用于计点抽样检验。

例如，有一批液晶电视机，批量 $N=1000$ 台，已知其中有 30 台电视机各有一个不合格，有 20 台各有两个不合格。则：

不合格数=（30+20×2）个=70 个，批每百个单位产品不合格个数为：

$$100p = \frac{70}{1000} \times 100 = 7$$

### 4. 过程平均

一定时期或一定量产品范围内的过程水平的平均值称为过程平均。它是过程处于稳定状态（统计控制状态）下的质量水平（不合格品百分数或每百单位产品不合格数）的平均。在抽样检验中常将其解释为："一系列连续提交批的平均不合格品率"、"一系列初次提交的检验批的平均质量（用不合格品百分数或每百单位产品不合格数表示）"。"过程"是总体的概念，过程平均是不能计算或选择的，但是可以估计，即根据过去抽样检验的数据来估计过程平均。过程平均是稳定生产前提下的过程平均不合格品率的简称。其理论表达式为：

$$\overline{p} = \frac{D_1 + D_2 + \cdots + D_k}{N_1 + N_2 + \cdots + N_k} \times 100\%$$

式中：

$\overline{p}$——过程平均不合格品率；

$N_i$——第 $i$ 批产品的批量；

$D_i$——第 $i$ 批产品的不合格品率；

$K$——批数。

估计过程平均不合格品率的目的是为了估计在正常情况下所提供的产品的不合格品率。如果生产过程稳定，这个估计值可用来预测将要交检的产品的不合格品率。必须注意，经过返修或挑选后再次提交检验的批产品的数据，不能用来估计过程平均不合格品率。同时，用来估计过程平均不合格品率的批数，一般不应少于 20 批。如果是新产品，开始时可以用 5~10 批的抽检结果进行估计，以后应当至少用 20 批。

一般来说，在生产条件基本稳定的情况下，用于估计过程平均不合格品率的产品批数越多，检验的单位产品数量越大，对产品质量水平的估计越可靠。

**5．接收质量限 AQL**

AQL（Acceptance Quality Limit）也称可接收质量水平，是可连续交验批的过程平均不合格率上限值，是用户所能接收的质量水平（最差的水平）。GB/T2828.1-2012 将 AQL 定义为："当一个连续系列批被提交验收抽样时，可容忍的最差过程平均质量水平"。

确定 AQL 的原则：

A 类＜B 类＜C 类；

检验项目：少＜多；军用产品＜民用产品；电气性能＜机械性能＜外观；零部件＜成品。

**6．极限质量 LQ**

对于一个孤立批，为了抽样检验，限制在某一低接受概率的质量水平。是不应接收的批质量（不合格品率）的最小值。

### 3.1.3 抽样检验的分类

**1．依据抽样检验方式分类**

抽样时，可以作为判断群体的合格与不合格的基准，称为抽样检验方式，简称抽样方式。一般有以下抽样方式。

（1）不良个数计数抽样方式

例如从批量 $N$=1000 中，随机抽取 $n$=80 的检验批。在检验批量发现 2 个或 2 个以下的不良品时，则判断批量为合格；发现 3 个以上的不良品时，则判断批量为不合格。这样的抽样方式可表示为：$N$=1000，$n$=80，$Ac$=2，$Re$=3。

（2）缺点数计数抽检方式

例如从批量 $N$=1000 中，随机抽取 $n$=80 的检验批。计算检验批的缺点数。在检验批量发现 30 个或 30 个以下的缺点数时，则判断批量为合格；发现 31 个以上的缺点数时，则判断批量为不合格。这样的抽样方式可表示为：$N$=1000，$n$=80，$Ac$=30，$Re$=31。

（3）计量抽样检验方式（$\sigma$ 已知）

例如从批量 $N$=1000 中，随机抽取 $n$=30 个的检验批。测定 30 个的检验批，计算其平均值 $\bar{x}$：当 $\bar{x} \geq \bar{X}_L$ 时，判断批量为合格；当 $\bar{x} < \bar{X}_L$ 时，判断批量为不合格；$\bar{X}_L=S_L+k\sigma$ 为下限合格判定值。其中，$S_L$ 表示下限规格值，$k$ 表示合格判定系数。

**（4）计量抽样检验方式（$\sigma$ 未知）**

例如从批量 $N=1000$ 中，随机抽取 $n=30$ 个的检验批。测定此 30 个的检验批，计算其平均值 $\bar{x}$ 及标准差 $S$。当 $\bar{x} \leq \bar{X}_U$ 时，判断批量为合格；当 $\bar{x} > \bar{X}_U$ 时，判断批量为不合格；$\bar{X}_U = S_U - kS$ 为上限合格判定值。其中，$S_U$ 表示上限规格值，$k$ 表示合格判定系数。

**2．依抽样检验的形式分类**

以某种抽检方式判断批量为合格或不合格时，可以从批量中随机抽取检验批的次数而分成一次抽检形式、双次抽检方式、多次抽检形式及逐次抽检形式。

**（1）一次抽检形式**

例如，从批量 $N=1000$ 中，随机抽取 $n=100$ 的检验批。在检验批中发现 $Ac$ 个或 $Ac$ 个以下的不良品时，则判断批量为合格；发现 $Ac$ 个以上的不良品时，则判断批量为不合格。这种只抽检一次就可判定批量为合格或不合格的抽检形式，称为一次抽检形式。

如图 3-1 所示，简记：为（$n$，$Ac$，$Re$）

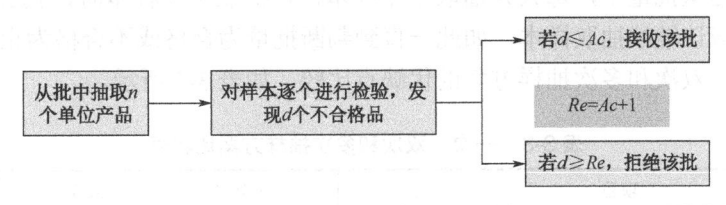

图 3-1　一次抽样检验形式

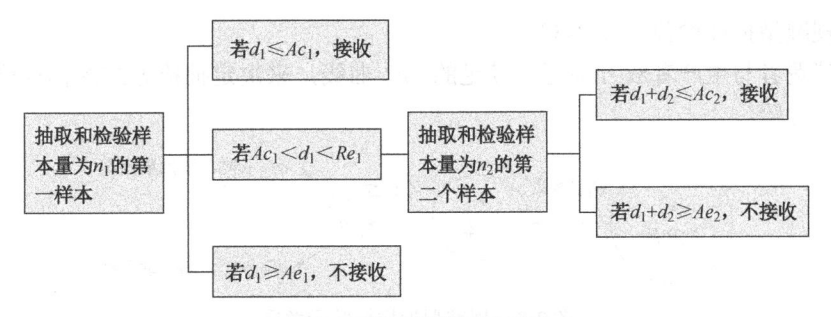

**（2）双次抽样检验形式**

例如，从批量 $N=1000$ 中，随机抽取 $n_1=100$ 的第一次检验批。在第一次检验批中如果发现 $d_1$ 个不良品，则当 $d_1 \leq Ac_1$ 时，则判断批量为合格；$d_1 \geq Re_1$ 时，则判断批量为不合格。如果 $Ac_1 < d_1 < Re_1$，则再抽取 $n_2=150$ 的第二次检验批。如果第二次检验批中发现 $d_2$ 个不良品，则：当 $d_1+d_2 \leq Ac_2$ 时，则判断批量为合格；$d_1+d_2 \geq Re_2$ 时，则判断批量为不合格（$Re_2=Ac_2+1$），如表 3-1 所示。

这种需要抽检第二次检验批才能判定批量为合格或不合格的抽检形式，称为双次抽检形式。如图 3-2 所示，简记：为（$n_1$；$n_2$；$Ac_1$，$Re_1$；$Ac_2$，$Re_2$）

图 3-2　双次抽样检验形式

表 3-1　双次抽样检验

| 批次 | 检验样本批量 | 累计检验批大小 | 合格判定个数 | 不合格判定个数 |
| --- | --- | --- | --- | --- |
| 第一次检验批 | $n_1=100$ | $n_1=100$ | $Ac_1=1$ | $Re_1=4$ |
| 第二次检验批 | $n_2=150$ | $n_1+n_2=250$ | $Ac_2=3$ | $Re_2=4$ |

(3) 多次抽检形式

多次抽检形式只不过是把双次抽检的次数增多而已。如表 3-2 所示。

表 3-2 多次抽检形式

| 批次 | 检验样本批量 | 累计检验批大小 | 合格判定个数 | 不合格判定个数 |
|---|---|---|---|---|
| 第一次检验批 | $n_1=4$ | 4 | $Ac_1=$※ | $Re_1=2$ |
| 第二次检验批 | $n_2=4$ | 8 | $Ac_2=1$ | $Re_2=3$ |
| 第三次检验批 | $n_3=4$ | 12 | $Ac_3=2$ | $Re_3=4$ |
| 第四次检验批 | $n_4=4$ | 16 | $Ac_4=3$ | $Re_4=5$ |
| 第五次检验批 | $n_5=4$ | 20 | $Ac_5=5$ | $Re_5=6$ |

说明：※表示无法判断批量是否合格。

(4) 逐次抽检

逐次抽检是从批量中，每天只抽取 1 个样本，每抽取 1 个样本时，就加以判断批量是否合格，是否应该继续抽取样本，如此一直到判断批量为合格或不合格为止。

(5) 一次、双次和多次抽样方案的优缺点比较，如表 3-3 所示。

表 3-3 一次、双次和多次抽样方案比较表

| 项目 | 一次 | 双次 | 多次 |
|---|---|---|---|
| 管理要求 | 简单 | 中间 | 复杂 |
| 对检查人员的知识要求 | 较低 | 中间 | 较高 |
| 对供方心里上的影响 | 最差 | 中间 | 最好 |
| 检验工作量的波动性 | 不变 | 变动 | 变动 |
| 检验人员和设备利用率 | 最佳 | 较差 | 较差 |
| 每批平均检验个数 | 最大 | 中间 | 最少 |
| 总检验费用 | 最多 | 中间 | 最少 |
| 行政费用 | 最少 | 中间 | 最多 |

3. 依抽样检验的形态分类

(1) 规准型抽样检验（图 3-3）

根据消费者与生产者双方都可以满足的 OC 曲线，来决定抽检方式的抽样检验，称为规准型抽样检验。

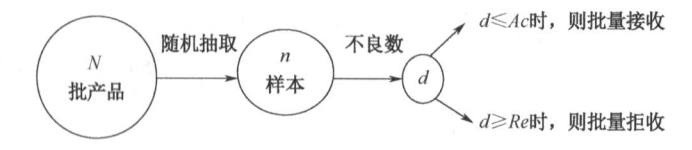

图 3-3 规准型抽样检验示意图

(2) 选别型抽样检验

对于判为不合格的群体（批）采取全数检验，并将全检后的不良品全数处理（或退货、或修理、报废），如图 3-4 所示。

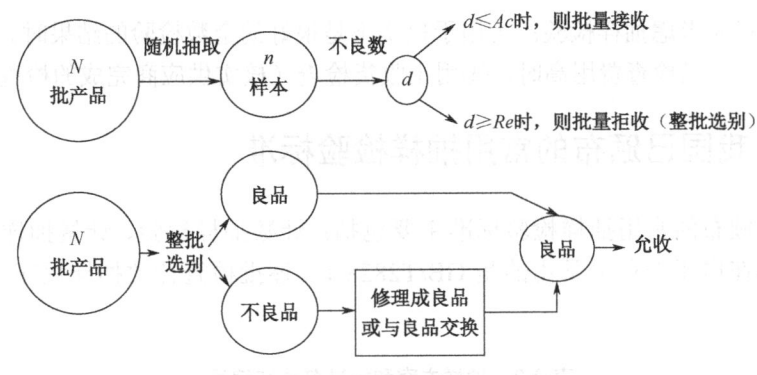

图 3-4  选别型抽样检验示意图

（3）调整型的抽样检验

调整型的抽样检验是依据过去的检验结果，决定采取并减量检验或严格检验等，在长期的交易中，利用或紧或松的调整抽检方式，以确保必要的制品品质。如图3-5所示。

图 3-5  调整型抽样检验示意图

（4）连续生产型抽样检验

对大量连续生产的产品进行的抽样检验。例如：每小时抽取 1 个样本，根据对此样本进行检验的结果，来判定前1小时或数小时所生产产品的质量状况。

## 3.1.4 抽样检验与免检、全数检验

### 1. 适合免检的场合

所谓免检即对产品不做任何检查，也有对部分项目实施免检的做法。免检通常用于通用标准件（如标准螺丝等）及以往产品品质有良好记录的供应商，但供应商内部仍然需要对产品进行检查。对于实施免检的产品，经过一个时期（比如半年）后，有必要采用抽样检查核实免检品的品质。一旦有缺陷发生，就回到正常的检查方法。同样在使用中一旦发现免检品有任何品质问题，应即刻导入正常的检查方法。

### 2. 适合全数检验的场合

对全部产品的全部（或部分）项目进行检查来判断产品的品质。
1）当某个缺陷可能影响到人身安全时，如彩电、冰箱等家电的耐压特性。
2）当产品很昂贵的时候，如飞机产品。
3）必须保证是全数良品时。以下条件优先考虑全数检验：①检查很容易完成，且费用低廉。②当批的不良率比要求高出很多时。

### 3. 适合抽样检验的场合

1）用于破坏性检查时。
2）产量大而不能进行全数检查时。
3）连续性生产的产品。

以下场合优先考虑抽样检验：①用于核实不是很好的全数检验的结果时。②当许多特性必须检查时。③当检查费用高时。④用于收货检查（核实供应商完成的检查）时。

## 3.1.5 我国已颁布的常用抽样检验标准

我国已经颁布的常用抽样检验标准主要包括：计数抽样检验、计量抽样检验和监督抽样检验。而在电子企业最常用的是GB/T2828.1《逐批检查计数抽样程序及抽样表》，如表3-4所示。

表3-3 抽样方案和标准名称和编号

| 方案 | 抽样检验类型 | 编号 | 标准名称 |
|---|---|---|---|
| 计数抽样检验 | 标准型抽样检验 | GB/T13262 | 《不合格品率的计数标准型一次抽样检验程序及抽样表》 |
| | 挑选型抽样检验 | GB/T13546 | 《挑选型计数抽样检验程序及抽样表》 |
| | 调整型抽样检验 | GB/T2828.1 | 《逐批检查计数抽样程序及抽样表》 |
| | 孤立批抽样检验 | GB/T15239 | 《孤立批计数抽样程序及抽样表》 |
| | 序贯抽样检验 | GB/T8051 | 《计数序贯抽样检查程序及表》 |
| | 连续型抽样检验 | GB/T8052 | 《单水平和多水平计数连续抽样检查程序及表》 |
| | 跳批抽样检验 | GB/T13263 | 《跳批计数抽样检查程序》 |
| | 周期型抽样检验 | GB/T2829 | 《周期逐批检查技术抽样程序及抽样表》 |
| 计量抽样检验 | 标准型 | GB/T8053 | 《不合格品率的计量标准型一次抽样检查程序及表》 |
| | | GB/T8054 | 《平均值的计量标准型一次抽样检验程序及抽样表》 |
| | 调整型 | GB/T6378 | 《不合格品率的计量抽样检查程序及图表》 |
| | 序贯型 | GB/T16307 | 《计量截尾序贯抽样检验程序及抽样表》 |
| 监督抽样检验 | 计数监督抽样 | GB/T14163 | 《产品质量监督计数抽样检验程序及抽样表》 |
| | | GB/T14437 | 《产品质量监督计数一次抽样检验程序及抽样方案》 |
| | | GB/T15482 | 《产品质量监督小总体计数一次抽样检验程序及抽样表》 |
| | 计量监督抽样 | GB/T14900 | 《产品质量平均值的计量一次抽样检验程序及抽样表》 |
| | 监督复查抽样 | GB/T16306 | 《产品质量监督复查程序及抽样方案》 |

①等同采用国际标准ISO 2859-1：1999的原则；②坚持按系列制定标准的原则；③与其他相关标准协调的原则；④突出实用性、可操作性的原则。

我国采用两种方法同国际接轨：①MOD——修改采用；②IDT——等同采用。

GB/T 2828：1987，使用了16年，一般标准5~7年，GB/T 2828.1-2003于2003.03.01日开始实施。

（3）已颁布的和正在修改的GB/T2828系列如表3-5所示。

GB/T 2828.1-2012适用范围：①最终产品；②零部件和原材料；③操作；④在制品；⑤库存品；⑥维修操作；⑦数据或记录；⑧管理程序。在技术规范、合同、检验规程以及其他文件中都可引用该标准，也可适用于厂内各部门之间的半成品验收检验。

GB/T 2828.1-2012的特点与GB/T2828.1-2003相比较，技术内容的变化主要包括：

1）术语和定义、符号按GB/T3358.2-2009进行修改。例如，将"抽检特性曲线"改为"操作特性曲线"；对"缺陷"的解释由"当按习惯来评价产品或服务的质量特性时，术语'缺陷'是适用的"改为"从使用者角度而不是从符合规范角度来评价产品或服务的质量特性时,可使用'缺陷'这个术语"。

表 3-5　GB/T2828 系列与 ISO 对应关系

| GB/T2828 系列 | 对应 ISO | 替代 |
|---|---|---|
| GB/T2828.1-2012 按接收质量限（AQL）检索的逐批检验抽样计划 | ISO2859-1:1999 | GB/T2828.1-2003 |
| GB/T2828.2-2008 孤立批检验抽样计划 | ISO2859-2 | GB/T15239-94 |
| GB/T2828.3-2008 跳批检验抽样计划 | ISO2859-3 | GB/T13263-91 |
| GB/T2828.4-2008 声称质量水平的评价程序 | ISO2859-4 | GB/T14162-93　14437-97 |
| GB/T2828.10-2010 计数抽样系统介绍 | ISO2859-10 | / |

2）表 9 一次、二次和多次抽样的平均样本量曲线中增加了 $Ac=4$ 的曲线图。
3）对部分文字表述进行修改。

### 3.1.6　GB/T 2828.1-2012 检验水平

检验水平对应着检验量。GB/T 2828.1-2012 的表 1 给出了三个一般检验水平，Ⅰ、Ⅱ、Ⅲ，Ⅰ＜Ⅱ＜Ⅲ。相同批量 $N$ 下分别采用Ⅰ、Ⅱ、Ⅲ水平样本 $n$ 的大致比例关系：0.4∶1∶1.6。GB/T 2828.1-2012 的表 1 中还给出 4 个特殊检验水平 S-1、S-2、S-3 和 S-4，S-1＜S-2＜S-3＜S-4，它们可用于必须使用相对小的样本量而且能容许较大抽样风险的情形。样本量随检验水平的提高或批量的增大而增大这种关系，都不是按一定比例增大的，是根据实际需要确定的，主要考虑的是抽样风险和检验费用。一般检查水平＞特殊检查水平。

检验水平 IL 的选择，一般选择检验水平Ⅱ。也可能通过比较单个样本的检验费用 $a$ 与判不合格时处理一个样本的费用 $b$ 来选择：$a>b$ 选择检验水平Ⅰ；$a=b$ 选择检验水平Ⅱ；$a<b$ 选择检验水平Ⅲ。同时，选择检验水平时还需注意以下几点：①为保证 $AQL$，使得劣于 $AQL$ 的产品批尽可能少漏过去，选高检验水平；②产品质量不稳定，波动大时，选用高的检验水平；③破坏性检验或严重降低产品性能的检验，选用低的检验水平；④产品质量稳定，差异小时，选用低的检验水平；⑤历史资料不多或缺乏的试制品，为安全起见，检验水平必须选择高些；间断生产的产品，检验水平选择的要高些。

### 3.1.7　GB2828.1-2012 的架构

#### 1. 抽样方案

1）定义：确定样本容量 $n$ 和判定如何接收和拒收产品的规则。
2）抽样方案的参数：①样本容量（$n$）；②合格判定数（$Ac$）；③不合格判定数（$Re$）。
3）检验方案的形式（$n$, $Ac$, $Re$）或（$n$, $Ac$）。

#### 2. 样本量字码表

样本量字码表是用样本字码代表样本量的大小。由表 3-6 可查出某一批量及指定的检验水准的样本代码。例如：某批产品的数量 $N=6000$ 个（3201~10000），含有检验的水平为Ⅱ，那么其样本代码为 L。

**表 3-6　样本量字码表**

| 批量 | | 特殊检验水平 | | | | 一般检验水平 | | |
|---|---|---|---|---|---|---|---|---|
| | | S-1 | S-2 | S-3 | S-4 | I | II | III |
| 2～ | 8 | A | A | A | A | A | A | B |
| 9～ | 15 | A | A | A | A | A | B | C |
| 16～ | 25 | A | A | B | B | B | C | D |
| 26～ | 50 | A | B | B | C | C | D | E |
| 51～ | 90 | B | B | C | C | C | E | F |
| 91～ | 150 | B | B | C | D | D | F | G |
| 151～ | 280 | B | C | D | E | E | G | H |
| 281～ | 500 | B | C | D | E | F | H | J |
| 501～ | 1 200 | C | C | E | F | G | J | K |
| 1 201～ | 3 200 | C | D | E | G | H | K | L |
| 3 201～ | 10 000 | C | D | F | G | J | L | M |
| 10 001～ | 35 000 | C | D | F | H | K | M | N |
| 35 001～ | 150 000 | D | E | G | J | L | N | P |
| 150 001～ | 500 000 | D | E | G | J | M | P | Q |
| 500 001 及其以上 | | D | E | H | K | N | Q | R |

### 3. 正常检验一次抽样方案

在确定 *AQL* 值和样本代码后，在抽样方案表中由该字码所在行向右，在样本量栏内读出样本量 *n*，再以样本量字码所在行和指定的接收质量限所在的列相交处，读出接收数 *Ac* 和拒收数 *Re* 得出抽样方案。若在相交处是箭头，则沿着箭头方向读出箭头所指的第一个接收数 *Ac* 和拒收数 *Re*，然后由此接收数和拒收数所在行向左，在样本量栏内读出相应的样本量 *n*。查表必须遵循的原则：遇到箭头时，跟着箭头走，见数就停留，同行是方案，千万别回头。如表 3-7 所示。

**表 3-7　GB/T2828.1-2012 正常检验一次抽样方案**

| 样本量字码 | 样本量 | 接收质量限（AQL） | | | | | | | | | | | | | | | | | | | | | | | | | |
|---|---|---|---|---|---|---|---|---|---|---|---|---|---|---|---|---|---|---|---|---|---|---|---|---|---|---|---|
| | | 0.01 | 0.16 | 0.025 | 0.040 | 0.065 | 0.10 | 0.15 | 0.25 | 0.40 | 0.65 | 1.0 | 1.5 | 2.5 | 4.0 | 6.5 | 10 | 15 | 25 | 40 | 65 | 100 | 150 | 250 | 400 | 650 | 1000 |
| | | Ac Re | Ac Re | Ac Re | Ac Re | Ac Re | Ac Re | Ac Re | Ac Re | Ac Re | Ac Re | Ac Re | Ac Re | Ac Re | Ac Re | Ac Re | Ac Re | Ac Re | Ac Re | Ac Re | Ac Re | Ac Re | Ac Re | Ac Re | Ac Re | Ac Re | Ac Re |
| A | 2 | ↓ | ↓ | ↓ | ↓ | ↓ | ↓ | ↓ | ↓ | ↓ | ↓ | ↓ | ↓ | ↓ | ↓ | 0 1 | ↓ | ↓ | 1 2 | 2 3 | 3 4 | 5 6 | 7 8 | 10 11 | 14 15 | 21 22 | 30 31 |
| B | 3 | ↓ | ↓ | ↓ | ↓ | ↓ | ↓ | ↓ | ↓ | ↓ | ↓ | ↓ | ↓ | ↓ | 0 1 | ↑ | ↓ | 1 2 | 2 3 | 3 4 | 5 6 | 7 8 | 10 11 | 14 15 | 21 22 | 30 31 | 44 45 |
| C | 5 | ↓ | ↓ | ↓ | ↓ | ↓ | ↓ | ↓ | ↓ | ↓ | ↓ | ↓ | ↓ | 0 1 | ↑ | ↓ | 1 2 | 2 3 | 3 4 | 5 6 | 7 8 | 10 11 | 14 15 | 21 22 | 30 31 | 44 45 | ↑ |
| D | 8 | ↓ | ↓ | ↓ | ↓ | ↓ | ↓ | ↓ | ↓ | ↓ | ↓ | ↓ | 0 1 | ↑ | ↓ | 1 2 | 2 3 | 3 4 | 5 6 | 7 8 | 10 11 | 14 15 | 21 22 | 30 31 | 44 45 | ↑ | ↑ |
| E | 13 | ↓ | ↓ | ↓ | ↓ | ↓ | ↓ | ↓ | ↓ | ↓ | ↓ | 0 1 | ↑ | ↓ | 1 2 | 2 3 | 3 4 | 5 6 | 7 8 | 10 11 | 14 15 | 21 22 | 30 31 | 44 45 | ↑ | ↑ | ↑ |
| F | 20 | ↓ | ↓ | ↓ | ↓ | ↓ | ↓ | ↓ | ↓ | ↓ | 0 1 | ↑ | ↓ | 1 2 | 2 3 | 3 4 | 5 6 | 7 8 | 10 11 | 14 15 | 21 22 | ↑ | ↑ | ↑ | ↑ | ↑ | ↑ |
| G | 32 | ↓ | ↓ | ↓ | ↓ | ↓ | ↓ | ↓ | ↓ | 0 1 | ↑ | ↓ | 1 2 | 2 3 | 3 4 | 5 6 | 7 8 | 10 11 | 14 15 | 21 22 | ↑ | ↑ | ↑ | ↑ | ↑ | ↑ | ↑ |
| H | 50 | ↓ | ↓ | ↓ | ↓ | ↓ | ↓ | ↓ | 0 1 | ↑ | ↓ | 1 2 | 2 3 | 3 4 | 5 6 | 7 8 | 10 11 | 14 15 | 21 22 | ↑ | ↑ | ↑ | ↑ | ↑ | ↑ | ↑ | ↑ |
| J | 80 | ↓ | ↓ | ↓ | ↓ | ↓ | ↓ | 0 1 | ↑ | ↓ | 1 2 | 2 3 | 3 4 | 5 6 | 7 8 | 10 11 | 14 15 | 21 22 | ↑ | ↑ | ↑ | ↑ | ↑ | ↑ | ↑ | ↑ | ↑ |
| K | 125 | ↓ | ↓ | ↓ | ↓ | ↓ | 0 1 | ↑ | ↓ | 1 2 | 2 3 | 3 4 | 5 6 | 7 8 | 10 11 | 14 15 | 21 22 | ↑ | ↑ | ↑ | ↑ | ↑ | ↑ | ↑ | ↑ | ↑ | ↑ |
| L | 200 | ↓ | ↓ | ↓ | ↓ | 0 1 | ↑ | ↓ | 1 2 | 2 3 | 3 4 | 5 6 | 7 8 | 10 11 | 14 15 | 21 22 | ↑ | ↑ | ↑ | ↑ | ↑ | ↑ | ↑ | ↑ | ↑ | ↑ | ↑ |
| M | 315 | ↓ | ↓ | ↓ | 0 1 | ↑ | ↓ | 1 2 | 2 3 | 3 4 | 5 6 | 7 8 | 10 11 | 14 15 | 21 22 | ↑ | ↑ | ↑ | ↑ | ↑ | ↑ | ↑ | ↑ | ↑ | ↑ | ↑ | ↑ |
| N | 500 | ↓ | ↓ | 0 1 | ↑ | ↓ | 1 2 | 2 3 | 3 4 | 5 6 | 7 8 | 10 11 | 14 15 | 21 22 | ↑ | ↑ | ↑ | ↑ | ↑ | ↑ | ↑ | ↑ | ↑ | ↑ | ↑ | ↑ | ↑ |
| P | 800 | ↓ | 0 1 | ↑ | ↓ | 1 2 | 2 3 | 3 4 | 5 6 | 7 8 | 10 11 | 14 15 | 21 22 | ↑ | ↑ | ↑ | ↑ | ↑ | ↑ | ↑ | ↑ | ↑ | ↑ | ↑ | ↑ | ↑ | ↑ |
| Q | 1250 | 0 1 | ↓ | ↓ | 1 2 | 2 3 | 3 4 | 5 6 | 7 8 | 10 11 | 14 15 | 21 22 | ↑ | ↑ | ↑ | ↑ | ↑ | ↑ | ↑ | ↑ | ↑ | ↑ | ↑ | ↑ | ↑ | ↑ | ↑ |
| R | 2000 | ↑ | ↓ | 1 2 | 2 3 | 3 4 | 5 6 | 7 8 | 10 11 | 14 15 | 21 22 | ↑ | ↑ | ↑ | ↑ | ↑ | ↑ | ↑ | ↑ | ↑ | ↑ | ↑ | ↑ | ↑ | ↑ | ↑ | ↑ |

⇩——使用箭头下面的第一个抽样方案。如果样本量等于或超过批量，则执行 100%检验。

⇧——使用箭头上面的第一个抽样方案。

Ac——接收数。

Re——拒收数。

例如：某公司要求每批产品的不良率必须在 0.4%以下，批量为 6000 个左右，则由表 3-7 可查出 $N=6000$ 时的样本字码为 L，由表可以查出含有字码 L 的行可得样本的大小为 200；查出含有 $AQL=0.4\%$ 的列；从样本大小 200 和 $AQL$ 对应的列的交点栏里查出"2，3"；所以抽检方式为 $n=200$，$Ac=2$，$Re=3$。

4．加严检验一次抽样方案

实施正常检验时，提交检验的连续 5 个批次中，有 2 批被拒收时，则由正常检验改用严格检验，此时可用表制定抽样方案。实施严格检验时，如提交检验的连续 5 个批次全部被允收时，则由严格改用正常检验。如表 3-8 所示。

例如：某电子企业，其发光二极管由国内多家厂商供应，供应商对其产品不良率必须保证在 0.4%以下，否则可以退货，采取更严格的检验或停止交易。每次购买的数量为 6000 个。今某供应商本月所交易（采用正常检验）的连续 5 批中已经发现有 2 批被拒收，请设计一个合适抽样形态及抽样方式。

表 3-8　GB/T2828.1-2012 加严检验一次抽样方案

（接收质量限 AQL 表，略）

⇩——使用箭头下面的第一个抽样方案。如果样本量等于或超过批量，则执行 100%检验。

⇧——使用箭头上面的第一个抽样方案。

Ac——接收数。

$Re$——拒收数。

解：① 因有多家供应商可以选择，故应采用调整型抽样检验；
② 因无特别要求，但希望样本数能较少，故决定采用检验水平Ⅱ；
③ 但因过去连续 5 批中已经发现有 2 批不合格，故应采用加严检验；
④ 由表查出含有 $N$=6000 的行与含有检验水平Ⅱ的列的交点栏里的样本代字为 L；
⑤ 查加严检验表，查出含有字 L 的行和含有 $AQL$=0.4%的列的交点栏里"1，2"；
⑥ 得出抽检验方式为（$n$=200，$Ac$=1，$Re$=2）。

### 5. 放宽检验一次抽样

在实施正常检验时，若最近 10 个批次所抽取的样本中，无被判为拒收者，则可由正常检验改用放宽检验。如上例中若正常检验后连续 10 批次允收，则其抽样方式可查表 3-9 得（$n$=80，$Ac$=1，$Re$=2）。

对于二次抽样方案和多次抽样方案，分别对应 GB/T2828.1-2012 的表 3 和表 4，教材中没有列出此表，其检索方法同一次抽样方案。对于给定的 $AQL$ 和样本量字码，如果有几种不同类型的抽样方案时，可以使用其中任一种。对于给定的 $AQL$ 和样本字码，如果有一次、二次和多次抽样方案可采用时，通常应通过比较抽样方案的平均样本量与管理上的难易程度来决定使用哪一种类型的抽样方案。

表 3-9  GB/T2828.1-2012 放宽检验一次抽样方案

| 样本量字码 | 样本量 | 接收质量限（AQL） | | | | | | | | | | | | | | | | | | | | | | | | | |
|---|---|---|---|---|---|---|---|---|---|---|---|---|---|---|---|---|---|---|---|---|---|---|---|---|---|---|---|
| | | 0.01 | 0.016 | 0.025 | 0.040 | 0.065 | 0.10 | 0.15 | 0.25 | 0.40 | 0.65 | 1.0 | 1.5 | 2.5 | 4.0 | 6.5 | 10 | 15 | 25 | 40 | 65 | 100 | 150 | 250 | 400 | 650 | 1000 |
| | | Ac Re | Ac Re | Ac Re | Ac Re | Ac Re | Ac Re | Ac Re | Ac Re | Ac Re | Ac Re | Ac Re | Ac Re | Ac Re | Ac Re | Ac Re | Ac Re | Ac Re | Ac Re | Ac Re | Ac Re | Ac Re | Ac Re | Ac Re | Ac Re | Ac Re | Ac Re |
| A | 2 | | | | | | | | | | | | | 0 1 | | 1 2 | 2 3 | 3 4 | 5 6 | 7 8 | 10 11 | 14 15 | 21 22 | 30 31 | | | |
| B | 2 | | | | | | | | | | | | 0 1 | | | 1 2 | 2 3 | 3 4 | 5 6 | 7 8 | 10 11 | 14 15 | 22 23 | 30 31 | | | |
| C | 2 | | | | | | | | | | | 0 1 | | | | 1 2 | 2 3 | 3 4 | 5 6 | 6 7 | 8 9 | 10 11 | 14 15 | 21 22 | | | |
| D | 3 | | | | | | | | | | 0 1 | | | | 1 2 | 2 3 | 3 4 | 5 6 | 6 7 | 8 9 | 10 11 | 14 15 | 21 22 | | | | |
| E | 5 | | | | | | | | | 0 1 | | | | 1 2 | 2 3 | 3 4 | 5 6 | 6 7 | 8 9 | 10 11 | 14 15 | 21 22 | | | | | |
| F | 8 | | | | | | | | 0 1 | | | | 1 2 | 2 3 | 3 4 | 5 6 | 6 7 | 8 9 | 10 11 | | | | | | | | |
| G | 13 | | | | | | | 0 1 | | | | 1 2 | 2 3 | 3 4 | 5 6 | 6 7 | 8 9 | 10 11 | | | | | | | | | |
| H | 20 | | | | | | 0 1 | | | | 1 2 | 2 3 | 3 4 | 5 6 | 6 7 | 8 9 | 10 11 | | | | | | | | | | |
| J | 32 | | | | | 0 1 | | | | 1 2 | 2 3 | 3 4 | 5 6 | 6 7 | 8 9 | 10 11 | | | | | | | | | | | |
| K | 50 | | | | 0 1 | | | | 1 2 | 2 3 | 3 4 | 5 6 | 6 7 | 8 9 | 10 11 | | | | | | | | | | | | |
| L | 80 | | | 0 1 | | | | 1 2 | 2 3 | 3 4 | 5 6 | 6 7 | 8 9 | 10 11 | | | | | | | | | | | | | |
| M | 125 | | 0 1 | | | | 1 2 | 2 3 | 3 4 | 5 6 | 6 7 | 8 9 | 10 11 | | | | | | | | | | | | | | |
| N | 200 | 0 1 | | | | 1 2 | 2 3 | 3 4 | 5 6 | 6 7 | 8 9 | 10 11 | | | | | | | | | | | | | | | |
| P | 315 | | 0 1 | | 1 2 | 2 3 | 3 4 | 5 6 | 6 7 | 8 9 | 10 11 | | | | | | | | | | | | | | | | |
| Q | 500 | 0 1 | | 1 2 | 2 3 | 3 4 | 5 6 | 6 7 | 8 9 | 10 11 | | | | | | | | | | | | | | | | | |
| R | 800 | | 1 2 | 2 3 | 3 4 | 5 6 | 6 7 | 8 9 | 10 11 | | | | | | | | | | | | | | | | | | |

⇩——使用箭头下面的第一个抽样方案。如果样本量等于或超过批量，则执行 100%检验。

⇧——使用箭头上面的第一个抽样方案。

$Ac$——接收数。

$Re$——拒收数。

6．转移规则

（1）从正常检验到加严检验

除非负责部门另有规定，检验开始时应当采用正常检验。

当正在采用正常检验时，只要初次检验中连续 5 批或少于 5 批中有 2 批不接收，则转移到加严检验。本程序不考虑再提交批。

（2）从加严到正常

当进行加严检验时，若连续 5 批经初次检验（不包括再次提交检验批）通过，则从下一批检验转到正常检验。

（3）从正常到放宽

当正在采用正常检验时，如果下列各条件均满足，应转移到放宽检验：

1）当前的转移得分至少是 30 分。转移累计得分计算：

①当抽样方案 $Ac \geq 2$ 时，如果当 $AQL$ 加严一级后这批产品被接收，转移得分加 3 分，否则重新设定为零分。

例 1：对某产品进行连续验收，$AQL=1.0\%$，检验水平为Ⅱ，$N=1000$，共 16 批，查一次正常表得（$n=80$，$Ac=2$），加严一级的 $AQL=0.65\%$，再查一次正常表得到（$n=80$，$Ac=1$）。如表 3-10 所示。

表 3-10　例 1 的转移得分表

| 批次 | 01 | 02 | 03 | 04 | 05 | 06 | 07 | 08 | 09 | 10 | 11 | 12 | 13 | 14 | 15 | 16 |
|---|---|---|---|---|---|---|---|---|---|---|---|---|---|---|---|---|
| 每批抽样的不合格品数 | 1 | 2 | 1 | 1 | 2 | 1 | 1 | 1 | 0 | 1 | 1 | 0 | 1 | 0 | 1 | 放宽检验 |
| 转移得分 | 3 | 0 | 3 | 6 | 0 | 3 | 6 | 9 | 12 | 15 | 18 | 21 | 24 | 27 | 30 | |

②当抽样 $Ac=0$ 或 1 时，该批产品接收转移得分加 2 分；否则转移得分重新设定为零分。

例 2：对于连续验收的产品用一次正常方案（$n=50$，$Ac=0$），如表 3-11 所示。

表 3-11　例 2 的转移得分表

| 批次 | 01 | 02 | 03 | 04 | 05 | 06 | 07 | 08 | 09 | 10 | 11 | 12 | 13 | 14 | 15 | 16 | 17 | 18 |
|---|---|---|---|---|---|---|---|---|---|---|---|---|---|---|---|---|---|---|
| 抽样不合格数 | 0 | 0 | 1 | 0 | 0 | 0 | 0 | 0 | 0 | 0 | 0 | 0 | 0 | 0 | 0 | 0 | 0 | 0 |
| 转移得分 | 2 | 4 | 0 | 2 | 4 | 6 | 8 | 10 | 12 | 14 | 16 | 18 | 20 | 22 | 24 | 26 | 28 | 30 |

③ 对于二次和多次抽样方案。当使用二次抽样方案时，如果该批在检验第一样本后被接收，给转移得分加 3 分；否则将转移得分重新设定为 0。当使用多次抽样方案时，如果该批在检验第一样本或第二样本后被接收，给转移得分加 3 分；否则将转移得分重新设定为 0。

2）生产正常稳定。

3）负责部门同意转到放宽检验。

（4）从放宽到正常

在进行放宽检验时，若出现下列任意一种情况时，则从下一批检验转到正常检验。①有一批放宽检验不通过；②生产不稳定、生产过程中断后恢复生产；③有恢复正常检验的其他正当理由。

（5）从加严到暂停

如果在初次加严检验的一系列连续批中不接收批的累积达到 5 批，应暂时停止检验。直到供方改进所提供产品或服务的质量已采取行动，且负责部门认为此行动可能有效时，才能恢复本部分的检验程序。

（6）恢复检验

恢复检验从使用加严检验开始。如图 3-6 所示。

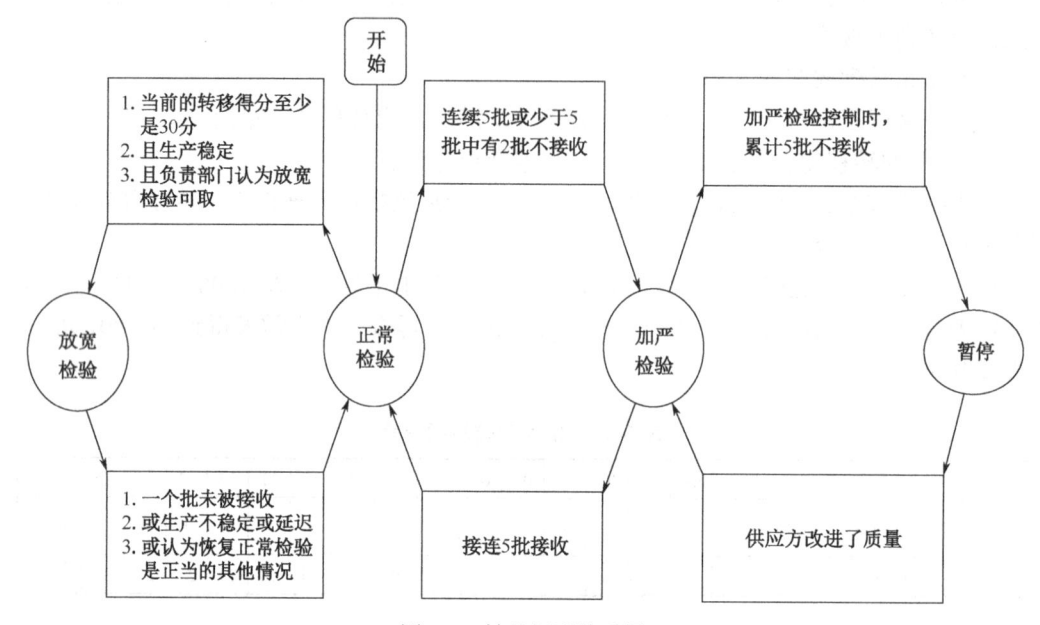

图 3-6  转移规则关系图

### 7. 批的再提交和不合格品处理

再提交批，就是已经被拒收，经过 100%检验或试验，剔除了所有不合格品，并经过修理或调换合格品以后，允许再次提交的批。

在抽样检验过程中，或者对拒收批筛选过程中发现的不合格品，不许混入产品批。经负责部门同意后，不合格单位产品可以采用以下的办法处理：

- 经过返工修理和累积一个时期以后，可以作为混合批重新提交，但必须对所有质量特性重新进行检验，检验的严格性由负责部门根据情况确定，但不得采用放宽检验。
- 经过返工修理以后，可以返回原批重新提交。
- 由生产方按照批准的超差品处理办法重新提交。
- 按照生产方与使用方协商的办法处理。
- 由生产方作为废品处理。

## 任务实施

### 1. 实验准备

1）上网计算机，Windows 操作系统。

2）IE6 及以上浏览器。

3）Office：Microsoft Excel 2003，Microsoft Word 2003。

2．实验过程

（1）抽样方案检索的必要条件

①批量（$N$）；②接收质量限（$AQL$）；③检查水平（$IL$）；④抽样方案类型；⑤检验严格度。

（2）检索的一般程序

① 由（$N$，$IL$）查样本量字码表得样本量字母（$CL$）。

② 由 $CL$ 查相应表得样本容量 $n$。

③ 由（$CL$，$AQL$）查相应表得接收准则（$Ac$，$Re$）。

④ 抽样方案 $n/Ac$，$Re$。

若：查相应表中"箭头"，则采用箭头指向的第一个抽样方案（同时应用"同行原则"）。

（3）实施练习

根据以下例题条件动手查 GB/T 2828.1-2012 的表 1（教材中表 3-6）、表 2（教材中表 3-7，表 3-8，表 3-9）和表 3、表 4（自行上网查找），比较查出抽样方案是否与教材一致。

例 1：出厂检验采用 GB/T 2828.1-2012，规定 $AQL$=1.5%，$IL$=Ⅱ，$N$=2000，求抽样方案。

例 2：对零件进行检验，用加严一次抽样，$N$=1000，$IL$=Ⅰ，$AQL$=0.25%，求其抽样方案。

例 3：$N$=500，$AQL$=250%，$IL$=Ⅱ，求抽样方案。

例 4：$N$=2000，$AQL$=1.5%，$IL$=Ⅱ，求二次抽样方案

例 5：某电子元件的出厂检验中采用 GB/T 2828.1-2012 规定接收质量限 $AQL$＝2.5%，检验水平 $IL$＝Ⅱ，求 $N$＝2000 时，正常检验多次抽样方案。

## 练　习

一、名词解释

1．AQL；2．过程平均；3．逐批抽样检验；4．检验水平；5．样本量字码表；6．转移规则。

二、选择题

1．当进行正常检验时，若在不多于连续 5 批中有 2 批经初次检验（不包括再次提交检验批）不通过，则从下一批检验转到（　　）检验。

　　A．一般　　　　　B．免除　　　　　C．放宽　　　　　D．加严

2．一般选择检验水平Ⅱ，比较检验费用，费用高，水平低，费用低，水平高。

若单个样本的检验费用为 $a$，判批不合格时处理一个样本的费用为 $b$，检验水平选择应遵循：$a>b$ 时，（　　）。

　　A．选择检验水平Ⅰ　　　　　　　　B．选择检验水平Ⅱ

　　C．选择检验水平Ⅲ　　　　　　　　D．选择检验水平 S-3

3．GB/T2828.1-2012 能同以下（　　）标准替换。

　　A．ISO2859-1　　　　　　　　　　B．GB/T13263-91

C. ISO2859-3　　　　　　　　　　D. ISO2859-2

4. 某批产品的数量 $N$=6000 个，含有检验的水平为 Ⅱ，那么其样本代码为（　　）。
   A. J　　　　B. K　　　　C. L　　　　D. M
5. $N$=500，$AQL$=250，$IL$=Ⅱ，则：$n$=13，$Ac$=41，$Re$=42 是（　　）抽样方案。
   A. 正常一次　　B. 正常多次　　C. 加严一次　　D. 放宽一次

三、判断题

（　　）1. 加严检验开始后，若不通过批数累计到 5 批时，则暂时停止按本标准检验。
（　　）2. $AQL$ 含义：允许的生产方过程平均的最大值。
（　　）3. 脱离已生产或者汇集的批不属于当前检验批系列的批称为连续批。
（　　）4. 调整型抽样标准的先驱是美国军用标准 MIL-STD-105（这个标准主要是站在生产方立场）。
（　　）5. 连续批的抽样检验是一种对所提交的一系列批的产品的检验。GB/T2828.1 是为主要适用于连续批而设计的。

四、简答题

1. 请画出一次抽样检验形式的示意图。
2. IL（检验水平）的选择原则有哪些？
3. 请用图示说明转移规则的主要内容。
4. 某电子企业，其发光二极管由国内多家厂商供应，供应商对其产品不良率必须保证在 0.4%以下，否则可以退货，采取更严格的检验或停止交易。每次购买的数量为 6000 个。今某供应商本月所交易（采用正常检验）的连续 5 批中已经发现有 2 批被拒收，请设计一个合适抽样形态及抽样方式。

# 任务 2　MINITAB 在抽样检验中的应用

## 任务描述

设计抽样检验方案除了上一任务介绍的使用国家标准进行外，还可以使用统计软件来进行。本任务主要是应用 MINITAB 16 求解接收概率，设计抽样方式，比较抽样计划。

## 知识准备

### 3.2　MINITAB 在抽样检验中的应用

#### 3.2.1　抽样方案的接收概率

使用抽样方案（$n$，$Ac$）对产品批验收，应符合批质量的判断准则，即当批质量好于质量标准要求时，应接收该批产品；而当批质量劣于标准要求时，应不接收检验批。因此当使用抽样检验抽样方案时，抽样方案对优质批和劣质批的判断能力的好坏是极为关键的，方案的判别能力可以用接收概率、抽检特性曲线这两类风险来衡量。

### 1. 接收概率的定义

接收概率是指根据规定的抽样方案，把具有给定质量水平的检验批判为接收的概率。即用给定的抽样方案（$n$，$Ac$）去验收批量 $N$ 和批质量 $p$ 已知的检验批时，把检验批判断为接收的概率。

接收概率通常记为 $L(p)$，它是批不合格品率 $p$ 的函数，随着 $p$ 的增大而减少。当 $p$ 一定时，根据不同的情况，可用超几何分布、二项分布来求得 $L(p)$ 的值。

### 2. 接受概率的计算

（1）超几何分布计算法

设从不合格品率为 $p$ 的批量中，随机抽取 $n$ 个单位产品组成样本，则样本中出现 $d$ 个不合格品的概率可按超几何分布公式计算：

$$L(p) = \sum_{d=0}^{Ac} \frac{C_{Np}^{d} C_{N-Np}^{n-d}}{C_N^n}$$

式中：

$C_{Np}^{d}$ ——从批的不合格品数 $Np$ 中抽取 $d$ 个不合格品的全部组合；

$C_{N-Np}^{n-d}$ ——从批的合格品数 $N-Np$ 中抽取 $n-d$ 个合格品的全部组合；

$C_N^n$ ——从批量 $N$ 的一批产品中抽取 $n$ 个单位产品的全部组合。

上式是有限总体计件抽样检验时，计算接收概率的精确公式。

（2）二项分布计算法

当总体为无穷大或近似无穷大（$n/N \leqslant 0.1$）时，可以用二项概率去近似超几何概率，故利用二项分布计算接受概率的公式为：

$$L(p) = \sum_{d=0}^{Ac} C_n^d p^d (1-p)^{n-d}$$

上式是无限总体计件抽样检验时，计算接受概率的精确公式。

## 3.2.2 OC 曲线

### 1. OC 曲线的概念

根据 $L(p)$ 的计算公式，对于一个具体的抽样方案（$n$，$Ac$），当检验批的批质量 $p$ 已知时，方案的接收概率是可以计算出来的。但在实际中，检验批的不合格品率 $p$ 是未知的，而且是一个不固定的值，因此，对于一个抽样方案，有一个 $p$ 就有一个与之对应的接收概率，如果用横坐标表示自变量 $p$ 的值，纵坐标表示相应的接收概率 $L(p)$，则 $p$ 和 $L(p)$ 构成的一系列点子连成的曲线就是抽样检验特性曲线，简称 OC 曲线，如图 3-7 所示。

图 3-7  OC 曲线

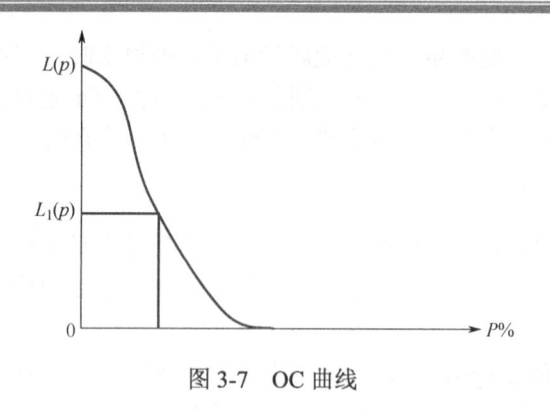

### 2. 抽样检验特性曲线（OC 曲线）

根据接收概率的计算公式可知，OC 曲线与抽样方案是一一对应的。即一个抽检方案对应着一条 OC 曲线，而每条 OC 曲线又反映了它所对应的抽检方案的特性。

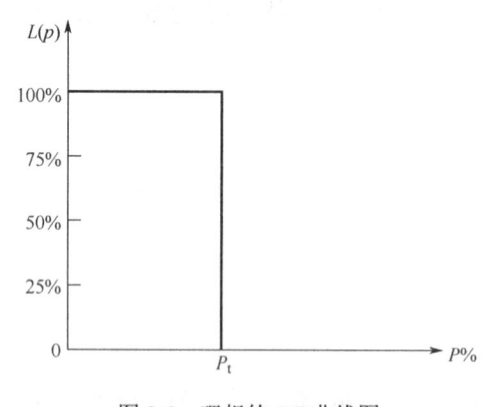

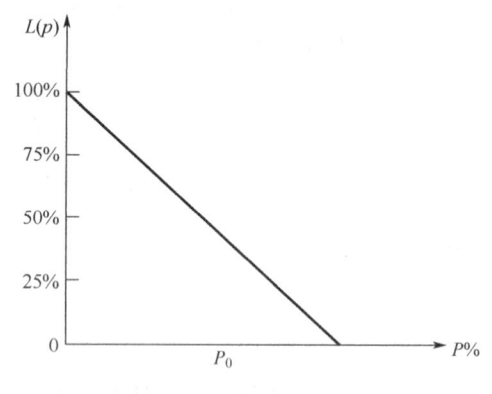

（1）理想的 OC 曲线

什么是理想的 OC 曲线呢？如果我们规定，当批不合格品率不超过 $p_t$ 时，这批产品可接收。那么一个理想的抽检方案应当满足：当 $p \leqslant p_t$ 时，接收概率 $L(p)=1$；当 $p > p_t$ 时，接收概率 $L(p)=0$。对应的理想 OC 曲线如图 3-8 所示。

但是，理想的 OC 曲线实际上是不存在的。只有在 100% 检验且保证不发生错检和漏检的情况下才能得到。

（2）不理想的 OC 曲线

当然，我们也不希望出现不理想的 OC 曲线。比如，方案（1，0）的 OC 曲线为一条直线，如图 3-9 所示。从图中可以看出，这种方案的判断能力是很差的。因为，当批不合格品率 $p$ 达到 50% 时，接收概率仍有 50%，也就是说，这么差的两批产品中，有一批将被接受。

图 3-8  理想的 OC 曲线图

图 3-9  不理想的 OC 曲线

### 3. 实际的 OC 曲线与两类风险

理想的 OC 曲线实际上做不到，不理想的 OC 曲线判断能力又很差，实际需要的 OC 曲线应当是什么样的呢？

一个好的抽样方案或 OC 曲线应当是：当批质量好（$p \leqslant p_0$）时能以高概率判它接收；当批质量差到某个规定界限 $p \geqslant p_1$ 时，能以高概率判它不接收；当产品质量变坏，如 $p_0 < p < p_1$

时，接收概率迅速减小。其 OC 曲线如图 3-10 所示。

（1）第一类错判概率

在实际的 OC 曲线中，当检验批质量比较好（$p \leqslant p_0$）时，不可能 100%地接收交验批（除非 $p=0$），而只能以高概率接收，低概率 $\alpha$ 不接收这批产品，这种由于抽检原因把合格批错判为不合格批而不接收的错判称为第一类错判。

这种错判给生产者带来损失，这个不接收的小概率 $\alpha$ 称为第一类错判概率，又称为生产方风险率。它反映了把质量较好的批错判为不接收的可能性大小。

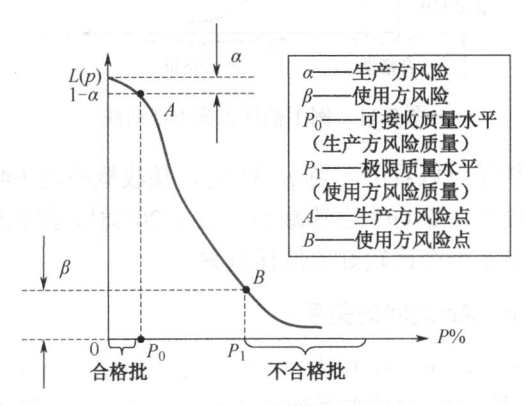

图 3-10　实际需要的 OC 曲线

（2）第二类错判概率

另一方面，当采用抽样检验来判断不合格品率很高的劣质批（$p \geqslant p_1$）时，也不能肯定100%不接收（除非 $p=1$）这批产品，还有小概率 $\beta$ 接收的可能。

这种由于抽检原因把不合格批错判为接收的错误称为"第二类错误"。这种错判使用户蒙受损失，这个接收的小概率 $\beta$ 称为第二类错判概率，又称为使用方风险率。它反映了把质量差的批错判为接收的可能性大小。

（3）较好的抽检方案

一个较好的抽检方案应该由生产方和使用方共同协商，对 $p_0$ 和 $p_1$ 进行通盘考虑，使生产者和使用者的利益都受到保护。

例题 1，设有一批产品，$N=1000$，今用（30，3）的抽样方案对它进行检验，试画出此抽样方案的 OC 曲线。

解：利用接收概率的计算公式，分别求出 $p=5\%$，$p=10\%$，$p=15\%$，$p=20\%$时的接收概率，并列于表 3-12 中，然后用表中的数据画出该抽样方案的 OC 曲线，如图 3-11 所示，即抽样方案（$N=1000$，$n=30$，$Ac=3$）或（30，3）的 OC 曲线。

表 3-12　例 1 接收概率计算表

| d / P% | 5 | 10 | 15 | 20 |
|---|---|---|---|---|
| 0 | 0.210 | 0.040 | 0.007 | 0.001 |
| 2 | 0.342 | 0.139 | 0.039 | 0.009 |
| 3 | 0.263 | 0.229 | 0.102 | 0.032 |
| 4 | 0.128 | 0.240 | 0.171 | 0.077 |
| $L(p)$ | 0.943 | 0.648 | 0.319 | 0.119 |

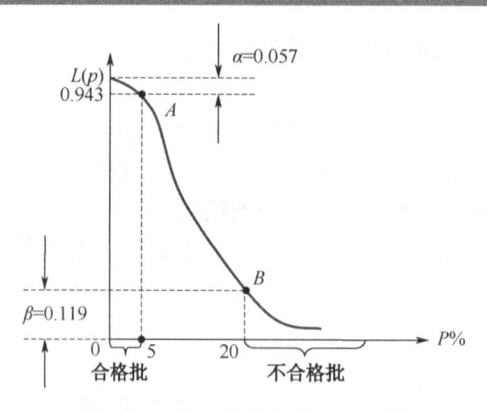

图 3-11 例 1 抽样方案 OC 曲线

例题分析：从这个例子可以看出，当 $p=5\%$ 时，接收概率为 94%左右，但是随着批不合格品率 $p$ 的增加，接收概率 $L(p)$ 迅速减小，当 $p=20\%$ 时，接收概率就已经只有 12%左右了。因而，（30，3）就是一个比较好的抽样方案。

### 4．OC 曲线与 $N$、$n$、$Ac$ 之间的关系

OC 曲线与抽样方案（$N$，$n$，$Ac$）是一一对应的。因此，当 $N$、$n$、$Ac$ 变化时，OC 曲线必然随着变化。以下讨论 OC 曲线怎样随着 $N$、$n$、$Ac$ 三个参数之一的变化而变化。

（1）$n$、$Ac$ 不变，$N$ 变化（批量 $N$ 对 OC 曲线的影响）

图 3-12 从左至右分别是三个抽检方案（50，20，0）、（100，20，0）、（1000，20，0）所对应的三条 OC 曲线。从图 3-12 中可以看出，批量大小对 OC 曲线影响不大，所以当 $N/n \geq 10$ 时，就可以采用不考虑批量影响的抽检方案，因此，我们可以将抽检方案简单地表示为（$n$，$Ac$）。但这并不意味着抽检批量越大越好。因为抽样检验总存在着犯错误的可能，如果批量过大，一旦不接收，则给生产方造成的损失就很大。

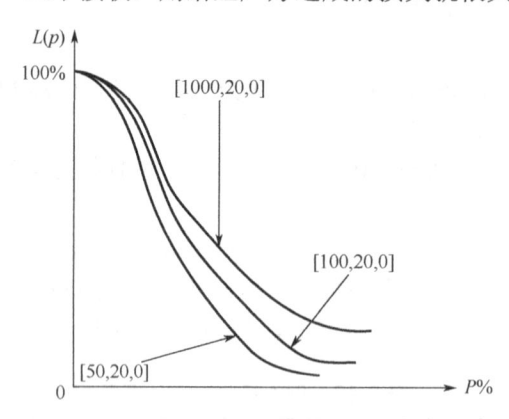

图 3-12　$n$、$Ac$ 不变，$N$ 变化的 OC 曲线

（2）$N$、$Ac$ 不变，$n$ 变化（抽样样本量 $n$ 对 OC 曲线的影响）

图 3-13 从左至右分别是合格判定数为 1，而样本大小 $n$ 分别为 200、100、50 时所对应的三条 OC 曲线。从图 3-13 中可以看出，当 $Ac$ 一定时，样本大小 $n$ 越大，OC 曲线越陡，抽样方案越严格。

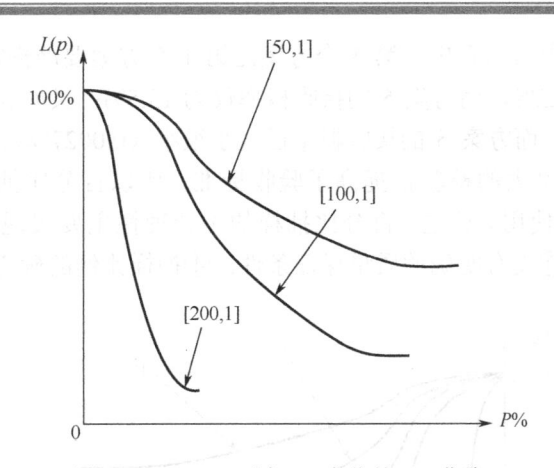

图 3-13　N、Ac 不变，n 变化的 OC 曲线

（3）N、n 不变，Ac 变化（接收质量限 Ac 对 OC 曲线的影响）

图 3-14 从左至右分别是当 n=100，Ac 分别为 2、3、4、5 时所对应的 OC 曲线。

从图 3-14 中可以看出，当 n 不变时，接收数 Ac 越小，则 OC 曲线倾斜度就越大，抽样方案越严格。

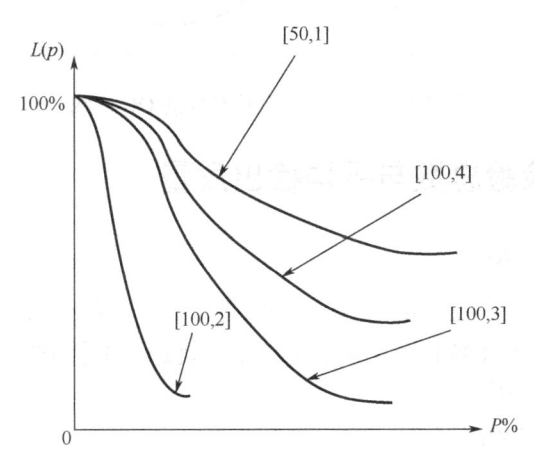

图 3-14　N、n 不变，Ac 变化的 OC 曲线

（4）OC 曲线特征的总结

①越接近理想状态，判别能力越强；②形状越陡，方案越严，形状越平，方案越宽；③靠左严，靠右宽；④批量 N 的影响不大；⑤n 越大，方案越严；⑥Ac 越小，方案越严。

**5. 百分比抽样的不合理性**

所谓百分比抽样，就是不论产品的批量 N 如何，均按一定的比例抽取样本进行检验，而在样本中允许的不合格品数（即接收数 Ac）都是一样的。

下面通过实例来说明百分比抽样的不合理性。

例题 2：设供方有批量不同但批质量相同（比如批不合格品率均为 8%）的 5 批产品，它们均按 5%抽取样本，并规定样本中不允许有不合格品（即 Ac=0）。因此，可得到下列 5 个抽样方案：（1）、(5, 0)；（2）、(10, 0)；（3）、(20, 0)；（4）、(30, 0)；（5）、(100, 0)。其所对应的 OC 曲线如图 3-15 所示。

例题分析：从图上可以看出，第 5 个方案比第 1 个方案要严格得多。如 $p=2\%$ 时，方案 1 的接收概率为 90.2%，而方案 5 的接收概率仅为 13.5%；又如 $p=10\%$ 时，方案 1 的接收概率仍可达 58.4%，而方案 5 的接收概率已很小很小（0.0027%）。可见百分比抽样是大批严，小批宽，即对 $N$ 大的检验批提高了验收标准，所以百分比抽样是不合理的，不应当在我国企业中继续使用。总之，百分比抽样的不合理性主要表现：①大批严、小批宽；②假设前提不确切；③没有明确的质量保证条件；④抽样比例的确定缺乏理论依据。

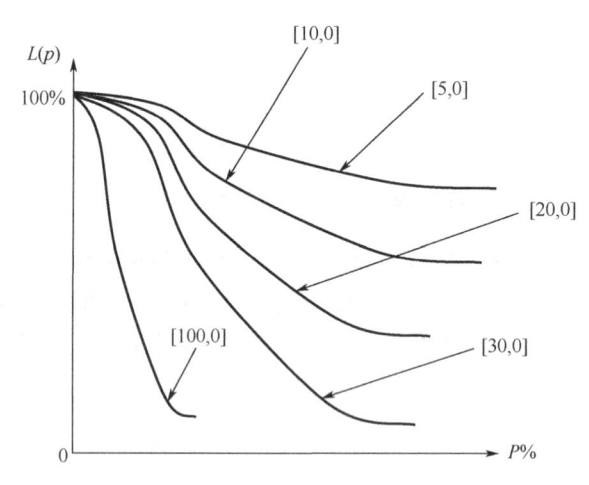

图 3-15 例题 2 百分比抽样的 OC 曲线

### 3.2.3 平均检验总数与平均检出质量

1. 平均检验总数（ATI）

ATI（Average Total Inspection）是指平均每批检验产品的个数。计算公式：
设 $N$ 为批量，$p$ 为不合格品率，采用 $(n, A)$ 挑选型抽样方案，则

$$I = nl(p) + N[1 - L(p)]$$
$$= n + (N-n)[1 - L(p)]$$

例题 3：某机车装配厂某零件的入厂检验采用抽检方式 $n=17$、$Ac=1$ 的选别型抽样检验，并要求每批量 $N=1000$ 时，如果送检的批不良率为 3%，试问平均总检验件数为多少？

解：$N=1000$，$p=3\%$，$n=17$，$Ac=1$，则 $L(p)=0.91$

$I=17+（1000-17）\times（1-0.91）=105$

故，平均总检验件数为 105。

2. 平均检出质量（AOQ）

AOQ（Average Outgoing Quality）是指对于一定质量的待验收产品，利用某一抽样方案检验后，检出产品的预期平均质量水平。计算公式：
设 $p$ 为不合格品率，$L(p)$ 为接收概率，$N$ 为批量，$K$ 为接受挑选型抽检的批数。则检验过的产品数为 $KN$；检验合格通过的不合格品数为 $KN \times L(p) \times p$；

故 $AOQ = \dfrac{KN \times L(p) \times p}{KN} = p \times L(p)$

其中 $AOQ_{max}=AOQL$ 为平均检出质量上限。

例题 4：求上例题 2 中平均检出质量 $AOQ$。

解：$N=1000$，$p=3\%$，$n=17$，$Ac=1$，则 $L(p)=0.91$

$AOQ=P \times L(p)=0.03 \times 0.91=0.0273$

故，平均检出质量为 2.73%。

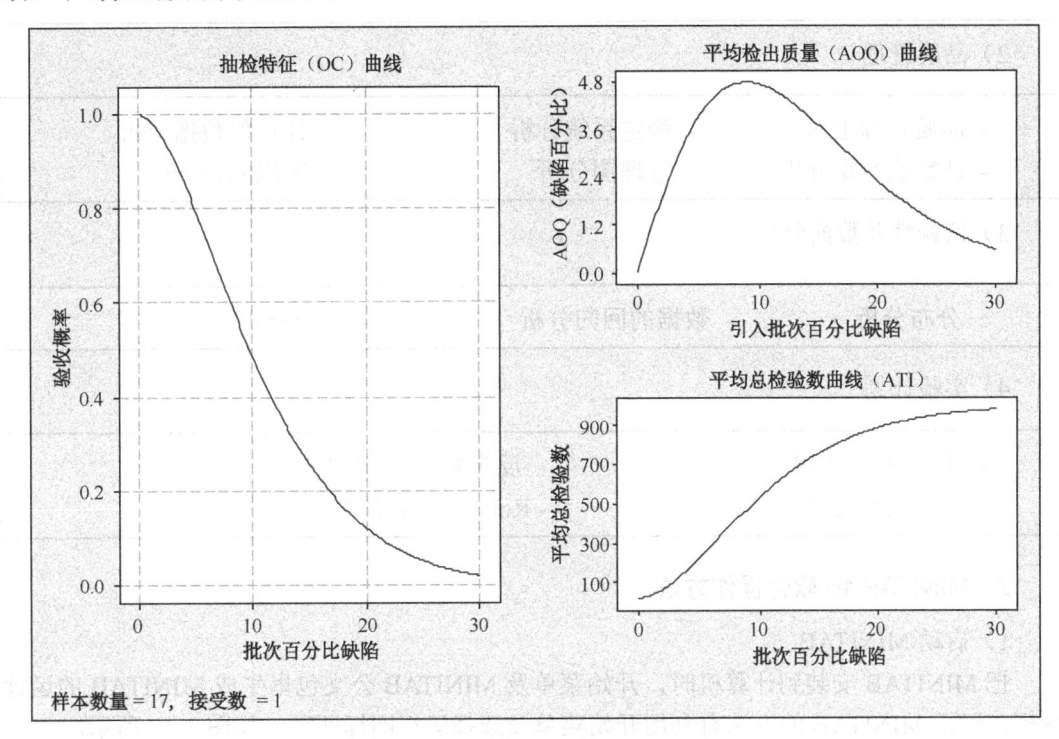

图 3-16 例 4 平均检出质量特性曲线

### 3.2.4 MINITAB 简介

**1. MINITAB 软件功能介绍**

1）什么是 MINITAB

MINITAB 软件是现代质量管理统计的领先者，全球六西格玛实施的共同语言，以无可比拟的强大功能和简易的可视化操作深受广大质量学者和统计专家的青睐。MINITAB 于 1972 年产生于美国的宾夕法尼亚大学，到目前为止，已经在全球 100 多个国家，4800 多所高校被广泛使用。典型的客户有：GE、福特汽车、通用汽车、3M、霍尼韦尔、LG、东芝、诺基亚、宝钢、徐工集团、海尔、中国航天集团、中铁、中国建设银行、美洲银行、上海世茂皇家艾美酒店、浦发银行、太平人寿、北大光华学院、中欧国际工商学院、华中科大、武汉理工、华东理工、西交利物浦大学等。

MINITAB 安装分为单机版和网络版，单机版即一套软件安装在一台计算机上，网络版 5 用户起售，按并发用户数算起，同时在线数不能超过购买的数量。MINITAB 网络版用户新增租借功能，可以让用户脱离网络环境仍能运行该软件，灵活性大大增加。

（2）MINITAB 的主要内容

1）一般统计

- 基础统计　　-回归分析　- 分散分析　- 多变量分析　- 非母数分析
- TABLE(行列)　- 探索性　资料(数据)分析

2）品质管理

- 品质管理工具　　　- 测定系统分析　　　- 计量值数据分析
- 计数值数据分析　　- 管理图分析　　　　- 工程能力分析

3）信赖性及数据分析

－ 分布分析　　　- 数据的回归分析　　　- 受益分析

4）实验计划

- 要因 实验计划　　　　　- 反应表面 实验计划
- 混合 实验计划　　　　　- Robust 实验计划

## 2．MINITAB 16 软件操作方法

1）启动 MINITAB

把 MINITAB 安装到计算机时，开始菜单及 MINITAB 公文包里生成 MINITAB 的运行图标。运行 MINITAB 的方法有利用开始菜单及选择运行图标两种。如图 3-17 所示。

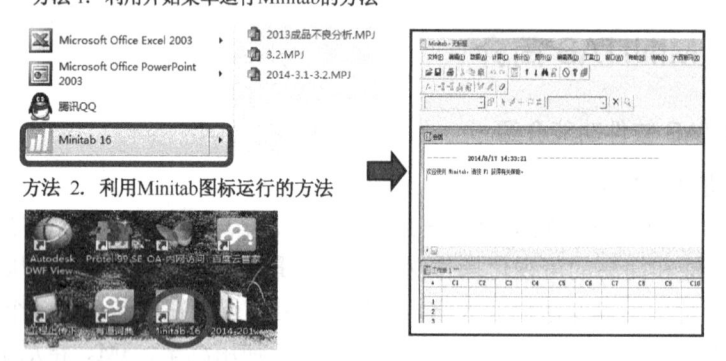

图 3-17　启动 MINITAB 方法示意图

2）MINITAB 画面构成

如图 3-18 所示。

1）会话窗口：直接输入 MINITAB 的命令或显示类似统计表的文本型结果文件的窗口。

2）数据窗口：用于直接输入数据或可以修改的窗口，具有类似 Excel 中的 Spread Sheet 功能。

3）信息窗口：简要显示已使用的变量信息的窗口。

4）历史窗口：储存已使用过的所有命令，并帮助已使用过的命令可重复使用。
5）图形窗口：显示各种统计图表，同时可以打开 15 个窗口。
6）文件：有关文件管理所需的副菜单的构成。

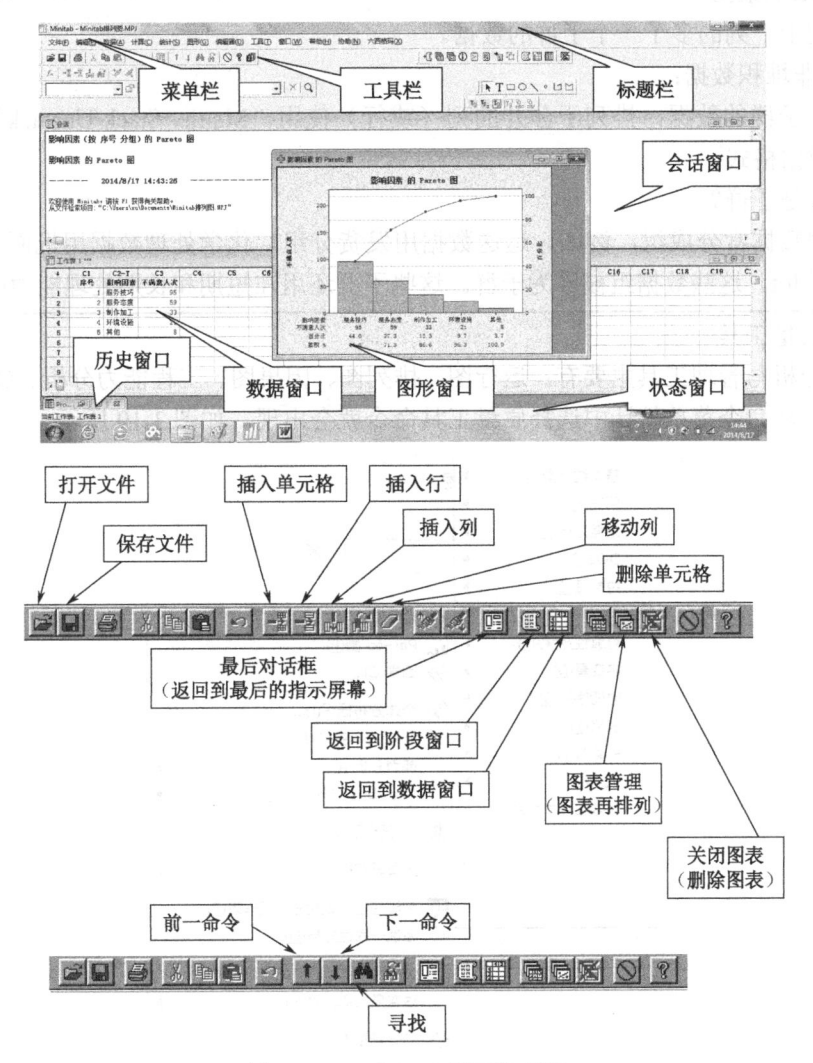

图 3-18　MINITAB 画面构成图

7）编辑：编辑工作表数据，外部数据的链接及命令行编辑器副菜单。
8）计算：利用内部函数的数据计算及利用分布函数的数据生成。
9）统计：是分析统计资料的副菜单，由基础统计量、回归、方差分析、DOE、控制图、质量管理工具、时间序列等构成。

以下是一般操作流程。

在数据窗口输入并设定数据→从命令菜单选择命令→在对话框中输入分析条件→在阶段窗口中显示分析数值→在图表窗口显示分析结果图表。

> **关于数据结构的补充信息：**
> MINITAB 定义以下两种类型的数据结构：
> ① 堆积数据：
> 排列于一列的多于一个子群的数据。
> ② 非堆积数据：
> 每一子群的数据，排列于分开的列（或行）使用"Manip>Stack/Unstack"命令转换这些数据格式。
> 什么是子群？
> 处理数据常分成组，例如，运送数据用发货分组，化学处理数据用批而半导体处理数据用 lot。这些数据组被称为子群。这些子群还用在短期和长期处理能力中。

（3）质量工具

品质分析与管理工具主要有：运行图、排列图、因果图、工程能力分析、Gage 测定系统评价等。从命令菜单统计中选择质量工具命令就会出现，如图 3-19 所示。

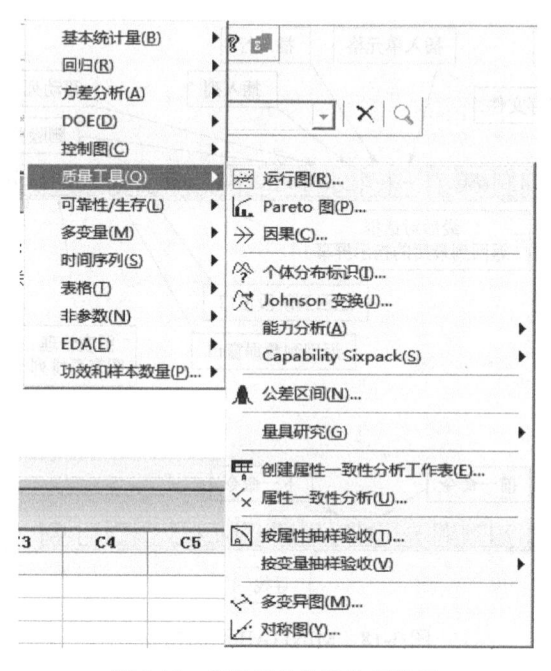

图 3-19  质量工具的操作示意图

## 3.2.5  MINITAB 在抽样检验中的应用

**1. 接收概率的求解**

例 1：已知 $N=3000$ 的一批产品提交外观检验，若用（20，1）的抽样方案，当 $p=1\%$ 时，求接收概率 $P_a$。

解：使用 MINITAB 16 操作步骤：① 统计>质量工具>按属性抽样验收。如图 3-20 所示。

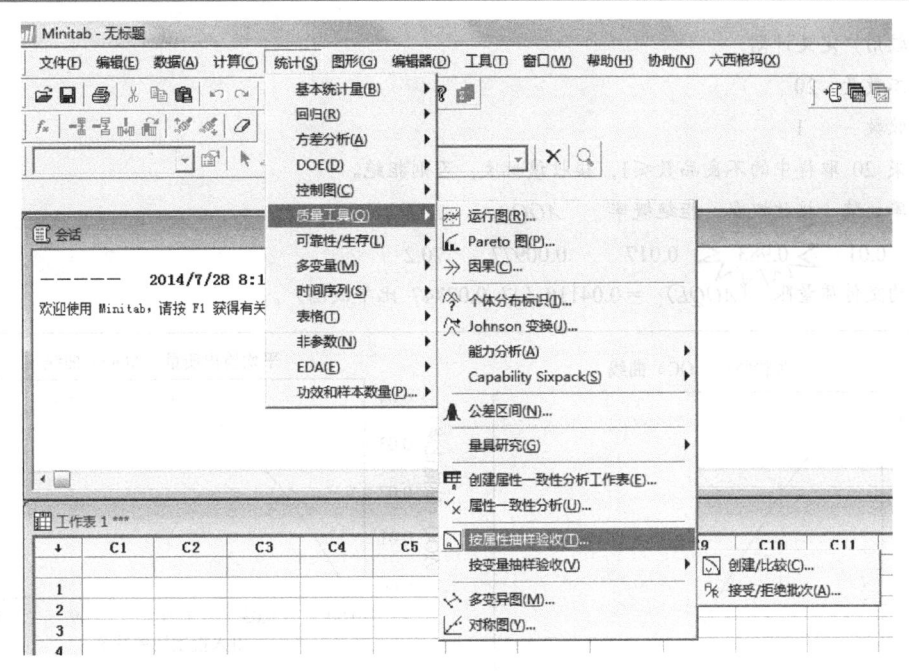

图 3-20 选择按属性抽样验收的示意图

② 单击"按属性抽样验收",在图 3-21 所示界面中填写相关内容。

图 3-21 属性填写内容图

③ 单击确定输出结果及图形(图 3-22)。

输出结果:

按属性的抽样验收

测量值类型:通过/通不过

以比率缺陷表示的批次质量

批次大小:3000

使用二项分布来计算接受概率

可接收质量水平($AQL$):0.01

比较用户定义计划

样本数量  20

接收数    1

如果 20 取样中的不良品数≤1，接收该批次，否则拒绝。

| 比率缺陷 | 接收概率 | 拒绝概率 | AOQ | ATI |
|---|---|---|---|---|
| 0.01 | 0.983 | 0.017 | 0.00977 | 70.2 |

平均交付质量限（AOQL）= 0.04110（以 0.07747 比率缺陷）。

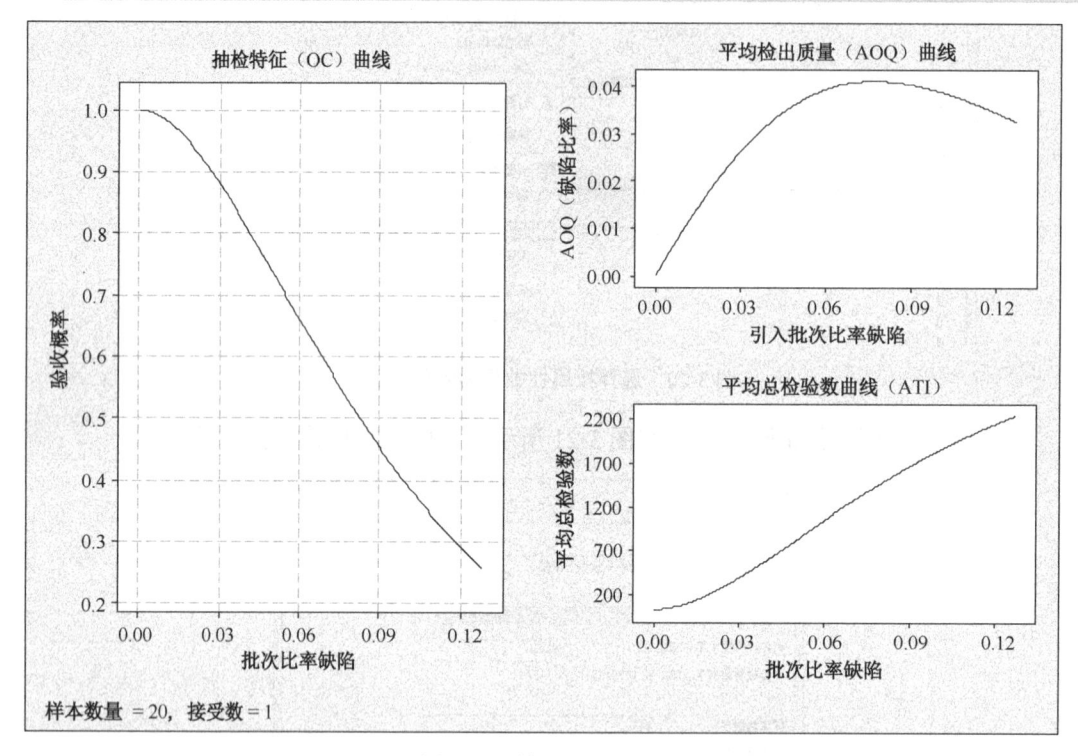

图 3-22  输出结果图形

### 2．设计抽样方式

例 2：某电视机装配厂对委外制造的某零件在合约时指定其不良率不得超过 1%，但经检查知道不良率只要在 2.5%就必须判不合格拒收，试设计能达此目的的抽样方式。

解：使用 MINITAB 16 操作步骤：

1）统计>质量工具>按属性抽样验收。

2）单击"按属性抽样验收"，在图 3-23 所示界面填写相关内容。

3）单击确定输出结果及图形（图 3-24）。

输出结果：

按属性的抽样验收

测量值类型：通过/通不过

以比率缺陷表示的批次质量

使用二项分布来计算接收概率

可接收质量水平（AQL）：         0.01

生产者风险（Alpha）：　　　　　0.05
可拒收质量水平（RQL 或 LTPD）:0.025
消费者风险（Beta）：　　　　　　0.1
生成的计划
样本数量　　614
接受数　　　10
如果 614 取样中的不良品数 <= 10，接收该批次，否则拒绝。

| 比率缺陷 | 接收概率 | 拒绝概率 |
| --- | --- | --- |
| 0.010 | 0.952 | 0.048 |
| 0.025 | 0.100 | 0.900 |

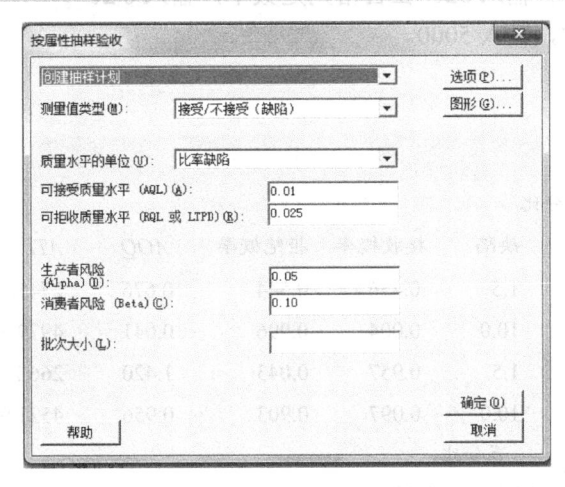

图 3-23　属性填写内容图

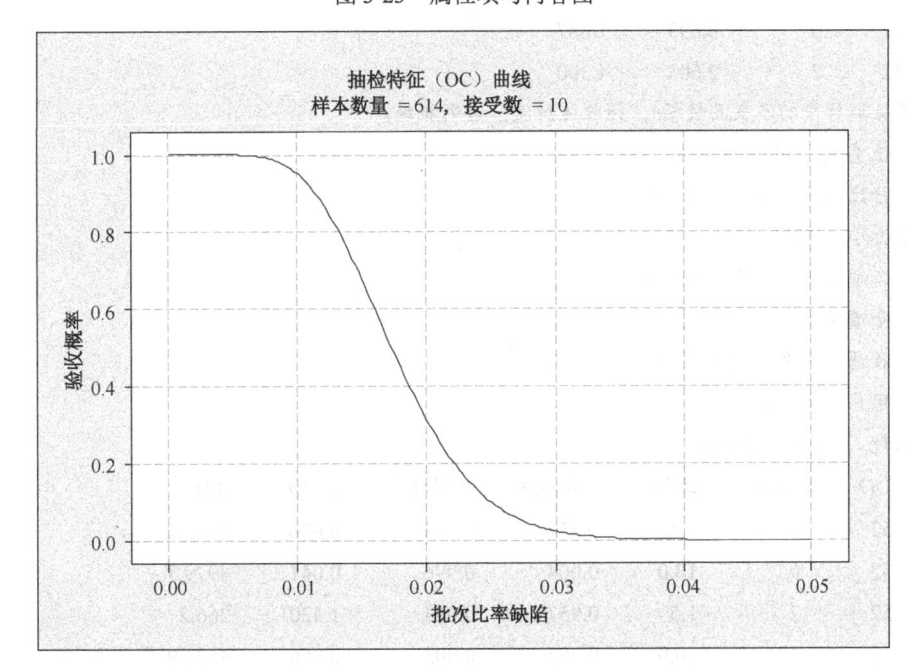

图 3-24　输出结果图形

### 3. 比较属性抽样验收计划

例3：某供应商提供批量 $N=5000$ 的电子元件。现有两种抽样计划：（52，2）和（52，0），试比较这两个抽样验收计划的风险和获益。已知 $AQL$ 为 1.5%，$RQL$ 为 10%。

解：① 选择统计 > 质量工具 > 按属性抽样验收。

② 选择比较用户定义的抽样计划。

③ 在测量值类型中，选择接收/不接收（缺陷）。

④ 在质量水平的单位中，选择不良品率。

⑤ 在可接收质量水平（$AQL$）中，输入1.5。在可拒收质量水平（$RQL$ 或 $LTPD$）中，输入10。注意：比较抽样计划时，不必如创建抽样计划时那样指定 $AQL$ 和 $RQL$。

⑥ 在样本数量中，输入52。在合格判定数中，输入 0 2。

⑦ 在批次大小中，输入 5000。

⑧ 单击确定。

会话窗口输出

比较用户定义计划

| 样本数量($n$) | 接收数($c$) | 百分比缺陷 | 接收概率 | 拒绝概率 | AOQ | ATI |
|---|---|---|---|---|---|---|
| 52 | 0 | 1.5 | 0.456 | 0.544 | 0.676 | 2745.2 |
| 52 | 0 | 10.0 | 0.004 | 0.996 | 0.041 | 4979.3 |
| 52 | 2 | 1.5 | 0.957 | 0.043 | 1.420 | 266.2 |
| 52 | 2 | 10.0 | 0.097 | 0.903 | 0.956 | 4521.9 |

| 样本数量($n$) | 接收数($c$) | AOQL | 百分比缺陷 |
|---|---|---|---|
| 52 | 0 | 0.693 | 1.887 |
| 52 | 2 | 2.603 | 4.300 |

如果 $n$ 取样中的不良品数 $\leq c$，接收该批次，否则拒绝。

测量值类型：通过/通不过

以百分比缺陷表示的批次质量

批次大小：5000

使用二项分布来计算接收概率

可接受质量水平（$AQL$）：1.5

可拒收质量水平（$RQL$ 或 $LTPD$）：10

比较用户定义计划

| 样本数量($n$) | 接收数($c$) | 百分比缺陷 | 接收概率 | 拒绝概率 | AOQ | ATI |
|---|---|---|---|---|---|---|
| 52 | 0 | 1.5 | 0.456 | 0.544 | 0.676 | 2745.2 |
| 52 | 0 | 10.0 | 0.004 | 0.996 | 0.041 | 4979.3 |
| 52 | 2 | 1.5 | 0.957 | 0.043 | 1.420 | 266.2 |
| 52 | 2 | 10.0 | 0.097 | 0.903 | 0.956 | 4521.9 |

| 样本数量 (n) | 接收数 (c) | 百分比 AOQL | 缺陷 |
|---|---|---|---|
| 52 | 0 | 0.693 | 1.887 |
| 52 | 2 | 2.603 | 4.300 |

如果 n 取样中的不良品数≤c，接收该批次，否则拒绝。

输出图形如图 3-25 所示。

解释结果：

当合格判定数为零（类似零缺陷品计划）时，在 AQL 下接收批次的概率非常低，以致在抽样计划中没有实用价值。在本例中，AQL 为 1.5%，在此缺陷品水平下，接收批次的概率仅为 0.456。在建立抽样计划时，接收方和供货方议定大约 95%的时，会接收含 1.5%缺陷品的批次。如果要改进所收到的电子元件的质量，需要与供应商协作来完成，并需要设计考虑预期的较低水平缺陷的新抽样计划。要确保改进质量水平，还必须从同一数量为 5000 的批次中检验更多电子元件。

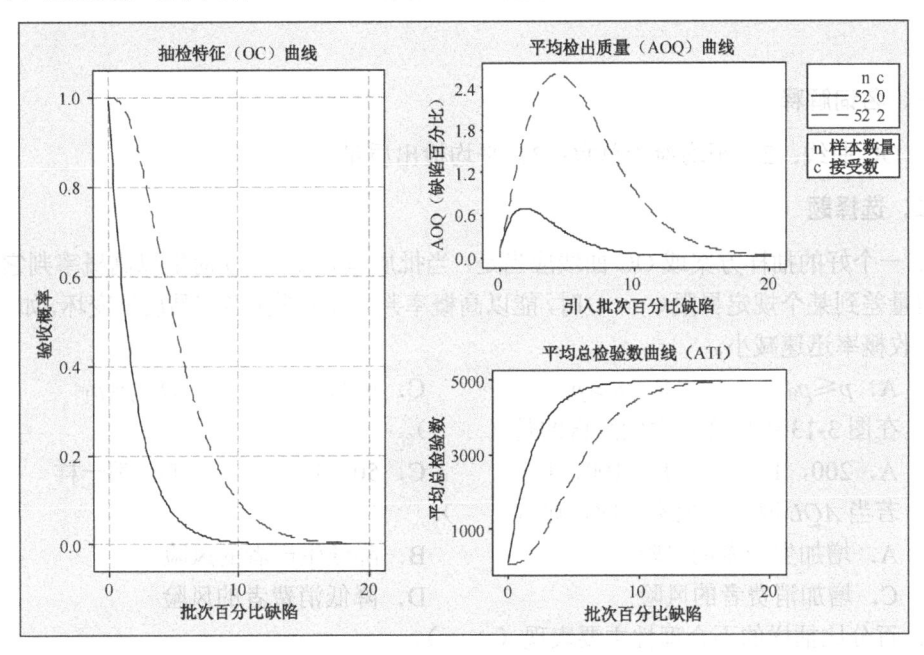

图 3-25 比较属性抽样验收计划

## 任务实施

### 1. 实验准备

1）上网计算机，Windows 操作系统。

2）MINITAB 16 软件。

3）Office 软件：Microsoft Excel 2003，Microsoft Word 2003。

### 2. 实验过程

（1）接收概率的求解

某零件制造厂生产一批零件，从不良率管制图中可以推定此批零件的不良率为 2.5%，但已知验收方的抽检方式为 $n=150$、$Ac=1$，试问此批零件如果送验时能被判断合格，其概率为 $P_a$ 多少？（参考答案：11%）

（2）设计抽样方式

某电子信息企业采购一批电子材料，要求品管部进行入厂检验，品管课长查阅合约书，知道买卖双方同意的允收水准（$P_0$）为1%，并检讨使用情形后得知使用单位认为拒收水准（$P_1$）可定在8%，请代为设计抽检方式。（参考答案：$n=65$，$Ac=2$）

（3）比较属性抽样验收计划

某供应商提供批量 $N=6000$ 的电子元件。现有两种抽样计划：（52，2）和（52，0），试比较这两个抽样验收计划的风险和获益。已知 $AQL$ 为 2.0%，$RQL$ 为 10%。

3．提交报告

## 练 习

一、名词解释

1．OC 曲线；2．平均检验总数；3．平均检出质量。

二、选择题

1．一个好的抽样方案或 OC 曲线应当是：当批质量好（　　）时能以高概率判它接收；当批质量差到某个规定界限（　　）时，能以高概率判它不接收；当产品质量变坏，如（　　）时，接收概率迅速减小。

  A．$p \leqslant p_0$　　　　B．$p \geqslant p_1$　　　　C．$p_0 < p < p_1$　　　　D．$p < p_1$

2．在图 3-13 中抽样方案较严格的是（　　）。

  A．200，1　　　B．100，1　　　C．50，1　　　D．都一样

3．若当 $AQL$ 取大（放宽）时，则（　　）。

  A．增加生产者的风险　　　　　　B．降低生产者的风险

  C．增加消费者的风险　　　　　　D．降低消费者的风险

4．百分比抽样的不合理性主要表现（　　）。

  A．大批严、小批宽　　　　　　　B．小批严、大批宽

  C．与批量无关　　　　　　　　　D．假设前提不确切

三、判断题

（　　）1．MINITAB 的主要窗口有：数据窗口，会话窗口和图形窗口。

（　　）2．平均检验总数（ATI）是指平均每批检验产品的个数。

（　　）3．对于一定质量的待验收产品，利用某一抽样方案检验后，检出产品的预期平均质量水平称为 $AQL$。

（　　）4．OC 曲线靠左严，靠右宽；$N$ 越大，方案越严。

（　　）5．在图 3-25 中，$AQL$ 为 1.5%时，方案（52，2）的 $ATI$ 大于方案（52，0）。

四、简答题

1. 什么是理想的 OC 曲线？
2. 什么是第一类错误和第二类错误？
3. 分析 OC 曲线与 $N$、$n$、$Ac$ 之间的关系，并指出百分比抽样的不合理的原因。
4. MINITAB 16 用于创建抽样计划有哪些步骤？

# 学习情境 4　QCC 活动的开展及其工具应用

## 能力目标

1. 具备 QCC 活动组织、策划与开展能力。
2. 具备应用基本 QC 工具解决电子企业生产现场问题的初步能力。
3. 具备熟练应用 QC 新工具的能力。

## 知识目标

1. 掌握 QCC 基本概念，QCC 活动实施方法与步骤。
2. 掌握 QC 基本工具的实际应用方法。
3. 掌握 QC 新工具的实际应用方法。

## 任务 1　QCC 活动的概念与实施步骤

### 任务描述

某电子股份有限公司在 PCB 生产过程中发现液晶电视主 PCB 板波峰焊接时焊接不良超过控制标准，影响产品的可靠性，增加了人工作业成本。因此，要求相关技术人员组成小组实施现场改善以提高焊接质量水平。本任务学习电子信息企业现场改善方法，包括：QCC 活动的基本概念、特点、类型、程序和实施方法。要求成立 QCC 活动小组并以自己熟悉的场所存在的问题为对象建立 QCC 课题，制定 QCC 活动展开计划。

### 知识准备

#### 4.1　QCC 活动的概念与实施步骤

##### 4.1.1　QCC 活动的概念

QCC 是英文 Quality Control Circle 的缩写，中文的意思是品质管制圈，简称品管圈。

它是在自发的原则上，由同一工作场所的员工，以小组形式组织起来，利用品管的简易统计手法及工具进行分析，解决工作场所的存在的问题以提升业绩、改善质量的品质管理活动，是企业实施全面质量管理的重要途径。

### 1. QCC 活动的基本概念

QCC 活动的基本概念包括：(1) QCC 的精神：尊重人性，建立轻松愉快的现场；发挥员工潜在能力，开发无限的脑力资源；改善企业体质，繁荣企业。(2) QCC 的做法：自动自发；自我启发；全员参加；全员发言；相互启发。(3) QCC 的目标：提高现场水准；提高现场士气；提高品质意识；提高改善意识；现场成为品管中心。而这些都是以自己的工作现场为中心进行的。如图 4-1 所示。

### 2. QCC 活动的特点

1）自主的（尊重个人）。品管圈活动是基于尊重人性的观点，建立轻松愉快工作现场的管理方式。过去的管理观念，认为人性大多厌恶工作，逃避责任，因此要施加压力或强制监督，这样才能达成目标，依此观念所建立起来的组织制度，员工只能一个命令一个动作的被动执行，无法发挥个人才能。在激烈竞争的今日，这种管理无法面面俱到，已经渐感乏力。只有靠集体的努力，共同发挥才能，聚集成一股巨力，才能使现场发挥最大的效果。

2）同一职场（便于开展工作）。

3）小组的形式（发挥团队力量）。

4）利用 QC 手法及工具（工欲善其事，必先利其器）。

5）品质管理（提高品质、上升利益、提高效率、确保安全、提高士气）。

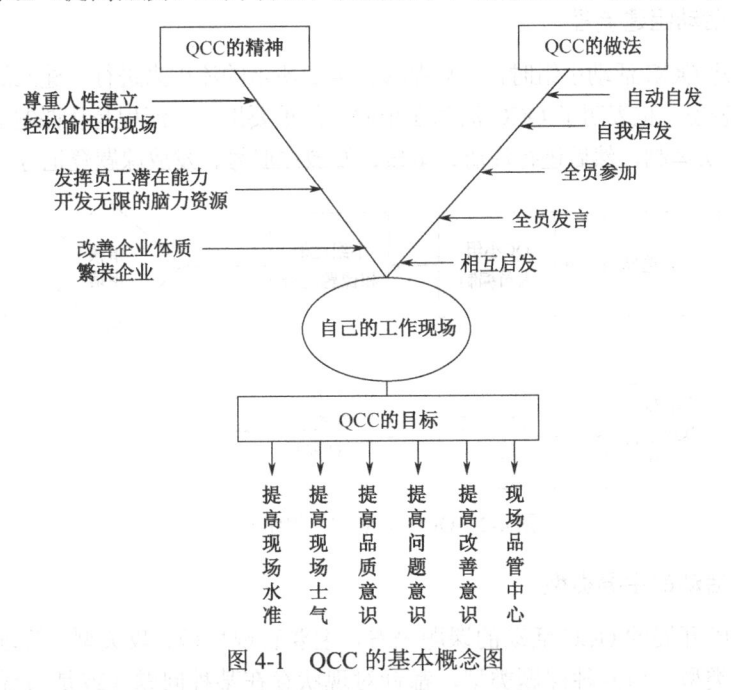

图 4-1 QCC 的基本概念图

### 3. 开展 QCC 活动的其他好处

（1）对提高员工素质的作用

通过 QCC 活动可以提高员工工作主动性和积极性，增强责任心和敬业精神，增强团队合作精神。提高员工分析和解决问题能力、组织和沟通能力，培育良好的工作技能和职业素养。增强员工品质意识、改善意识、成本意识、时间效率意识、服务意识和节约意识，培养创新精神。

（2）对物料管理的改善作用

通过 QCC 活动可以提高物料利用率、合格率，降低物料损耗率。提高物料预算的准确率、降低缺料率。

（3）对设备管理的改善作用

通过 QCC 活动员工对设备的操作和维护技能提升，可以提高设备正常运行率和使用寿命，降低设备故障率，减少设备安全隐患，降低设备成本。

（4）对环境管理的改善作用

通过 QCC 活动员工素养提升，使得办公场所和车间场地整洁有序，环境优美，从而提高工作效率和工作品质。

（5）对作业方法的改善作用

通过 QCC 活动导入 IE 工程，工艺流程简化有效，工序设计合理，作业指导文件简洁明了；统计技术熟练应用，检验方法科学有效，检验标准完整规范。

## 4.1.2　QCC 活动管理程序

### 1. QCC 活动组建流程

企业在组建 QCC 活动小组时，一般都按图 4-2 所示的流程来进行。建立这个流程是企业规范化管理的表现，也表明了 QCC 活动在企业中的重要地位。流程是从课题选择开始，接着确定 QCC 的人员编制，然后进行注册、审核、发放注册号、发放课题登记号，最后归档等。

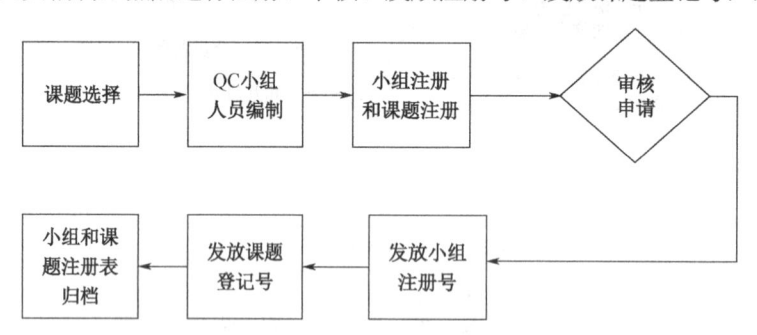

图 4-2　QCC 活动的小组组建流程

### 2. QCC 活动的主要类型

目前从我国开展的 QCC 活动的课题来看，主要有现场型、攻关型、管理型、服务型和创新型这五种类型。前四种课题类型，都针对现状存在某种问题（或是与现行标准相比有差距，或与上级下达的指标或要求相比有差距），弄清其原因，针对主要原因，拟定改进措施，以改善现状，达到规定的标准或要求，因此，往往被人们统称为"问题解决型"课题。

而创新型的课题，则不是针对现状存在问题进行改善，而是探寻新的思路、创造新的产品、提供新的服务、研究并采用新的方法等。各种类型特点的比较如表 4-1 所示。

表 4-1 QCC 活动类型比较表

| 序号 | QCC 类型 | | 特点 | 周期 | 主题内容举例 | 适用场合 | 难度 |
|---|---|---|---|---|---|---|---|
| 1 | 问题解决型 | 现场型 | ①以现场管理改善为核心，改进现场管理人、机、料、法环等要素中的一个或几个方面；②课题小，问题集中，解决速度快，容易出成果 | 短 | ①提高产品和工序质量；②降低损耗和报废；③生产环境改善；④设备改善等 | 生产、品质、设备、仓库等部门工作场所 | 一般 |
| 2 | | 攻关型 | 以技术或工艺课题攻关为核心，进行某一方面的工艺或技术的突破改进 | 较长 | ①产品技术改良；工艺改进；②改进产品缺陷；③模具设计改进，设备技改等 | 生产、技术、开发、设备等部门工作场所 | 较大 |
| 3 | | 服务型 | 以改善服务质量为核心，推动服务工作标准化、程序化、科学化，提高服务经济效益和社会效益为目的 | 有长有短 | ①提高为顾客服务意识；②提高员工对工作的满意度；③提高员工满意度；④提高服务水平；⑤降低客户抱怨率等 | 销售、人力资源管理、行政等部门工作场所 | 一般 |
| 4 | | 管理型 | 以改善管理质量和水平为核心，提高管理效能为目的，涉及企业管理的各方面 | 有长有短 | ①提高沟通效率和效果；②增强培训效果；③降低管理费用；④减少安全事故；⑤提高管理人员的领导能力 | 生产、采购、物料、设备、行政、人力资源等部门工作场所 | 较大 |
| 5 | 创新型 | | ①以工作创新为核心，涉及技术、管理、服务等工作。②活动结果从无到有，不需要对历史状况进行调查，关键点在于突破口的选定 | 长 | ①新技术开发；产品创新；②服务创新；③管理创新；④营销创新 | 技术开发、营销、人力资源管理等部门工作场所 | 较大 |

**3．QCC 活动流程**

QCC 活动流程也称活动程序，课题类型不同，活动的程序也会有所不同。

（1）"问题解决型"课题的活动程序

如图 4-3 所示，该程序采用了质量管理中常用的 PDCA 循环方法来进行。整个程序分为四个阶段，在 P（项目计划）阶段主要完成：选择课题（明确改进对象，小组活动力所能及）、现状调查（最新数据说明问题严重到什么程度）、目标设定（必须具体、明确并加以量化，目标具有挑战性）、分析原因（找出关键问题，寻找其产生的根源）、确定主要原因（判断是否是主要原因的标准只能是对问题的影响程度）和制定对策；在 D（项目实施）阶段，主要是项目对策具体实施；在 C（项目检查）阶段，主要是检查项目对策实施效果并与设定的目标进行比较；在 A（处理或改善）阶段，主要是对项目进行评价，把所取得成果的好方法标准化并计划下一步的打算。

**(2)"创新型"课题活动程序**

如图 4-4 所示,该类型和目标达成型在程序上的区别在于 P 阶段不同。其中,选择课题必须注意以下几点:①课题必须落在开发、研制什么产品、新服务项目、新业务、新方法等方面,而不是什么指标水平的提高与降低方面。②必须发动 QCC 全体成员围绕主题,运用头脑风暴法,充分发挥丰富的想象力,提出自己的想法和意见,然后可用亲和图对大家提出各种想法和意见加以整理,从不同角度形成一些可供选择的课题。③选出小组成员共同认可的课题。创新型无须分析原因和确定主因,因为创新是从无到有,没有现状的问题。

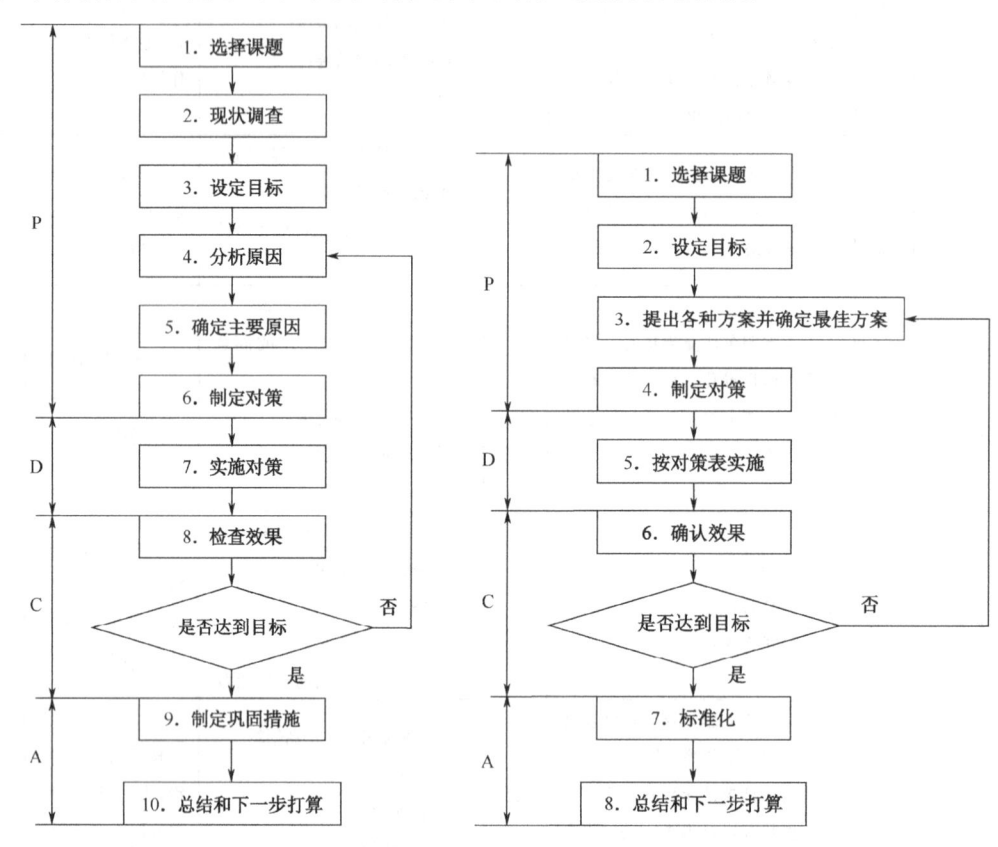

图 4-3 目标达成型课题的活动流程图　　图 4-4 创新型课题的活动流程图

## 4.1.3　QCC 活动小组的产生

**1. 组长的产生**

组长是推行 QCC 活动的原动力,是整个小组的灵魂人物。所以组长的选定非常重要。一般组长人选,可以按下列原则选定:

1)刚开始推行 QCC(也称品管圈)活动时,最好是以最基层的监督者——班长为组长。

2)品管圈活动已经稳定下来时,互相推选有领导能力、具有实力者为 QCC 活动组长。

3)品管圈活动已经趋于成熟,组员水准也相当高时,可以采用每期轮流当组长。

## 2. 组名的决定

由组员共同决定后命名。最好选富有持久性及象征工作性质和意义的。如：同心圈：以行动配合 QC 手法，以分工方式发挥团队精神，互相切磋，同心协力，为达成工作目标努力。踏实圈："脚踏实地"工作；"脚踏实地"做人；"脚踏实地"处事；"脚踏实地"生活。爱因斯坦圈：以爱因斯坦的智慧，不断地开发脑力资源，找寻更科学、更具有效率的工作方法。

其他如 QQ 圈、集思圈、协力圈、挑战圈、创新圈、攻关圈、精英圈和先锋圈等。

## 3. 小组登记

小组成立后，立刻向公司总部登记。

## 4. 职责

（1）成员的职责

成员的职责是通过日常的 QC 活动，努力提高生产力，维持及改善品质，使自己的工作现场变得轻松愉快，生活得更有意义。

1）热心参加小组会议，积极参与活动并承担所分配的实施项目。
2）按时完成任务，善于发现活动中存在的问题并积极去解决。
3）确保现场的人身安全及设施的安全。

（2）组长的职责

1）领导 QCC 活动，决定 QCC 活动的方向。
2）负责 QCC 活动的质量教育，制定 QCC 活动计划。
3）指导成员有关产品技术和工艺技术、现场改善方法、数据统计方法等。
4）做好组内分工和日常管理，及时对 QCC 成果进行整理和发布。

### 4.1.4 QCC 活动实施步骤

**1. 选择课题**

（1）课题名称的设定

课题名称是显示整个课题是否实在的第一感觉。因此，课题名称定得如何，十分重要。应当避免两种情形：一是课题名称"口号式"，如，顾客在我心中，质量在我手中；二是课题名称"手段+目的"，如，加强技术管理，降低装置能耗。课题名称要简洁、明确，原则上可按以下方式设定。

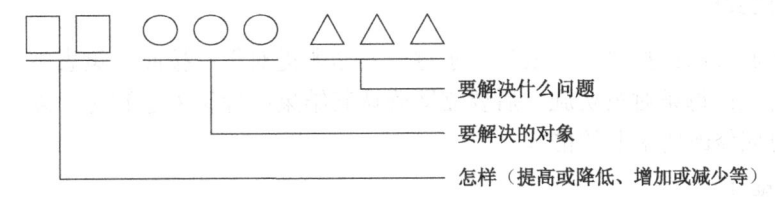

```
□□  ○○○  △△△
          │    │    └── 要解决什么问题
          │    └──────── 要解决的对象
          └───────────── 怎样（提高或降低、增加或减少等）
```

（2）选题理由

陈述选择理由，只要简明扼要地把上级要求目标量化或行业先进标准要求是多少，而现状实际只能达到是多少，或将差距用数量表达清楚就可以了。

## 2. 现状调查

1）把握问题现状：可以从企业统计报表进行调查；也可以到生产现场进行实地调查。
2）通过现状调查找出问题症结所在。任何事情只要抓住主要矛盾，一切问题就会迎刃而解。找出问题症结最行之有效的方法就是分层法。

## 3. 设定目标

1）目标应与课题名称一致。
2）目标须定量化。
3）目标通常为一个。
4）目标要具有打挑战性、可达到性，同时也应与上级指标一致。

## 4. 原因分析

原因分析所使用的工具通常为：因果图、系统图和关联图。

## 5. 要因确认

主要原因确认程序，如图 4-5 所示。

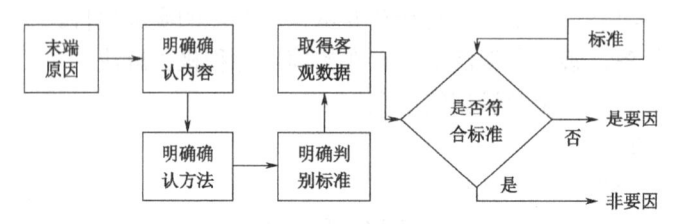

图 4-5 要因确认程序图

## 6. 对策制定

1）提出对策。针对主要原因，动员小组成员从各角度提出改进的想法。
2）研究、确定所采取的对策，即对有关对策有效性、可行性分析。
3）制定对策表。确定每条主要原因的对策后，就可以制定对策表。对策表在制定时须遵守"5W1H"原则。"5W1H"即：What（什么对策），Why（目标），Who（谁负责），Where（地点），When（时间），How（措施）。常见的表头如表 4-2 所示。

表 4-2 QCC 活动常用的对策表

| 序号 | 要因 | 对策 | 目标 | 措施 | 地点 | 时间 | 负责 |
|---|---|---|---|---|---|---|---|
|  |  |  |  |  |  |  |  |

## 7. 对策的实施

对策的实施方法：按"对策表"要求逐一实施所提对策；按照对策表中的"措施"栏目实施每条对策；每条对策实施完后要立即确认其结果；确认未达到时，须评价措施的有效性，必要时应修改所采取的措施。

## 8. 效果确认

1）效果确认常用的工具：柱形图、折线图、直方图和过程能力指数等。如图 4-6 为常见的效果确认图——柱形图。

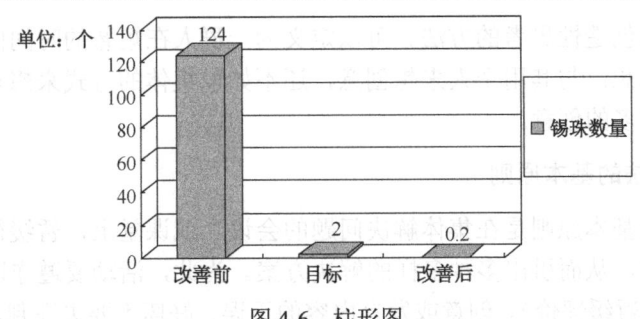

图 4-6 柱形图

2）如何进行效果确认：①与小组设定的课题目标进行对比。②与对策实施前的现状对比。当小组通过现状调查分析找到问题的症结，并对之进行分析找出主要原因后，制定实施对策，在效果检查中，首先应当对症结的解决情况进行调查，以明确改进的有效性。对于检查的方式，如现状调查时用排列图找症结，则检验时同样用排列图比较。

3）效果确认要求按照表 4-3 中"好的方法"来进行。

表 4-3 效果确认比较表

| 效果确认好的方法 | 效果确认常见的问题 |
| --- | --- |
| 1．画图表示现状值、目标值与实际值；<br>2．计算目标达成率；<br>3．改善前后有形效果比较；<br>4．改善前后无形效果比较；<br>5．效果不佳时有新对策加以改善；<br>6．实际改善绩效的基准合理 | 1．衡量前的指标与改善前不一致；<br>2．对策效果不佳时没有提出新对策或重新解析；<br>3．未表示目标达成率或进步率；<br>4．图表与主题特性值关系不明确；<br>5．改善前、中、后数据混杂不明；<br>6．收集数据太少或不实在；<br>7．图表未显示资料来源、数据期间或收集者 |

9．制定巩固措施

通过改进，达到了小组的预定目标，就需要巩固已取得的成果，并防止问题再发生，为此，要制定巩固措施。

通常制定巩固措施的步骤为：①把已被证明了的有效措施纳入有关标准。该标准须按规定程序审批后执行。②须正确执行经过修订并被批准的新标准。③巩固期内要及时收集数据，以确定效果是否能维持在良好的水准上。

10．总结及今后打算

活动一旦结束，就要遵循 QCC 小组活动流程将成果加以整理，一方面可以向上级报告，另外也能对自己已发表的活动成果得出正确的评价。一般说，总结可以从专业技术、管理技术（包括 PDCA 循环、以事实为依据用数据说话、应用统计技术）、小组综合素质和合理化的建议四个方面进行。

### 4.1.5　QCC 发觉问题的方法——头脑风暴法

1．头脑风暴法的定义

头脑风暴法（Brain storming）又称智力激励法、脑力激荡法，是现代创造学奠基人奥斯本提出的一种创造能力的集体训练方法。它是利用集体的思考，使思想互相激荡，发生连锁反应以引导出创造性思考的方法。可以定义为一群人在短暂的时间内，获得大量构想的方法。其基本思想：与其用个人来想创意，还不如以集体的方式来想有效果。因为互相激励可以创造出更多的创意。

2．头脑风暴法的基本原则

头脑风暴法的基本原则是在集体解决问题的会议上或课堂上，暂缓得出评价，以便于小组成员踊跃发言，从而引出多种多样的解决方案。为此，活动要遵守以下规则：①禁止提出批评性意见（暂缓评价）。创意或发言内容的正误、好坏不要去评判，假如有评判大家就不想说出来。②鼓励各种改进意见或补充意见。利用他人提出的创意，联想结合新的创意，期待创意的连锁反应。③鼓励各种想法，多多益善。在有限的时间中要求多量的创意，因此，必须要有清新奇特的构想，一个创意产生更多的创意。量多求质。④追求与众不同的、关系不密切的、甚至离题的想法。

3．头脑风暴法的实施

（1）会议的准备

时间：30分钟左右，不要超过一个小时；会议室：安静、不受别事打扰，手机静音或关闭。安排两人记录。

（2）实施要领

1）选择合适的题目，不能同时有两个或两个以上的题目混在一起，若问题太大时要分成几个小题。

2）为了便于主持人启发大家思考，防止冷场，可将启发性的问题排列成表，在讨论中使用。例如，有一个启发性问题表上列出了这样的9个项目：①提出其他用途，如教室不仅可作为学习学习场所，也可以作为招待所；②应变，从不同方面想问题，如管理学校可以同管理企业一样；③改进，如改变班级的构成，改进教学方法；④扩大，如班级和教师人数，作业和奖罚的量都可以增加；⑤缩小；⑥替代；⑦重新安排；⑧逆转，如可让学生担任教学任务；⑨合并，如将前面几个人的意见综合成一种解答方案。

3）把许多创意经过评价选取解决问题所需的创意。

4．创意的评价

创意的评价就是从所提创意中，选出最好的创意。一般有两种方式：一是由头脑风暴的小组来选定；二是由评价小组评委来选出。

1）评价基准：①符合目的性，对解决问题的目的，其符合程度如何？对目的有何效用？对于多个创意适宜同一问题的目的时，就要视其对目的的贡献程度来衡量评价。②实现可能性，为了达成目的需要做些什么？困难程度如何？费用如何？综合评价：$E$（期待值）$=X$（目的达成度）$\times P$（实现可能性）。

2）评价方式：①表决式：依小组成员共同的决议选定评价，可分为立即可用、修改可用、缺乏实用性三种。②卡片式：按照上述的综合评价公式内容做成小卡片，填写相关数据并计算期待值。

5．使用头脑风暴法注意事项

1）会议的进行方式，要创造一个使会场产生自由与愉快的气氛；小组成员应先举手后发言，不发言的人可在适当的时机指名让其发言；鼓励搭便车，互相激发主意；原则上组长不发言，只着重在发问；要从各种角度来发言，时间以 30 分钟为宜。

2）不使用下列扼杀别人创意的词句：理论上说得通，但实际上没办法！恐怕上级主管不接受！这事以前曾经有人提过了！没有价值吧！等。

## 任务实施

### 1. 实验准备

（1）上网计算机，Windows 操作系统。
（2）IE6 及以上浏览器。
（3）Office：Microsoft Excel 2003，Microsoft Word 2003。

### 2. 实验过程

制作 QCC 活动展开计划表（表 4-4）。

表 4-4　QCC 活动展开计划表

| QCC 活动展开计划表 | | 圈　名 | |
| --- | --- | --- | --- |
| | | 所属单位 | 信息技术系×××班 |
| 活动课题 | 提高×××宿舍 6S 水平 | | |
| 工作流程 | 整理 ⇒ 整顿 ⇒ 清扫 ⇒ 清洁 ⇒ 素养 ⇒ 安全 | | |
| 活动展开计划 | 请参照表 1-21 进行 | | |
| 课题类型 | ☑现场型　□攻关型　□管理型　□服务型　□创新型 | | |
| 传达流程 | 属部：信息技术系×××专业 | | 备注 |
| | 组长 | 负责人 | 诊断师 |
| | | | |
| 1. 甘特图的制作应规范，见表 1-5。2. 每一步骤的完成时间应明确标示。3. 各步骤的主要负责人应轮流担任 | | | |

1）按照 QCC 活动的要求建立由 5 人为一组的品管圈。要求决定品管圈名称，选出组长并明确各成员的工作职责。

2）组建 QCC 小组之后，按要求进行注册。

3）QCC 活动课题。以自己所熟悉的宿舍为对象，以提高宿舍 6S 管理水平为目标建立 QCC 活动课题。

4）以对宿舍进行 6S 管理量化评分为基础进行现状调查。

5）通过小组成员讨论确定提升目标分值作为课题的目标设定。

6）按表 4-4 格式制定 QCC 活动计划表。

7）由组长组织小组成员讨论完成活动展开计划表的填写。

### 3. 提交实验报告

## 练 习

**一、名词解释**

1. QCC；2. QCC 的精神；3. 创新型；4."5W1H"原则；5. 头脑风暴法

**二、选择题**

1. QCC 活动的定义是（　　）
   A. 在同一工作场所内，以自主、自动的力量推行品质管理的活动小团体
   B. 在同一工作场所内，以不自主、被动的力量推行品质管理的活动小团体
   C. 不在同一工作场所内，以不自主、被动的力量推行品质管理的活动小团体
   D. 在同一工作场所内，以自主、自动的力量推行品质管理的活动大团体

2. QCC 是（　　）
   A. 全公司品质管制活动的一环　　　B. 非全公司品质管制活动的一环
   C. 经营者的事与现场人员无关　　　D. 品质管理的整个面

3. 推动 QCC 可（　　）
   A. 培养品质意识　　　　　　　　　B. 问题意识
   C. 改善意识　　　　　　　　　　　D. 三者皆非

4. QCC 活动责任范围包括（　　）
   A. QC 小组长的职责，与其他的人员均无关系
   B. 经营者、管理者、品管幕僚、班组长、小组长、组员均有责任
   C. 仅经营者有责任
   D. 以上各层人员均无关

5. QCC 活动时，组员（　　）
   A. 可不必遵守操作标准　　　　　　B. 应当遵守操作标准
   C. 遵守与否无关　　　　　　　　　D. 依情绪决定遵守与否

6. 脑力激荡法会议时（　　）
   A. 要求批评别人　　　　　　　　　B. 要求攻击别人
   C. 绝对不加批评或攻击别人　　　　D. 无所谓

**三、填空题**

1. QCC 活动的类型有_____、_____、_____、_____和创新型。
2. QCC 活动的总结可以从_____、管理技术、_____和合理化建议四个方面进行。
3. 以技术或工艺课题攻关为核心，进行某一方面的工艺或技术的突破改进是_____特点。
4. 原因分析所使用的工具通常为：_____、系统图和关联图。
5. QCC 活动小组组建流程，如图 4-7 所示，请完成流程中的空白部分。

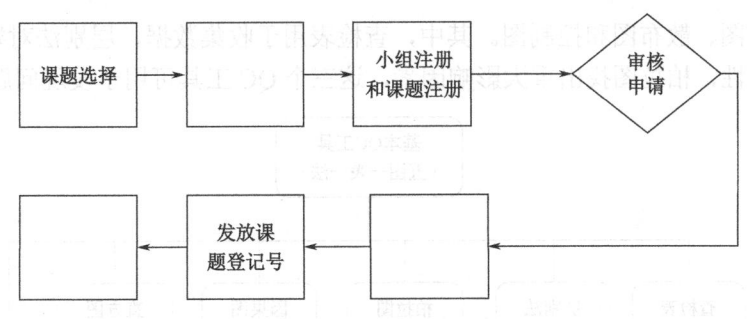

图 4-7 QCC 活动小组组建流程练习图

**四、简答题**

1. 开展 QCC 活动有哪些好处？
2. 比较 QCC 活动的类型特点和应用场合。
3. 如何对课题进行命名？
4. 通常制定巩固措施的步骤有哪些？
5. 效果确认过程中常见的问题有哪些？
6. 使用头脑风暴法应当注意哪些事项？

# 任务 2　基本 QC 工具及其应用

## 任务描述

电子产品的质量的控制需要通过工具来实现，在开展 QCC 活动过程中常用的工具主要有 QC 旧七大工具和 QC 新七大工具。旧七大工具也称基本 QC 工具，包括五图一表一法：直方图、散布图、柏拉图、因果图、控制图、调查表、层别法。而新七大工具有关联图法、系统图法、矩阵图法、亲和图法、PDPC 法、矩阵数据解析法和箭头图法。本任务主要是介绍基本的 QC 工具及其实际应用方法。

## 知识准备

## 4.2　基本 QC 工具及其应用

### 4.2.1　基本 QC 工具的构成和用途

**1. 基本 QC 工具的构成**

如图 4-8 所示，基本 QC 工具包括"五图一表一法"——查检表、层别法、柏拉图、因果图、直方图、散布图和控制图。其中，查检表用于收集数据，层别法对数据进行分项使之具有可比性，柏拉图找出重大影响因素，这三个QC工具可用于发现问题。

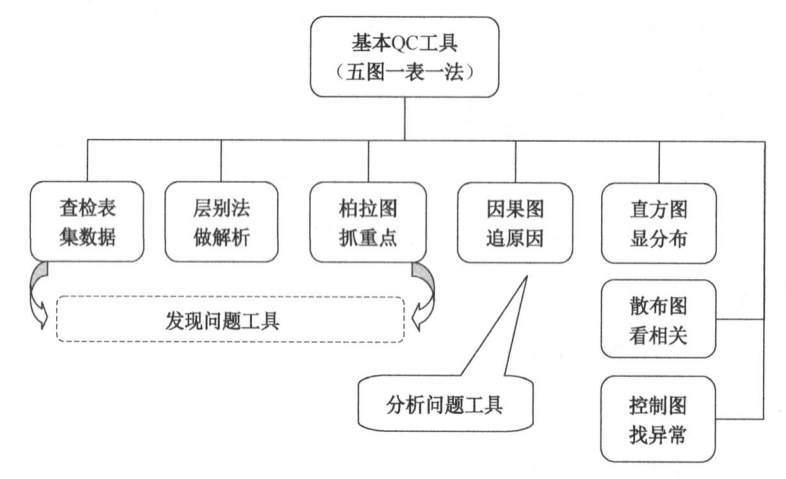

图 4-8　基本 QC 工具的构成图

因果图对于重大影响因素的原因进行分析，直方图了解数据的分布找出潜在的原因，通过散布图了解数据的相关性使得存在的问题得到解决。通过控制图找出是否出现异常。

### 2. 各 QC 工具的用途

QCC 活动的展开步骤主要是按照 PDCA 循环的各阶段来进行的，而各阶段如何实施，如何合理地应用相关工具是十分重要的。PDCA 各阶段可选用 QC 工具详见表 4-6。注："●"表示特别有用；"○"表示可用。而各 QC 工具在解决问题过程的应用见图 4-9。

表 4-6　新旧 QC 工具在 PDCA 循环各阶段的应用对比表

| PDCA 阶段 | 旧七种工具 | | | | | | | 新七种工具 | | | | | | |
|---|---|---|---|---|---|---|---|---|---|---|---|---|---|---|
| | 查检表 | 层别法 | 柏拉图 | 因果图 | 直方图 | 散布图 | 控制图 | 亲和图 | 关联图 | 系统图 | 矩阵图 | 矢线图 | PDPC法 | 矩阵数据法 |
| 选题 | ● | ● | ● |  |  | ○ |  | ○ |  |  |  |  |  |  |
| 现状调查 | ● | ● | ● |  | ○ | ○ |  | ○ |  |  |  |  |  |  |
| 制定目标 | ○ |  |  |  |  |  |  |  |  |  |  |  |  |  |
| 原因分析 |  |  |  | ● |  |  |  |  | ● | ● |  |  |  |  |
| 制定对策 | ○ |  |  |  |  |  | ○ |  |  |  | ○ | ○ | ● |  |
| 对策实施 | ○ |  |  |  |  |  | ○ |  |  |  |  | ○ | ● |  |
| 效果检验 | ○ |  | ○ |  | ○ | ○ |  |  |  |  |  |  |  |  |
| 巩固措施 | ○ |  |  |  |  |  | ○ |  |  |  |  |  |  |  |
| 遗留问题 |  |  |  |  |  |  |  |  |  |  |  |  |  |  |

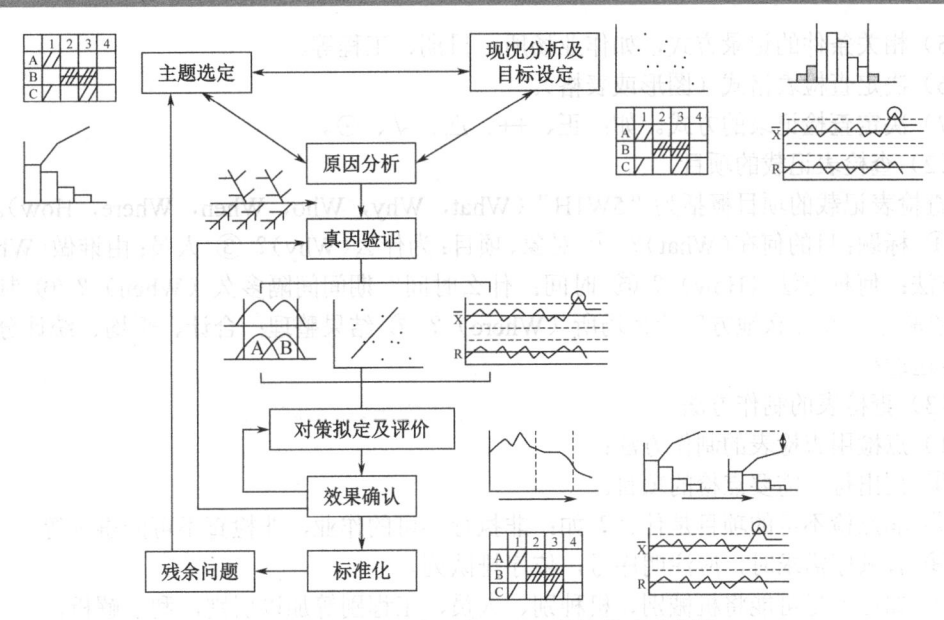

图 4-9 问题解决步骤与 QC 工具的关系示意图

### 4.2.2 查检表

**1. 什么是查检表**

为了便于收集数据，使用简单记录表进行填写并整理，以作为进一步分析或检查用的一种表格或图表。相关人员只须填入规定的查检"记号"，再加以数据统计，即可提供量化分析数据。查检表亦称为点检表或查核表。

**2. 查检表的分类**

一般而言查检表可依其用途可分为以下两种。

（1）点检用查检表

在这种查检表设计时，已经定义使用范围：只有是非或选择的标记。这种查检表主要是确认检查作业过程中的状况，以防止作业疏忽或遗漏。例如，教育训练查检表、设备保养查检表、内部稽核查检表、行车前车况查检表等。

（2）记录用查检表

记录查检表是用来收集计划资料，应用于不良原因和不良项目的记录。其作法是将数据分类为数个项目类别，以符号、划记或数字记录的表格或图形。由于常用于作业缺失，品质良莠等记录，故亦称为改善用查检表。

**3. 查检表的制作**

（1）查检表的制作要求

1）明确制作查检表的目的。
2）决定查检的项目。
3）决定查检的频率
4）决定查检的人员及方法。

5）相关条件的记录方式，如作业场所、日期、工程等。

6）决定查检表格式（图形或表格）。

7）决定查检记录的方式。如：正、++、△、√、⊙。

（2）查检表记载的项目

查检表记载的项目概括为"5W1H"（What，Why，Who，When，Where，How）。即：① 标题：目的何在（What）？② 对象，项目：为什么（Why）？③ 人员：由谁做（Who）？④ 方法：何种方法（How）？⑤ 时间：什么时间？期间间隔多久（When）？⑥ 制程类别、检验站：在什么地方？什么场所（Where）？⑦ 结果整理：合计、平均、统计分析。⑧ 传送途径。

（3）查检表的制作方法

1）点检用查检表的制作方法：

① 列出每一需要点检的项目。

② 非点检不可的项目是什么？如：非执行不可的作业，非检查不可的事项等。

③ 有顺序需求时，应注明序号，依序排队列。

④ 如可行尽可能将机械别、机种别、人员、工程别等加以层别，利于解析。

⑤ 先用看看，如有不符需求处，加以改善后，才正式复印。如表 4-7 所示。

表 4-7 某实训中心设备的查检表（点检用查检表）

| 车间 | | 加工中心 | | 日期 | | 第 1 周 | |
|---|---|---|---|---|---|---|---|
| 点检项目 | | 周一 | 周二 | 周三 | 周四 | 周五 | 备注 |
| 1. 机床的清理/整洁 | | √ | √ | √ | | | |
| 2. 各指示灯/开关是否正常 | | √ | √ | √ | | | |
| 3. 空气压力是否达到 | | √ | √ | √ | | | |
| 4. 各部位螺丝紧固是否正常 | | √ | √ | √ | | | |
| 5. 各管道有无三漏 | | √ | √ | √ | | | 点检时间为每天上班前 |
| 6. 各冷却液是否正常 | | √ | √ | √ | | | |
| 7. 计算机/显示屏是否正常 | | √ | √ | √ | | | |
| 8. 各安全装置是否齐全可靠 | | √ | √ | √ | | | |
| 9. 有无其他异常情况 | | √ | √ | √ | | | |
| 检查人 | | 林 | 张 | 王 | | | |

2）记录用查检表制作方法：

① 确定查检项目和所要收集的数据。必要时召集部门内所有人共同参与，集思广益以免遗漏某些重要项目。

② 决定查检表的格式。应依据想要"层别"分析的程度，设计一种记录与整理都很容易操作的格式。

③ 决定记录的方式："正"字记号，运用频率极高，一般较常采用；"|||"棒记号，多应用于品质管理，如：次数分配表。决定收集数据的方法：由何人收集、期间多久、检查方法等均应事先确定，如表 4-8 所示。

4. 查检表的制作注意事项

查检表的制作，可以以需求为目的而更改，故没有特定格式，但仍须注意以下几点：

① 并非一蹴而就。可先参考他人的案例,并进行模仿。使用时,若不理想,再行改善。
② 越简单越好,容易记录、看图,以最短的时间将现场的资料记录下来。
③ 一目了然,查检的事项应陈述清楚,使记录者在使用时能明白所登记的内容。
④ 查检基准必须一致:查检表所列的查检项目必须一致。
⑤ 计量单位符合实际。缺点数少时,用百单位缺点数;缺点数多时,以单位缺点数或不良率来计算。
⑥ 收集的数据应能获得"层别"的信息。记录用查检表应注意按作业者、机械装置、材料等分别观察,查记有"层别"的信息,所收集的数据应力求简单。

表4-8 记录用的查检表

| 作业者 | 机械 | 不良种类 \ 日期 | 5/1 | 5/2 | 5/3 | … | 合计 |
|---|---|---|---|---|---|---|---|
| A | 1 | 尺寸 | 5 | 0 | 3 | | 41 |
| | | 缺点 | 4 | 1 | 4 | | 52 |
| | | 材料 | 0 | 0 | 0 | | 3 |
| | | 其他 | 0 | 0 | 0 | | 5 |
| | 2 | 尺寸 | 1 | 4 | 8 | | 28 |
| | | 缺点 | 2 | 2 | 1 | | 13 |
| | | 材料 | 1 | 2 | 3 | | 30 |
| | | 其他 | 0 | 0 | 1 | | 2 |
| B | | | | | | | |

### 4.2.3 层别法

**1. 层别法的定义**

在电子信息产品生产过程中影响产品品质的要因很多,然而不良品发生时很可能只是其中的一台机器设备(或某一操作人员/原材料/作业方法/环境问题)造成的,所以只要能发现那一台机器设备(或那位操作人员/原材料/作业方法等)就很容易找出问题所在,杜绝不良品的发生。同样,如果能找到其中的那一台机器设备或其中某一操作人员所生产的产品,其品质较其他机器设备或操作人员所生产的产品优良,那么就针对这一机器设备或操作人员加以研究,找出问题的原因,改善其他数台机器设备或其他操作方法。这种把机器设备或操作人员或其他制造要因以机器别、操作人员别或原材料别等分别收集资料,然后找出其间是否有差异,并针对这差异加以改善的方法称为层别法或分层法。

**2. 层别的对象和项目**

① 操作人员。可按班(组)、个人、熟练程度、性别、年龄等。
② 机器设备。可按型号、机(台)号、结构、新旧程度、工夹模具等。
③ 原材料、零部件。可按规格、成分、产地、供应商、批次等。
④ 作业方法。可按工艺、操作参数、操作方法、生产速度等。
⑤ 环境。可按温度、湿度、清洁度、照明度、地区、使用条件等。
⑥ 测量、检查。可按计量器具、测量人员、检查方法等。

⑦ 其他。时间：可按班次、日期等；缺陷：可按缺陷内容、缺陷部位等；部门：可按生产部门、采购部门、研发部等。

**3. 层别法的实施步骤**

1）指定影响品质特性的制造要因。一般的制造要因为人、机械、材料、作业方法等。
2）制作记录卡。依照物的流程、详细记录，如材料别、操作员别、机械别。
3）记录成品的特性值如良品、不良品、长度、强度等计数或计量值。
4）整理资料。将所需层别对象和项目分别整理，如甲材料与乙材料，甲作业员与乙作业员。
5）比较分析。比较各制造条件，如甲作业员与乙作业员之间是否有差异，不要主观判断，最好用统计方法来判断。

**4. 层别法的应用举例**

基本 QC 工具中各种图表均可用层别法加以分类、对比和分析。

（1）管制图的层别

如图 4-10 所示。主要是对各组数据的平均值及其极差值分别制作管理图。通过平均值控制图可以看出组间数据的离散程度。通过极差值控制图可以看出组内数据的离散程度。

（2）柏拉图层别

如图 4-11 所示。首先针对未进行改善的现状数据使用柏拉图找出关键因子；然后对关键因子采取相应的对策；最后检查结果，绘出改善后的柏拉图。从图中可以看出 A 是改善前的主要不良项，而改善 A 已经不是主要不良项，说明对策十分有效。

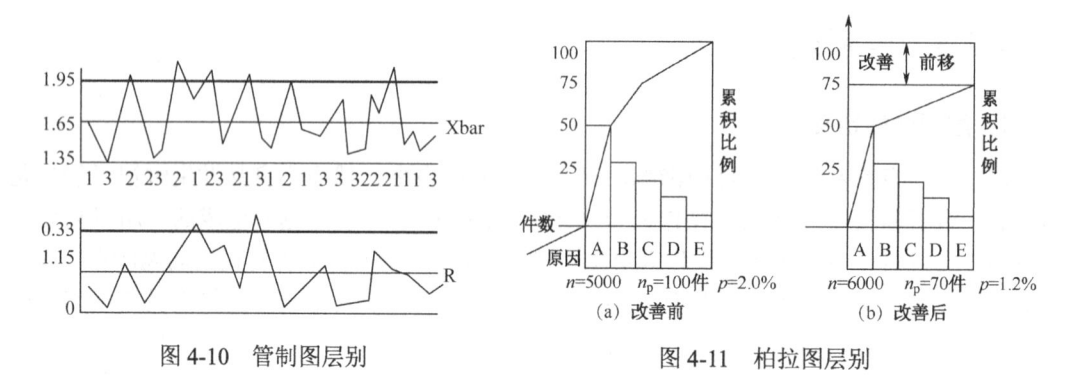

图 4-10　管制图层别

图 4-11　柏拉图层别

（3）推移图层别

如图 4-12 所示，从图中可以看出改善后不良率呈明显下降的趋势。这种图在企业品质控制中经常使用，因此，必须熟练掌握。

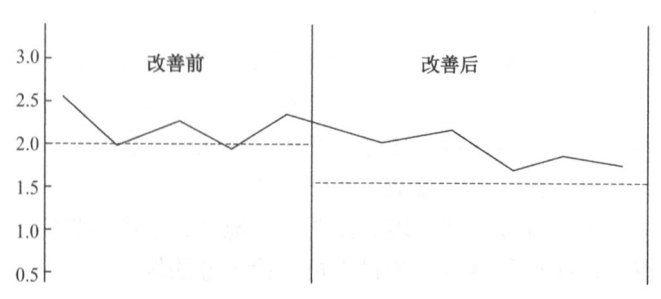

| 月份 | 2 | 3 | 4 | 6 | 7 | 8 | 9 | 10 | 11 | 13 | 14 |
|---|---|---|---|---|---|---|---|---|---|---|---|
| 不良率 | 2.5 | 1.7 | 2.1 | 1.8 | 2.2 | 2.0 | 1.7 | 1.9 | 1.0 | 1.3 | 1.1 |
| 平均不良率 | 2.06% | | | | | 1.5% | | | | | |

图 4-12 不良率推移层别示意图

（4）特性要因图层别

如图 4-13 所示。通过层别特性要因有利于寻找真正影响制造不良偏高的因素。

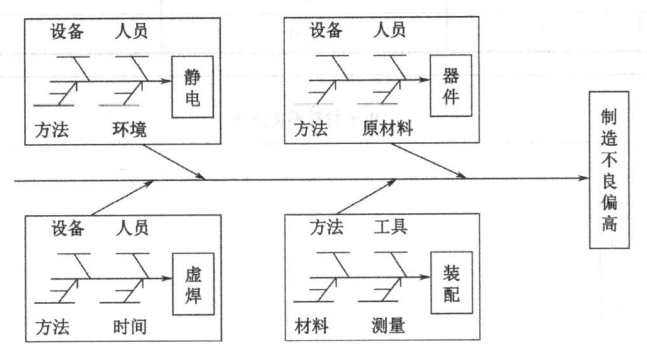

图 4-13 特性要因图

## 4.2.4 柏拉图

由生产现场所收集到的数据，必须通过有效地分析、运用，才能成为有价值的数据。而将此数据加以分类、整理，并画成图表，充分掌握问题点及重要原因的不可或缺的管理工具，则是当前现场人员广泛使用的数据管理图表——柏拉图。

### 1. 柏拉图（Pareto 图）的定义

柏拉图（由"柏拉图图"简化而来）是特殊类型的条形图，图中标绘的值按从大到小的顺序排列，是一种基本的质量控制工具，用来突出显示最常出现的缺陷、缺陷的最常见原因或客户投诉的最常见原因。Pareto 图的原理是"80/20 规则"。即，20%的人拥有 80%的财富；或者 20%的产品线可能产生 80%的废品；或 20%的客户可能进行 80%的投诉。这种条形图，水平轴表示所关注的属性，而非连续尺度。这些属性通常为缺陷。通过从大到小排列条形，Pareto 图可帮助您确定哪些缺陷组成"少数重要"，哪些缺陷为"多数琐碎"。累积百分比线条帮助判断每种类别所加入的贡献。Pareto 图可帮助着重改进能获得最大收益的方面。

由于柏拉图是依大小顺序排列的，因此，又可称为排列图。

### 2. 柏拉图的应用举例

例如，某电子材料经检验后，得到如表 4-9 所示的数据，请找出解决问题的关键因子。

解：所谓的关键因子就是表中的某些项目其对不良数或损失金额的影响占 70%及以上。因此，需要通过制作柏拉图找出累积影响比例占 70%的项目。由于统计量分别为不良数和损失金额，因此需要制作两个柏拉图。从图 4-14 中可以看出，材质不良占 37.9%，尺寸不良占 32%，这两项的不良累计达 69.9%，接近 70%。所以，从不良数来看材质不良和尺寸不良是关键因子。从图 4-15 中可以看出，在损失金额方面，尺寸不良占 42.7%，材质不良占 40.4%，这两项累积不良占 83.1%，因此，尺寸不良和材质不良是关键因子。

表 4-9 电子材料统计表

| 项目 | 不良数 | 损失金额 | 备注（损失单价/元） |
|---|---|---|---|
| 材质不良 | 39 | 3100 | 80 |
| 尺寸不良 | 33 | 3300 | 100 |
| 电测不良 | 21 | 660 | 20 |
| 破 损 | 7 | 350 | 50 |
| 其 他 | 3 | 300 | 100 |

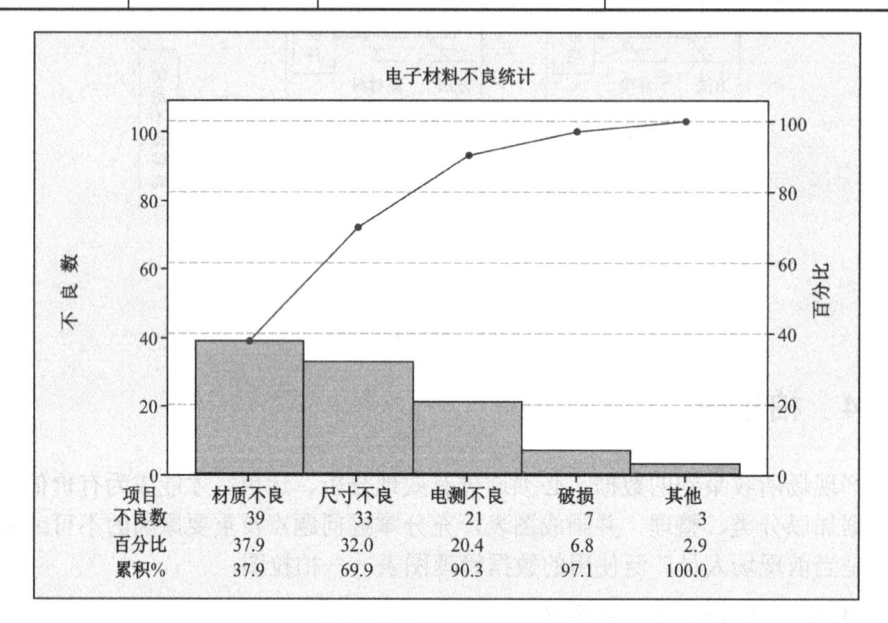

图 4-14 材料不良柏拉图

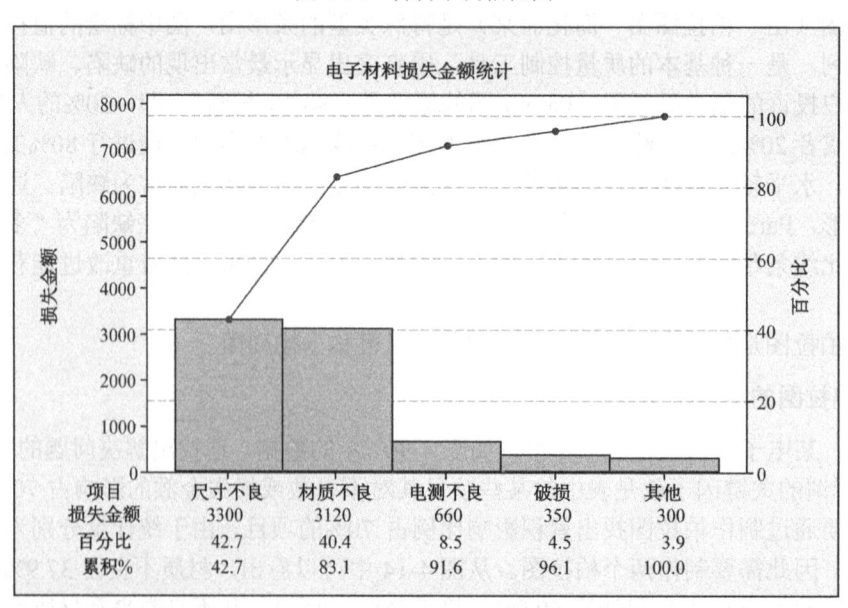

图 4-15 损失金额柏拉图

### 3. 柏拉图的制作方法

步骤1：决定数据的分类项目，其分类有结果分类和原因分类

按结果的分类有：不良项目别、场所别、时间别、工程别；按原因的分类有：材料别、机械别、设备别、作业者别。分类项目必须合乎问题的症结，一般的分类先从结果分类上着手，以便洞悉问题之所在，然后再进行原因分类，分析出问题产生的原因，以便采取有效的对策。再将此分析的结果，依其结果与原因分别绘制柏拉图。

步骤2：决定期间，收集数据

考虑发生问题的状况，从中选择恰当的期限（如一天、一周、一月、一季或一年为期间）来收集数据。

步骤3：按分类项目别，统计数据并制作统计表

各项目按出现数据的大小顺序排列，"其他"项排在最后一项。并求其累积数据（注意："其他"项不可大于前三项，若大于时应再细分）。

步骤4：在图表用纸上记入纵轴及横轴，纵轴上加上分度，横轴记入项目

1）在图表用纸记入纵轴及横轴。纵轴左侧填不良数、不良率或损失金额，纵轴右侧刻度表示累计影响度（比率）；在最上方刻 100%，左方则依收集数据大小画适当刻度。横轴填分类项目名称，由左至右按照所占比率大小记入，其他项则记在最右边。

2）横轴与纵轴应对应适度比例，横轴不宜长于纵轴。

步骤5：绘累计曲线

① 点上累计不良数（或累计不良率）；② 用折线连接。

步骤6：绘累计比率

① 纵轴右边绘折线终点为 100%；② 将 0~100% 分成 10 等分，把%的分度记上（即累计影响度）；③ 标出前三项（或四项）的累计影响度是否>70%或接近 70%。

步骤7：记入必要的事项

① 标题（目的）；② 数据收集期间；③ 数据合计（总检查、不良数、不良率……）；④ 工程别；⑤ 作成别（包括记录者、绘图者……）。如图 4-16 所示。

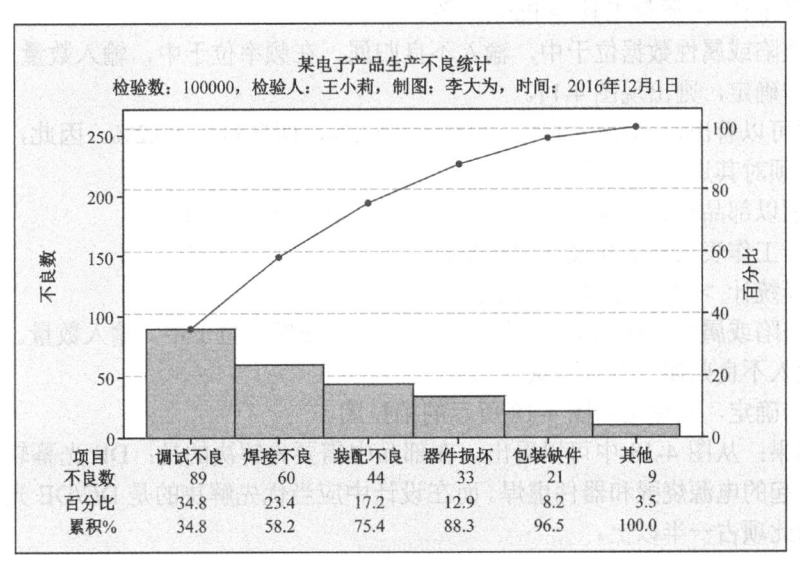

图 4-16 柏拉图制作效果图样

### 4．使用 MINITAB 制作柏拉图的步骤

某电子科技针对其生产的光幕传感器产品的质量进行统计分析，2015 年该产品全年的产品质量问题统计如表 4-10 所示，请分析表中的数据，提出解决问题的策略。

表 4-10　2015 年某光幕传感器全年不良数据

| 序号 | 不良原因 | 数量 | 不良归属 | 备注 |
| --- | --- | --- | --- | --- |
| 1 | DC/DE 光幕同步信号误接 | 21 | 设计 | 客户接线易出现误接 |
| 2 | DF 光幕软插头插错 | 20 | 部品 | 使用软插头，多向可插入 |
| 3 | 电源烧毁 | 9 | 部品 | |
| 4 | 电源烧毁 | 9 | 设计 | |
| 5 | 器件虚焊 | 9 | 部品 | 部品管脚氧化产生焊接不良 |
| 6 | 输出管保护稳压管击穿 | 9 | 设计 | 保护稳压管功率太小 |
| 7 | 生产焊接不良 | 3 | 制造 | |
| 8 | 47kΩ 电阻阻值变小 | 2 | 部品 | |
| 9 | 用户使用不当 | 8 | 客户 | 外力损坏，或误操作 |
| 10 | 发射管失效 | 5 | 部品 | |
| 11 | 接收管误用 | 5 | 制造 | |
| 12 | 贴片电容 10nF 断裂 | 5 | 部品 | 部品选择厂家问题 |
| 13 | 发货错误 | 4 | 制造 | |
| 14 | 其他不良 | 2 | 制造 | 问题不集中，无规律 |

这是一个实际案例，工作中会经常遇到，在电子产品的生产中，质量问题往往涉及多方面的原因，如何找出解决问题的突破口？一般来说可以将不良原因进行部门归属（层别法），找出解决问题的关键因素，然后分别再对关键因素分别进一步分析，而找出解决问题的关键因素最常用的工具是柏拉图。

1）首先制作不良归属柏拉图，这是按部门进行层别，其制作步骤如下。

① 打开工作表，在工作表中输入表 4-10 的数据。

② 选择统计 > 质量工具 > Pareto 图。

③ 在缺陷或属性数据位于中，输入不良归属。在频率位于中，输入数量。

④ 单击确定，则出现图 4-17。

从图中可以看出，部品占 45%，设计占 35.1%，两项累积 80.2%。因此，这两项是关键因子，必须对其进行一步的分析。

2）分别以部品和设计制作不良原因柏拉图，其制作步骤如下。

① 打开工作表按部品和设计筛选数据。

② 选择统计 > 质量工具 > Pareto 图。

③ 在缺陷或属性数据位于中，输入不良原因。在频率位于中，输入数量。在分组变量位于中，输入不良归属。点选默认。

④ 单击确定，则输出如图 4-18 所示的柏拉图。

解释结果：从图 4-18 中可以看出，在部品中需要先解决的是：DF 光幕软插头插错，部品性能引起的电源烧毁和器件虚焊。而在设计中应当优先解决的是 DC/DE 光幕同步信号误接，因为此项占一半以上。

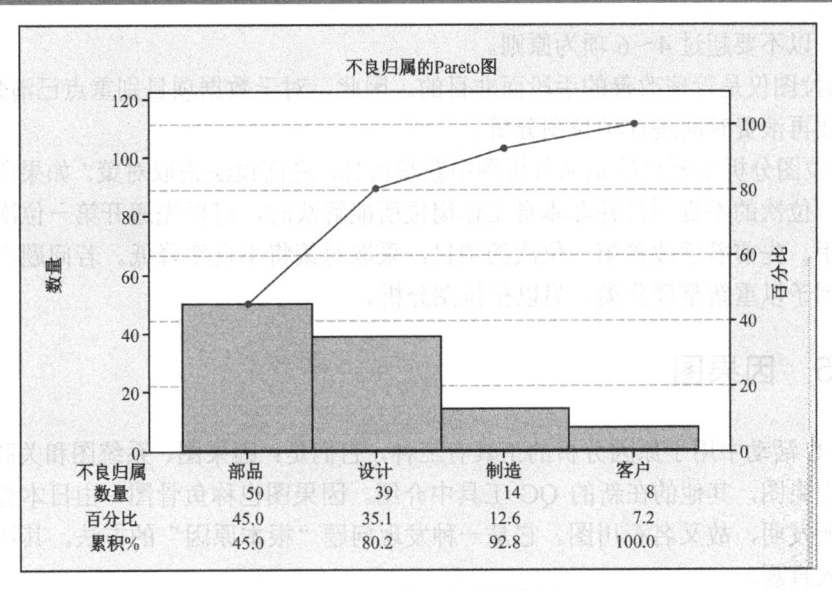

图 4-17 不良归属的柏拉图

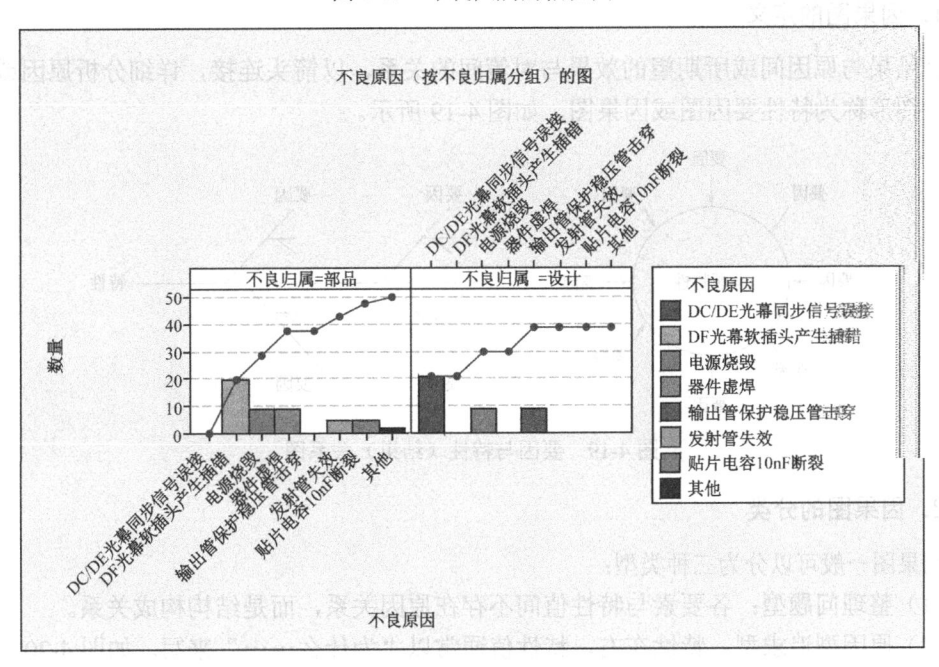

图 4-18 不良原因柏拉图

### 5. 运用柏拉图的注意事项

1）柏拉图是按所选取的项目来分析，因此，只能针对所做项目加以比较而无法对项目以外的因素进行分析。例如：某产品中 A 项不良数占 85%，降低 A 项不良数只能降低该产品的不良率，并不代表此举最合乎经济效益原则。

2）柏拉图若发现各项目分配比例相差不多时，则不符合柏拉图法则，应以其他角度设项目别，再重新收集资料来分析。画成柏拉图后，仍觉前面 1、2 项不够具体，无法据此下达对策时，可再画进一步的柏拉图，以便把握重点。"其他"项不应大于前几项，若大于时应再分析。有时，改变层别或分类的方法，亦可使分类的项目减少。通常，项目别包括其他项在内,以不要超过 4~6 项为原则。

3) 柏拉图仅是管理改善的手段而非目的。因此,对于数据项目别重点已清楚明确者,则没有必要再浪费时间进行柏拉图分析。

4) 柏拉图分析主要目的是从分析图中获得信息,进而设法采取对策。如果所得到的信息显示第一位次的不良项目并非本身工作岗位所能解决时,可以先避开第一位次,而从第二位次着手。先前着手改善第一位次的项目,采取对策将不良率降低。若问题再现,则须考虑将要因予以重新整理分类,另以柏拉图分析。

### 4.2.5 因果图

在 QCC 活动中用于原因分析的工具有三种,它们是:因果图、系统图和关联图。本节主要介绍因果图,其他的在新的 QC 工具中介绍。因果图也称鱼骨图,由日本管理大师石川馨博士所发明,故又名石川图。它是一种发现问题"根本原因"的方法。其特点是简捷实用,深入直观。

**1. 因果图的定义**

把结果与原因间或所期望的效果与对策间的关系,以箭头连接,详细分析原因或对策的一种图形称为特性要因图或因果图。如图 4-19 所示。

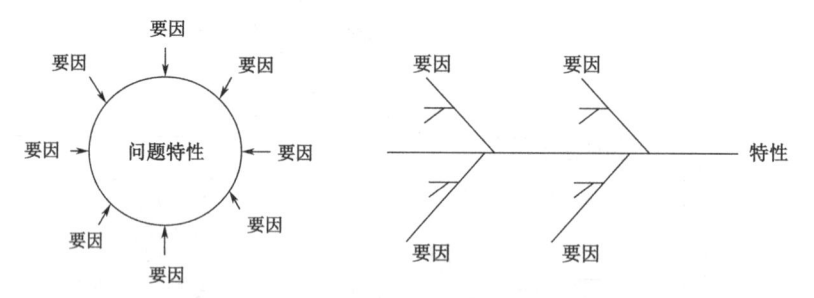

图 4-19 要因与特性(结果)关系图

**2. 因果图的分类**

因果图一般可以分为三种类型:
(1) 整理问题型:各要素与特性值间不存在原因关系,而是结构构成关系。
(2) 原因型追求型:特性在右,特性值通常以"为什么……"来写。如图 4-20 所示。
(3) 对策追求型:特性在左,特性值通常以"如何提高/改善……"来写。此类型目的在于追寻问题点应该如何防止,目标结果应如何达成的对策,故以因果图表示期望效果与对策间的关系。如图 4-21 所示。

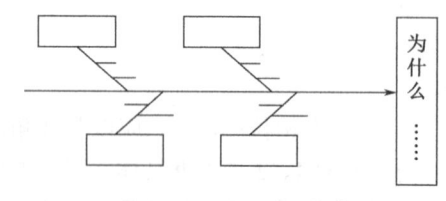

图 4-20 原因追求型因果图　　　图 4-21 对策追求型因果图

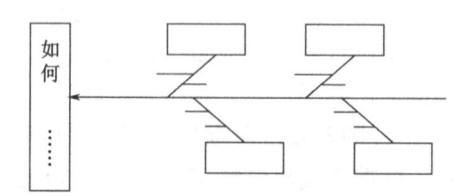

3. 如何绘制因果图

1）确定特性：在绘制之前，首先决定问题或品质的特性。一般来说，特性可用零件规格、账款回收率、制品不良率、客户抱怨、设备停机率、报废率等与品质有关或与成本有关的人工费、行政费等予以展现。

2）绘制骨架：首先于纸张或其他用具（如白板）右方画一"□"填口决定的特性，然后自左而右画出一条较粗的干线，并在线的右端与接合处，画一向右的箭头。

3）大略记载各类原因：确定特性之后，就开始找出可能的原因，然后将各原因以简单的字句，分别记在大骨干上的"□"加上箭头分枝，以倾角约60°画斜线。画时应留意较干线稍微细一些。

4）依据大要因，再分出中要因：细分出中要因之中骨线（同样为60°插线）应比大骨线细。中要因选约3~5个为准，绘制时应将有因果关系之要因归于同一骨线内。

5）要更详细列出小要因：运用中要因之方式，可将更详细的小要因讨论出来。

6）圈出最重要的原因：造成一个结果的原因有很多可以透过收集数据或自由讨论的方式，比较其对特性的影响程度，以"□"或"○"圈选取出来，作为进一步检讨或对策之用。如图4-22所示。

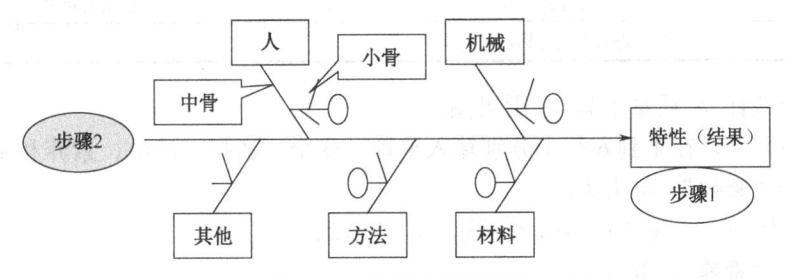

图4-22 绘制因果图步骤

说明：大、中、小要因的区别在于大要因通常代表一个具体方向；中要因通常代表的是一个概念或想法；小要因通常代表的是具体事件。

4．绘制因果图时的注意事项

因果图的结果，就是我们要进行分析的问题症结。一个因果图只能对一个问题进行分析，不同的两个问题就要分别用两个因果图来各自分析。同时，为了避免遗漏某一方面的问题，要先确定原因的类别，然后按每一类别一层一层地展开分析下去。因果图通常是用"5M1E"来作为原因类别的，即：人（Man）、设备（Machine）、材料（Material）、方法（Method）、测量（Measure）、环境（Environment）。如果是要对管理问题进行分析时，则可根据所分析问题的实际情况自行设定原因类别。

5．因果图的应用范围

因果图不只是发掘原因而已，还可以找出最重要的问题点，并依循原因找出解决问题的方法。其用途极广，在管理工程和事务处理上都可使用，依目的可分类为：①改善分析用：以改善品质、提高效率、降低成本为目标，进行现状解析、改善时用；②制定标准用；③管理用：发生很多抱怨或异常时，为寻找原因，采取改善措施时用；④品质管制导入及教育用：导入品质管理，全员参加讨论时用因果图整理时用，作为新人的教育、工作说明时用;⑤配合其他工具活用,能得到更好的效果,如配合查检表和柏拉图使用。

### 6. 使用 MINITAB 制作步骤

应用 MINITAB 可以很方便制作因果图。通过学习现场 6S 管理技术,发现可以用 6S 管理方法来提高宿舍生活环境水平。因此,计划集体讨论宿舍环境存在的潜在原因。为此事先决定打印一个因果(鱼骨)图来帮助组织会议期间的记录。现以此例说明如何生成包含子分支的完整因果图。

① 打开 MINITAB,在工作表中输入表 4-11 数据。

表 4-11 因果图数据表

| 特性 | 为何宿舍环境水平差? | | | | | |
|---|---|---|---|---|---|---|
| 大要因 | 整理 | 整顿 | 清扫 | 清洁 | 素养 | 安全 |
| 中要因 | 垃圾成堆 | 被子未叠 | 空调脏 | 无人值日 | 上课迟到 | 违规用电 |
| | 无用杂物多 | 鞋子乱放 | 桌面灰尘 | 无管理制度 | 玩手机 | 无安全标志 |
| | 有损坏物品 | 无标识 | 地板脏 | 整顿不到位 | 浪费水电 | 食品安全 |
| 小要因 | | 物品无名称标识 | | | 空调未关 | |
| | | 工具无定点标识 | | | 水龙头漏水 | |
| | | 物品无定位标识 | | | | |

② 选择统计 > 质量工具 > 因果图。
③ 在原因下,在 1 到 6 行中分别输入整理、安全、清扫、清洁、素养和整顿。
④ 对于"整顿",单击子。
⑤ 在原因下,在第 2 行中输入无标识,单击确定。
⑥ 对于"素养",单击子。
⑦ 在原因下,在第 1 行中输入浪费水电,单击确定。
⑧ 在效应中,键入为何宿舍环境水平差。单击确定后输出如图 4-23 所示。

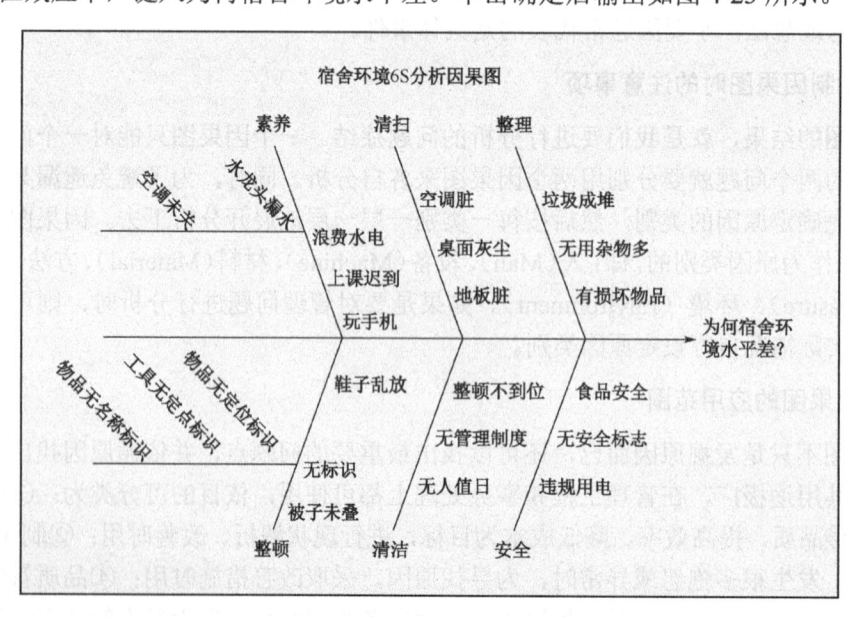

图 4-23 宿舍环境 6S 分析因果图

## 4.2.6 直方图

**1. 直方图的定义**

直方图是从总体中随机抽取样本，将从样本中获得的数据进行整理后，用一系列宽度相等、高度不等的矩形来表示数据分布的图。矩形的宽度表示数据范围的间隔，矩形的高度表示在给定间隔内的数据数。它是表示数据变化情况的一种主要工具。

**2. 直方图的作用**

1）可以比较直观地看出产品质量特性的分布状态。
2）可以判断工序是否处于受控状态，即对数据分布的正态性进行粗略检验。
3）当人们研究了直方图的常见类型中所示的质量数据波动状况之后，就能掌握过程的状况，从而确定在什么地方进行质量改进工作。

**3. 直方图的绘图步骤**

1）收集数据；数据个数一般为 50 个以上，最少不得少于 30 个。
2）求极差 $R$；$R = X_{max} - X_{min}$
3）确定分组的组数（$k$）和组距（$h$）：$h = R/k$
一批数据究竟分多少组，通常根据数据个数的多少而定，如表 4-12 所示。

表 4-12 分组数 $k$ 参考值

| 数据个数 $n$ | 分组数 $k$ | 一般使用 $k$ |
| --- | --- | --- |
| 50～100 | 6～10 | 10 |
| 100～250 | 7～12 | |
| 250 以上 | 10～20 | |

4）确定各组界限，决定各组的区间端点。
5）制作频数分布表。
6）画直方图。
7）在直方图的空白区域，记上有关数据的资料，如数据个数 $n$，平均值 $\overline{X}$，标准差 $S$ 等。

**4. 应用举例**

例如，某电子传感器企业，对一产品的距离与电压的关系进行分析，每天收集 5 组数据，共收集了 50 个电压数据，如表 4-13 所示。要求对表中数据分布情况进行分析。

解：显示数据的分布可用直方图。制作直方图可用以下步骤来进行。

1）收集并整理数据，列出各组数据的最大值和最小值。
2）计算极差 $R$

$X_{max} = 46.2$ mV　　$X_{min} = 31.5$ mV
$R = X_{max} - X_{min} = 46.2 - 31.5 = 14.7$ mV

3）对数据分组，包括确定组数、组距和组限。
① 确定组数 $k$：由于 $n=50$，因此，依据表 4-12，取 $k=8$。
② 确定组距 $h$：组距是组与组之间的间隔，即组的范围。由于各组距应相等，因此：

极差≈组距×组数 即：$R≈h×k$，本例中：$h=14.7/8=1.8≈2$mA。

③ 确定组限：每组的最大值为上限，最小值为下限。

第一组下限：$X_{min}-h/2=31.5-2/2=30.5$；

第一组上限：$30.5+h=30.5+2=32.5$。

第二组下限=第一组上限=32.5；

第二组上限：32.5+2=34.5…下同。

4）编制数据频数统计表，见表4-14。

表4-13 电压数据实测表（mV）

| 序号 | 工作电压数据 | | | | | 最大值 | 最小值 |
|---|---|---|---|---|---|---|---|
| 1 | 39.8 | 37.7 | 33.8 | 31.5 | 36.1 | 39.8 | 31.5 |
| 2 | 37.2 | 38.0 | 33.1 | 39.0 | 36.0 | 39.0 | 33.1 |
| 3 | 35.8 | 35.2 | 31.8 | 37.1 | 34.0 | 37.1 | 31.8 |
| 4 | 39.9 | 34.3 | 33.2 | 40.4 | 41.2 | 41.2 | 33.2 |
| 5 | 39.2 | 35.4 | 34.4 | 38.1 | 40.3 | 40.3 | 34.4 |
| 6 | 42.3 | 37.5 | 35.5 | 39.3 | 37.7 | 42.3 | 35.5 |
| 7 | 35.9 | 42.4 | 41.8 | 36.3 | 36.2 | 42.4 | 35.9 |
| 8 | 46.2 | 37.6 | 38.3 | 39.7 | 38.0 | 46.2 | 37.6 |
| 9 | 36.4 | 38.3 | 43.4 | 38.2 | 38.0 | 42.9 | 36.4 |
| 10 | 44.4 | 42.0 | 37.9 | 38.4 | 39.5 | 44.4 | 37.9 |

表4-14 频数统计表

| 组号 | 组限（mV） | 频数统计 | 组号 | 组限（mV） | 频数统计 |
|---|---|---|---|---|---|
| 1 | 30.5~32.5 | 2 | 5 | 38.5~40.5 | 9 |
| 2 | 32.5~34.5 | 6 | 6 | 40.5~42.5 | 5 |
| 3 | 34.5~36.5 | 10 | 7 | 42.5~44.5 | 2 |
| 4 | 36.5~38.5 | 15 | 8 | 44.5~46.5 | 1 |
| | 合 计 | | | | 50 |

5）绘制直方图，见图4-24。

解释结果：从图4-24中可以看出数据呈正态分布。

**5. 直方图的应用**

直方图的集中与分散情形即表示制程的好坏，直方图的中心点即为平均值的所在。良好的制程，平均数接近规格中心，标准差越小越佳。因此，直方图可以测算过程能力，由直方图的集中趋势——平均值$\overline{X}$及离中心趋势标准差$S$的情形显示过程能力的好坏。直方图可以计算产品的不良率，通过超出规格上、下限的数量与总数量的比得出不良率。直方图也可以调查是否混入两个以上不同的产品类别。如果绘出的直方图呈现双峰（或三峰以上）状态，就从侧面告诉我们所收集的产品数据来自两逐步形成不同的生产过程，或使用不同的原材料，或来自两个不同的班次。

（1）观察直方图的形状、判断质量分布状态

画完直方图后，要认真观察直方图的整体形状，看其是否属于正常型直方图。正常型

直方图就是中间高、两侧低，左右对称的图形。见图 4-25。如出现非正常型直方图时，表明生产过程或数据收集、绘图有问题。这要求进一步分析判断，找出原因。非正常型直方图，其图形分布有各种不同缺陷，归纳起来一般有五种类型。如表 4-15 所示。

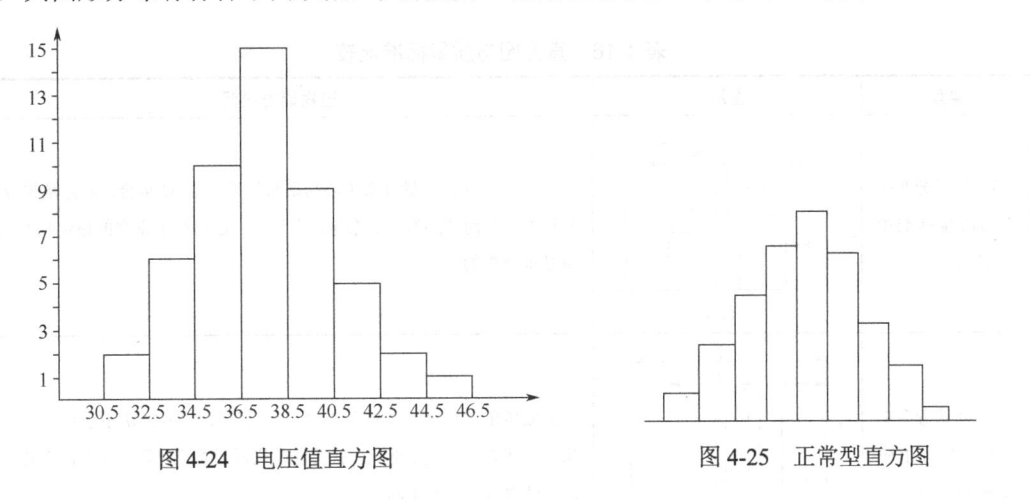

图 4-24　电压值直方图　　　　　图 4-25　正常型直方图

表 4-15　缺陷直方图类型

| 类型 | 图形 | 描述 |
|---|---|---|
| （1）折齿（锯齿）直方图 | | 由于绘直方图的过程中分组过多或测量读数有误等原因造成的 |
| （2）左（右）缓坡 | | 由于操作中对上限（或下限）控制太严造成的 |
| （3）孤岛直方图 | | 由于原材料发生变化，或临时工人顶班作业，或测量有误等原因造成的 |
| （4）双峰直方图 | | 由于两种不同方法或两台设备或两组工人进行生产，然后把两方面数据混在一起整理产生的 |
| （5）绝壁直方图 | | 由于数据收集不正常，可能有意识地去掉下限以下的数据，或在检测过程中存在某种人为因素所造成的 |

（2）将直方图与质量标准比较，判断实际生产过程能力

通过直方图与质量标准比较可以判断生产过程能力，如表 4-16 所示。T——表示质量标准要求界限；B——表示实际质量特性分布范围。

表 4-16 直方图与质量标准比较

| 类型 | 图形 | 过程能力说明 |
| --- | --- | --- |
| 1. 质量分布中心与质量标准中心 $M$ 重合 | | $B$ 在 $T$ 中间，质量分布中心与质量标准中心 $M$ 重合，实际数据分布与标准比较两边还有一定余地。说明生产过程处于正常的稳定状态，质量是很理想的 |
| 2. 质量分布中心与质量标准中心 $M$ 不重合 | | $B$ 虽然在 $T$ 中间，质量分布中心与质量标准中心 $M$ 不重合，说明如果生产状态一旦发生变化，就可能超出质量标准下限。因此，应采取措施，使直方图移到中间 |
| 3. $B$ 在 $T$ 中间 | | $B$ 在 $T$ 中间，且 $B$ 的范围接近 $T$ 的范围，没有余地，说明如果生产状态一旦发生小的变化，就可能超出质量标准。因此，应采取措施，缩小质量分布范围 |
| 4. $B$ 在 $T$ 中间，两侧地太大 | | 说明加工过于精细，不经济。因此，在这种情况下，适当放宽要求，采取措施扩大质量分布范围 |
| 5. $B$ 已经超 $T$ 下限 | | 质量分布 $B$ 已经超出质量标准下限，说明已出现不合格品。因此，应采取措施进行调整，使质量分布位于标准之内 |
| 6. $B$ 超出了 $T$ 上、下限 | | 质量分布范围完成超出了质量标准的上、下限，散差太大，已经产生许多废品，说明过程能力不足，应采取措施，提高过程能力，缩小质量分布范围 |

## 6. 使用 MINITAB 制作直方图（以表 4-13 的数据为例）

第一步：将数据输入 MINITAB 工作表，如图 4-26 所示。

图 4-26　输入数据和选择工具示意图

第二步：选择图形>直方图，如图 4-26 所示。

第三步：在出现的对话框选择直方图图样，如图 4-27 所示。

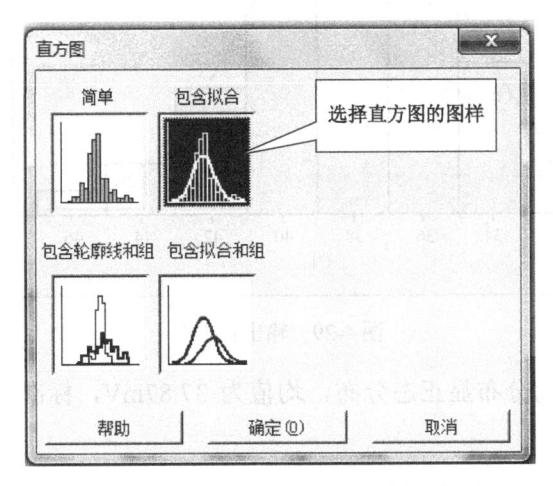

图 4-27　选择所需直方图的图样示意图

第四步：按"确定"按钮，在出现的对话框选择图形变量，如图 4-28 所示。

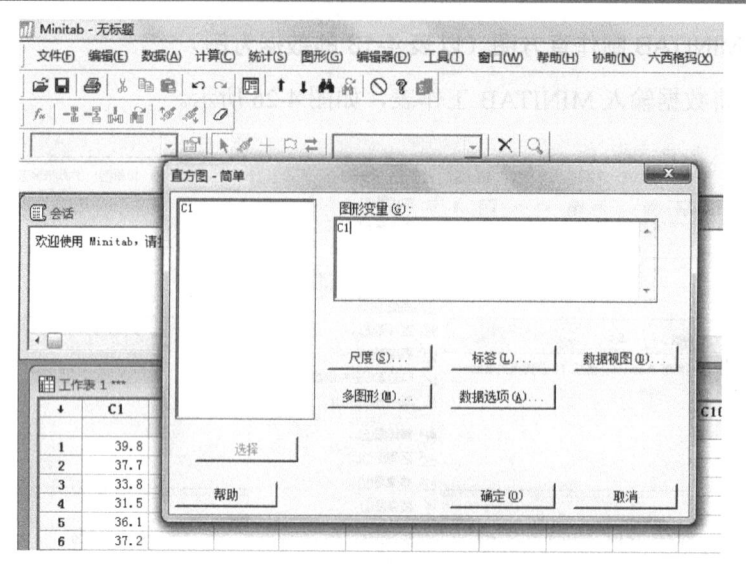

图 4-28 选择图形变量 C1

第五步：按"确定"按钮，MINITAB 图形输出如图 4-29 所示。

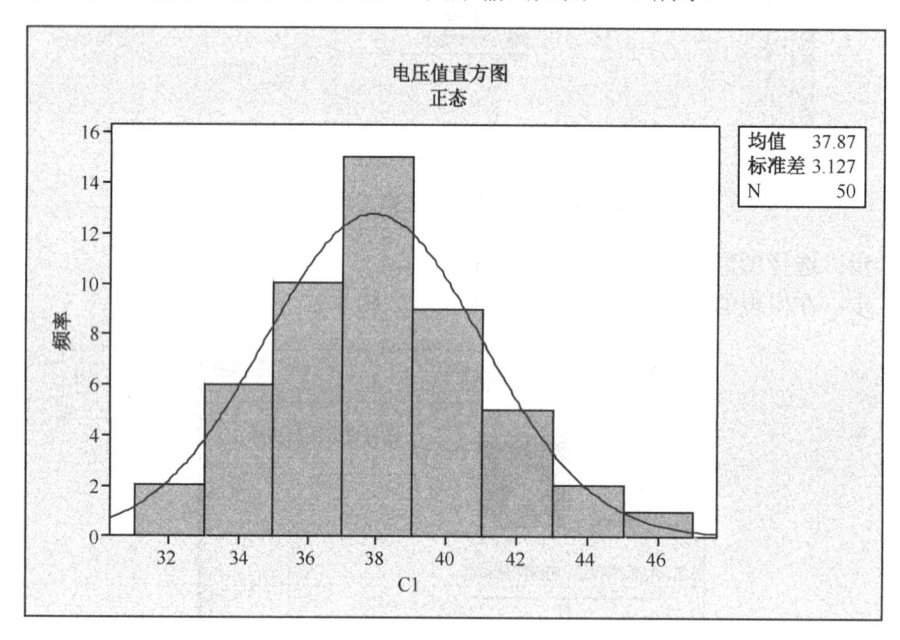

图 4-29 输出直方图

解释结果：电压值分布显正态分布，均值为 37.87mV，标准差为 3.127。数据分布较理想。

### 4.2.7 散布图

**1. 散布图的定义**

散布图是一种研究成对出现的、两组相关数据之间关系的图示技术。在散布图中，成对的数据形成点子云，研究点子云的分布状态，便可以推断成对数据之间的相关程度。散布图也称为散点图。

**2. 关系的分类**

A．要因与特性的关系；B．特性与特性的关系；C．特性的两个要因间的关系。

**3. 散布图的用途**

1）散布图可以用来发现两组数据之间的关系，并确认两组相关数据之间预期的关系。

2）分析两组相关数据之间的关系，主要是确认其相关性质，即正相关或负相关；相关程度，即强相关或弱相关。点子云的形态可以反映出相关的性质和程度。

3）两个随机变量的关系可能有函数关系、相关关系和没有关系三种状态。其中函数关系可以看为强相关的强度达到极限程度时的状态，故称为完全相关。而当弱相关达到极限程度时即为不相关。

4）对散布图可以进行定性分析，也可进行定量分析。

**4. 制作散布图的步骤**

1）收集成对数据（$X$，$Y$），数据量不小于 30 对。数据不能太少，否则易发生误判。

2）标明 $X$ 轴和 $Y$ 轴。

3）找出 $X$、$Y$ 的最大值和最小值，并用这两个值标定横轴 $X$ 和纵轴 $Y$。

4）描点。当两组数据点重合时，可围绕数据点画同心圆表示。

5）判断相关关系类型：

散布关系类型：正相关、负相关、不相关和非直线相关。

① 强正相关：$X$ 增大，$Y$ 也随之增大，称为强正相关。如图 4-30 所示。

② 弱正相关：$X$ 增大，$Y$ 也随之增大，但增大的幅度不显著。如图 4-31 所示。

③ 强负相关：$X$ 增大时，$Y$ 反而减小，称为强负相关。如图 4-32 所示。

④ 弱负相关：$X$ 增大时，$Y$ 反而减小，但幅度并不显著。如图 4-33 所示。

⑤ 不相关：$X$ 与 $Y$ 之间毫无任何关系，如图 4-34 所示。

⑥ 非直线相关，也称曲线相关：$X$ 开始增大时，$Y$ 也随之增大，但达到某一值后，当 $X$ 增大时，$Y$ 却减少，如图 4-35 所示。

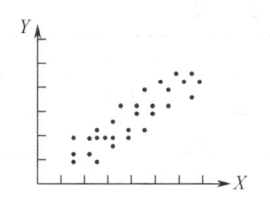

图 4-30　强正相关（$x$ 增大，$y$ 增大）　　图 4-31　强负相关（$x$ 增大，$y$ 减小）

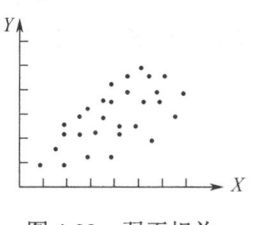

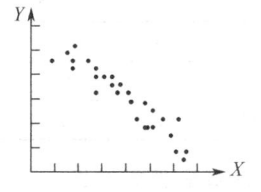

图 4-32　弱正相关　　图 4-33　弱负相关

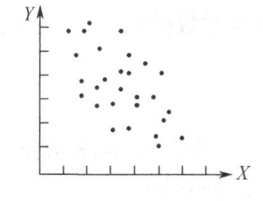

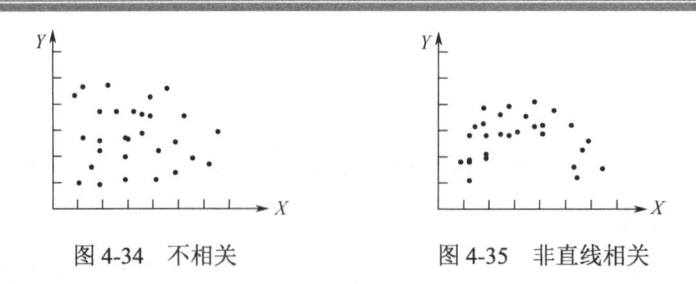

图 4-34 不相关　　　　　　图 4-35 非直线相关

**5. 散布图相关性判断方法**

1）对照典型图例判断法。

2）象限判断法：见图 4-36，先画 $X$、$Y$ 中值线，若 $n_\mathrm{I}+n_\mathrm{III}>n_\mathrm{II}+n_\mathrm{IV}$ 则正相关；若 $n_\mathrm{I}+n_\mathrm{III}<n_\mathrm{II}+n_\mathrm{IV}$ 则负相关。

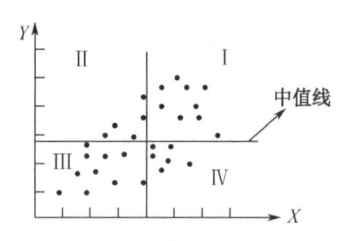

图 4-36 用象限判断相关性

3）相关系数判别法：此法需要进行大量的计算，但判别较精确。

步骤：① 收集数据。$n\geqslant 30$

② 计算偏差平方和。

$L_\mathrm{XX}=\Sigma X_i^2-(\Sigma X_i)^2/n$

$L_\mathrm{YY}=\Sigma Y_i^2-(\Sigma Y_i)^2/n$

$L_\mathrm{XY}=\Sigma X_iY_i-(\Sigma X_i)(\Sigma Y_i)/n$

③ 计算相关系数（$r$）$r=L_\mathrm{XY}/\sqrt{L_\mathrm{XX}\times L_\mathrm{YY}}$

④ 判断，按表 4-17 进行相关性判断。

表 4-17 相关系数值的判断

| $r$ 绝对值 | （0，0.3） | [0.3，0.5） | [0.5，0.8） | [0.8，1] |
|---|---|---|---|---|
| 相关性 | 不相关 | 弱相关 | 相关 | 强相关 |
| 备注：$r=0$ 无线性相关或有曲线相关；$r=1$ 完全正相关；$r=-1$ 完全负相关 ||||| 

**6. 使用 MINITAB 制作散布图**

用 MINITAB 制作散布图比上述介绍的方法方便得多。例如，某公司测量某产品的抗拉强度与硬度之间成对数据如表 4-18 所示。现用散布图对这 50 对相关数据的相关程度进行分析研究。

操作步骤：

1）打开工作表，输入表 4-18 数据。

2）选择图形 > 散点图。

3）选择简单，然后单击确定。

4）在 $Y$ 变量下，输入抗拉强度。在 $X$ 变量下，输入硬度。
5）在标签中输入抗拉强度与硬度的散点图，在每个对话框中单击确定。

表 4-18　抗拉强度与硬度之间成对数据

| 序号 | 硬度 | 抗拉强度 | 序号 | 硬度 | 抗拉强度 | 序号 | 硬度 | 抗拉强度 | 序号 | 硬度 | 抗拉强度 | 序号 | 硬度 | 抗拉强度 |
|---|---|---|---|---|---|---|---|---|---|---|---|---|---|---|
| 1 | 204 | 43 | 11 | 195 | 42 | 21 | 201 | 43 | 31 | 207 | 45 | 41 | 208 | 45 |
| 2 | 202 | 44 | 12 | 199 | 44 | 22 | 193 | 42 | 32 | 206 | 45 | 42 | 205 | 45 |
| 3 | 198 | 43 | 13 | 207 | 45 | 23 | 196 | 43 | 33 | 206 | 45 | 43 | 196 | 43 |
| 4 | 199 | 42 | 14 | 203 | 44 | 24 | 205 | 44 | 34 | 206 | 45 | 44 | 204 | 44 |
| 5 | 203 | 43 | 15 | 198 | 43 | 25 | 207 | 46 | 35 | 200 | 44 | 45 | 202 | 43 |
| 6 | 205 | 44 | 16 | 194 | 41 | 26 | 199 | 46 | 36 | 197 | 42 | 46 | 202 | 43 |
| 7 | 197 | 42 | 17 | 205 | 46 | 27 | 200 | 43 | 37 | 202 | 43 | 47 | 202 | 42 |
| 8 | 196 | 42 | 18 | 197 | 41 | 28 | 198 | 44 | 38 | 202 | 45 | 48 | 198 | 42 |
| 9 | 201 | 44 | 19 | 194 | 41 | 29 | 205 | 44 | 39 | 209 | 45 | 49 | 208 | 45 |
| 10 | 200 | 42 | 20 | 207 | 45 | 30 | 209 | 46 | 40 | 202 | 44 | 50 | 207 | 44 |

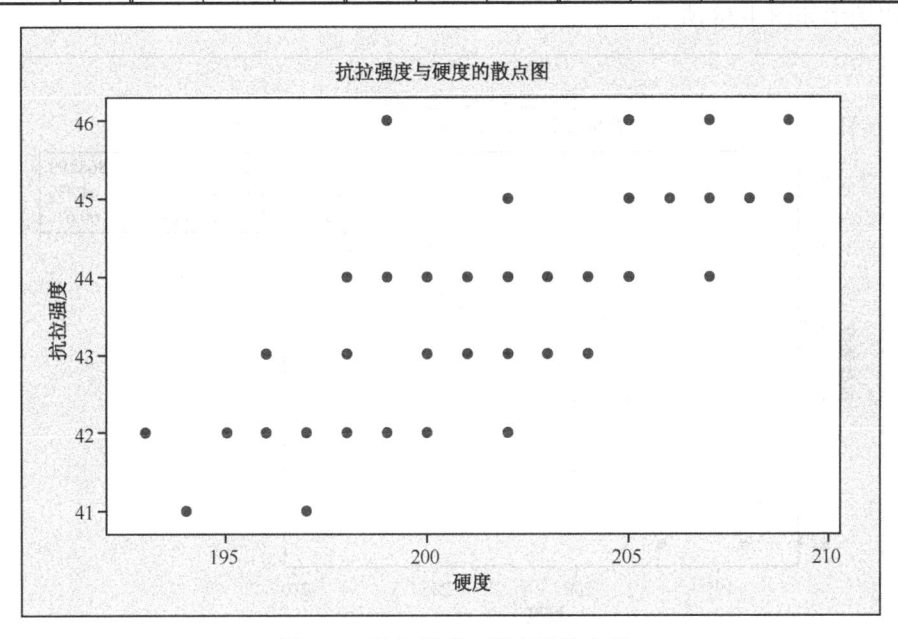

图 4-37　抗拉强度与硬度的散点图

解释结果：从图中可以看出，随着硬度的增加抗拉强度也增加，因此抗拉强度与硬度存在正相关。相关程度需要通过回归分析来判定。

### 7．回归分析

回归分析是处理变量相关关系的一种统计技术，目的是通过一个变量或一些变量的变化解释另一变量的变化。

回归分析的步骤：根据问题确定自变量和因变量→找出变量所满足的数学方程→对回归方程进行统计检验→利用回归方程进行预测。

以上题为例用 MINITAB 进行回归分析的操作步骤：

1) 选择统计 > 回归 > 拟合线图。
2) 在响应（Y）中，输入抗拉强度。
3) 在预测变量（X）中，输入硬度。
4) 回归模型，点选线性。
5) 在标签中输入抗拉强度与硬度拟合线图，在每个对话框中单击确定。

**回归分析：抗拉强度与硬度**

回归方程为

抗拉强度 = -6.308 + 0.2475 硬度

$S = 0.868298$    $R\text{-}Sq = 61.4\%$    $R\text{-}Sq$（调整）$= 60.6\%$

方差分析

| 来源 | 自由度 | SS | MS | F | P |
| --- | --- | --- | --- | --- | --- |
| 回归 | 1 | 57.5908 | 57.5908 | 76.39 | 0.000 |
| 误差 | 48 | 36.1892 | 0.7539 | | |
| 合计 | 49 | 93.7800 | | | |

输出图形如图 4-38 所示。

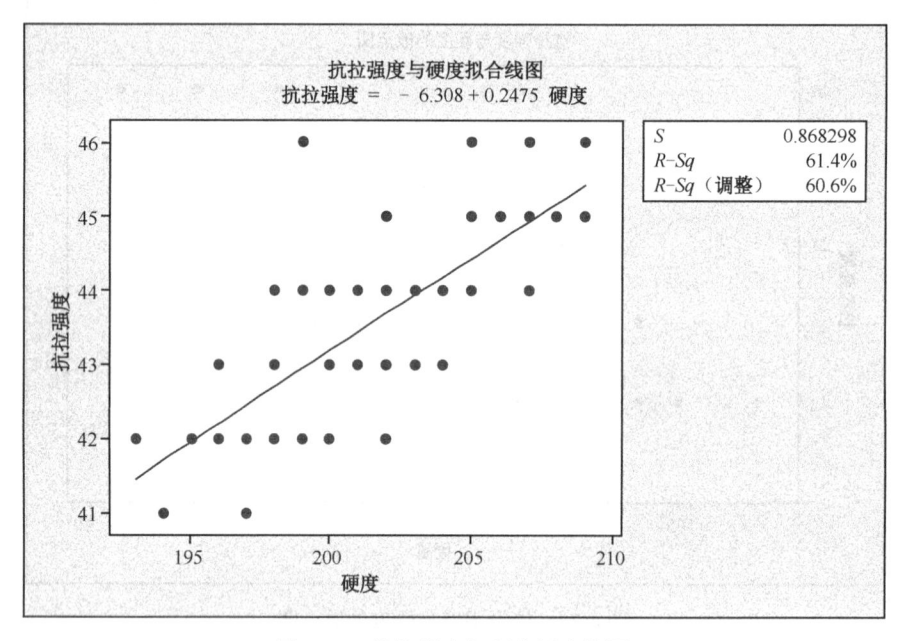

图 4-38 抗拉强度与硬度拟合线图

解释结果：回归的 $P$ 值 $=0.000<0.05$，表明在 $a$ 水平为 0.05 时，硬度与抗拉强度之间的关系具有统计上的显著性。$R\text{-}Sq = 61.4\%$ 表明模型与数据有较好的拟合。

## 4.2.8 控制图

**1. 什么是控制图**

控制图是对过程质量特性值进行测定、记录、评估，从而直接监视生产过程质量动态是否处于控制状态的一种用统计方法设计的图。

控制图是用图形记录过程质量随时间变化进程的一种形式。它利用有效数据建立控制界限，一般分上控制界限（UCL）和下控制界限（LCL），如图 4-39 所示。其中，中心线（CL）用实线绘制，UCL 和 LCL 用虚线绘制。

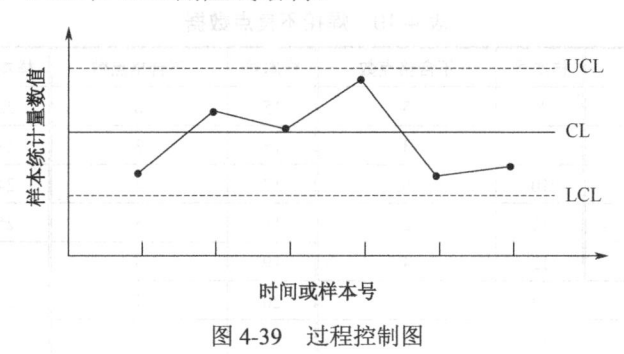

图 4-39 过程控制图

**2．控制图的分类**

一般分为计量控制图和计数控制图。

1）计量型控制图：以上控制图适用于计量值，如长度、重量、时间、强度等质量特性值的分析和控制。如图 4-40 所示。

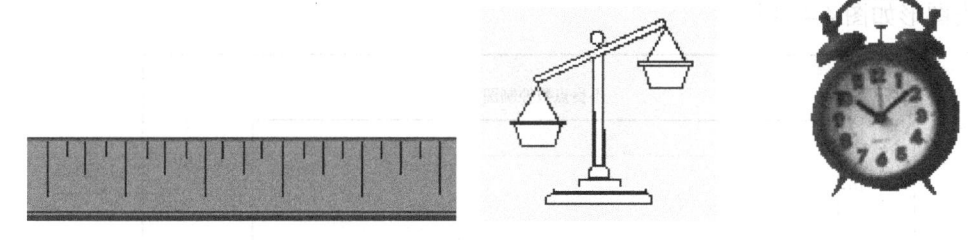

图 4-40 计量值示意图

2）计数型控制图：如，不合格品数、缺陷数及事故的件数。如图 4-41 所示。

图 4-41 计数值示意图

**3．控制图的作用**

1）在质量诊断方面，可以用来度量过程的稳定性，即过程是否处于统计控制状态，但不能用来判断产品质量的合格性。

2）在质量控制方面，可以用来确定什么时候需要对过程加以调整，而什么时候则需要使过程保持相应的稳定状态。

3）在质量改进方面，可以用来确认某过程是否得到了改进。

## 4. 使用 MINITAB 制作控制图

例：在波峰焊抽检岗位将 QC 每小时抽检 5 块板作为一个样本，现将抽检某种板的数据记录见表 4-19。

表 4-19  焊接不良点数据

| 样本号 | 不合格点数 | 样本号 | 不合格点数 | 样本号 | 不合格点数 | 样本号 | 不合格点数 |
|---|---|---|---|---|---|---|---|
| 1 | 4 | 8 | 5 | 15 | 6 | 22 | 4 |
| 2 | 6 | 9 | 3 | 16 | 3 | 23 | 5 |
| 3 | 5 | 10 | 6 | 17 | 4 | 24 | 4 |
| 4 | 8 | 11 | 2 | 18 | 5 | 25 | 3 |
| 5 | 2 | 12 | 4 | 19 | 3 | 合计 | 115 |
| 6 | 4 | 13 | 8 | 20 | 7 | | |
| 7 | 4 | 14 | 5 | 21 | 5 | | |

操作步骤：

1）在工作表中输入表 4-19 数据，数据在一列中。

2）选择统计 > 控制图 > 属性控制图 > C。

3）在变量中，输入包含不合格点数（C）的列。

4）如果需要，可以使用任意对话框选项，然后单击确定。

输出图形如图 4-42 所示。

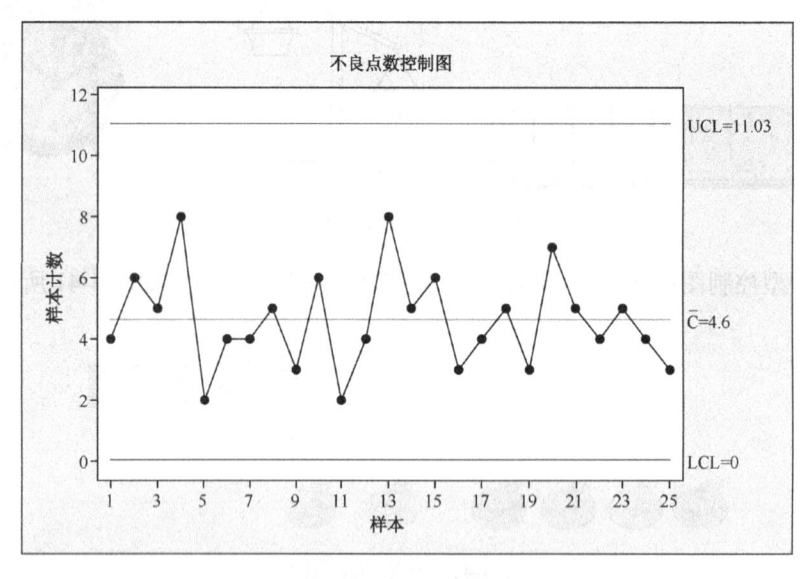

图 4-42  不良点数控制图

解释结果：因为点落在随机图案内，且位于 3 控制限制的边界内，所以推断过程按预期运行并且受控。

控制图是 SPC 中最重要的工具，将在下一学习情境中重点介绍。

## 5. 雷达图的定义

雷达图是指形状与雷达图像相似的图形，也称蜘蛛图。雷达图由若干个同心圆构成，由圆心向外引出若干条射线至最外环,它们之间等距,每个圆代表一定的分值,由圆心向外分值增加或减少,每条射线末端标注上一个被研究的指标名称,在图上打点、连线后其形象酷似雷达图,故而得名。

### 6. 雷达图的用途

主要用于同时对多个指标、多个目标值,在不同时期前后变化的对比分析。

### 7. 雷达图的构成

1)检查项目。如组织能力,团队精神等。
2)图像比例。有采用百分制或 5 分制等。
3)活动前后水平的图形。

### 8. 雷达图的制作步骤

例:有一个 QCC 活动,在其课题目标达成后,对该活动效果进行自我评价,如表 4-20 所示。请用图形表示该 QCC 活动成果。

表 4-20  QCC 活动评价表

| 序号 | 项目 | 自我评价 | |
|---|---|---|---|
| | | 活动前均分 | 活动后均分 |
| 1 | 质量意识 | 2 | 4 |
| 2 | 操作技能 | 2 | 4 |
| 3 | QC 知识 | 3 | 4 |
| 4 | 自信心 | 3 | 4 |
| 5 | 团队精神 | 3 | 5 |

对于无形效果的评价可以采用雷达图,其制作步骤如下。

第一步:打开 Microsoft Office Excel 2003,在工作表中输入数据,在菜单中选择插入>图表>雷达图。

第二步:默认子图表类型,单击下一步,在工作表中选择数据系列,系列产生在选择列。

第三步:单击"下一步…下一步…完成",得到如图 4-43 所示的雷达图。

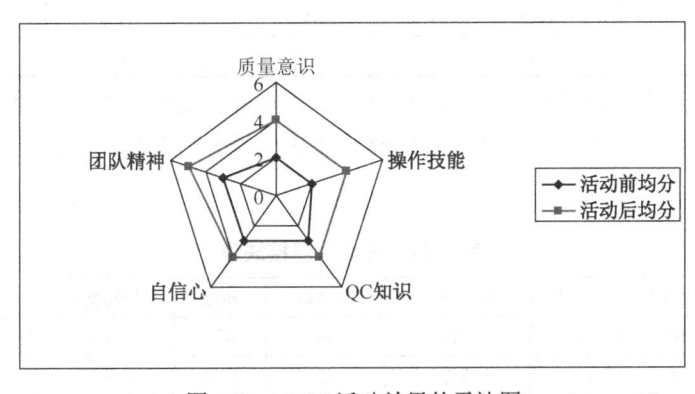

图 4-43  QCC 活动效果的雷达图

雷达图只是对无形效果进行检查对比的一种方法,并非每个课题都要采用,应根据自身的需要加以应用。

## 任务实施

### 1. 实验准备

1)上网计算机,Windows 操作系统。

2)IE6 及以上浏览器。

3)Office:Microsoft Excel 2003,Microsoft Word 2003。

4)MINITAB 16。

### 2. 实验过程

首先熟练运用 MINITAB 16 制作柏拉图、因果图、直方图、散布图和控制图。

1)依据知识准备:柏拉图、因果图、直方图、散布图和控制图例题表中的数据,使用 MINITAB 16 制作相应图形并说明图形所表示的意义。

2)某一电子信息企业专门生产通信产品。这一产品在大批量的生产过程中发现存在如表 4-21 所示不良项目。由于资源有限,因此,需要通过找出关键少数问题以作为 QCC 课题,请选择合理的 QC 工具以帮助确立课题的内容。

3)柏拉图的作用:①按重要顺序显示出每个质量改进项目对整个质量问题的作用;②识别进行质量改进的机会。某 PCBA 生产车间对某一时间段波峰焊接不良的统计资料如表 4-22 所示。请确定波峰焊接不良的关键因子。

表 4-21 通信产品不良项目统计表

| 项目 | 不良数量 | 累计不良数 | 百分比 | 累计百分比 |
|---|---|---|---|---|
| 不能打电话 | 79 | 79 | 23.03% | 23.03% |
| 开机无音 | 60 | 139 | 17.49% | 40.52% |
| 外壳划伤 | 58 | 197 | 16.91% | 57.43% |
| 无振动 | 41 | 238 | 11.95% | 69.39% |
| 镜片内有异物 | 36 | 274 | 10.50% | 79.88% |
| MIC 无声 | 34 | 308 | 9.91% | 89.79% |
| 按键无作用 | 23 | 331 | 6.71% | 96.50% |
| 拍照花屏 | 12 | 343 | 3.50% | 100.00% |

提示:在质量改进的项目中,少数的项目往往起着主要的、决定性的影响作用。通过区分最重要和次要的项目,就可以用最少的资源获得最大的改进。这就是使用柏拉图最主要目的。

表 4-22 波峰焊焊接缺陷

| 缺陷类别 | 缺陷数 | 班组 | 缺陷类别 | 缺陷数 | 班组 | 缺陷类别 | 缺陷数 | 班组 |
|---|---|---|---|---|---|---|---|---|
| 虚焊 | 10 | 白天 | 虚焊 | 19 | 夜晚 | 虚焊 | 8 | 白天 |
| 虚焊 | 16 | 白天 | 虚焊 | 17 | 夜晚 | 虚焊 | 10 | 白天 |
| 虚焊 | 25 | 白天 | 虚焊 | 20 | 夜晚 | 虚焊 | 9 | 白天 |
| 桥接 | 16 | 白天 | 桥接 | 12 | 夜晚 | 桥接 | 10 | 白天 |

续表

| 缺陷类别 | 缺陷数 | 班组 | 缺陷类别 | 缺陷数 | 班组 | 缺陷类别 | 缺陷数 | 班组 |
|---|---|---|---|---|---|---|---|---|
| 桥接 | 9 | 白天 | 桥接 | 10 | 夜晚 | 桥接 | 5 | 夜晚 |
| 漏焊 | 3 | 白天 | 漏焊 | 8 | 夜晚 | 漏焊 | 10 | 夜晚 |
| 漏焊 | 2 | 白天 | 漏焊 | 1 | 夜晚 | 漏焊 | 11 | 夜晚 |
| 半边焊 | 5 | 夜晚 | 半边焊 | 9 | 白天 | 半边焊 | 7 | 夜晚 |
| 半边焊 | 6 | 夜晚 | 半边焊 | 2 | 白天 | 半边焊 | 6 | 夜晚 |
| 半边焊 | 1 | 夜晚 | 半边焊 | 1 | 白天 | 半边焊 | 10 | 夜晚 |
| 元件浮起 | 3 | 夜晚 | 元件浮起 | 0 | 白天 | 元件浮起 | 19 | 夜晚 |

4) 某产品质量问题突出，通过 QCC 活动，应用头脑风暴法列出的要因如表 4-23 所示。要求制作因果图。

表 4-23 质量问题分析数据表

| 特性 | 为何产品质量问题多？ | | | | | |
|---|---|---|---|---|---|---|
| 大要因 | 人员 | 机器 | 材料 | 方法 | 环境 | 测量 |
| 中要因 | 培训不足 | 年久失修 | 成分变化 | 作业指导书不完善 | 灰尘 | 量具不稳 |
| | 情绪不稳 | 磨损 | 厚度变差 | 过程无控制方法 | 噪声 | 系统误差大 |
| 小要因 | 培训不足 | | 厚度变差 | 过程无控制方法 | | 系统误差大 |
| | 师资 | | 新供应商 | 控制点设置 | | 再现性 |
| | 投入资金 | | 检验失误 | 统计工具应用 | | 重复性 |

5) 某一型号距离传感器的规格为 $4\pm0.4$ mm，为了检查该产品的测量距离分布情况，PQC 人员从一批产品中随机抽取 50 个，用自检设备测试得到的数据如表 4-24 所示。请对数据的分布情况进行分析，并依据表 4-16 判定过程能力是否能够满足要求。

表 4-24 规格为 $4\pm0.4$ mm 距离传感器实测数据表　　　　（单位：mm）

| 样本号 | 测量值 | 样本号 | 测量值 | 样本号 | 测量值 | 样本号 | 测量值 | 样本号 | 测量值 |
|---|---|---|---|---|---|---|---|---|---|
| 1 | 3.85 | 11 | 3.93 | 21 | 3.74 | 31 | 3.85 | 41 | 3.89 |
| 2 | 3.94 | 12 | 3.83 | 22 | 3.90 | 32 | 3.87 | 42 | 3.91 |
| 3 | 3.84 | 13 | 3.86 | 23 | 3.83 | 33 | 3.94 | 43 | 3.77 |
| 4 | 3.80 | 14 | 3.84 | 24 | 3.86 | 34 | 3.84 | 44 | 3.78 |
| 5 | 3.77 | 15 | 4.05 | 25 | 3.82 | 35 | 3.70 | 45 | 3.86 |
| 6 | 3.73 | 16 | 3.77 | 26 | 3.83 | 36 | 3.83 | 46 | 3.76 |
| 7 | 3.79 | 17 | 3.85 | 27 | 3.90 | 37 | 3.93 | 47 | 4.02 |
| 8 | 3.91 | 18 | 3.76 | 28 | 3.82 | 38 | 3.78 | 48 | 3.86 |
| 9 | 3.89 | 19 | 3.85 | 29 | 3.80 | 39 | 3.88 | 49 | 3.93 |
| 10 | 3.86 | 20 | 3.84 | 30 | 3.93 | 40 | 3.78 | 50 | 3.92 |

6) 某电子科技公司在例行试验中，测得不同温度下电流模拟量传感器的距离与电流的数值如表 4-25 所示。现要求对这些数据的相关程度进行分析研究，求出电流的回归方程。

表 4-25　温度与电流关系数据

| 电流模拟量温度测试 | | | | | | |
|---|---|---|---|---|---|---|
| 序号 | 距离（mm） | 电流（-25℃） | 电流（0℃） | 电流（常温） | 电流（50℃） | 电流（70℃） |
| 1 | 0 | 3.4 | 3.5 | 3.5 | 3.8 | 3.9 |
| 2 | 0.5 | 3.4 | 3.6 | 3.5 | 4.1 | 4.3 |
| 3 | 1 | 3.6 | 4.2 | 4.9 | 5.6 | 5.8 |
| 4 | 1.5 | 5.6 | 6.6 | 7 | 7.4 | 7.4 |
| 5 | 2 | 7.9 | 8.6 | 8.8 | 9 | 8.9 |
| 6 | 2.5 | 9.6 | 10.6 | 10.5 | 10.8 | 10.5 |
| 7 | 3 | 11.6 | 12.4 | 12.6 | 12.8 | 12.5 |
| 8 | 3.5 | 13.5 | 14.1 | 14.3 | 14.6 | 14.2 |
| 9 | 4 | 14.7 | 15.5 | 15.7 | 15.9 | 15.6 |
| 10 | 4.5 | 16.1 | 16.7 | 17.3 | 17.5 | 16.7 |
| 11 | 5 | 17.5 | 18.6 | 19.1 | 19.2 | 18.5 |
| 12 | 5.5 | 19.1 | 19.8 | 20 | 20.1 | 20 |
| 13 | 6 | 20 | 20 | / | / | / |

3．提交实验报告

# 练　　习

一、名词解释

1．因果特性图；2．点检用的查检表；3．柏拉图；4．直方图；5．散布图；6．层别法；7．雷达图。

二、选择题

1．为了寻找影响问题或特性的各个原因应使用（　　）
　　A．柏拉图　　　　B．因果图　　　　C．散布图　　　　D．层别图

2．确认作业执行、设备仪器保养维护的实施状况应使用（　　）
　　A．查检表　　　　B．点检用查检表　　C．记录用查检表　　D．设备统计表

3．直方图分布型态解析中，图形显示有异常原因混入的类型为（　　）
　　A．缺齿型　　　　B．高原型　　　　C．离岛型　　　　D．左偏态型

4．记录用查检表的记录方式有（　　）
　　A．正正正　　　　B．||||　　　　C．直接填写数字　　D．打"√"

5．哪一项是柏拉图的错误看法（　　）
　　A．哪一项目问题最小
　　B．问题大小排列一目了然
　　C．各项目对整体所占分量及其影响程度如何
　　D．减少不良项目对整体效果的预测及评估

6．在直方图中 $B$ 在 $T$ 中间，但两边余地太大，说明（　　）

A．这样如果生产状态一旦发生变化，就可能超出质量标准下限而出现不合格品

B．生产过程一旦发生小的变化，产品的质量特性值就可能超出质量标准

C．加工过于精细，不经济

D．已出现不合格品

7．原材料发生变化，或者临时他人顶班作业造成的直方图为（　　）

A．折齿形　　　　　　　　B．孤岛形

C．右缓坡形　　　　　　　D．双峰形

8．由于分组组数不当或者组距确定不当出现的直方图为（　　）

A．折齿形　　　　　　　　B．孤岛形

C．右缓坡形　　　　　　　D．双峰形

9．从影响品质特性的各个因素中，找出最主要的因素所使用的技艺是（　　）

A．排列图　　　　　　　　B．直方图

C．层别法　　　　　　　　D．特性要因图

三、判断题

（　）1．散布图适用于计数型数据。

（　）2．在解决日常问题时，在收集数据之前就应使用层别法。

（　）3．对查检表的要求是：越简单越好，容易记录、看图，以最短的时间将现场的资料记录下来。

（　）4．不合格数图（C）图属于计量型管制图。

（　）5．排列图是寻找引发结果原因的管理图形工具。

（　）6．制作直方图时，所收集数据的数量应大于 50 以上。

（　）7．孤岛直方图是用两种不同方法或两台设备或两组工人进行生产，然后把两方面数据混在一起整理产生的。

（　）8．双峰直方图是由于数据收集不正常，可能有意识地去掉下限以下的数据，或是在检测过程中存在某种人为因素所造成的。

（　）9．柏拉图分析并不限于"不合规格"的不良，任何工厂的问题都可应用柏拉图分析。

四、填空题

1．查检表以工作的种类或目的可分为_____与_____两种，记录用检查表与点检用查检表两者之间具有相互关系的作用。

2．在 QC 七大工具直方图中的型态分别是常态型、_____、_____、_____与_____、孤岛型。

3．控制图中分为_____与_____两种，点如果在界限内侧没有特别的排列，则判断制程是在正常的状态，一般称为_____；如果点在界限外侧或在中心的一侧，有特殊的排列，则判断为_____。

4．柏拉图是根据所收集的_____，以不同区分标准加以整理、分类，计算出各分类项目所占的_____而按照大小顺序排列，再加上_____的图形。

### 五、简答题

1. 查检表记录的项目有哪些？
2. 层别的对象和项目有哪些？
3. 制作柏拉图应当注意哪些事项？
4. 如何应用 MINITAB 制作特性要因图？
5. 如何通过直方图的类型来判断质量状态？
6. 散布图的相关性判定方法有哪些？

## 任务 3  QC 新七大工具

### 任务描述

QC 新七大工具指的是：关系图法、亲和图法（KJ 法）、系统图法、矩阵图法、矩阵数据分析法、PDPC 法、网络图法。

新旧 QC 七大工具都是由日本人总结出来的。日本人在提出 QC 旧七种工具，并推行获得成功之后，1979 年又提出新 QC 七种工具。旧 QC 七大工具偏重于统计分析，针对问题发生后的改善，新 QC 七大工具则侧重于思考分析过程，主要是强调在问题发生前进行预防。本任务主要是学习这 QC 新七大工具的应用。

### 知识准备

## 4.3  QC 新七大工具

### 4.3.1  QC 新七种工具的产生

QC 七种新工具是日本科学技术联盟于 1972 年组织一些专家运用运筹学或系统工程的原理和方法，经过多年的研究和现场实践后于 1979 年正式提出用于质量管理的。这新七种工具的提出不是对"老七种工具"的替代，而是对它的补充和丰富。"老七种工具"的特点是强调用数据说话，重视对制造过程的质量控制；而"新七种工具"则基本是整理、分析语言文字资料（非数据）的方法，着重用来解决全面质量管理中 PDCA 循环的 P（计划）阶段的有关问题。因此，"新七种工具"有助于管理人员整理并找到关键问题、展开方案和实施计划。

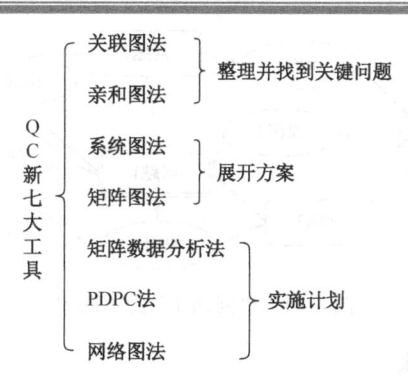

```
           ┌ 关联图法 ┐
           │         ├ 整理并找到关键问题
           │ 亲和图法 ┘
    Q      │
    C      │ 系统图法 ┐
    新     │         ├ 展开方案
    七     │ 矩阵图法 ┘
    大     │
    工     │ 矩阵数据分析法 ┐
    具     │               │
           │ PDPC法        ├ 实施计划
           │               │
           └ 网络图法      ┘
```

70 年代以来，日本一些质量管理专家学者、公司经理提出"要转向思考性的 TQC"。而思考性的 TQC 则要求在开展全面质量管理时，应注意如下几点：

1）要注意进行多元评价。
2）不要满足于"防止再发生"，而要注意树立"一开始就不能失败"的观念。
3）要注意因地制宜地趋向于"良好状态"。
4）要注意突出重点。
5）要注意按系统的概念开展活动。
6）要积极促"变"，进行革新。
7）要具备预见性，进行预测。

由此，对于质量管理的方法也提出了以下几点新的要求：

① 要有利于整理语言资料或情报。② 要有利于引导思考。③要有助于充实计划的内容。④要有助于促进协同动作。⑤ 要有助于克服对实施项目的疏漏。⑥要有利于情报和思想的交流。⑦ 要便于通俗易懂地描述质量管理的活动过程。"QC 新七种工具"就是在这样的要求下逐渐形成的。

### 4.3.2 关联图法

在现实的企业活动中，所要解决的课题往往关系到提高产品质量和生产效率、节约资源和能源、预防环境污染等方方面面，而每一方面又都与复杂的因素有关。质量管理中的问题，同样也多是由各种各样的因素组成。解决如此复杂的问题，不能以一个管理者为中心一个一个因素地予以解决，必须由多方管理者和多方有关人员密切配合、在广阔范围内开展卓有成效的工作。关联图法即是适应这种情况的方法。

**1. 关联图的定义**

所谓关联图，如图 4-44 所示，是把若干个存在的问题及其因素间的因果关系用箭条连接起来的一种图示工具，是一种关联分析说明图。通过关联图可以找出因素之间的因果关系，便于统观全局、分析以及拟定解决问题的措施和计划。

图中方框表示问题，椭圆框表示原因，箭头指向：原因→结果。

箭头只进不出的是"问题"；箭头只出不进的是主因，也叫末端因素，是解决问题的关键；箭头有出有进的是中间因素，出多于进的中间因素叫关键中间因素，一般也可作为主因对待。

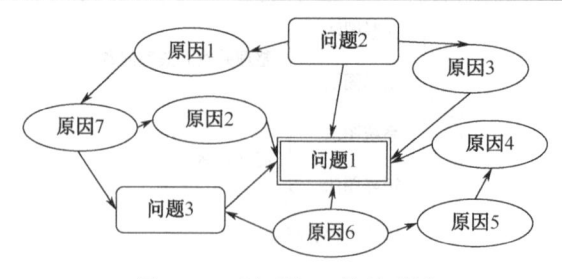

图 4-44 "问题 1"的关联图

**2. 关联图法的主要用途**

1）在制定企业战略时，分析外部环境和内部条件。

2）研讨、制定质量活动规划和计划、质量方针、质量目标。

3）在 QCC 活动和六西格玛管理活动中确定课题、分析原因和制定质量改进活动计划、措施。

4）推进外购、外协工作的质量管理，分析与供方和其他相关方的关系。

5）进行过程质量分析，改进工作质量。

6）为建立稳定的顾客关系，提高服务质量，提升顾客满意度，寻找改善的机会或实施措施。

**3. 关联图法解决问题的一般步骤**

关联图法解决问题的一般步骤是：①提出认为与问题有关的一切主要原因（因素）；②用简明通俗的语言表示主要原因；③用箭头表示主要原因之间，原因与问题之间的逻辑关系；④了解问题因果关系的全貌；⑤进一步归纳出重点项目，用双圈标出。

**4. 关联图的绘制步骤**

关联图的绘制步骤：①针对存在问题召开原因分析会，运用头脑风暴法，大家集思广益，广泛提出可能影响问题的原因，并把提出的原因收集起来。②初步分析收集的原因中，有不少原因是互相交叉影响的，就可以用关联图把它们的因果关系理出头绪。③把问题及每条原因都做成一个一个小卡片，并把问题的小卡片放在中间，把各种原因的小卡片放置在它周围。④从原因 1 开始，逐条理出它们之间的因果关系。把收集的原因都理了一遍，关联图也就绘制完成了。

**5. 关联图的类型**

关联图的类型一般有以下四种：

1）中央集中型的关联图。它是尽量把重要的项目或要解决的问题安排在中央位置，把关系最密切的因素尽量排在它的周围。如图 4-45 所示。

2）单向汇集型的关联图。它是把重要的项目或要解决的问题安排在右边（或左边），把各种因素按主要因果关系，尽可能地从左（从右）向右（向左）排列。如图 4-46 所示。

3）关系表示型的关联图。它是以各项目间或各因素间的因果关系为主体的关联图，排列上比较自由灵活。

4）应用型的关联图。它是以上三种图型为基础而加以组合使用的图形。

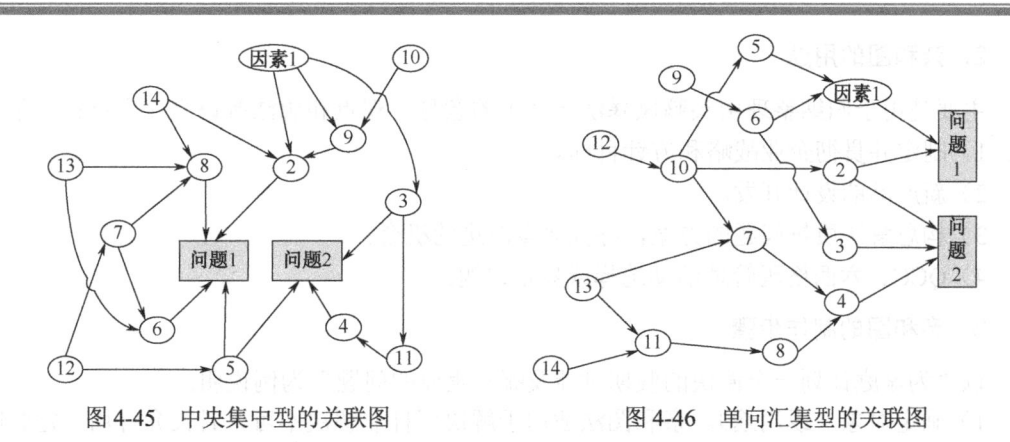

图 4-45　中央集中型的关联图　　　　　图 4-46　单向汇集型的关联图

#### 6. 注意事项

在一张关联图上的诸问题之间必须是相关的，不相关的问题不能用一张关联图；寻找问题与问题、原因与原因、上层原因与下层原因之间的关系，要依据它们之间的逻辑关系，不能混乱和颠倒；要因必从末端原因中寻找，且要到现场进行验证确认。

### 4.3.3　亲和图（KJ）法

#### 1. 什么是亲和图（KJ）法

亲和图是把收集到的有关某一特定主题的意见、观点、想法和问题，按照它们之间的亲近程度加以归类汇总的一种图。如图 4-47 所示，该图是"一副扑克牌花色、图形"的亲和图，是亲和图的基本图形。

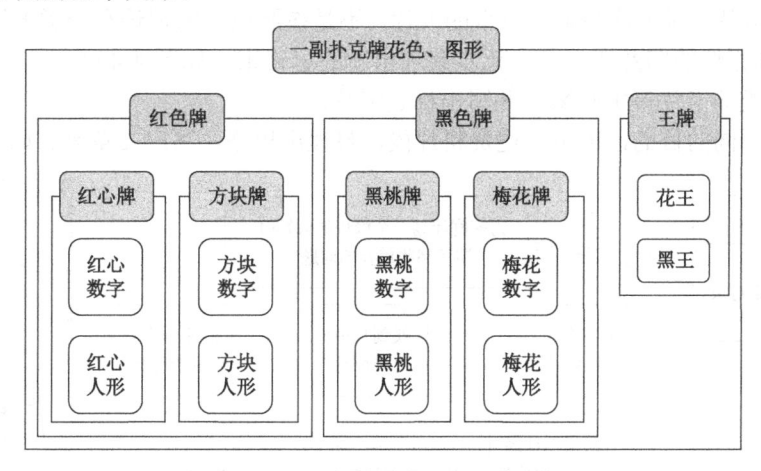

图 4-47　亲和图的基本图形

亲和图法（即 KJ 法）是日本筑波大学研究人类文化学者川喜田二郎教授在喜玛拉雅山调查土著文化的演进，经过了多年的实地考察、研究及实践而产生出来的所谓野外科学，后来演变到生产现场管理科学的一种综合性思考方法。为纪念川喜田二郎的伟大贡献，故用其名字的字头 K 与 J 作为本工具的名称。这一方法是从错综复杂的现象中，用一定的方式来整理思路、抓住思想实质、找出解决问题新途径的方法。

## 2. 亲和图的用途

主要是用于归纳整理由头脑风暴法所产生的意见、观点和想法等语言文字资料。常用于：1）制定并贯彻企业战略和方针目标。

2）新产品的设计开发。

3）构思解决质量问题的方案，寻找质量改进的机会。

4）QCC、六西格玛管理活动选择或界定课题。

## 3. 亲和图的制作步骤

以"为家庭计划一个愉快的假期时涉及哪些重要的问题"为例说明。

1）确定对象（或用途）。亲和图法适用于解决那种非解决不可，且又允许用一定时间去解决的问题。对于要求迅速解决、"急于求成"的问题，不宜用亲和图法。本例的对象是"为家庭计划一个愉快的假期时涉及哪些重要的问题"。

2）收集语言、文字资料。收集时，要尊重事实，找出原始思想（"活思想"、"思想火花"）。收集资料的方法有三种：

① 直接观察法，即到现场去看、听、摸，吸取感性认识，从中得到某种启发，立即记下来。

② 面谈阅览法，即通过与有关人谈话、开会、访问，查阅文献、集体头脑风暴来收集资料。集体头脑风暴类似于中国的开"诸葛亮会"，"眉头一皱，计从心来"。

③ 个人思考法（个人头脑风暴法），即通过个人自我回忆，总结经验来获得资料。

通常，应根据不同的使用目的对以上收集资料的方法进行适当选择。本例主要是采用面谈阅览法及个人思考法来收集资料。

3）把所有收集到的资料，包括"思想火花"，都写成卡片。如图4-48所示。

4）整理卡片。对于这些杂乱无章的卡片，不是按照已有的理论和分类方法来整理，而是把自己感到相似的归并在一起，逐步整理出新的思路来。如图4-49所示。

5）把同类的卡片集中起来，并写出标题卡片。

6）根据不同的目的，选用上述资料片段，整理出思路，写出文章来。如图4-50所示。

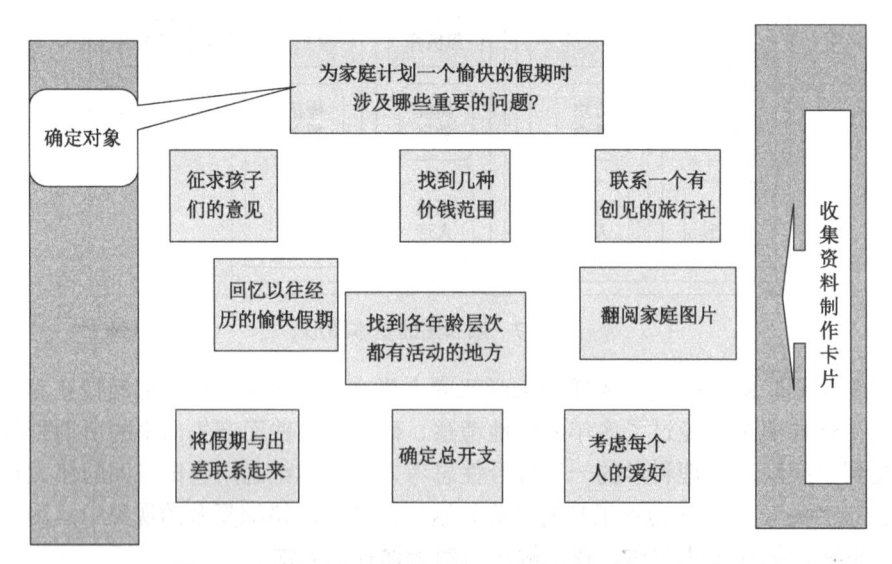

图4-48 家庭计划假期问题亲和图法步骤（1）-（3）

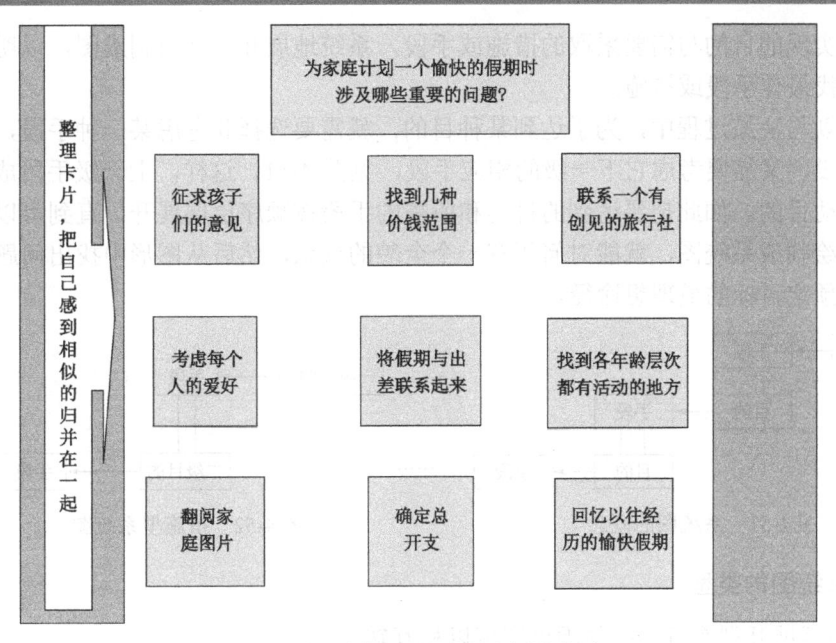

图 4-49　家庭计划假期问题亲和图法步骤（4）

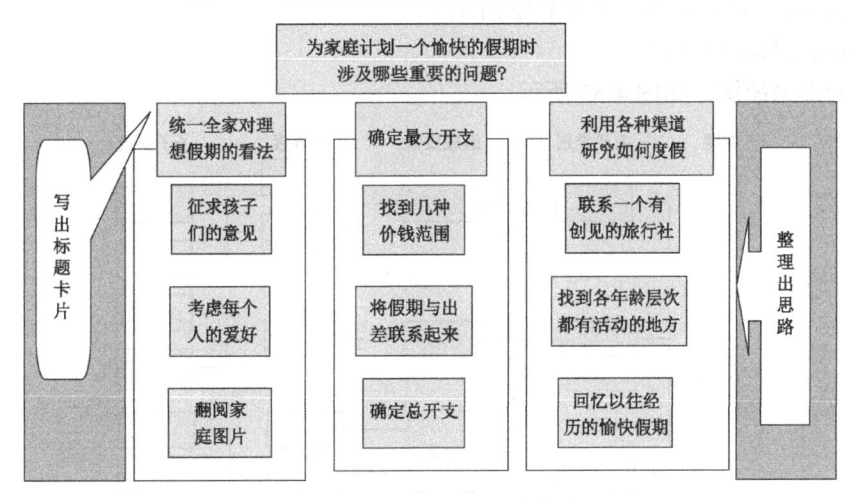

图 4-50　家庭计划假期问题亲和图法步骤（5）-（6）

**4．注意事项**

1）按"相互亲近关系"归类素材资料，是指根据卡片上文字的形状相近和意思相近进行归类。

2）亲和图法与其他方法不同，它不靠逻辑关系而靠"情念"（触景生情、产生意念）去整理思路。

### 4.3.4　系统图法

**1．什么是系统图法**

系统图所使用的图（系统图），能将事物或现象分解成树枝状，故也称树形图。系统图就是把要实现的目的与需要采取的措施或手段，系统地展开，并绘制成图，以明确问题的重点，寻找最佳手段或措施。

在计划与决策过程中，为了达到某种目的，就需要选择和考虑某一种手段，而为了采取这一手段，又需要考虑它下一级的相应手段，见图 4-51。这样，上一级手段成为下一级手段的行动目的。如此把要达到的目的和所需的手段按顺序层层展开，直到可以采取措施为止，并绘制成系统图，就能对问题有一个全貌的认识，然后从图形中找出问题的重点，提出实现预定目标的最理想途径。

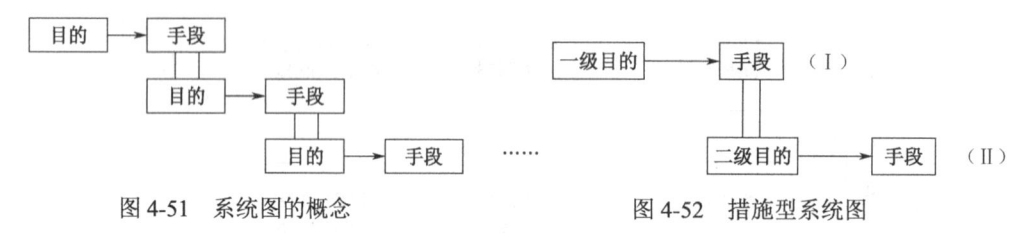

图 4-51　系统图的概念

图 4-52　措施型系统图

### 2．系统图的类型

1）因素展开型系统图：与因果图可以相互转化。

2）措施展开型系统图：如图 4-52 所示。

3）按图的形状划分有：

①侧向形系统图。如图 4-53 所示。

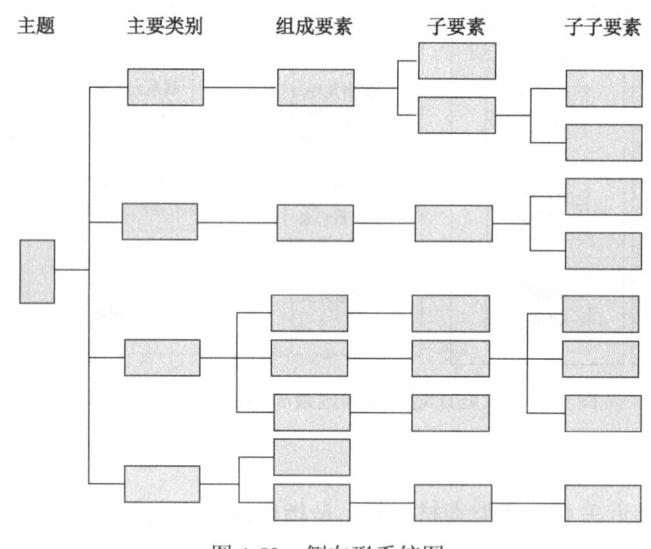

图 4-53　侧向形系统图

②宝塔形系统图，类似于组织机构图。如图 4-54 所示。

### 3．系统的用途

系统图法主要用于以下几方面：①在新产品研制开发中，应用于设计方案的展开。②在质量保证活动中，应用于质量保证事项和工序质量分析事项的展开。③应用于目标、实施项目的展开。④应用于价值工程的功能分析的展开。⑤可用于对因果图的进一步展开。

图 4-54　宝塔形系统图

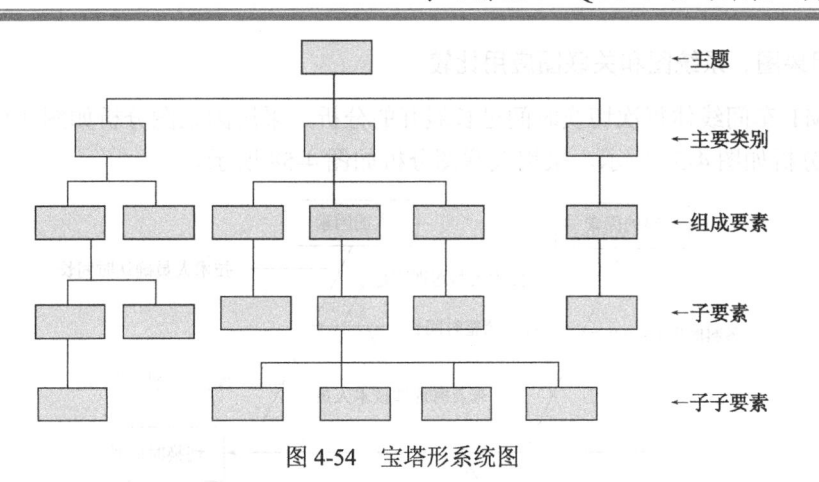

### 4．系统图法的工作步骤

系统图法的工作步骤如下：

①确定目的。②提出手段和措施。③评价手段和措施，决定取舍。④绘制系统图。⑤制定实施计划。

### 5．应用举例

针对软件批量不良率高用系统图展开的分析，如图 4-55 所示。

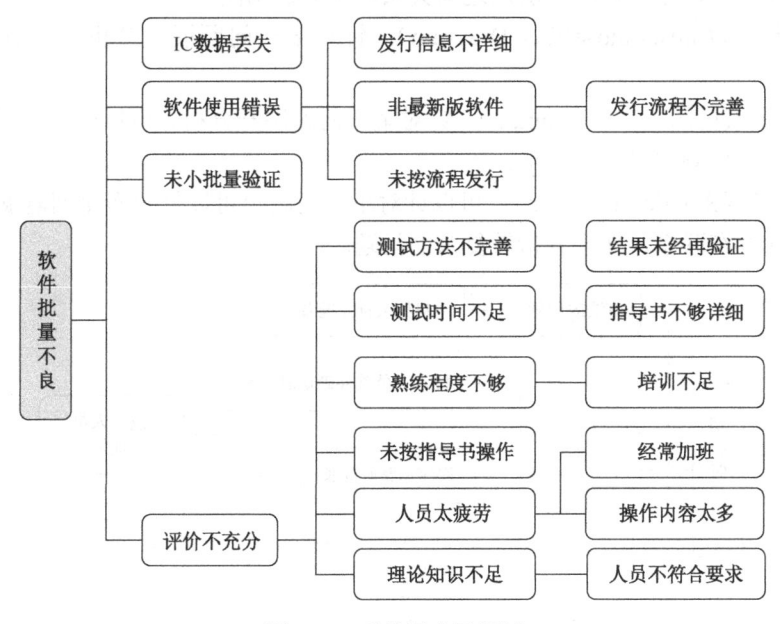

图 4-55　系统图应用举例

### 6．注意事项

在绘制系统图的过程中，主题、主要类别、组成要素和子要素之间须存在逻辑因果关系，做到上下顺序无差错；目标分解时，要从上往下；实现目标时，要从下往上。

### 7. 因果图、系统图和关联图应用比较

以 SMT 车间线体每次切换时间过长展开的分析，采用因果图分析如图 4-56 所示，采用系统图分析如图 4-57 所示，采用关联图分析如图 4-58 所示。

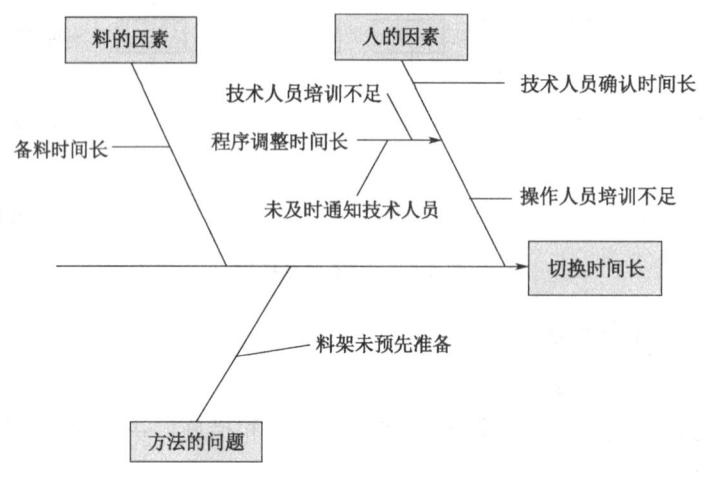

图 4-56 使用因果图分析"切换时间长"

三种工具均可使用，但由于图 4-53 比较简单，所以此处用因果图是比较适合的。这三种工具的适用场合、原因之间和层次之间关系如表 4-26 所示。

1）因果图（Cause-and-effect Diagram）：针对某一问题展开分析，一般适合展开到第三层。

2）系统图或树图（Tree Diagram）：针对某一问题展开分析，可以一直分析下去，可以展开多层；一般用侧向形或宝塔形。

3）关联图（Relation Diagram）：可以针对单个问题也可以针对多个问题展开分析，且不同原因之间存在联系，便于分析较复杂的问题。

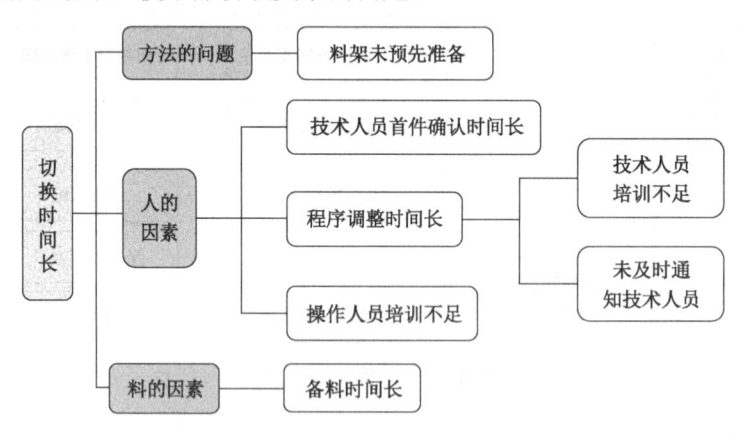

图 4-57 使用系统图分析"切换时间长"

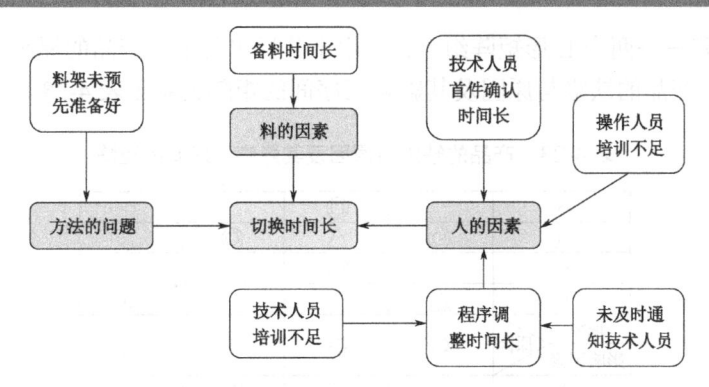

图 4-58 使用关联图分析"切换时间长"

表 4-26 因果图、系统图和关联图的比较

| 方法名称 | 适合场合 | 原因之间的关系 | 层次之间的关系 |
|---|---|---|---|
| 因果图 | 针对单一问题进行原因分析 | 原因之间没有交叉影响 | 一般不超过 4 层 |
| 系统图 | 针对单一问题进行原因分析 | 原因之间没有交叉影响 | 没有限制 |
| 关联图 | 针对单一问题或两个以上问题进行进行原因分析 | 原因之间有交叉影响 | 没有限制 |

## 4.3.5 矩阵图法

### 1. 什么是矩阵图法

矩阵图法,是指借助数学上矩阵的形式,把与问题有对应关系的各个因素,列成一个矩阵图,然后,根据矩阵图的特点进行分析,从中确定关键点(或着眼点)的方法。这种方法,先把要分析问题的因素,分为两大群(如 A 群和 B 群),把属于因素群 A 的因素($a_1$、$a_2 \cdots a_m$)和属于因素群 B 的因素($b_1$、$b_2 \cdots b_n$)分别排列成行和列。然后根据交点处所表示的各因素间的关系和关系程度可以做到:①从二元排列中,探索问题的所在和问题的形态;②从二元关系中,得到解决问题的启示。

### 2. 矩阵图的类型

1)L 形矩阵——基本矩阵,有两个事项(二元表),适用于探讨多种目的(结果)与多种手段(原因)之间的关系。例如,影响产品 A 直通率的现象与原因矩阵见表 4-27。

表 4-27 影响产品 A 直通率的现象与原因矩阵

| 现象<br>原因 | 熔断器烧断 | 波形失真 | 高音无输出 | 音调调不动 |
|---|---|---|---|---|
| 功率管接触不良 | ◎ | | | |
| 电容错贴 | | ◎ | | |
| 电位器损坏 | | | | ◎ |
| 输出端子不良 | | | ◎ | ○ |
| 稳压器不可靠 | ◎ | △ | | |

◎:强相关   ○:弱相关   △:可能相关

2）T形矩阵——两个L形矩阵组合，适用于分析出现不良产品的原因，探索材料的新用途。例如某一产品的缺陷与原因及其影响工序间的矩阵关系见表4-28。

表4-28 产品的缺陷与原因及其影响工序间的矩阵

| 影响因素＼现象＼原因 | $C_1$ | $C_2$ | $C_3$ | $C_4$ |
|---|---|---|---|---|
| $B_4$ |  | ◎ |  |  |
| $B_3$ | ◎ | △ | ◎ |  |
| $B_2$ |  | ◎ |  |  |
| $B_1$ | △ |  |  | ◎ |
| $A_1$ |  | ◎ | ◎ | △ |
| $A_2$ |  | ◎ |  |  |
| $A_3$ | ◎ | ○ |  |  |
| $A_4$ | ○ |  | ○ |  |
| $A_5$ |  |  |  | ◎ |

◎：强相关　　○：弱相关　　△：可能相关

3）Y形矩阵——三个L形组合，见图4-59，某产品三个相关因素间的矩阵关系。

4）X形矩阵——四个L形组合，见图4-60，因素A与B，B与C，C与D，A与D间相关矩阵情况。

5）C形矩阵——由三个事项构成的长方体的三边，是一个三维空间图形。

综上所述，矩阵图的应用灵活多样，在具体应用中应根据实际情况选择合适的矩阵图，以收到预期效果。

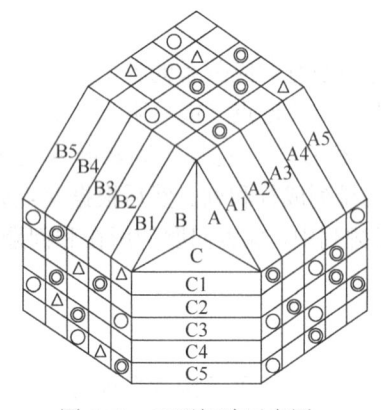

图4-59　Y形矩阵示意图

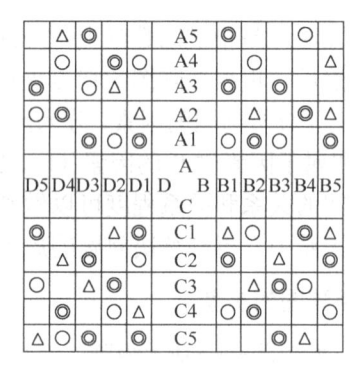

图4-60　X形矩阵示意图

### 3．矩阵图的应用步骤

①制作图形设定各栏及各栏中的元素；②分别整理并填入各栏元素的内容；③分析各元素间的关联关系。用◎表示强相关，○表示弱相关，△表示可能相关或不相关；④确认关联关系；⑤评价重要程度。对所有强相关的元素均应采取措施改进。

### 4．矩阵图的主要用途

①设定系统产品开发、改进的着眼点；②产品的质量展开以及其他展开，被广泛应用于质量功能展开（QFD）之中；③系统核实产品的质量与各项操作乃至管理活动的关系，从而便于全面地对工作质量进行管理；④发现制造过程不良品的原因；⑤了解市场与产品

的关联性分析,制定市场产品发展战略;⑥明确一系列项目与相关技术之间的关系;⑦探讨现有材料、元器件、技术的应用新领域。

### 4.3.6 矩阵数据分析法

**1. 什么是矩阵数据分析法**

矩阵数据分析法与矩阵图法类似。它区别于矩阵图法的是:不是在矩阵图上填符号,而是填数据,形成一个分析数据的矩阵。主要方法为主成分分析法,是一种定量分析问题的方法。应用这种方法,往往需要借助电子计算机来求解,是新 QC 工具中唯一利用数据分析问题的方法。

**2. 矩阵数据分析法主要用途**

①分析含有复杂因素的工序;②从大量数据中分析不良品的原因;③从市场调查的数据中把握要求质量,进行产品市场定位分析;④感官特性的分类系统化;⑤复杂的质量评价;⑥对应曲线的数据分析。

**3. 矩阵数据分析法的原理**

在矩阵图的基础上,把各个因素分别放在行和列,然后在行和列的交叉点中用数量来描述这些因素之间的对比,再进行数量计算,定量分析,确定哪些因素相对比较重要。

**4. 矩阵数据分析法的应用方法**

1) 确定需要分析的各个方面。例如,对某一产品通过亲和图得可以确定:易于控制、易于使用、网络性能、和其他软件可以兼容、便于维护是重要因素,要求确定它们相对的重要程度。

2) 组成数据矩阵。用 Excel 或者手工操作。把这些因素分别输入表格的行和列,如表 4-29 所示。

表 4-29 矩阵数据分析法

| 序号 | A | B | C | D | E | F | G | H |
|---|---|---|---|---|---|---|---|---|
| 1 | / | 易控制 | 易使用 | 网络性能 | 软件兼容 | 便于维护 | 总分 | 权重% |
| 2 | 易于控制 | 0 | 4 | 1 | 3 | 1 | 9 | **26.2** |
| 3 | 易于使用 | 0.25 | 0 | 0.20 | 0.33 | 0.25 | 1.03 | **3.0** |
| 4 | 网络性能 | 1 | 5 | 0 | 3 | 3 | 12 | **34.9** |
| 5 | 软件兼容 | 0.33 | 3 | 0.33 | 0 | 0.33 | 4 | 11.7 |
| 6 | 便于维护 | 1 | 4 | 0.33 | 3 | 0 | 8.33 | **24.2** |
| 7 | 合计 | | | | | | 34.37 | 100 |

3) 确定对比分数。自己和自己对比的地方都打 0 分。以"行"为基础,逐个和"列"对比,确定分数。"行"比"列"重要,给正分。分数范围从 9 到 1 分。打 1 分表示两个重要性相当。如,第 2 行"易于控制"分别和 C 列"易于使用"比较,重要一些,打 4 分。和 D 列"网络性能"比较,相当,打 1 分……如果"行"没有"列"重要,给反过来重要分数的倒数。如,第 3 行的"易于使用"和 B 列的"易于控制"前面已经对比过了,前面

是 4 分，现在取倒数，1/4=0.25；D 列"网络性能"比没有"网络性能"重要，反过来，"网络性能"比"易于使用"重要，打 5 分，现在取倒数，就是 0.20。实际上，做的时候可以围绕以 0 组成的对角线对称填写对比的结果就可以了。

4) 加总分。按照"行"把分数加起来，在 G 列内得到各行的"总分"。

5) 算权重分。把各行的总分加起来，得到总分之和。再把每行"总分"除以总分之和得到 H 列每个行的权重分数。权重分数越大，说明这个方面越重要，"网络性能"34.9 分。其次是"易于控制"26.2 分。

### 4.3.7 PDPC 法

#### 1. 什么是 PDPC 法

PDPC 法（Process Decision Program Chart 的英文缩写），又称过程决策程序图法。它是在制定达到研制目标的计划阶段，对计划执行过程中可能出现的各种障碍及结果，得出预测，并相应地提出多种应变计划的一种方法。

$A_0$ 表示初始状态，Z 表示理想目标状态，实线表示过程流向。

在质量管理与控制中，要达到目标或解决问题，总是希望按计划推进原定各实施步骤。但是，随着各方面情况的变化，当初拟定的计划不一定行得通，往往需要临时改变计划。特别是解决困难的质量问题，修改计划的情况更是屡屡发生。为应付这种意外事件，一种有助于使事态向理想方向发展的解决问题的方法——PDPC 法被提出。

PDPC 法也称为过程决策程序图法，其工具就是 PDPC 图。PDPC 法于 1976 年由日本人提出，是运筹学中的一种方法。所谓 PDPC 法，是为了完成某个任务或达到某个目标，在制定行动计划或进行方案设计时，预测可能出现的障碍和结果，并相应地提出多种应变计划的一种方法。这样在计划执行过程中遇到不利情况时，仍能按第二、第三或其他计划方案进行，以便达到预定的计划目标，如图 4-61 所示。

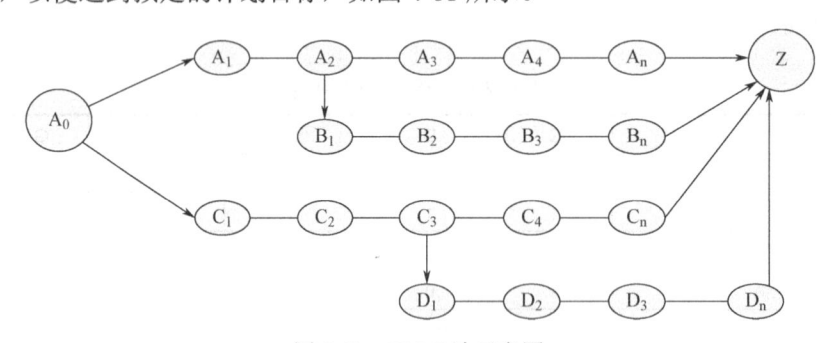

图 4-61 PDPC 法示意图

1) 初始状态 $A_0$，之后按 $A_1$-$A_2$-$A_3$-$A_4$…$A_n$ 来实施实现理想的最佳方案。

2) 预计 $A_2$ 项目实施把握不大，不顺利时，改用 $B_1$-$B_2$-$B_3$-$B_4$…$B_n$ 方案来达到理想目的。

3) 假如刚开始 $A_1$ 方案就受阻时，只有使用 $C_1$-$C_2$-$C_3$-$C_4$…$C_n$ 方案。

4) 一旦 $C_3$ 方案受阻，则应转入 $D_1$-$D_2$-$D_3$-$D_4$——$D_n$ 方案。

## 2. PDPC 法的特征

1）从全局、整体掌握系统的状态，因而可进行全局性判断。
2）可按时间先后顺序掌握系统的进展情况。
3）密切注意系统进程的动向，掌握系统输入与输出间的关系。
4）信息及时，计划措施可被不断补充、修订。

## 3. 使用 PDPC 法的基本步骤

1）召集有关人员讨论所要解决的课题。
2）从自由讨论中提出达到理想状态的手段、措施。
3）对提出的措施，列举出预测的结果及遇到困难时应采取的措施和方案。
4）将各研究措施按紧迫程度、所需工时、实施的可能性及难易程度予以分类。
5）决定各项措施实施的先后顺序，并用箭条向理想状态方向连接起来。
6）落实实施负责人及实施期限。
7）不断修订 PDPC 图。

## 4. 应用案例

某设备小组制定保证减少设备停机影响均衡生产的过程决策程序图来指导小组工作，如图 4-62 所示。

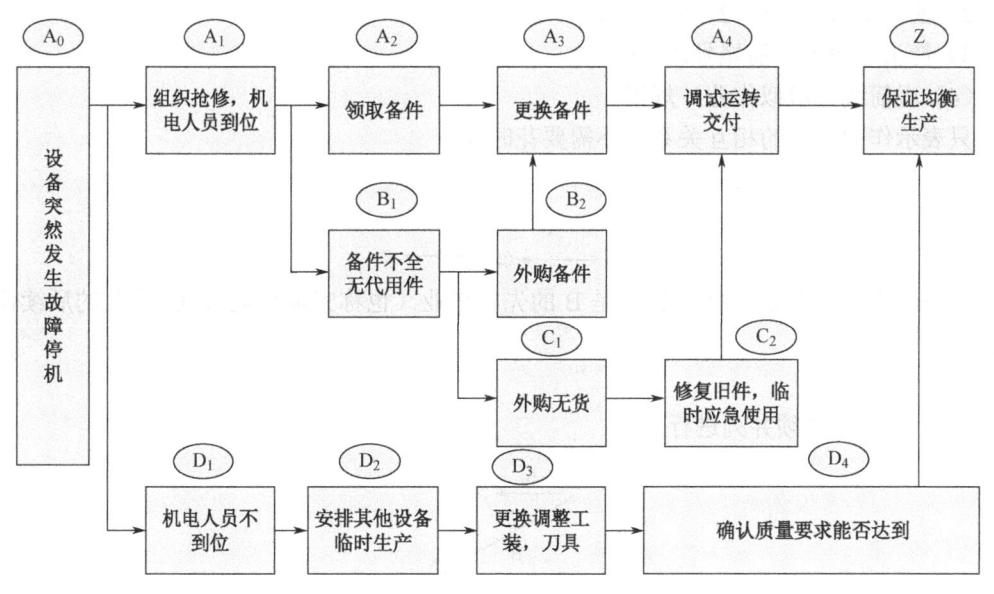

图 4-62 PDPC 案例

### 4.3.8 网络图法

网络图法又称为"箭条图"或"矢线图"，我国称为统筹法，它是安排和编制最佳日程计划，有效地实施管理进度的一种科学管理方法，其工具是箭条图。所谓箭条图是把推进计划所必需的各项工作，按其时间顺序和从属关系，用网络形式表示的一种"矢线图"。一项任务或工程可以分解为许多作业，这些作业在生产工艺和生产组织上相互依赖、相互制约，箭条图可以把各项作业之间的这种依赖和制约关系清晰地表示出来。通过箭条图，能找出影响工程进度的关键和非关键因素，因而能进行统筹协调，合理地利用资源，提高效率与效益。

**1. 网络图中几个基本概念和规则**

（1）图示符号和名称

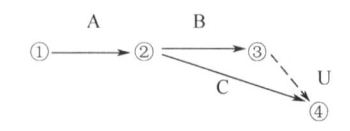

A、B、C为实箭线　　U为虚箭线
①、②、③、④为节点

（2）实箭线规则

1）表示一项作业（工序、活动），而且完成这项作业需要一定的时间。

2）两点之间只能有一根实箭线，相同的作业不能用两根或以上箭线表示。

3）箭头表示进行的方向。

（3）节点规则

1）表示前一项作业结束，后一项作业开始的连接点。

2）圈内要编号（1、2、3、…）。

3）箭头号码大于箭尾号码。

（4）虚箭线（虚似作业）规则

只表示作业先后的相互关系，不需要花时间。

（5）先行作业和后续作业

A不结束，B不能开始，则A是B的先行作业（也称紧前作业），B是A的后续作业（也称紧后作业）。

（6）并行作业

作业A和B必须并列进行。

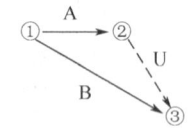

（7）相同作业不能同时出现在两个以上的地方

（8）不能出现环路和中断

只有一个终点和起点。除起点和终点外，其他作业前后都要用箭线连接起来，即自网络图起点起，由任何路线都能达到终点。

（9）路线

由起点起各作业（箭线）和节点连接后成组成一条通道。

## 2. 网络时间计算

（1）确定各项活动的作业时间

作业（工序）时间是指企业在一定的生产技术组织条件下，为完成一项工作或一道工序所需要的时间。用 $T(i, j)$ 表示。

确定各项活动的作业时间，一般有两种方法：

1）单一时间估计法——用于肯定型网络图。（已有时间定额，且目前变化不大）

2）三点时间估计法——用于概率型网络图。

$$T = (a + 4m + b) / 6$$

$a$：所需最短时间；$b$：所需最长时间；$m$：最可能需要时间。

（2）节点时间计算

1）节点最早（开始）时间：指从该节点开始各项作业活动的最早可能开始工作的时刻。用 $T_E(j)$ 和□来表示。计算顺序：从头到尾，节点从小到大。

计算公式：对于 $(i) \to (j)$ 的 $j$ 点，（规定 $T_E(1)=0$）。

$T_E(j) = \max\{T_E(i) + T(i, j)\} =$

$\begin{cases} T_E(i) + T(i, j) \to (j) \text{ 进去一条路} \\ \max\{T_E(i) + T(i, j)\} \to \searrow (j) \text{ 各条进路中取最大} \end{cases}$

节点时间计算有矩阵法、公式法、图上计算法等。

2）节点最迟（结束）时间：是指以该节点结束的各项作业最迟必须完成的时刻，用 $T_L(i)$ 和△表示。

计算顺序：从尾到头，节点从大到小。

计算公式：对于对于 $(i) \to (j)$ 的 $(i)$ 点（规定终点 $T_L=T_E$）。

$T_L(i) = \min\{T_L(j) - T(i, j)\} =$

$\begin{cases} T_L(j) - T(i, j) \to (i) \text{ 出去一条路} \\ \min\{T_L(j) - T(i, j)\} \to \searrow (i) \text{ 各条出路中取最小} \end{cases}$

它是指在不影响整个任务完工时间的条件下，某项作业从最迟开始时间和最早开始时间之差，即中间可以推迟的最大延迟时间（可以利用的机动时间）。时差越大，潜力越大。

（3）关键路线

工序时差为 0 的工序称关键工序，将关键工序连接起来的路线即为关键路线（网络技术计划的核心）。关键路线时间之和等于工程总工期。关键路线工序时间增加一天，总工期延长一天；关键路线工序时间缩短一天，总工期缩短一天。如图 4-63 所示。

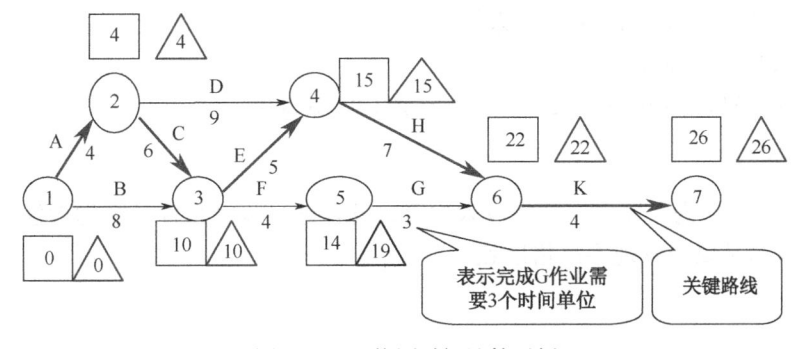

图 4-63 网络图时间计算示例

### 3. 网络图法的应用举例

网络图法具有以下作用：①可制定详细的计划；②可以在计划阶段对方案进行仔细推敲，从而保证计划的严密性；③进入计划实施阶段后，对于情况的变化和计划的变更都可以进行适当的调整；④能够具体而迅速地了解某项工作工期延误对总体工作的影响，从而及早采取措施，计划规模越大，越能反映出该工具的作用。

某电子产品生产企业 QC 小组根据用户要求，必须在两周（工作 12 天）内完成某产品的生产任务。小组为满足用户要求，在生产过程中最大限度地平行交叉作业。为此，他们事先设计了生产作业箭条图（图 4-64），并严格按此计划衔接相关作业，终于如期完成任务。

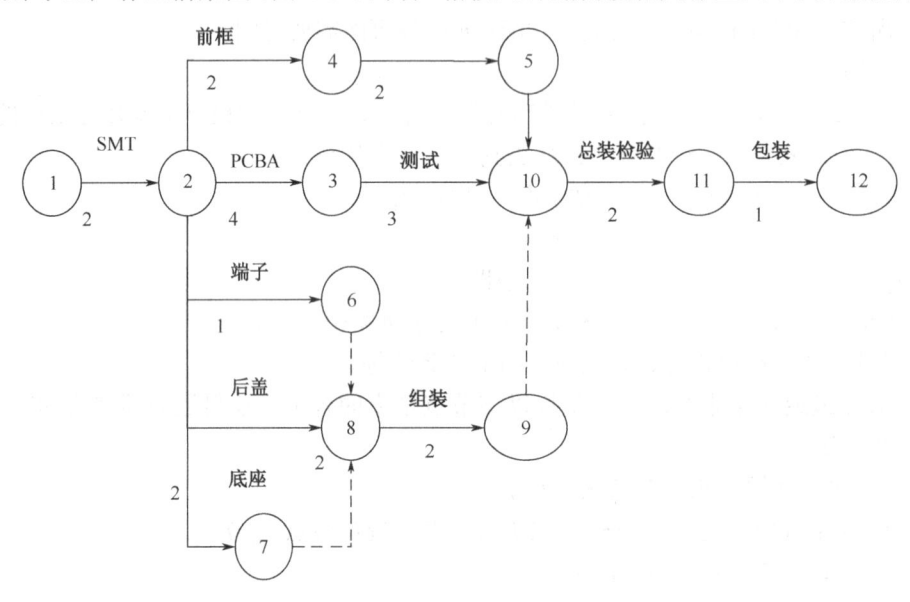

图 4-64 网络图法应用举例

总之，QC 工具除了上述介绍的新、旧七大工具外，常用的工具还有一些简易图表：柱形图、饼分图、折线图等。这些图表可用于 QCC 活动各个阶段。由于其比较简单这里不再赘述，需要在实际工作中灵活运用。

## 任务实施

### 1. 实验准备

1）上网计算机，Windows 操作系统。
2）IE6 及以上浏览器。
3）Office：Microsoft Excel 2003，Microsoft Word 2003。

### 2. 实验过程

1）将图 4-65 换为关联图，其中没人检查、没有进行节电教育是因为责任不明确所致；乱接灯、乱盖房是属于管理不严格所致。

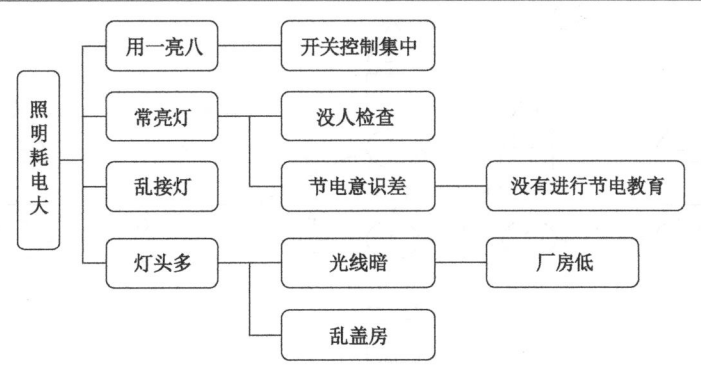

```
                   ┌─ 用一亮八 ──── 开关控制集中
          ┌─ 常亮灯 ─┤
          │         └─ 没人检查
照明耗  ──┤
电大      ├─ 乱接灯 ──── 节电意识差 ──── 没有进行节电教育
          │
          │         ┌─ 光线暗 ──── 厂房低
          └─ 灯头多 ┤
                   └─ 乱盖房
```

图 4-65　照明耗电大的系统分析图

2）某公司 QC 小组组织讨论"如何开展好 QCC 活动"时，得到如下语言资料：①领导重视支持；尽量在工作时间活动；领导参加发表会；把 QCC 活动纳入本单位计划。②推进者积极指导；让大家知道 QCC 的含义；让大家知道如何开展活动；掌握常用的活动方法；灵活运用常用方法。③创造学习机会；组织在单位内发表活动成果；发表后要讲评；送小组骨干参加上级组织的培训。④激励到位；成果与评职称挂钩；成果与评先进挂钩；奖励制度化。⑤齐心协力进取；小组内不能有人光说不干或只干不说。⑥要主动进取；要有自主性，不依赖别人，要经常保持进取精神。请根据上述语言资料，制作亲和图。

3）仔细阅读图 4-66，指出其为 QC 新七大工具的哪一种？并将该图转换为关联图或因果图。

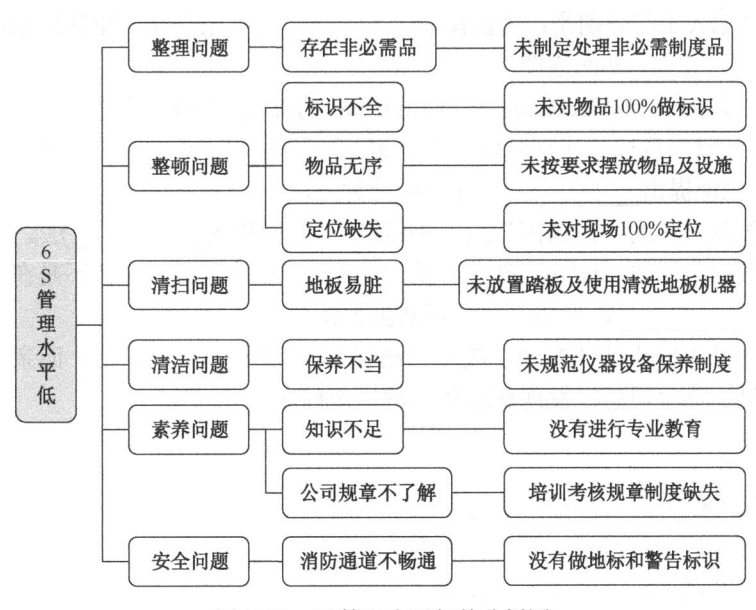

图 4-66　6S 管理水平低的分析图

4）如图 4-67 所示的项目网络图，请指出关键路线，并计算项目的完成时间。

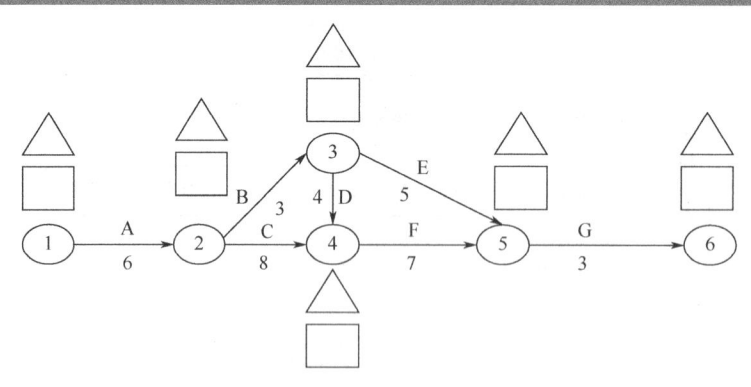

图 4-67　某一项目网络图

# 练　习

**一、名词解释**

1. 关联图法；2. 亲和图法；3. 系统图法；4. 矩阵图法；5. 矩阵数据分析法；6. PDPC 法；7. 网络图法。

**二、填空题**

1. 新 QC 七大工具分别是：关联图、_____、亲和图、矩阵图法、矩阵数据分析法、_____和网络图法。

2. PDPC 法（Process Decision Program Chart 的英文缩写），又称_____图法。它是在制定达到研制目标的计划阶段，对计划执行过程中可能出现的各种障碍及结果，得出预测，并相应地提出_____计划的一种方法。

3. 网络图法又称为"箭条图"或"矢线图"，我国称为_____法。

4. 矩阵数据分析法，与矩阵图法类似。它区别于矩阵图法的是：不是在矩阵图上填符号，而是填_____，形成一个分析数据的矩阵。

5. 亲和图法不同于统计方法，统计方法强调一切用_____说话，而亲和图法则主要靠用_____说话、靠"灵感"发现新思想、解决新问题。

**三、简答题**

1. 新、旧 QC 七大工具有何区别？
2. 关联图法解决问题的一般步骤有哪些？
3. 简述亲和图（KJ）法的操作步骤。
4. 举例说明系统图的应用。
5. 比较因果图、关联图和系统图的应用场合。
6. 举例说明什么是 L 形矩阵图。
7. 矩阵数据分析法的原理是什么？
8. 使用 PDPC 法的基本步骤有哪些？

# 学习情境 5　SPC 基本原理及其工具的应用

## 能力目标

1. 具备利用 SPC 工具解决实际问题的初步能力。
2. 具备熟练使用 MINITAB 制作控制图和过程能力分析图的能力。
3. 具备使用 MINITAB 进行测量系统分析的一般能力。

## 知识目标

1. 掌握 SPC 基础知识。
2. 掌握 SPC 控制图原理和应用方法。
3. 掌握过程能力分析的原理。
4. 掌握测量系统分析的基本方法。

## 任务 1　SPC 基础知识

### 任务描述

SPC 作为品质管理其中一项重要工具，主要用于解决制造过程中每一个关键环节的品质控制问题，在应用 SPC 之前，我们必须先学习 SPC 的基础理论知识。本任务主要是认识 SPC 的基本概念及重要性，掌握 SPC 的基本原理和 SPC 控制图异常的判断方法。

### 知识准备

#### 5.1　SPC 基础知识

##### 5.1.1　SPC 概述

电子信息产品传统的质量控制方法是先组装后检验，筛选出不符合规范的产品。这种检验策略通常是浪费和不经济的。因为它属于不合格品产生以后的事后检验，所以会造成人力、物力和财力浪费。因此，建立一种避免浪费和生产无用产品的预防策略更为重要。这可以通过收集过程信息并加以分析，从而对过程本身采取行动来实现，由此引出 SPC。SPC 的理论是以统计学为基础建立起来的一套品质管理方法，其重要的工具包括控制图，过程能力分析等手段。

SPC 工具过程能力分析，则主要用来评估工序的能力（过程能力）是否满足需要。以前认为"在规格范围内的产品就是好的产品"观念是错误的。因为过程能力不足，一定会生产出不合格品。

### 1. 什么是 SPC

SPC 是 Statistical Process Control 的简称，即统计过程控制。SPC 运用统计技术对生产过程中的各工序参数进行监控，从而达到改进、保证产品质量的目的。SPC 是以"数据说话"为基础的品质管理工具，集中体现在：对制程（工序）的关键质量控制点进行监控及分析，以数据分析的方式为品质管理提供决策依据。SPC 是全面质量管理（Six Sigma 管理）的重要管理工具之一。

### 2. SPC 的特点

SPC 是全系统的，全过程的，要求全员参加，人人有责。SPC 强调用科学方法（统计技术，尤其是控制图理论）来保证全过程的预防。SPC 不仅用于生产过程，而且用于服务过程和管理过程。S（Statistical）即以统计学方法来探测流程的变异；P（Process）即流程，泛指任何流程；C（Control）即以积极主动的管理来控制流程。

### 3. SPC 与 ISO9000 标准体系的联系

ISO9001:2015 提出了关于质量管理的七项原则，对于质量管理实践具有深刻的指导意义。其中，"过程方法"、"基于证据的决策"原则都和 SPC 等管理工具的使用有着密切的联系。以什么样的方法来对过程进行控制，以什么样的手段来保证管理决策的及时性、可靠性是管理者首先应该考虑的问题。

SPC 技术运用是对按 ISO9001 标准建立的质量管理体系的支持，制定 ISO9000 族标准的 TC176，也为组织实施 SPC 制定了相应的标准（编号 ISO/TR10017），该标准以技术报告的形式发布，也为 ISO9000 标准族中的支持性标准。

### 4. 运用 SPC 的意义

1）SPC 可以简便、有效地进行质量管理，使企业质量管理、全面管理上升到更高水平。

2）对生产过程实时监控，及时发现质量隐患，使产品质量更稳定、一致性非常好。

3）基于大型数据库系统，可以获得大量生产数据，使生产过程的量化管理和批次管理成为可能，实现产品质量的可追溯。

4）运用 SPC 可减少返工和浪费，降低不良品率，提高劳动生产率，降低成本；运用 SPC 可提高企业的核心竞争力，提高顾客满意度，赢得广泛的客户，提高企业的社会、经济效益。

## 5.1.2 控制图及其应用

**1. 基本统计术语**

1) 正态分布：若随机变量 $X$ 服从一个数学期望为 $\mu$、标准方差为 $\sigma^2$ 的高斯分布，记为：$X \sim N(\mu, \sigma^2)$，则其概率密度函数为

$$f(x) = \frac{1}{\sigma\sqrt{2\pi}} e^{-\frac{(x-\mu)^2}{2\sigma^2}}$$

正态分布的期望值 $\mu$ 决定了其位置，其标准差 $\sigma$ 决定了分布的幅度，其曲线呈钟形。因此，人们又经常称之为钟形曲线。标准正态分布是 $\mu=0$，$\sigma=1$ 的正态分布。如图 5-1 所示。

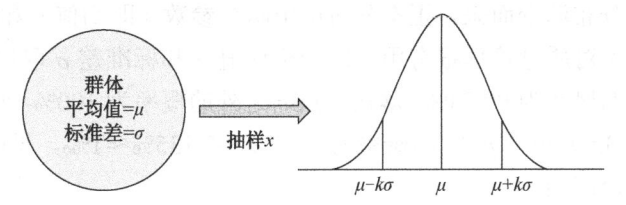

图 5-1 正态分布曲线

检验收集的数据分布是否服从正态分布可以使用 MINITAB 来进行。其操作步骤：①选择统计 > 基本统计量 > 正态性检验。②在变量中，输入包含测量数据的列。③如果需要，可以使用任意对话框选项，然后单击确定。如图 5-2 所示，因 $P$ 值＝0.442＞0.05，故该数据服从正态分布。正态分布的检验也可以用图形化汇总工具，将在过程能力分析中说明。

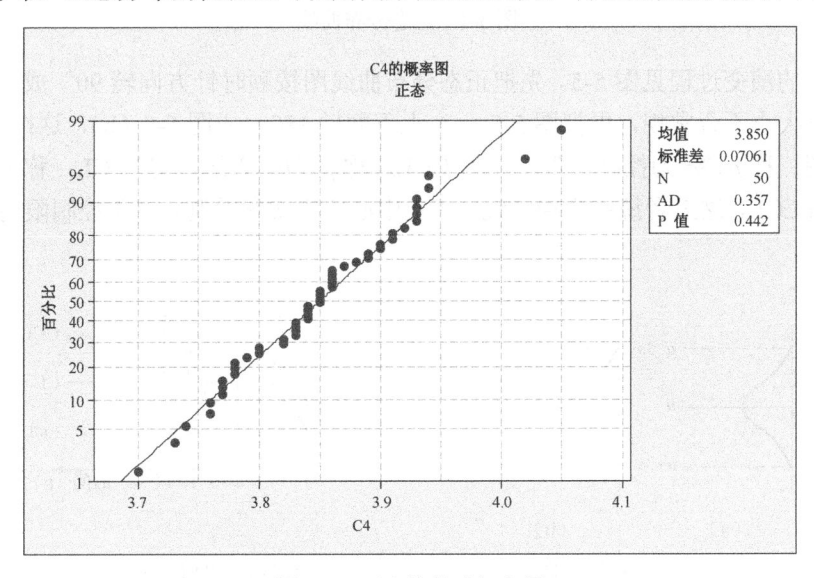

图 5-2 正态性检验概率图

2) 标准差：过程输出的宽度与平均值的偏差，如图 5-3（a）所示。

3) 极差：一个子组、样本或总体中最大值与最小值之差。如图 5-3（b）所示。

4) 子组：在大致相同条件下所收集的质量特性数据分在一组，组内不应有不同本质的数据，以保证组内仅有普通原因的影响。合理分组的原则是：让组内变异最小化，组间变异最大化。

$$\sigma = \sqrt{\frac{\sum(X_i-\overline{X})^2}{n-1}}$$

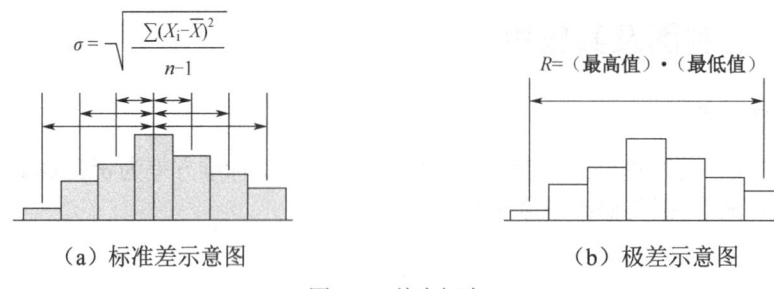

$R=$（最高值）-（最低值）

（a）标准差示意图　　　　（b）极差示意图

图 5-3　基本概念

## 2. 什么是控制图

控制图由正态分布演变而来。正态分布可用两个参数（即均值 $\mu$ 和标准差 $\sigma$）来决定。正态分布有一个结论对质量管理很有用，即无论均值 $\mu$ 和标准差 $\sigma$ 取何值，产品质量特性值落在 $\mu\pm3\sigma$ 之间的概率为 99.73%，落在 $\mu\pm3\sigma$ 之外的概率为 100%-99.73%=0.27%，而超过一侧，即大于 $\mu+3\sigma$ 或小于 $\mu-3\sigma$ 的概率为 0.27%/2=0.135%≈1‰，见图 5-4，休哈特就根据这一事实提出了控制图。

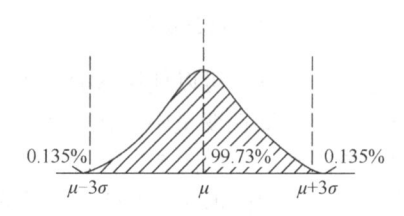

图 5-4　正态分布曲线

控制图的演变过程见图 5-5。先把正态分布曲线图按顺时针方向转 90°成图 5-5，由于上下的数值大小不合常规，再把图 5-5（a）上下翻转 180°成图 5-5（b），这样就得到一个单值控制图，称 $\mu+3\sigma$ 为控制上限，记为 UCL，称 $\mu$ 为中心线，记为 CL，称 $\mu-3\sigma$ 为控制下限，记为 LCL，这三者统称为控制线。规定中心线用实线绘制，上下控制限用虚线绘制，见图 5-6。

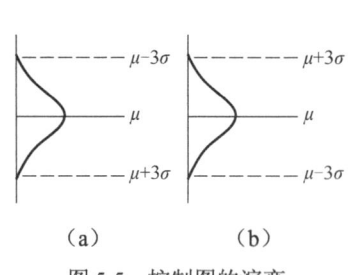

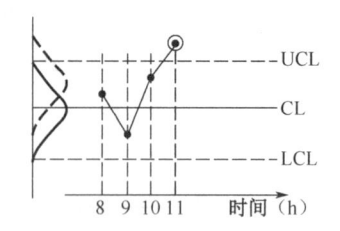

图 5-5　控制图的演变　　　　图 5-6　单值控制图的形成

综合上述，控制图是对过程质量数据测定、记录从而进行质量管理的一种用科学方法设计的图。图上有中心线（CL）、控制上限（UCL）和控制下限（LCL），并有按时间顺序抽取的样本统计量数值的描点序列，见图 5-7。

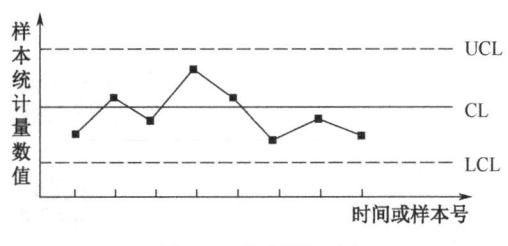

图 5-7 控制图示例

### 3．控制图的基本原理

控制图的基本原理是基于质量的波动理论与作为判定准则的小概率原理。具体而言质量的波动可分为普通原因和特殊原因。

1）普通原因：指的是造成随着时间的推移具有稳定的且可重复的、分布作用在过程的许多变差的原因，即常规的、连续的、不可避免的影响产品特性不一致的原因。如操作技能、设备精度、工艺方法、环境条件。变差指一个数据组对于目标值有不同的差异。

2）特殊（异常）原因：指的是造成不是始终作用于过程的变差的原因，当原因出现时，将造成过程的分布的改变，即特殊的、偶然的、断续的、可以避免的影响产品特性不一致的原因。如：刀具不一致，模具不一致，材料不一致，设备故障，人员情绪等。特点：不是始终作用在每一个零件上，随着时间的推移分布改变。

当过程仅存在变差的普通原因时，过程处于受控状态，这个过程处于稳定过程，产品特性服从正态分布；当过程存在变差的特殊原因时，这时输出的产品特性不稳定，过程处于非受控状态或不稳定状态。如图 5-8 所示。

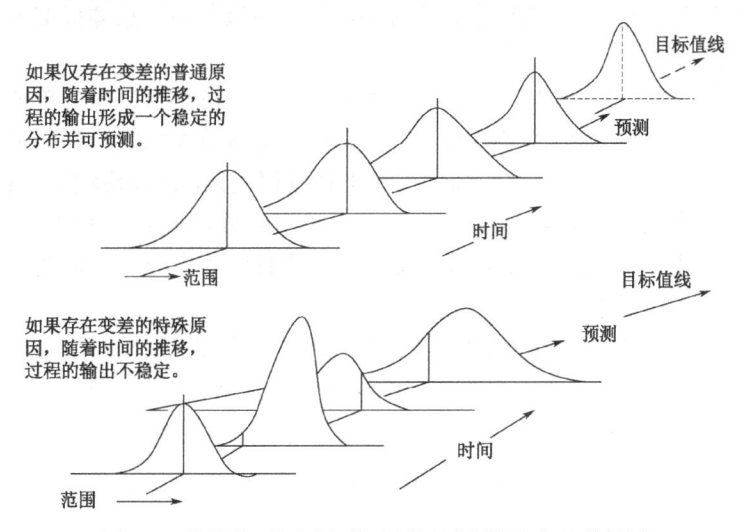

图 5-8 比较普通原因和特殊原因过程输出产品特性图

3）特殊原因的解决方法：消除变差的特殊原因——局部措施（属于纠正和预防措施）。如，统一刀具、稳定情绪、统一材料、修复设备等（操作者可以解决，解决 15%问题）。

4）普通原因的解决方法：减少变差的普通原因——采用系统的方法（属于持续改进）有人员培训、工艺改进、提高设备精度等（管理层解决，解决 85%问题）。

小概率事件原理：小概率事件在一次试验中几乎不可能发生，若发生则判断异常，如

图 5-9 所示。

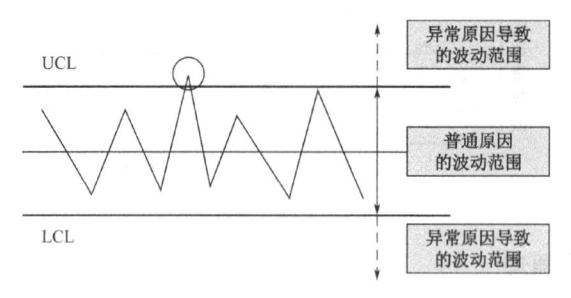

图 5-9 判断异常示意图

**4. 常规控制图的类型**

常规控制图主要有两种类型：计量控制图和计数控制图。

（1）计量控制图

1）平均值（$\overline{X}$ 即 Xbar）图与极差（$R$）或标准差（$s$）图。在 MINITAB 中称为子组的变量控制图，用 Xbar-R 和 Xbar-S 表示。

① $\overline{X}$-$R$（即 Xbar-R）控制图。对于计量型数据而言，这是最常用、最基本的控制图。它用于控制对象为长度、重量、强度、纯度、时间和生产量等计量值的场合。$\overline{X}$ 控制图用于观察分布均值的变化，$R$ 控制图用于观察分布的分散情况或变异度的变化，$X$-$R$ 图将二者联合运用，用于观察分布的变化。

② $\overline{X}$-$S$（即 Xbar-S）控制图是用标准差图（$S$ 图）代替极差图（$R$ 图）。极差计算简便，故 $R$ 图得到广泛应用，但当样本大小 $n>8$，这时用极差估计总体标准差的效率降低，需要用 $S$ 图来代替 $R$ 图。

2）单值－移动极差（I-MR）控制图。I-MR 是同一个图形窗口中的单值控制图和移动极差控制图。单值控制图绘制在屏幕的上半部分；移动极差控制图绘制在下半部分。通过同时查看这两个控制图，可以同时跟踪过程水平和过程变异，以及检测是否存在特殊原因。

I-MR 控制图通常是在数据的间隔很长、不易分组或数据很少时使用。这种控制图是把全部数据直接记入控制图上。但要求数据必须呈现合理的正态分布，需要正态性检验或将非正态性数据转换成正态性。

3）中位数（Me）－极差（$R$）图。Me-R 控制图是用中位数图（Me 图）代替均值图（Xbar 图）。中位数指一组按大小顺序排列的数列中居中的数。例如，在数列 2、3、7、13、18，中位数为 7，在数列 2、3、7、9、13、18，有偶数个数据，中位数规定为中间两个数的均值，即 $\frac{7+9}{2}=8$。中位数的计算比均值简单，多用于现场需要把测定数据直接记入控制图进行控制的场合，为了简便，规定用奇数个数据。

（2）计数控制图

在 MINITAB 中称为属性控制图，包括：$P$ 图、$nP$ 图、$C$ 图和 $U$ 图。

① $P$ 控制图。用于控制对象为不合格品率或合格品率等计数值质量指标的场合。

② $nP$ 控制图。用于控制对象为不合格品数的场合。设 $n$ 为样本大小，$P$ 为不合格品率，则 $nP$ 为不合格品个数，取 $nP$ 为不合格品数控制图的简记记号，用于样本大小相同的场合。

③ C 控制图。用于控制一部机器，一个部件，一定的长度，一定的面积或任何一定的单位中所出现的缺陷数目。C 图用于样本大小相等的场合。

④ U 控制图。当样本的大小变化时，应将一定单位中出现的缺陷数换算为平均单位缺陷数后用 U 控制图。例如，在制造厚度为 2mm 的钢板的生产过程中，一批样本是 2 平方米，另一批样本是 3 平方米，这时应换算为平均每平方米的缺陷数，然后再对它进行控制。常规的控制图类型见表 5-1。

表 5-1 常规的控制图类型

| 数据 | 分布 | 控制图 | | 简记 | |
| --- | --- | --- | --- | --- | --- |
| 计量值 | 正态分布 | 均值—极差 | 控制图 | Xbar-R | 控制图 |
| | | 均值—标准差 | 控制图 | Xbar-S | 控制图 |
| | | 中位数—极差 | 控制图 | Me-R | 控制图 |
| | | 单值—移动极差 | 控制图 | I-MR | 控制图 |
| 计件值 | 二项分布 | 不合格品率 | 控制图 | P | 控制图 |
| | | 不合格品数 | 控制图 | nP | 控制图 |
| 计点值 | 泊松分布 | 单位缺陷数 | 控制图 | U | 控制图 |
| | | 缺陷数 | 控制图 | C | 控制图 |

### 5．控制图的选定方法

控制图的选定方法：首先根据所收集数据的类型选择计量控制图和计数控制图。数据为计量型的，应当选择计量控制图，而后根据子组的大小选择所采用的控制图。如图 5-10 所示，当子组的大小 $n>1$ 时，应当选择 $\overline{X}$-$R/S$ 或 Me-$R$ 控制图。一般情况下，当子组的大小 $n \leqslant 8$ 时选择使用 $\overline{X}$-$R$ 控制图；当群的大小 $n>8$ 时选择使用 $\overline{X}$-$S$ 控制图。

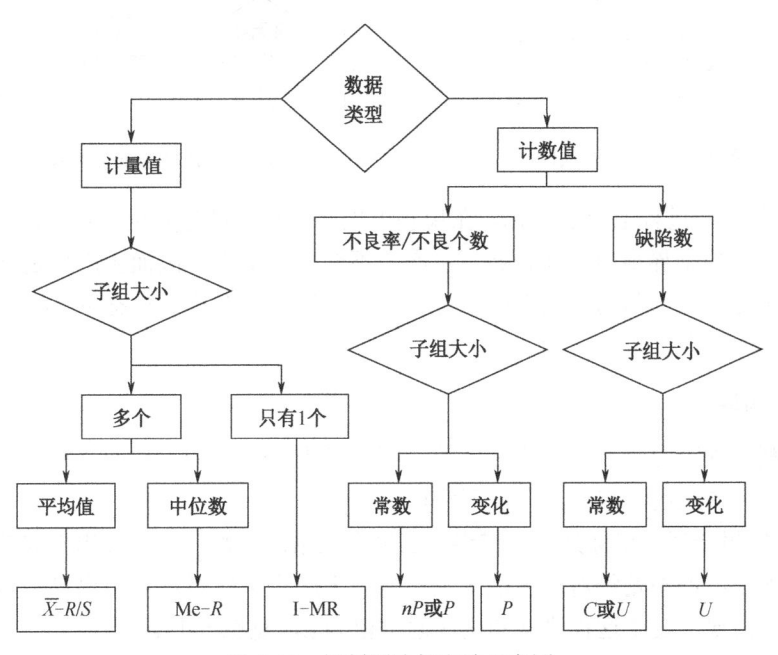

图 5-10 控制图选择方法示意图

当子组 $n=1$ 时，选择 I-MR 控制图。对于数据为计数型的应当选择计数控制图。同时，根据计数值数据的属性为"不良率"、"不良个数"或"缺陷数"及子组的大小变化情况分别选择 $P$、$nP$、$C$ 和 $U$ 控制图。对于数据属性为"不良率"或"不良个数"时，若子组的大小（样本大小）为常数则选择 $nP$ 控制图或 $P$ 控制图，否则只能选择 $P$ 控制图；对于数据属性为"缺陷数"时，若子组的大小（样本大小）为常数则选择 $C$ 控制图或 $U$ 控制图，否则只能选择 $U$ 控制图。

**6. 控制图贯彻预防原则**

1) 运用控制图对生产过程不断监控，当异常因素刚一露出苗头，在未造成不合格品之前就能及时被发现。例如，在图 5-11 中点子有逐渐上升的趋势，可以在这种趋势造成不合格品之前就采取措施加以消除，起到预防的作用。

2) 在现场，更多的情况是控制图显示异常，表明异常原因（简称"异因"）已经发生，这时要贯彻"查出异因，采取措施，保证消除，不再出现，纳入标准"原则，每贯彻一次这个原则（即经过一次这样的循环）就消除一个异因，使它永不再出现，从而起到预防的作用。由于异因只有有限个，故经过有限次循环后，最终达到在过程中只存在偶因而不存在异因，见图 5-12。这种状态称为统计控制状态或稳定状态，简称稳态。

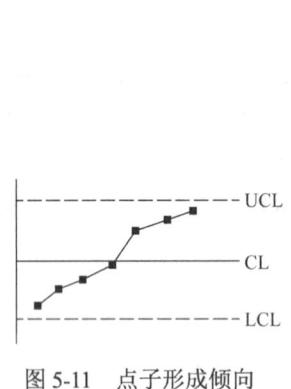

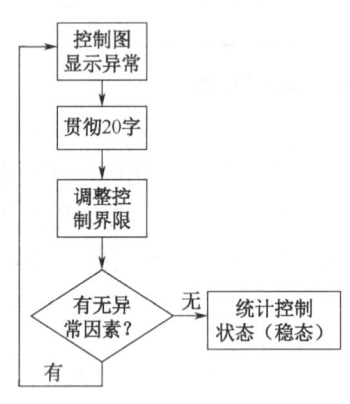

图 5-11　点子形成倾向　　图 5-12　达到稳态的循环图

3) 稳态是生产过程追求的目标，在稳态下生产，对质量有完全的把握，质量特性值有 99.73% 落在上下控制界限内；在稳态下生产，不合格品最少，因而生产也是最经济的。

一道工序处于稳态称为稳定工序，每道工序都处于稳态称为稳态生产线，SPC 就是通过稳态生产线达到全过程预防的。

**7. 两类错误**

控制图利用抽查对生产过程进行监控，因而是十分经济的，然而是抽查就不可能没有风险，在控制图的应用过程会出现以下两种错误：

1) 虚发警报错误，也称第一类错误。在生产正常的情况下，纯粹出于偶然而点子出界的概率虽然很小，但不是绝对不可能发生。故当生产正常而根据点子出界判断生产异常就犯了虚发警报错误。发生这种错误的概率通常记为 $\alpha$，见图 5-13。

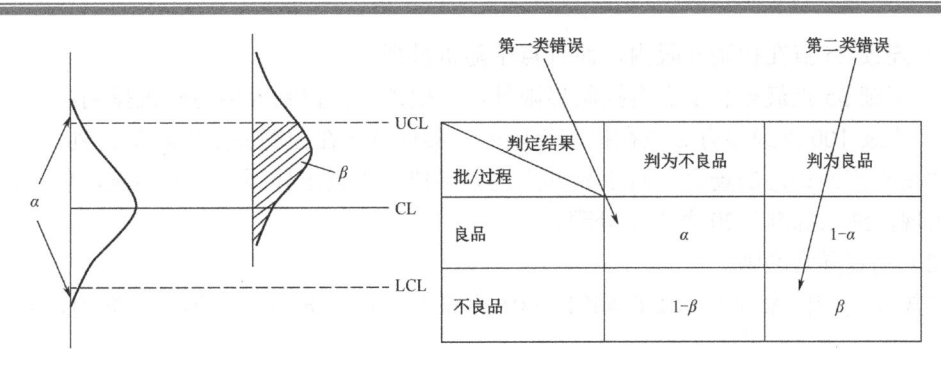

图 5-13  两类错误概率图

2）漏发警报错误，也称第二类错误。在生产异常的情况下，产品质量的分布偏离了典型分布，但总有一部分产品的质量特性值在上下控制界之内。如果抽到这样的产品进行检测并在控制图中描点，这时根据点子未出界判断生产正常就犯了漏发警报错误，发生这种错误的概率通常记为 $\beta$，见图 5-13。

控制图是通过抽查来监控产品质量的，故两类错误是不可避免的。在控制图上，中心线一般是对称轴，所能变动的只是上下控制限的间距。若将间距增大，则 $\alpha$ 减小 $\beta$ 增大，反之，$\alpha$ 增大 $\beta$ 减小。因此，只能根据这两类错误造成的总损失最小来确定上下控制界限。

**8. 控制图的分析与判断**

在生产过程中，通过分析休哈特控制图来判定生产过程是否处于稳定状态。

休哈特控制图的设计思想是先确定第一类错误的概率 $\alpha$，再根据第二类错误的概率 $\beta$ 的大小来考虑是否需要采取必要的措施。通常 $\alpha$ 取为 1%、5%、10%。为了增加使用者的信心，休哈特将 $\alpha$ 取得特别小，小到 2.7‰～3‰。这样，$\alpha$ 小，$\beta$ 就大，为了减少第二类错误，对于控制图中的界内点增添了第二种判异准则，即"界内点排列不随机判异"。

因此，从管理的角度来说，仅仅画出过程控制图，还不是最重要的事情。只有善于观察分析控制图，从中提取有关工序质量状态的信息，一旦生产过程处于异常状态，能够尽快查明原因，采取有效措施，让生产过程迅速恢复正常状态，这样才能真正发挥出控制图的效用，把大量产生不合格品的因素消灭在萌芽之中。

1）当控制图满足下列条件，则认为生产过程基本上处于受控状态。
①点子没有跳出控制界限。②点子在控制界限内随机排列。

2）当控制图满足下列条件，则认为生产过程发生了异常变化，必须把引起这种变化的系统原因查出来，排除掉。①点子越出控制界限（在控制线上的点子按越界处理）。②点子虽然没有越出控制界限，但其排列不随机。

（1）判定稳态准则

稳态是生产过程追求的目标。在统计量为正态分布的情况下，由于第一类错误的概率 $\alpha$ 取得很小，所以只要有一个点子在界外就可以判断有异常。但既然 $\alpha$ 很小，第二类错误的概率 $\beta$ 就大，只根据一个点子在界内远不能判断生产过程处于稳态。如果连续有许多点子，如 25 个点子全部都在控制界限内，情况就大不相同。这时，根据概率乘法定理，总的 $\beta$ 为 $\beta_{总}=\beta^{25}$，要比 $\beta$ 减小很多。如果连续在控制界内的点子更多，即使有个别点子出界，过程仍视为稳态的，这就是判稳准则。

判稳准则：在点子随机排列的情况下，符合下列各点之一就认为过程处于稳态：

1）连续25点在控制界限内，而且点子随机排列。
2）连续35点最多有1点有控制界限外，其他点子在控制界限内随机排列。
3）连续100点最多有2点在控制界限外，其他点子在控制界限内随机排列。

即使在判断稳态的场合，对于界外点也必须依照"查出异因，采取措施，保证消除，不再出现，纳入标准"20个字来处理。

（2）判定异常准则

常规控制图国家标准GB/T 4091-2001中推荐了以下8种判断异常的准则，如表5-2所示。

表5-2 控制图判断异常准则

| 准则 | 图形 | 解释 |
| --- | --- | --- |
| （1）点子在控制界限外或恰在控制界限上（工程非受控） | | 警示工程正在变化。但不意味着需要采取纠正措施。可能与制造变化相关。采取措施之前一定要确定原因 |
| （2）连续9点落在中心线同一侧（串列） | | 暗示工程已经过了一个永久的变化（+或−）而现在正趋于稳定。要求以后管制图解释需重新计算控制线 |
| （3）连续6点递增或递减（倾向） | | 常见于完成某些变化之后。工具逐渐磨损或人员操作水平逐渐提高 |
| （4）连续14点中相邻点交替上下 | | 白夜班交替，交替使用两不同机台，两个不同供应商材料交替使用 |
| （5）连续3点中有2点落在中心线同一侧的B区以外（紧靠） | | 暗示不同类型的数据混入已抽样的子群中。一般需要改变子群，重新收集数据，重绘管理图 |

续表

| 准则 | 图形 | 解释 |
|---|---|---|
| (6) 连续 5 点中有 4 点落在中心线同一侧的 C 区以外 | | 使用库存旧原料或工作人员有情绪，旧设备进入老化期 |
| (7) 连续 15 点落在中心线两侧的 C 区以内 | | 参数 $\sigma$ 变化小或数据分层不够或数据虚假 |
| (8) 连续 8 点落在中心线两侧且无一在 C 区内（循环） | | 数据分层不够 |

（3）应用举例

某一电子产品要求控制其可测距离，距离的标准为 $5.0\pm0.50$mm。品管 PQC 人员每小时抽查 4 个样本进行检测，共有 80 个样本的数据如表 5-3 所示。试分析过程是否处于控制状态。

表 5-3 规格为 $5.0\pm0.50$mm 产品的测量数据

| 样本组 | $X_1$ | $X_2$ | $X_3$ | $X_4$ | 样本组 | $X_1$ | $X_2$ | $X_3$ | $X_4$ |
|---|---|---|---|---|---|---|---|---|---|
| 1 | 4.93 | 4.95 | 4.85 | 4.87 | 11 | 4.84 | 4.87 | 4.85 | 4.90 |
| 2 | 4.90 | 4.93 | 4.96 | 4.89 | 12 | 4.92 | 4.92 | 4.81 | 4.90 |
| 3 | 4.88 | 4.85 | 4.88 | 4.85 | 13 | 4.87 | 4.88 | 4.87 | 4.88 |
| 4 | 4.90 | 4.90 | 4.85 | 4.88 | 14 | 4.93 | 4.86 | 4.96 | 4.88 |
| 5 | 4.93 | 4.80 | 4.90 | 4.87 | 15 | 4.95 | 4.93 | 4.91 | 4.90 |
| 6 | 4.89 | 4.90 | 4.87 | 4.92 | 16 | 4.97 | 4.86 | 4.90 | 4.90 |
| 7 | 4.88 | 4.87 | 4.89 | 4.90 | 17 | 4.93 | 4.91 | 4.84 | 4.95 |
| 8 | 4.87 | 4.91 | 4.90 | 4.86 | 18 | 4.93 | 4.96 | 4.91 | 4.92 |
| 9 | 4.88 | 4.85 | 4.92 | 4.90 | 19 | 4.91 | 4.85 | 4.95 | 4.89 |
| 10 | 4.91 | 4.86 | 4.85 | 4.90 | 20 | 4.95 | 4.96 | 4.86 | 4.95 |

解：数据为计量型数据，子组数为 4，选择制作 Xbar-R 控制图。操作步骤如下。

1）选择统计 > 控制图 > 子组的变量控制图 > Xbar-R。

2）执行以下操作之一：如果子组在一列或多列中，请选择图表的所有观测值均在一列中，然后输入一列或多列。在子组大小中，输入下标的编号或列。如果子组在多行中，请选择子组的观测值位于多列的同一行中，然后输入一系列的列。本题选择第二种。

3）选择的控制图的对话框中单击"控制控制图选项（P）…"，在新出现的对话框中选择"检验",单击"检验"选项后选检验内容(判定异常准则),然后单击"确定"按钮。输出结果如图 5-14 所示。

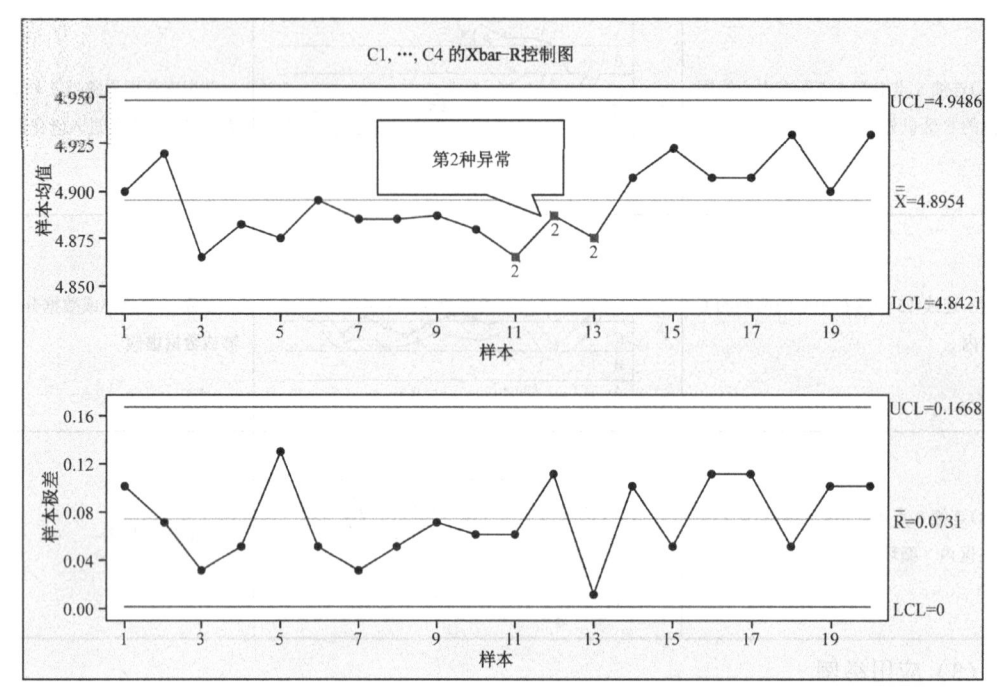

图 5-14 产品规格 5.0±0.50mm 的控制图

解释结果:$\bar{X}$ 控制图上的中心线在 4.8954 处,表明此过程落于规格限制范围内,但是 $\bar{X}$ 经过判异准则检验后有 3 点异常,属于判定准则中的第 2 种(连续 9 点落在中心线同一侧),表明该过程不稳定。R 控制图上的中心线在 0.0731 处,没有超出允许的最大变异 +0.50mm。因此过程中可能存在变异。

## 任务实施

### 1. 实验准备

1)上网计算机,Windows 操作系统。

2)MINITAB 16。

### 2. 实验过程

某电子信息企业为管制某一产品输出电压,在制程中每小时随机取 5 个样本来测定其电压值,共得到 25 组数据,试根据这些数据制作控制图。数据如表 5-4 所示,规格值为 8.5±1.5V。操作步骤如下。

(1)制作直方图

1)打开 MINITAB 16,将表 5-4 数据输入到工作表中。

2)选择图形>直方图。

3)选择包含拟合,然后单击"确定"按钮。

4)在图形变量中,输入一个数据列,然后单击确定。观察数据的分布是否正态。

(2) 对数据进行正态性检验

1) 选择统计 > 基本统计量 > 正态性检验。

2) 在变量中，输入包含测量数据的列。

3) 如果需要，可以使用任意对话框选项，然后单击确定。

观察输出图形及 $P$ 值，若 $P$ 值 > 0.05，则数据是正态分布；否则为非正态分布。

(3) 制作控制图

由于数据类型为计量型数据，且数据有 25 组，125 个数据，因此，选择制作 $\overline{X}$-$R$。

1) 选择统计>控制图>子组的变量控制图>$\overline{X}$-$R$。

2) 在出现的对话框输入信息：子组大小：5，选项："检验">执行所有特殊原因检验。

3) 按确定后图形输出，说明过程是否处于统计状态。

表 5-4　电流测量数据

| 样本组 | 测量值 | | | | | 样本组 | 测量值 | | | | |
|---|---|---|---|---|---|---|---|---|---|---|---|
| | $X_1$ | $X_2$ | $X_3$ | $X_4$ | $X_5$ | | $X_1$ | $X_2$ | $X_3$ | $X_4$ | $X_5$ |
| 1 | 8.8 | 8.8 | 8.4 | 8.2 | 8.3 | 14 | 8.5 | 8.5 | 8.1 | 8.3 | 7.6 |
| 2 | 8.4 | 8.5 | 9.0 | 8.7 | 9.4 | 15 | 8.9 | 8.6 | 8.4 | 8.9 | 8.3 |
| 3 | 8.4 | 8.4 | 8.5 | 8.8 | 8.9 | 16 | 9.0 | 7.7 | 7.9 | 8.3 | 8.5 |
| 4 | 8.8 | 8.3 | 8.4 | 8.5 | 9.3 | 17 | 8.8 | 8.7 | 8.1 | 9.1 | 8.9 |
| 5 | 8.1 | 9.1 | 9.0 | 8.6 | 8.3 | 18 | 8.1 | 7.7 | 7.3 | 8.5 | 8.0 |
| 6 | 7.8 | 9.2 | 9.8 | 7.4 | 8.8 | 19 | 9.4 | 9.0 | 7.5 | 7.7 | 8.3 |
| 7 | 8.8 | 9.4 | 9.0 | 8.8 | 8.5 | 20 | 8.3 | 9.4 | 8.4 | 9.3 | 8.5 |
| 8 | 8.8 | 7.9 | 8.0 | 8.0 | 7.9 | 21 | 9.3 | 8.6 | 8.4 | 9.0 | 9.7 |
| 9 | 9.0 | 9.0 | 8.3 | 8.4 | 9.5 | 22 | 8.9 | 8.7 | 8.7 | 8.6 | 8.7 |
| 10 | 8.4 | 8.1 | 8.4 | 9.9 | 9.9 | 23 | 9.6 | 8.4 | 7.9 | 8.1 | 8.4 |
| 11 | 9.3 | 8.4 | 8.8 | 8.5 | 9.1 | 24 | 8.1 | 8.7 | 8.3 | 8.9 | 8.7 |
| 12 | 8.3 | 9.0 | 9.3 | 8.7 | 9.0 | 25 | 9.0 | 8.7 | 9.0 | 8.6 | 8.6 |
| 13 | 9.7 | 8.9 | 7.8 | 8.3 | 8.7 | | 单位：V | | | | |

# 练　习

## 一、名词解释

1. SPC；2. 控制图。

## 二、选择题

1. 下列中属于稳态的是（　　）

　　A．连续 11 个点中，至少有 10 点在中心线一侧

　　B．连续 20 个点中，至少有 16 点在中心线一侧

　　C．连续 17 个点中，至少有 14 点在中心线一侧

　　D．连续 35 个点子至多 1 个点子落在控制界限外

2. 当样本的大小变化时，应将一定单位中出现的缺陷数换算为平均单位缺陷数后用（　　）

   A. Xbar-R 控制图　　　　　　　　　B. Me-R 控制图
   C. U 控制图　　　　　　　　　　　D. nP 控制图

3. 控制一部机器，一个部件，一定的长度，一定的面积或任何一定的单位中所出现的缺陷数目应使用（　　）

   A. P 控制图　　　　　　　　　　　B. Pn 控制图
   C. C 控制图　　　　　　　　　　　D. U 控制图

4. 下列中属于异常的是（　　）

   A. 连续 25 个点子都在控制界限内
   B. 连续 35 个点子至多 1 个点子落在控制界限外
   C. 连续 100 个点子至多 2 个点子落在控制界限外
   D. 连续 7 个点中，至少有 3 点子接近控制界限

5. 现场需要把测定数据直接记入控制图进行控制的场合，为了简便，规定用奇数个数据，这是（　　）的应用。

   A. P 控制图　　　　　　　　　　　B. Me-R 控制图
   C. Xbar-R 控制图　　　　　　　　　D. Xbar-S 控制图

6. 在控制图中未发现界点且图中的点子随机排列，可以认为（　　）

   A. 过程能力已经满足要求　　　　　B. 过程达到了统计稳定状态
   C. 过程不需要进一步调整　　　　　D. 还需分析过程能力是否满足要求

### 三、填空题

1. SPC 的理论是以_____为基础建立起来一套品质管理的方法，其重要的工具包括_____，_____分析等手段。

2. 根据质量参数的数据类型，控制图分_____型控制图和_____型控制图。

3. _____用于控制一部机器，一个部件，一定的长度，一定的面积或任何一定的单位中所出现的缺陷数目。

### 四、简答题

1. SPC 有何特点？
2. 控制图判稳准则有哪些？
3. 如何选择控制图的类型？
4. 应用控制图的条件有哪些？

## 任务 2　计量值与计数值控制图的应用

### 任务描述

本任务通过事例来说明如何应用计量值与计数值控制图的应用方法。

1）某电子厂 SMT 车间对回流焊温度进行监控，每天测量一次，要求炉温峰值在 240～250℃，并确保 PCB 板在回流区的温度大于 217℃ 的时间为 70～76 秒之间，测量数据如表 5-5 所示。请对数据进行分析以确认过程是否受控。

表 5-5　SMT 车间回流焊接机参数数据表。

| 序号 | 回流区温度≥217℃的时间（秒） | 炉温峰值（℃） | 序号 | 回流区温度≥217℃的时间（秒） | 炉温峰值（℃） |
| --- | --- | --- | --- | --- | --- |
| 1 | 71.52 | 244.23 | 15 | 72.83 | 244.01 |
| 2 | 72.62 | 243.29 | 16 | 72.45 | 245.17 |
| 3 | 72.58 | 243.06 | 17 | 74.15 | 246.45 |
| 4 | 73.33 | 244.56 | 18 | 74.41 | 249.01 |
| 5 | 73.23 | 246.56 | 19 | 73.75 | 245.31 |
| 6 | 73.06 | 246.06 | 20 | 74.79 | 247.84 |
| 7 | 74.06 | 244.30 | 21 | 73.03 | 245.56 |
| 8 | 74.95 | 246.70 | 22 | 73.67 | 246.51 |
| 9 | 73.03 | 246.01 | 23 | 72.92 | 244.12 |
| 10 | 73.06 | 245.22 | 24 | 71.89 | 245.56 |
| 11 | 72.82 | 243.78 | 25 | 71.76 | 245.23 |
| 12 | 74.57 | 246.45 | 26 | 72.50 | 245.51 |
| 13 | 72.35 | 244.52 | 27 | 72.52 | 244.58 |
| 14 | 73.77 | 246.44 | 28 | 71.98 | 245.87 |

2）某陶瓷电容厂，20××年 5 月 1 日到 5 月 12 日这段时间，制造部生产的 5000pF 的电容进行检验，其检验数据为：

表 5-6　电容不良数据表

| 日期 | 1 | 2 | 3 | 4 | 5 | 6 | 7 | 8 | 9 | 10 | 11 | 12 |
| --- | --- | --- | --- | --- | --- | --- | --- | --- | --- | --- | --- | --- |
| 批量数 | 12000 | 15000 | 10000 | 11000 | 11000 | 8000 | 18000 | 18000 | 11200 | 100 | 1000 | 12000 |
| 检验数 | 315 | 315 | 200 | 315 | 315 | 400 | 600 | 600 | 500 | 100 | 315 | 80 |
| 不良数 | 14 | 15 | 8 | 11 | 12 | 10 | 15 | 8 | 10 | 0 | 4 | 7 |

要求根据上述数据制作管制图。

# 知识准备

## 5.2　计量值与计数值控制图的应用

### 5.2.1　计量值控制图

计量数据是指对于所考查子组中每一个单位产品的特性值的数值大小进行测量与记录所得到的观测值，例如以米（m）表示的长度，以欧姆（Ω）表示的电阻，以分贝（dB）

表示的噪声等。计量控制图（尤其是其最常用的类型，$\overline{X}$ 与 $R$ 图）代表了控制图对过程控制的典型应用。计量控制图由于以下几个原因而特别有用：

① 大多数的过程及其输出具有可计量的特性，所以计量控制图的潜在应用广泛。

② 一个计量值较之简单的"是—否"的表述包含更多的信息。

③ 可不考虑规格来分析过程的性能。控制图从过程自身出发，并给出对过程性能的独立的描述。因此，有的控制图可以与规格比较，而有的却不可以。

④ 虽然获得一个计量数据通常要比获得一个"是—否"的计数数据的费用更高，但计量数据的子组大小几乎总是比计数数据的子组要小得多，故更为有效。在一些情况下，这有助于减少总检验费用，并缩短零件生产与采取纠正措施之间的时间间隔。

**1. 均值（$\overline{X}$）图与极差（$R$）或标准差（$s$）图**

计量控制图可以同时利用离散程度（产品件间变异）和位置（过程平均）去描述过程的数据。正由于这一点，计量控制图几乎总是成对地绘制并加以分析：其中，一张是关于位置的控制图，一张是关于离散程度的控制图。最常用的一对即 $\overline{X}$ 与 $R$ 图。

**2. 单值（$X$）控制图**

在某些过程控制情形下，取得合理的子组或者不可能或者不实际。由于测量单个观测值所需要的时间太长或费用太大，所以不能考虑重复观测。当测量很昂贵（例如破坏性试验）或者当任一时刻的输出都相对均匀时，即出现上述典型情形。其他还有一些情形只有一个可能的数值，例如仪表读数或一批输入原材料的性质，在这些情况下，需要基于单个读数进行过程控制。

在单值控制图情形下，由于没有合理子组来提供批内变异的估计，故控制限就基于经常为两个观测值的移动极差所提供的变差来进行计算。移动极差就是在一个序列中相邻两个观测值之间的绝对差，即第一个观测值与第二个观测值的绝对差，然后第二个观测值与第三个观测值的绝对差，以此类推。从移动极差可以计算出平均移动极差（$\overline{R}$），然后用于建立控制图。同样，从整个数据可算出总平均值（$\overline{X}$）。对于单值控制图应注意下列各点：

1）单值控制图对过程变化的反应不如 $\overline{X}$ 和 $R$ 图那么灵敏。

2）若过程的分布不是正态的，则对于单值控制图的解释应特别慎重。

3）单值控制图并不辨析过程的件间重复性，故在一些应用中，采用子组大小较小（2至4）的 $\overline{X}$ 与 $R$ 控制图可能会更好，即使要求子组之间有更长的间隔时间。

**3. 中位数（Me）控制图**

对于具有计量数据的过程控制，中位数图是另一种可以替代 $\overline{X}$ 与 $R$ 图的控制图。由中位数图获得的结论与 $\overline{X}$ 与 $R$ 图相似且具有某些优点。它们易于使用，计算较少。这点可以增加现场操作人员对控制图法的接受程度。由于对单个数据（像中位数一样）进行了描点，中位数图表明了过程输出的离散程度，并给出过程变差的一种动态描述。中位数图的控制限可以用两种方法进行计算：利用子组中位数的中位数和极差的中位数；或者利用子组中位数的平均值和极差的平均值。后一种方法更简易方便。

**4. 计量控制图的控制程序与解释**

常规控制图体系规定，若过程的产品件间变异和过程平均在当前水平（分别由 $\overline{R}$，$\overline{X}$ 估计得出）下保持不变，则单个的子组极差（$R$）以及平均值（$\overline{X}$）将仅由偶然因素引起变化，极少超出控制限。换言之，除了可能会由于偶然原因发生而引起的变化外，数据将不呈现某种明显的变化趋势或模式。

$\overline{X}$ 控制图显示过程平均的中心位置，并表明过程的稳定性。$\overline{X}$ 图从平均值的角度揭示组间不希望出现的变差。$R$ 控制图则揭示组内不希望出现的变差，它是所考察过程的变异大小的一种指示器，也是过程一致性或均匀性的一个度量。若组内变差基本不变，则 $R$ 图表明过程保持统计控制状态，这种情况仅当所有子组受到相同处理时才会发生。若 $R$ 图表明过程不保持统计控制状态，或 $R$ 值增大，这表示可能不同的子组受到了不同的处理，或是若干个不同的系统因素正在对过程起作用。

$R$ 控制图的失控状态也会影响到 $\overline{X}$ 图。由于无论是对子组极差还是对子组平均的解释能力都依赖于件间变异的估计，故应首先分析 $R$ 图，分析时应遵守下列控制程序。

1）收集与分析数据，计算平均值与极差。

2）首先点绘 $R$ 图。与控制限进行对比，检查数据点是否有失控点，或有无异常的模式或趋势。对于极差数据中关于可查明原因的每一个征兆，分析过程的运行，以便找出原因，进行纠正，并防止它再次出现。

3）剔除所有受到某种已识别的可查明原因影响的子组；然后重新计算并点绘新的平均极差（$\overline{R}$）和控制限。当与新控制限进行比较时，要确认是否所有的点都显示为统计控制状态，如有必要，重复"识别——纠正——重新计算"程序。

4）若根据已识别的可查明原因，从 $R$ 图中剔除了任何一个子组，则也应该将它从 $\overline{X}$ 控制图中除去。应利用修正过的 $\overline{R}$ 和 $\overline{X}$ 值重新计算平均值的试用控制限。

5）当极差控制图表明过程处于统计控制状态时，则认为过程的离散程度（组内变差）是稳定的。然后就可以对平均值进行分析，以确定过程的位置是否随时间而变动。

6）点绘 $\overline{X}$ 控制图，与控制限比较，检验数据点是否有失控点，或有无异常的模式或趋势。与 $R$ 控制图一样，分析任何失控的状况，然后采取纠正措施和预防措施。剔除任何已找到可查明原因的失控点；重新计算并点绘新的过程平均值（$\overline{X}$）和控制限。当与新的控制限进行比较时，要确认所有数据点是否都显示为统计控制状态，如有必要，重复"识别——纠正——重新计算"程序。

7）当用来建立控制限基准值的初始数据全部包含在试用控制限内时，则在未来时段内延长当前时段的控制限。这些控制限将用于当前过程的控制，责任人（操作者或监督者）将对 $\overline{X}$ 图或 $R$ 图中任何失控状态的信号产生反应，并采取及时的行动。

**5．任务分析与处理**

任务：某厂 SMT 车间对回流焊温度进行监控，每天测量一次，要求炉温峰值在 240～250℃，并确保 PCB 板在回流区的温度大于 217℃ 的时间为 70～76 秒之间，测量数据如表 5-5 所示。请对数据进行分析以确认过程是否受控。

分析：对时间和温度的控制其收集的数据为计量型的，因此，应当选择计量值控制图。同时每天只取一个样本测量，根据图 5-10 控制图选择方法，子组的大小为 1 个，所以应当使用单值-移动极差控制图，I-MR 控制图。

处理：该任务有两个对象：时间和温度。因此，需要分别制作控制图进行分析。首先制作时间控制图。制作控制图时要先把数据输入到 MINITAB 的工作表中。

（1）制作时间 I-MR 控制图

I-MR 控制图要求数据必须呈现合理的正态分布，所以需要正态性检验或将非正态性数据转换成正态性。正态性检验操作如下：①选择统计 > 基本统计量 > 正态性检验。②在变量中，输入包含测量数据的列。③如果需要，可以使用任意对话框选项，然后单击确定。输出图形如图 5-15 所示。

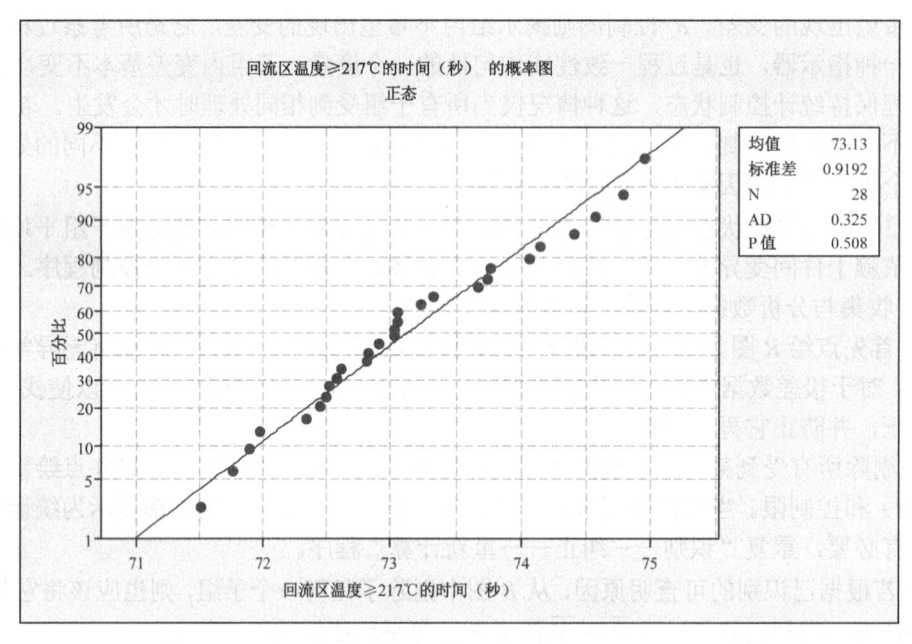

图 5-15 温度保持时间的概率图

从图中可以看出，$P$ 值 $>0.05$，数据呈正态分布。

I-MR 控制图的制作：①选择统计 > 控制图 > 单值的变量控制图 >I-MR。②在变量中，输入一列。③如果需要，可以使用任意对话框选项，这里选择"检验"项目并选择全部检验项目，然后单击确定。输出的控制图如图 5-16 所示。

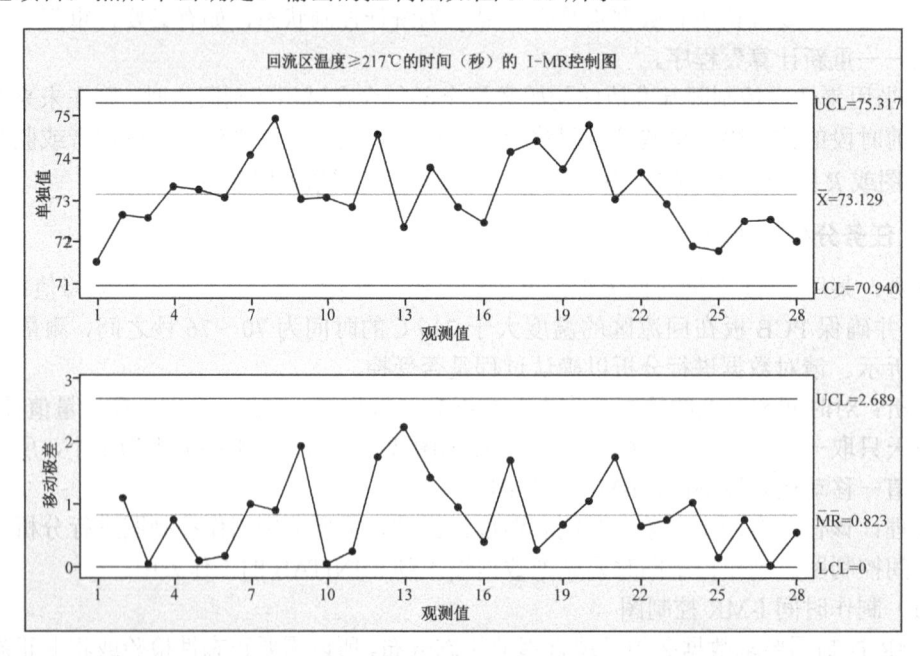

图 5-16 时间 I-MR 控制图

解释结果：单值控制图显示所有点都在控制限制范围之内，说明不存在特殊原因。移动极差控制图也显示所有点都在控制限范围之内。说明过程处于统计控制状态。

（2）制作温度 I-MR 控制图

其方法同时间 I-MR，请读者自行完成。

### 5.2.2 计数值控制图

#### 1. 计数值控制图的特点

计数数据表示通过记录所考察的子组中每个个体是否具有某种特性（或特征），计算具有该特性的个体的数量，或记录一个单位产品、一组产品、或一定面积内此种事件发生的次数所获得的观测值。通常，计数数据的获得快速而经济，并且常常不需要专门的收集技术。

在计量控制图情形下，按通常惯例采用一对控制图，其中一张用于控制平均值，另一张用于控制离散。上述做法是必要的，因为计量控制图基于正态分布，而正态分布取决于上述两个参数。在计数控制图情形下则不同，所假定的分布只有一个独立的参数，即平均值水平，故用一张控制图就足够了。$P$ 图和 $nP$ 图基于二项分布，而 $C$ 图和 $U$ 图则基于泊松分布。

这些控制图的计算是类似的，但子组大小发生变化时情况将有所不同。当子组大小为常数，同一组控制限可用于每一个子组；当子组大小发生变化，则每一个子组都需要计算出各自的控制限。因此，$nP$ 图和 $C$ 图可以用于子组大小为常数的情形，而 $P$ 图和 $U$ 图可用于上述两种情形。

若子组大小随子组不同而发生变化，则对于每个子组都要计算出各自单独的控制限。子组大小越小，控制域就越宽；反之亦然。如果子组大小变化不大，则可采用单一的基于平均子组大小的一组控制限。实际中，当子组大小的变化在子组大小目标值的±25%以内时，可采用上述方法。

当子组大小变化较大时，可采用另一种利用标准化变量的方法。例如，不点绘 $P$ 值，而改为点绘标准化值 $Z$；根据 $P$ 的标准值是否给定，有：

$$Z = \frac{P - P_0}{\sqrt{P_0(1 - P_0)/N}} \qquad (P_0 给定)$$

或

$$Z = \frac{P - \overline{P}}{\sqrt{\overline{P}(1 - \overline{P})/n}} \qquad (P_0 未给定)$$

这样，中心线和控制限成为常数，而与子组大小无关：中心线=0，UCL=3，LCL=-3。

$P$ 图用来确定在一段时间内所提交的平均不合格品百分数。该平均值的任何变化都会引起过程操作人员和管理者的注意。$P$ 图判断过程是否处于统计控制状态的判断方法与 $\overline{X}$ 和 $R$ 控制图相同。若所有子组点都落在试用控制限之内，并且也未呈现出可查明原因的任何迹象，则称此过程处于统计控制状态。在这种情形下，取平均不合格品率 $\overline{P}$ 为不合格品率 $P$ 的标准值，记为 $P_0$。

## 2．任务分析与处理

**任务**：某陶瓷电容厂，20××年5月1日到5月12日这段时间，制造部生产的5000pF的电容进行检验，其检验数据见表5-6。

**分析**：收集的数据为电容不良数，属于计数型的数据，因此，应当选择计数值控制图。根据图5-10控制图选择方法，子组的大小（样本量）是变化的，所以应当使用不良品率控制图（$P$图）。

**处理**：制作控制图时要先把数据输入到MINITAB的工作表中，然后按下列步骤制作$P$图。

① 选择统计 > 控制图 > 属性控制图 > P。

② 在变量中，输入包含不良数的列。

③ 在子组大小中，输入包含子组大小（检验数）的列。

④ 单击控制图选项 > 检验，选中全部项目，然后单击确定。输出控制图如图5-17所示。

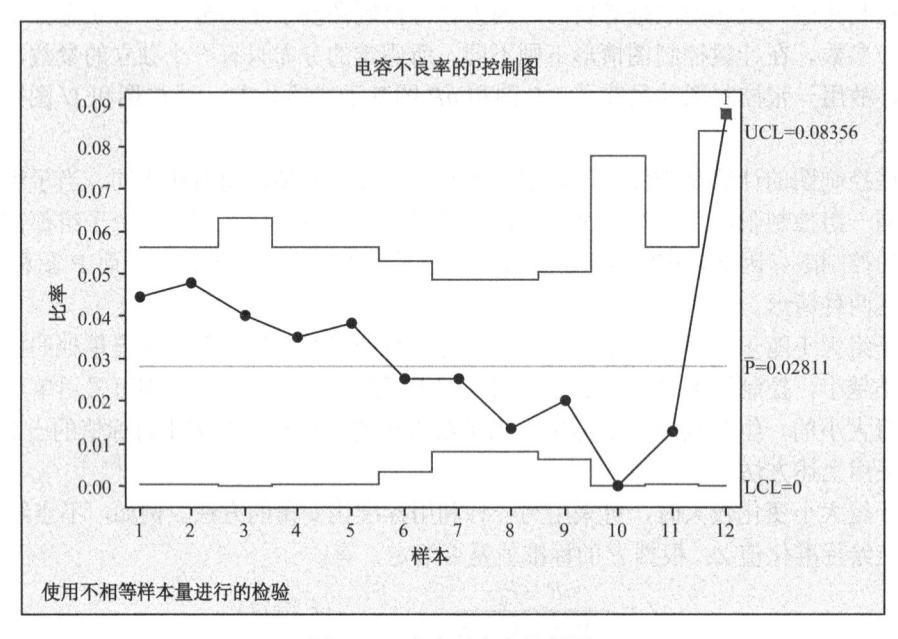

图5-17 电容不良率控制图

**解释结果**：样本12超出控制上限，请考虑检验该批次。

## 3．计数值控制图应用

（1）$nP$图

表5-7的数据给出了小型开关使用自动检测装置进行全检所发现的关于开关失效的每小时不合格品数。小型开关由一自动装配线生产。由于开关失效是严重质量问题，故要求采用适当的控制图以识别装配线在何时失控。

表 5-7 小型开关不合格数据表

| 子组号 | 检查的开关数 $n$ | 不合格的开关数 $nP$ | 不合格品百分数 $P$ | 子组号 | 检查的开关数 $n$ | 不合格的开关数 $nP$ | 不合格品百分数 $P$ |
|---|---|---|---|---|---|---|---|
| 1 | 4000 | 8 | 0.200 | 14 | 4000 | 8 | 0.200 |
| 2 | 4000 | 14 | 0.350 | 15 | 4000 | 15 | 0.375 |
| 3 | 4000 | 10 | 0.250 | 16 | 4000 | 11 | 0.275 |
| 4 | 4000 | 4 | 0.100 | 17 | 4000 | 9 | 0.225 |
| 5 | 4000 | 13 | 0.325 | 18 | 4000 | 18 | 0.450 |
| 6 | 4000 | 9 | 0.225 | 19 | 4000 | 6 | 0.150 |
| 7 | 4000 | 7 | 0.175 | 20 | 4000 | 12 | 0.300 |
| 8 | 4000 | 11 | 0.275 | 21 | 4000 | 6 | 0.150 |
| 9 | 4000 | 15 | 0.375 | 22 | 4000 | 12 | 0.300 |
| 10 | 4000 | 13 | 0.325 | 23 | 4000 | 8 | 0.200 |
| 11 | 4000 | 5 | 0.125 | 24 | 4000 | 15 | 0.375 |
| 12 | 4000 | 14 | 0.350 | 25 | 4000 | 14 | 0.350 |
| 13 | 4000 | 12 | 0.300 | 总计 | 100000 | 269 | / |

分析：由于控制图的对象是不合格品，且样本数均为 4000，因此，可以选择 $nP$ 控制图。

$nP$ 图的制作步骤如下：

1）输入数据在 MINITAB 16 工作表中，只要输入不合格的开关数一列。

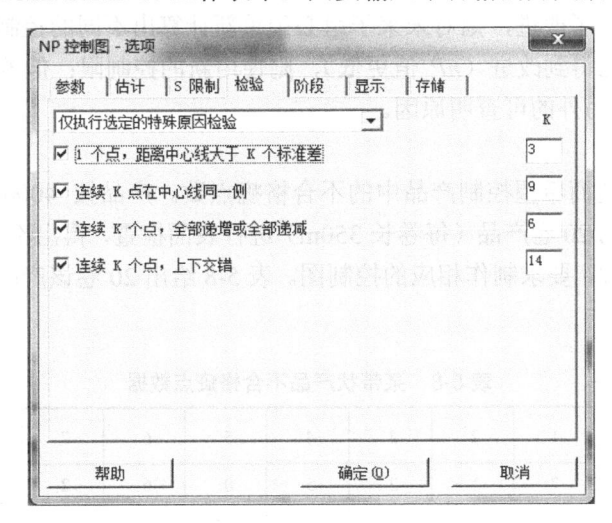

图 5-18 $nP$ 图检验选择项目

2）选择"统计>控制图>属性控制图 >NP（N）……"。
3）在出现的对话框中选择输入变量为不合格的开关数，子组大小输入 4000。
4）单击 $nP$ 控制图选项>检验，选中全部项目，如图 5-18 所示。
5）按确定输出图形如图 5-19 所示。

不合格的开关数的NP控制图

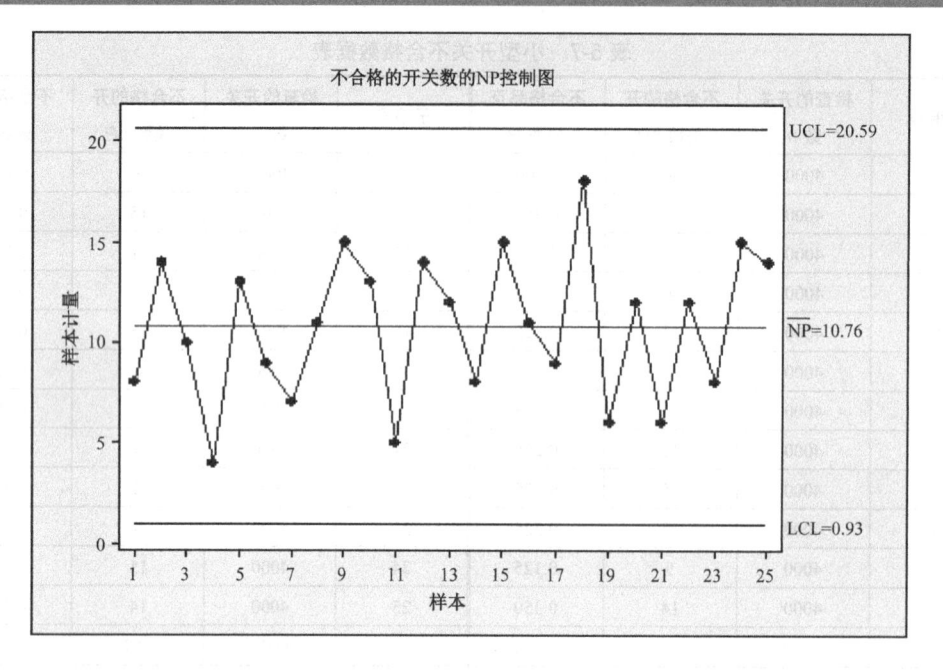

图 5-19　$nP$ 控制图

控制图表明，尽管每小时不合格品数比较大，但开关的质量仍处于统计控制状态。于是这些控制限可用于未来子组直至过程发生变化或失控。注意，由于过程处于统计控制状态，不改变过程而进行出任何改进是不可能的。仅仅告诉工人"更注意点"是不够的。

如果对过程进行了改进，则对未来子组必须重新计算出不同的控制限以反映改变后的过程性能。若过程已得到改进（$nP$ 值更低），则使用新的控制限；但若是过程变坏了（$nP$ 值更高），就应查找另外的可查明原因。

（2）$C$ 图

某带状产品制造商希望控制产品中的不合格疵点数。产品按 4000m 的长度生产，连续对来自某个过程的 20 卷产品（每卷长 350m）进行表面检查，得出不合格疵点数的数据。为了控制该生产过程，要求制作相应的控制图。表 5-8 给出 20 卷该产品的有关不合格疵点数数据。

表 5-8　某带状产品不合格疵点数据

| 盘号 | 1 | 2 | 3 | 4 | 5 | 6 | 7 | 8 | 9 | 10 |
|---|---|---|---|---|---|---|---|---|---|---|
| 不合格疵点数 | 7 | 1 | 2 | 5 | 0 | 6 | 2 | 0 | 4 | 4 |
| 盘号 | 11 | 12 | 13 | 14 | 15 | 16 | 17 | 18 | 19 | 20 |
| 不合格疵点数 | 6 | 3 | 3 | 1 | 6 | 3 | 1 | 3 | 5 | 6 |

分析：由于控制对象是疵点数，故应采用 $C$ 控制图。

$C$ 控制图的制作步骤如下：

1）输入数据在 MINITAB 16 工作表中，选择统计>控制图>属性控制图 >C（C）……，如图 5-20 所示。

2）在出现的对话框选择变量为不合格疵点数所在的列。

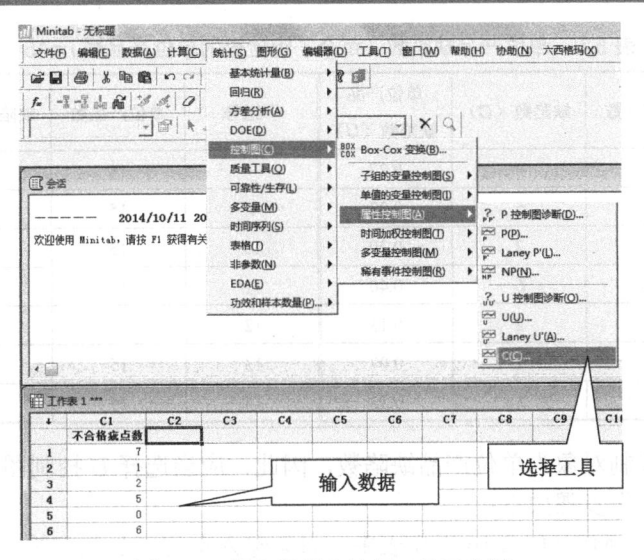

图 5-20 输入数据和选择工具示意图

3）单击 C 控制图选项＞检验，勾选全部项目。
4）按确定，输出图形如图 5-21 所示。

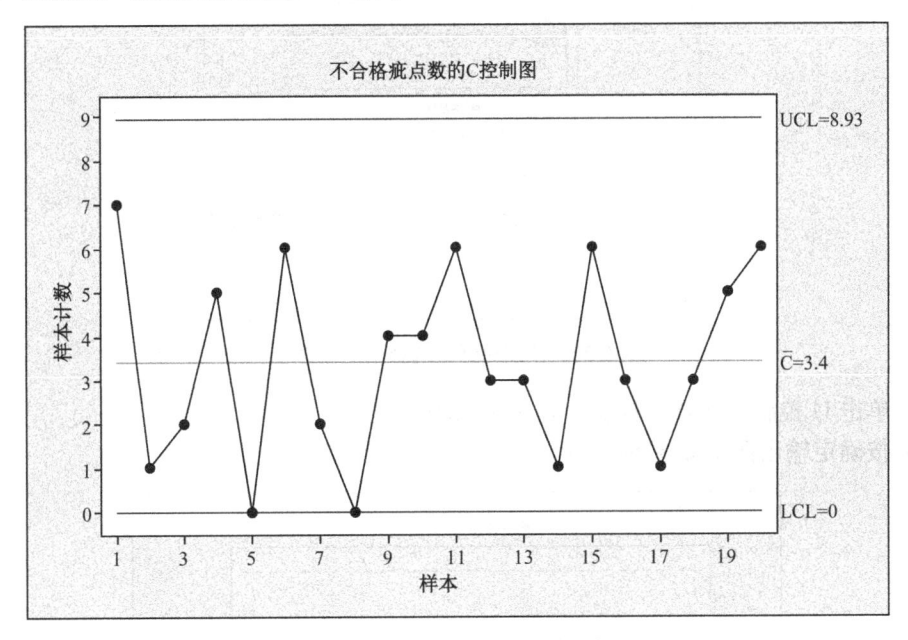

图 5-21 不合格疵点数 C 控制图

解释结果：因为点落在随机图案内，且位于 3 控制限制的边界内，所以可以推断过程按预期运行并且受控制。

（3）单位产品不合格数图——$U$ 图

某玩具生产厂，每半小时抽检 15 个玩具，记录下总缺陷数和单位产品缺陷数。表 5-9 给出了有关数据。要求制作合适的控制图对过程进行控制。

表 5-9 单位产品缺陷数（每个子组检查的单位产品数 $n$=15）

| 子组号 | 单位产品数 | 缺陷数（$C$） | 单位产品缺陷数（$U$） | 子组号 | 单位产品数 | 缺陷数（$C$） | 单位产品缺陷数（$U$） |
|---|---|---|---|---|---|---|---|
| 1 | 15 | 4 | 0.27 | 8 | 15 | 6 | 0.40 |
| 2 | 15 | 5 | 0.33 | 9 | 15 | 2 | 0.13 |
| 3 | 15 | 3 | 0.20 | 10 | 15 | 4 | 0.27 |
| 4 | 15 | 6 | 0.40 | 11 | 15 | 7 | 0.47 |
| 5 | 15 | 2 | 0.13 | 12 | 15 | 5 | 0.33 |
| 6 | 15 | 1 | 0.07 | 13 | 15 | 2 | 0.13 |
| 7 | 15 | 5 | 0.33 | 14 | 15 | 3 | 0.20 |

分析：由于控制对象为单位产品缺陷数，因此，应当选择 $U$ 控制图。

$U$ 控制图的制作步骤如下：

1）输入数据在 MINITAB 16 工作表中，只须输入单位产品数和缺陷数两列。

2）选择统计>控制图>属性控制图>U（U）……。

3）在出现的对话框选择输入如图 5-22 所示信息，变量为缺陷数，子组大小为单位产品数。

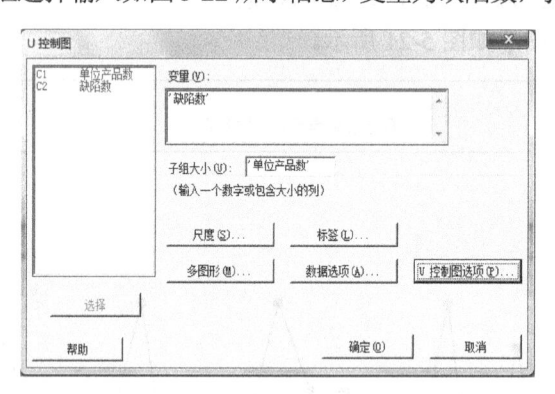

图 5-22 U 图对话框选择信息示意图

4）单击 U 控制图选项>检验，勾选全部项目。

5）按确定输出图形如图 5-23 所示。

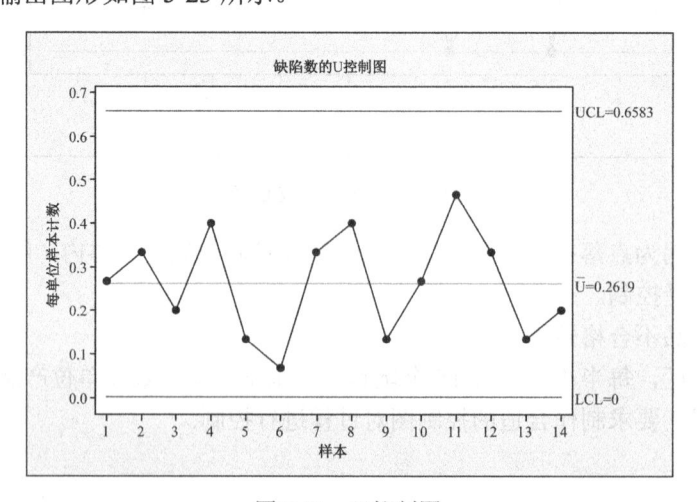

图 5-23 U 控制图

解释结果：所有的单位产品缺陷数都在控制界限内，这表示不存在特殊原因影响了这些单位中的缺陷数，过程处理统计控制状态。

## 任务实施

### 1. 实验准备

1）上网计算机，Windows 操作系统。

2）MINITAB 16。

### 2. 实验过程（表 5-10）

1）某电线电缆公司检查 PVC 漆包线上的针孔，每天随机抽取 1 卷，每卷剪下 100～200mm 为试样，共检查 20 天。试绘出适当的管制图，并说明制程的状态。

表 5-10 漆包线上的针孔数据表

| 日期 | 1 | 2 | 3 | 4 | 5 | 6 | 7 | 8 | 9 | 10 |
|---|---|---|---|---|---|---|---|---|---|---|
| 样本数 $N$ | 1.0 | 1.0 | 1.0 | 1.0 | 1.0 | 1.3 | 1.3 | 1.3 | 1.3 | 1.3 |
| 缺点数 $C$ | 4 | 5 | 3 | 2 | 2 | 4 | 3 | 2 | 4 | 2 |
| 日期 | 11 | 12 | 13 | 14 | 15 | 16 | 17 | 18 | 19 | 20 |
| 样本数 $N$ | 1.3 | 1.3 | 1.3 | 1.3 | 1.2 | 1.2 | 1.2 | 1.7 | 1.7 | 1.7 |
| 缺点数 $C$ | 6 | 4 | 0 | 8 | 3 | 0 | 4 | 8 | 3 | 6 |

2）在某产品生产过程中抽取 25 个样本，测得样本的不合格品数如表 5-11 所示。试绘 $P$ 控制图，并分析过程是否处于稳态。

表 5-11 不合格品数表

| 样本号 | 样本大小 | 不合格品数 | 不合格品率 | UCL | 样本号 | 样本大小 | 不合格品数 | 不合格品率 | UCL |
|---|---|---|---|---|---|---|---|---|---|
| 1 | 95 | 2 | 0.0211 | 0.0602 | 14 | 99 | 0 | 0.0000 | 0.0593 |
| 2 | 87 | 1 | 0.0115 | 0.0621 | 15 | 75 | 2 | 0.0267 | 0.0654 |
| 3 | 86 | 2 | 0.0233 | 0.0623 | 16 | 76 | 0 | 0.0000 | 0.0651 |
| 4 | 97 | 1 | 0.0103 | 0.0598 | 17 | 89 | 1 | 0.0112 | 0.0616 |
| 5 | 94 | 1 | 0.0106 | 0.0604 | 18 | 87 | 3 | 0.0345 | 0.0621 |
| 6 | 79 | 0 | 0.0000 | 0.0642 | 19 | 86 | 2 | 0.0233 | 0.0623 |
| 7 | 78 | 1 | 0.0128 | 0.0645 | 20 | 97 | 2 | 0.0206 | 0.0598 |
| 8 | 99 | 6 | 0.0606 | 0.0593 | 21 | 94 | 1 | 0.0106 | 0.0604 |
| 9 | 75 | 2 | 0.0267 | 0.0654 | 22 | 79 | 2 | 0.0253 | 0.0642 |
| 10 | 76 | 1 | 0.0132 | 0.0651 | 23 | 81 | 2 | 0.0247 | 0.0636 |
| 11 | 89 | 2 | 0.0225 | 0.0616 | 24 | 80 | 1 | 0.0125 | 0.0639 |
| 12 | 95 | 2 | 0.0211 | 0.0602 | 25 | 77 | 2 | 0.0260 | 0.0648 |
| 13 | 78 | 1 | 0.0128 | 0.0645 | 合计 | 2148 | 40 | 0.0186 | |

3）某电子企业专业生产电视机的开关，每天从成品中随机抽取 100 个样本，数据如表 5-12 所示。请分析制程状态。

表 5-12 开关不良数据表

| 批号 | 1 | 2 | 3 | 4 | 5 | 6 | 7 | 8 | 9 | 10 | 11 | 12 | 13 |
|---|---|---|---|---|---|---|---|---|---|---|---|---|---|
| 样本数 n | 100 | 100 | 100 | 100 | 100 | 100 | 100 | 100 | 100 | 100 | 100 | 100 | 100 |
| 不良数 nP | 3 | 2 | 5 | 1 | 3 | 1 | 4 | 0 | 3 | 1 | 2 | 1 | 4 |
| 批号 | 14 | 15 | 16 | 17 | 18 | 19 | 20 | 21 | 22 | 23 | 24 | 25 | 26 |
| 样本数 n | 100 | 100 | 100 | 100 | 100 | 100 | 100 | 100 | 100 | 100 | 100 | 100 | 100 |
| 不良数 nP | 1 | 3 | 1 | 3 | 0 | 4 | 2 | 1 | 1 | 3 | 3 | 1 | 1 |

4）某电子公司 SMT 车间对高速贴片机的贴装压力进行测试，测试结果如表 5-13 所示。要求：根据提供的数据，为了确保贴装压力受控，应当采用何种控制图进行分析？请绘出相应的控制图。

表 5-13 贴装压力测试数据表

| 序号 | 检验时间 | $X_1$ | $X_2$ | $X_3$ | $X_4$ | $X_5$ |
|---|---|---|---|---|---|---|
| 1 | 201*/12/1 AM09：00 | 1.173 | 1.178 | 1.214 | 1.155 | 1.058 |
| 2 | 201*/12/2 AM09：00 | 1.175 | 1.166 | 1.167 | 1.123 | 1.084 |
| 3 | 201*/12/3 AM09：00 | 1.158 | 1.172 | 1.204 | 1.157 | 1.079 |
| 4 | 201*/12/4 AM09：00 | 1.153 | 1.166 | 1.191 | 1.152 | 1.096 |
| 5 | 201*/12/5 AM09：00 | 1.166 | 1.17 | 1.181 | 1.195 | 1.086 |
| 6 | 201*/12/6 AM09：00 | 1.173 | 1.175 | 1.18 | 1.155 | 1.054 |
| 7 | 201*/12/7 AM09：00 | 1.165 | 1.155 | 1.185 | 1.13 | 1.078 |
| 8 | 201*/12/8 AM09：00 | 1.155 | 1.197 | 1.186 | 1.121 | 1.068 |
| 9 | 201*/12/9 AM09：00 | 1.146 | 1.198 | 1.167 | 1.122 | 1.095 |
| 10 | 201*/12/10 AM09：00 | 1.151 | 1.13 | 1.224 | 1.123 | 1.11 |
| 11 | 201*/12/11 AM09：00 | 1.165 | 1.2 | 1.17 | 1.126 | 1.087 |
| 12 | 201*/12/12 AM09：00 | 1.215 | 1.18 | 1.187 | 1.125 | 1.098 |
| 13 | 201*/12/13 AM09：00 | 1.179 | 1.222 | 1.166 | 1.098 | 1.057 |
| 14 | 201*/12/14 AM09：00 | 1.174 | 1.164 | 1.235 | 1.197 | 1.062 |
| 15 | 201*/12/15 AM09：00 | 1.139 | 1.163 | 1.158 | 1.107 | 1.072 |
| 16 | 201*/12/16 AM09：00 | 1.159 | 1.199 | 1.164 | 1.122 | 1.088 |
| 17 | 201*/12/17 AM09：00 | 1.185 | 1.183 | 1.199 | 1.121 | 1.061 |
| 18 | 201*/12/18 AM09：00 | 1.167 | 1.161 | 1.185 | 1.135 | 1.131 |
| 19 | 201*/12/19 AM09：00 | 1.157 | 1.152 | 1.218 | 1.161 | 1.055 |
| 20 | 201*/12/20 AM09：00 | 1.153 | 1.192 | 1.202 | 1.091 | 1.105 |

# 练　　习

## 一、名词解释

1．Xbar-S 控制图；2．nP 控制图；3．P 控制图；4．U 控制图；5．C 控制图。

## 二、填空题

1. Xbar 图从平均值的角度揭示组_____不希望出现的变差。R 控制图则揭示组_____不希望出现的变差。
2. 计数控制图分为计件控制图和_____控制图。
3. 管制界限千万不可用_____值代替。
4. 在计量控制图情形下，按通常惯例采用一对控制图，其中一张用于控制平均值，另一张用于控制_____。
5. 常用的计件控制图为：不合格品率控制图_____图，不合格品数控制图 nP 图。

## 三、选择题

1. 以平均值加减三个标准差为控制界限，虽然过程属正常，但落在界限以外之点子仍有（  ）。
   A．0.35%　　　B．1%　　　C．0.135%　　　D．0.27%
2. 以数据性质来分，控制图可分为（  ）。
   A．两大类　　　B．三大类　　　C．四大类　　　D．五大类
3. Xbar-R 控制图每组之样本大小（n）最好是（  ）。
   A．1~5 个　　　B．2~6 个　　　C．2~5 个　　　D．3~7 个
4. 我们日常工作中，将 Xbar 控制图与下面哪一种控制图联合使用，较为方便而有效（  ）。
   A．u 图　　　B．C 图　　　C．R 图　　　D．p 图

## 四、简答题

1. 为何计量控制图特别有用？
2. 应用单值控制图应当注意哪些事项？
3. 为什么要排除显示失控状态的子组？
4. 如何判断 P 图是否处于统计状态？

# 任务 3　过程能力分析

## 任务描述

在产品制造的过程中，过程是保证产品质量的最基本环节。过程能力分析是质量管理的一项重要的技术基础工作。它有助于掌握各道工序的质量保证能力，为产品设计、工艺、工装设计及设备的维修、调整、更新、改造提供必要的资料和依据。例如，某工厂主要生产民用电器，最近根据售后服务部门的反映，客户对产品的投诉不断上升。经过初步分析，问题主要集中在线路板输出电压上。质量管理部根据反馈信息，决定用直方图对线路板的质量状况进行分析并计算过程能力。在生产过程中每天抽取 5 块线路板，对其输出电压进行测试获得相关的数据见表 5-14。线路板输出电压要求 108~121V。本任务是学习过程能力分析方法。

表 5-14 线路板电压采集数据　　　　　　　　　　　　　　单位：V

| 日期 | 第 10 周 | | | | | 第 11 周 | | | | |
|---|---|---|---|---|---|---|---|---|---|---|
| | 周一 | 周二 | 周三 | 周四 | 周五 | 周一 | 周二 | 周三 | 周四 | 周五 |
| $X_1$ | 109.18 | 118.41 | 110.94 | 112.19 | 119.10 | 113.56 | 114.99 | 118.83 | 115.11 | 113.68 |
| $X_2$ | 109.59 | 112.36 | 117.30 | 118.29 | 121.11 | 110.54 | 120.32 | 118.72 | 115.60 | 112.27 |
| $X_3$ | 114.55 | 119.22 | 114.55 | 118.85 | 114.03 | 120.74 | 116.90 | 120.20 | 114.87 | 114.11 |
| $X_4$ | 110.85 | 117.99 | 113.89 | 112.65 | 120.42 | 117.60 | 119.11 | 112.39 | 118.98 | 115.78 |
| $X_5$ | 117.24 | 115.58 | 111.11 | 117.88 | 118.62 | 115.08 | 112.03 | 120.11 | 112.24 | 117.33 |
| 日期 | 第 12 周 | | | | | 第 13 周 | | | | |
| | 周一 | 周二 | 周三 | 周四 | 周五 | 周一 | 周二 | 周三 | 周四 | 周五 |
| $X_1$ | 111.56 | 118.85 | 119.90 | 119.63 | 108.38 | 118.02 | 110.37 | 117.11 | 112.60 | 116.84 |
| $X_2$ | 116.86 | 115.10 | 118.03 | 113.53 | 115.60 | 119.08 | 110.12 | 112.97 | 116.59 | 111.77 |
| $X_3$ | 119.21 | 118.18 | 116.67 | 117.54 | 118.10 | 118.15 | 109.73 | 115.34 | 117.77 | 116.69 |
| $X_4$ | 118.91 | 117.24 | 120.86 | 107.78 | 118.24 | 113.44 | 115.32 | 117.17 | 113.50 | 111.80 |
| $X_5$ | 116.74 | 119.26 | 116.01 | 109.71 | 113.96 | 118.85 | 114.74 | 116.93 | 113.88 | 113.89 |

## 知识准备

### 5.3.1 过程能力概述

**1. 什么是过程能力**

所谓过程能力也称流程能力或工序能力，是指过程要素（人、机、料、法、环）已充分标准化，也就是在受控状态下，实现过程目标的能力。在稳定生产状态下，影响过程能力的偶然因素的综合结果近似服从正态分布。为了便于过程能力的量化，可以用 $3\sigma$ 原理来确定其分布范围：当分布范围取 $u\pm3\sigma$ 时，产品质量合格的概率可达 99.73%，接近于 1。因此以 $\pm3\sigma$，即 $6\sigma$ 为标准来衡量过程的能力是具有足够的精确度和良好的经济特性的。所以在实际计算中就用 $6\sigma$ 的波动范围来定量描述过程能力。记过程能力为 $B$，则 $B=6\sigma$。

**2. 为什么要进行能力分析**

1）过程能力的测定和分析是保证产品质量的基础工作。因为只有掌握了过程能力，才能控制制造过程的复合性质量。如果过程能力不能满足产品设计的要求，那么质量控制就无从谈起，所以说过程能力调查、测试分析是现场质量管理的基础工作，是保证产品质量的基础。

2）过程能力的测试分析是提高过程能力的有效手段。因为过程能力是由各种因素造成的，所以通过过程能力的测试分析，可以找到影响过程能力的主导性因素。从而通过改进工艺，改进设备，提高操作水平，改善环境条件，制定有效的工艺方法和操作规程，严守工艺纪律等来提高过程能力。

3）过程能力的测试分析为质量改进找出方向。因为过程能力是指加工过程的实际质量状态，它是产品质量保证的客观依据。通过过程能力的测试，为设计和工艺部门的工程技术人员提供关键的过程能力数据。同时，通过对过程能力的主要问题分析，为提高制程能力改进产品质量找到改进方向。

### 3. 影响过程能力的因素

在产品制造过程中，影响过程能力的因素主要有以下几个方面。

1）设备方面：如设备精度的稳定性，性能的可靠性，定位装置和传动装置的准确性，设备的冷却润滑的保护情况，动力的供应稳定程度等。

2）工艺方面：如工艺流程的安排，过程之间的衔接，工艺方法，工艺装配，工艺参数，测量方法的选择，过程生产的指导文件，工艺卡、操作规范、作业指导书、过程质量分析表等。

3）材料方面：如材料的成分，物理性能，化学性能处理方法，配套件元器件的质量等。

4）操作者方面：如操作人员的技术水平熟练程度，质量意识，责任心，管理程度等。

5）环境方面：如生产线厂的温度、湿度、噪声干扰、振动、照明室内净化、现场污染程度等。

## 5.3.2 过程能力指数

过程能力指数是过程能力与过程目标相比较，定量描绘的数值。过程能力指数可分为计量型过程能力指数和计数型过程能力指数。计量型有短期能力指数 $C_p/C_{pk}$ 和长期能力指数 $P_p/P_{pk}$；计数型的能力指数有 DPU 和 DPMO。这些能力指数都可以通过转换后用西格玛水平（Z 值）来表示。如图 5-24 所示。

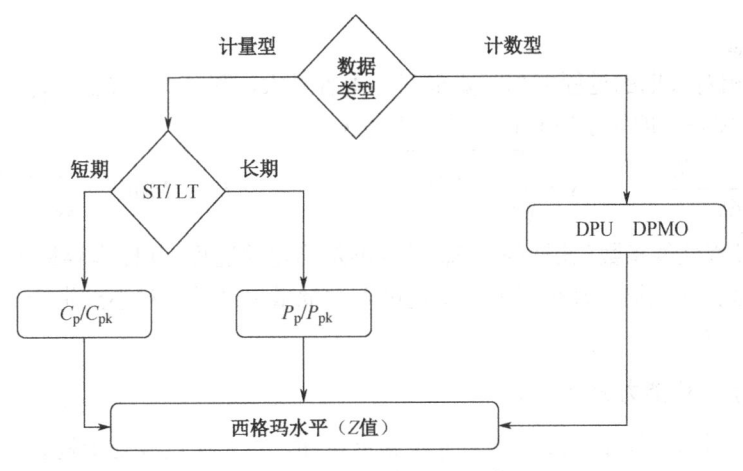

图 5-24 过程能力指数关系图

## 5.3.3 计量型过程能力

### 1. 计量型过程能力指数

（1）$C_p/C_{pk}$

$C_p$ 是衡量过程潜在能力的一个指数，它未考虑到过程输出平均值的偏移，只考虑到过程输出分布的离散程度与过程规格的比较结果。$C_p$ 的计算公式如下：$C_p=(USL-LSL)/6\sigma$。$C_p$ 反映了一个过程的潜在能力，它假设过程均值与规格中心完全重合。$C_p$ 值越大表明过程能越高，$6\sigma$ 水平的过程对应的 $C_p$ 值为 2。

$C_{pk}$——过程能力指数（短期的）。$C_{pk}$是衡量过程实际能力的一个指数，它考虑了过程输出平均值的偏移。$C_{pk}=C_p(1-K)$，式中$K$为修正系数，如图5-25所示。可以看出：①当过程中心未偏移时，$C_p=C_{pk}$。②当过程中心发生偏移时，$C_p>C_{pk}$。$C_{pk}$常用客户满意的规格上限减去平均值和平均值减去规格下限中数值小的一个，再除以三倍的西格玛的结果来表示。$C_{pk}$的评价过程是稳定过程，$C_{pk}$的样本容量是30~50，$C_{pk}$评价的是单批（几小时或几天），$C_{pk}=1.33$（1.5的偏离）是$4\sigma$的水平，合格率达到99.379%。$C_{pk}$是进入大批量生产后，为保证批量生产下的产品的品质状况不至于下降，且为保证与小批生产具有同样的控制能力所进行的生产能力的评价，一般要求$C_{pk} \geqslant 1.33$。

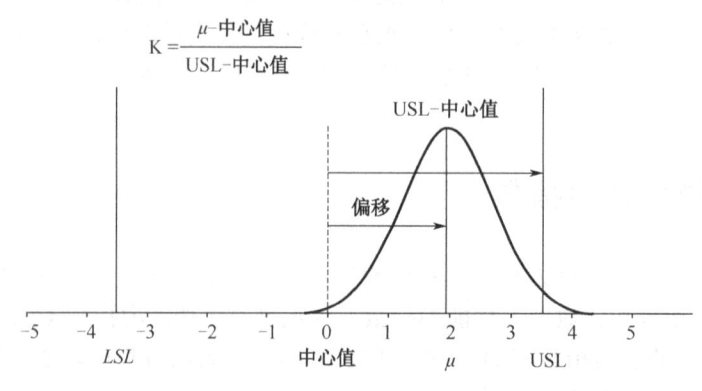

图5-25 修正系数$K$示意图

（2）$P_p/P_{pk}$

$P_p/P_{pk}$是相对长期的过程能力，要求其样本容量大，其公式同$C_p$、$C_{pk}$一样，但$\sigma$是全部样本的标准偏差，即等于所有样本的标准差$s$。

$$P_p = \frac{USL-LSL}{6s} \qquad s = \sqrt{\frac{1}{n-1}\sum_{i=1}^{n}(x_i-\bar{x})^2} \qquad P_{pk} = \text{Min}(\frac{\overline{X}-LSL}{3s}, \frac{USL-\overline{X}}{3s})$$

$P_{pk}$——过程性能指数（长期的）。$P_{pk}$可以不是稳定的过程；其样本容量大于或等于100，$P_{pk}$评价的是多批（几周或几个月）。$P_{pk}$是进入大批量生产前，对小批生产的能力评价，一般要求$P_{pk} \geqslant 1.67$。

**2．计量型过程能力分析方法**

如图5-26所示为计量型过程能力分步骤示意图。首先在过程处于稳态时收集数据，可以制作控制图检查过程是否处于统计控制状态，其次对所收集的数据进行正态检验。如果数据通过正态检验则通过MINITAB 16 统计>质量工具>能力分析>正态得出结果；如果数据非正态分布则须通过个体分布标识选择合适的转换工具。用MINITAB 16作为数据的正态检验的方法有三种：一是统计>基本统计量>正态性检验；二是统计>基本统计量>图形化汇总；三是图形>概率图。在过程能力分析中常用的是第二种方法。而数据是否具有正态性则要看$P$值，$P$值>0.05就基本可以认为数据正态。具体操作方法以本任务描述为例进行说明。

1）检查过程是否处于稳，制作$X$ bar-$R$控制图，如图5-27所示。从图中可以看出过程处于统计控制状态。

2）对数据进行正态性检验。操作步骤：统计>基本统计量>图形化汇总，在图形化汇总的对话框中选择变量为数据列，然后再按单击"确定"按钮输出汇总图，如图5-28所示。

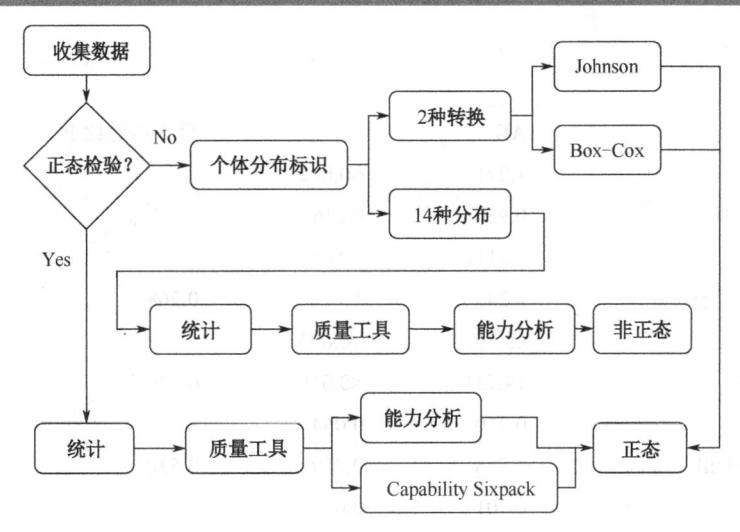

图 5-26 计量型过程能力分析操作流程图

线路板输出电流的均值为 115.66（115.01 和 116.30 的 95%置信区间）。标准差为 3.27（2.87 和 3.79 的 95%置信区间）。使用 0.05 的显著性水平，Anderson-Darling 正态性检验（$A^2=1.22$，$P<0.05$）表明线路板输出电流数据不服从正态分布。因此，必须进行个体分类标识寻找非正态数据的变换方式。

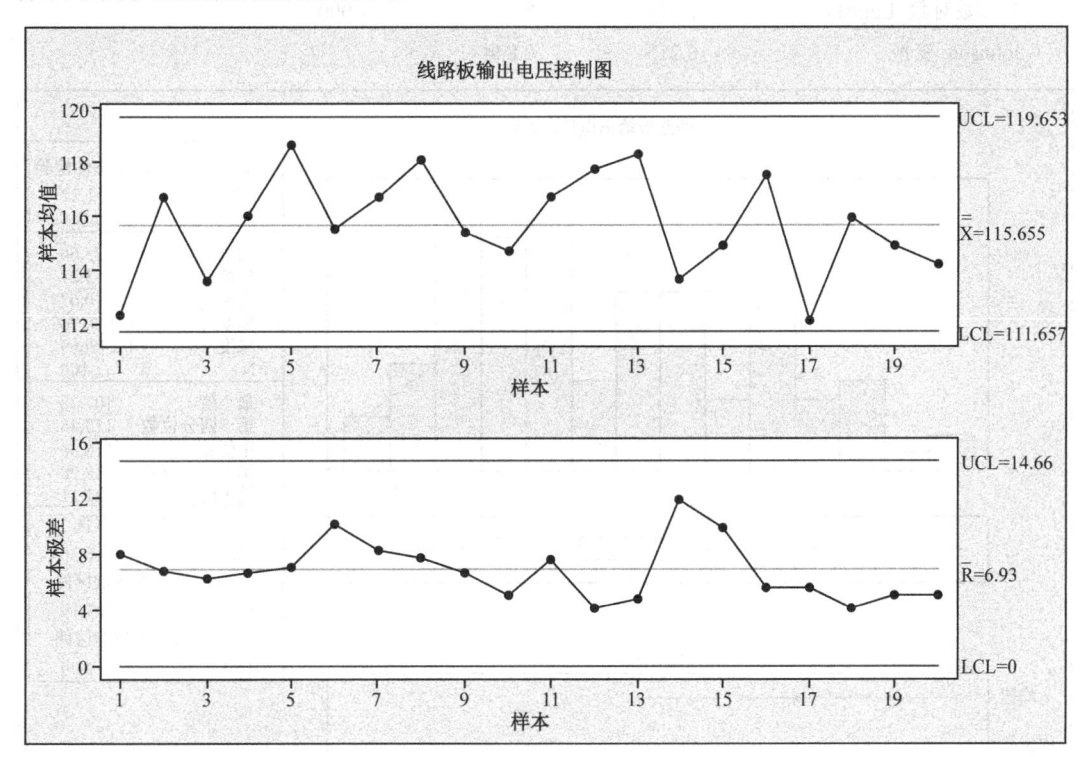

图 5-27 本任务描述示例控制图

3）对数据进行个体分类标识。操作步骤：统计>质量工具>个体分类标识，在个体分类标识对话框中选择使用所有的分布和变换，再按确定。如图 5-29 所示。然后在 MINITAB 的会话栏查看"拟合优度检验"得出：

拟合优度检验

| 分布 | AD | P | 极大似然比 P |
|---|---|---|---|
| 正态 | 1.221 | <0.005 | |
| Box-Cox 变换 | 0.950 | 0.016 | |
| 对数正态 | 1.311 | <0.005 | |
| 3 参数对数正态 | 1.245 | * | 0.268 |
| 指数 | 43.367 | <0.003 | |
| 2 参数指数 | 14.731 | <0.010 | 0.000 |
| Weibull | 0.710 | 0.064 | |
| 3 参数 Weibull | 0.776 | 0.019 | 0.530 |
| 最小极值 | 0.701 | 0.067 | |
| 最大极值 | 2.520 | <0.010 | |
| Gamma | 1.304 | <0.005 | |
| 3 参数 Gamma | 1.399 | * | 1.000 |
| Logistic | 1.298 | <0.005 | |
| 对数 Logistic | 1.360 | <0.005 | |
| 3 参数对数 Logistic | 2.074 | * | 1.000 |
| Johnson 变换 | 0.215 | 0.844 | |

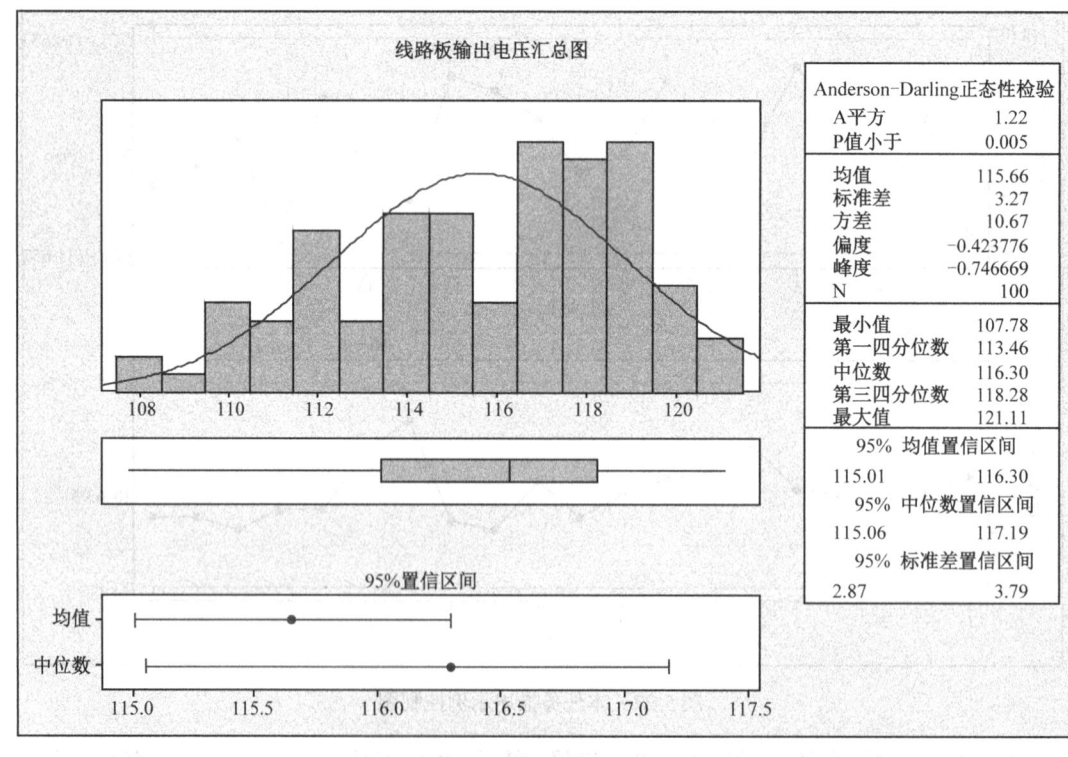

图 5-28 线路板输出电压汇总

线路板输出电压的概率图

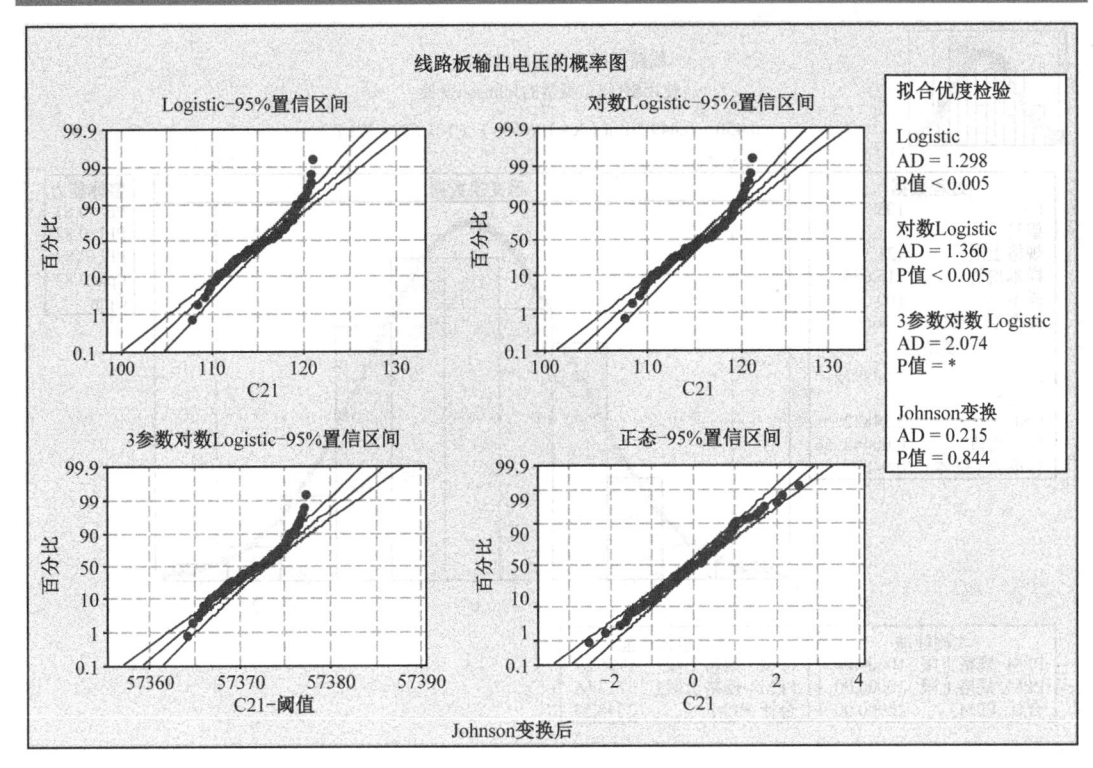

图 5-29 个体分布标识概率图

从拟合优度检验中可以看出 P 值最大的是 Johnson 变换,因此应当选择此变换。

4)对数据进行 Johnson 变换,并求过程能力。操作步骤:统计>质量工具>能力分析>正态。此时界面如图 5-30 所示。填写相关数据并单击变换,在变换的对话框中选择 Johnson 变换,再按确定。

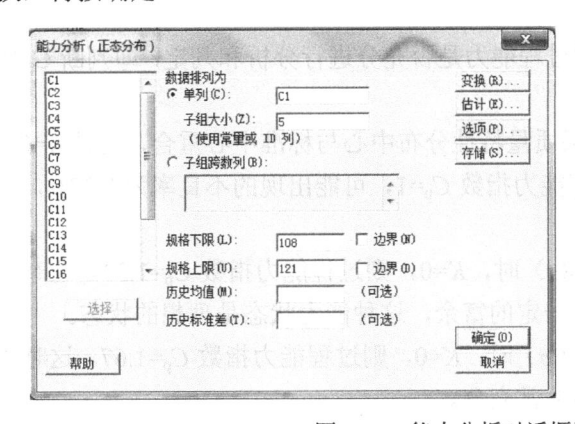

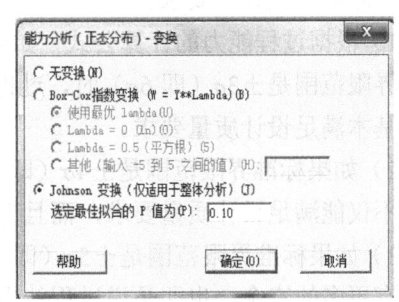

图 5-30 能力分析对话框选项示意图

5)输出过程能力指数。通过上述的操作得出的过程能力图如图 5-31 所示。从图中可以看出经过 Johnson 变换后,数据显现正态分布,过程能力指数 $P_{pk}$=0.82<1 过程能力不足。如果生产 100 台万产品,则不良的概率有 12749 台。制造商未满足客户的要求,应通过降低过程变异来改进其过程。

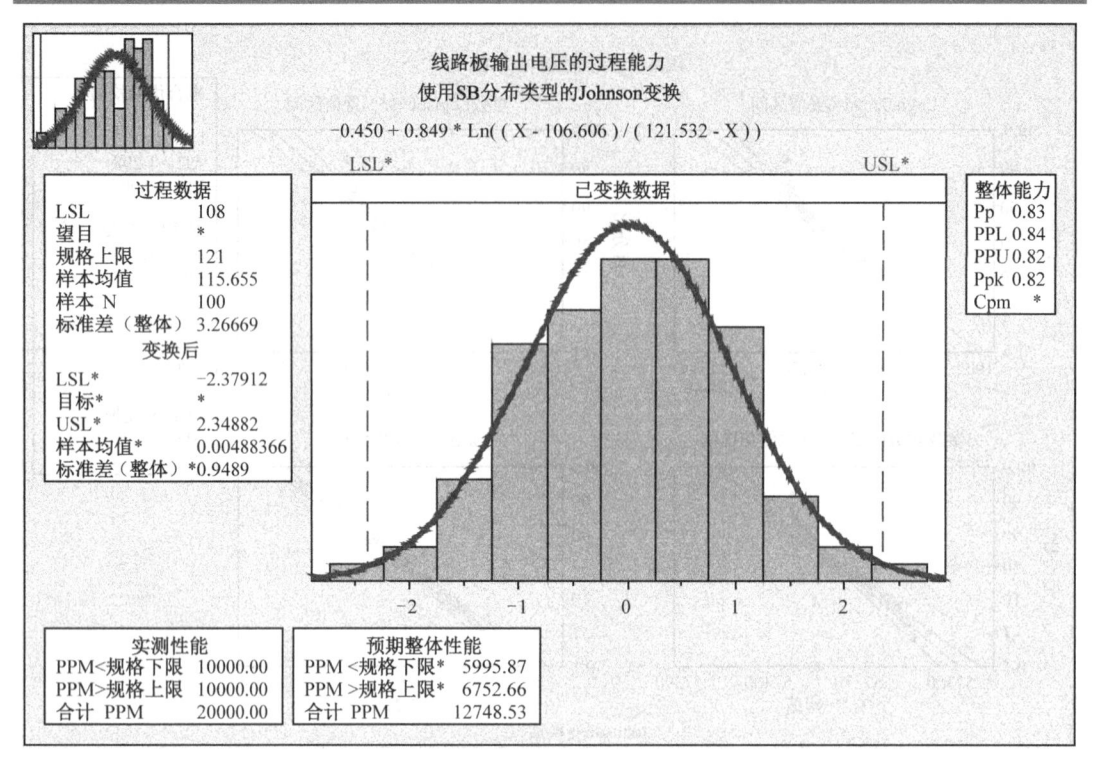

图 5-31　过程能力输出图

如果个体分布标识中 $P$ 值最大的不是 Johnson 变换和 Box-Cox 变换，那么在过程能力分析时可按操作步骤：统计>质量工具>能力分析>非正态。然后再选择相应的变换。在过程能力分析中的质量工具也可以选择 Capability Sixpack 工具。

### 3. 计量型过程能力的判定

当过程能力指数求出后，就可以对过程能力是否充分进行分析和判定，即判断 $C_p$ 值在多少，才能满足设计要求。

1）根据过程能力的计算公式，如果质量特性分布中心与标准中心重合，这时 $K=0$，则标准界限范围是 $\pm 3\sigma$（即 $6\sigma$）时，过程能力指数 $C_p=1$，可能出现的不良率为 0.27%，过程能力基本满足设计质量要求。

2）如果标准界限范围是 $\pm 4\sigma$（即 $8\sigma$）时，$K=0$，则过程能力指数 $C_p=1.33$。这时过程能力不仅能满足设计质量要求，而且有一定的富余，这种能力状态是理想的状态。

3）如果标准界限范围是 $\pm 5\sigma$（即 $10\sigma$）时，$K=0$，则过程能力指数 $C_p=1.67$。这时过程能力有更多的富余，也即是说过程能力非常充分。

4）当过程能力指数 $C_p<1$ 时，我们就认为过程能力不足，应采取措施提高过程能力。

根据以上分析，对过程能力指数 $C_p$ 值（或 $C_{pk}$）的判断标准，如表 5-15 所示。

### 4. 提高计量型过程能力的对策

如图 5-32 所示的程序可作为过程控制和改进的主要步骤的图解指南。

表 5-15 过程能力级别表

| $C_p$ 值的范围 | 级别 | 过程能力的评价参考 |
|---|---|---|
| $C_p \geq 1.67$ | I | 过程能力过高（应视具体情况而定） |
| $1.67 > C_p \geq 1.33$ | II | 过程能力充分，表示技术管理能力已经很好，应继续维持 |
| $1.33 > C_p \geq 1.0$ | III | 过程能力充足，表示技术管理能力较勉强，应设法提高为 II 级 |
| $1.0 > C_p \geq 0.67$ | IV | 过程能力不足，表示技术管理能力已很差，应采取措施立即改善 |
| $0.67 > C_p$ | V | 过程能力严重不足，表示应采取紧急措施和全面检查，必要时可停工整顿 |

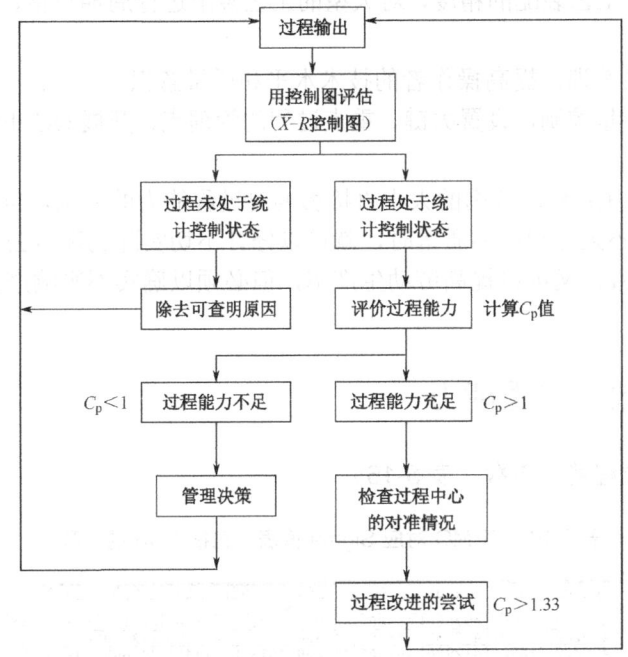

图 5-32 过程控制和改进的主要步骤

1) $C_p > 1.33$。当 $C_p > 1.33$ 时表明过程能力充分，技术管理能力已很好，这时就需要控制过程的稳定性，以保持过程能力不发生显著变化。如果认为过程能力过大时，应对标准要求和工艺条件加以分析，一方面可以降低要求，以避免设备精度的浪费，另一方面也可以考虑修订标准，提高产品质量水平。

2) $1 \leq C_p \leq 1.33$。当过程能力处于 1.0~1.33 之间时，表明过程能力满足要求，但不充分。当 $C_p$ 值很接近 1 时，则有产生超差的危险，应采取措施加强对过程的控制。

3) $0.67 \leq C_p < 1.0$。当过程能力小于 1 时，表明过程能力不足，技术管理能力已很差，不能满足标准的需要，应采取改进措施，改变工艺条件，修订标准或严格进行全数检查等。

4) $C_p < 0.67$。过程能力大于 0.67 时，过程能力严重不足，表示应采取紧急措施和全面检查，必要时可停工整顿。

**5. 提高计量型过程能力的途径**

1) 调整过程加工的分布中心和技术标准中心偏移的绝对值。即：$\varepsilon = |m - \mu|$。当过程存在偏移量时，会严重影响过程能力指数。假设在两个中心重合时过程能力指数是充足的，但由于存在偏移量，使过程能力指数下降，造成过程能力严重不足。

2) 提高过程能力减少分散程度：由公式 $B = 6\sigma$ 可知，过程能力 $B = 6\sigma$，是由人、机、料、法、环这五个因素所决定的。这是过程固有的分布宽度。当技术标准固定，过程能力对过程能力指数的影响十分显著。由此看出，减少标准差 $\sigma$ 就可以减少分散程度，从而提高过程能力，以满足技术标准的要求。一般来说可以通过以下措施减小分散程度：

① 修订过程改进工艺方法；修订操作规程优化工艺参数；补充增添中间过程，推广应用新工艺、新技术。

② 改造更新与产品质量标准要求相适应的设备，对设备进行周期点检，按计划进行维护，从而保证设备的精度。

③ 提高工具、工艺装配的精度，对大型的工艺装配进行周期点检，加强维护保养，以保护工装的精度。

④ 按产品人员培训，提高操作者的技术水平和质量意识。

⑤ 加强现场质量控制，设置关键、重点过程的管理点，开展 QC 小组活动，使过程处于受控状态。

3）修订标准范围：标准范围的大小直接影响对过程能力的要求，当确信若降低标准要求或放宽公差范围不致影响产品质量时，就可以修订不切实际的现有公差要求。这样既可以提高过程能力指数，又可以提高劳动生产率，但必须以确实不影响产品质量，不影响用户使用效果为依据。

### 5.3.4 计数型过程能力

**1. 计数型的过程能力指数（表 5-16）**

表 5-16 DPMO 对应 Sigma 值表（包括 $1.5\sigma$ 的偏移）

| Z | 0.00 | 0.01 | 0.02 | 0.03 | 0.04 | 0.05 | 0.06 | 0.07 | 0.08 | 0.09 |
|---|---|---|---|---|---|---|---|---|---|---|
|  | DPMO |  |  |  |  |  |  |  |  |  |
| 1.5 | 500000 | 496000 | 492000 | 488000 | 484000 | 480100 | 476100 | 472100 | 468100 | 464100 |
| 1.6 | 460200 | 456200 | 452200 | 448300 | 444300 | 440400 | 436400 | 432500 | 428500 | 424700 |
| 1.7 | 420700 | 416800 | 412900 | 409000 | 405200 | 401300 | 397400 | 393600 | 389700 | 385900 |
| 1.8 | 382100 | 378300 | 374500 | 370700 | 366900 | 363200 | 359400 | 355700 | 352000 | 348300 |
| 1.9 | 344600 | 340900 | 337200 | 333000 | 330000 | 326400 | 322800 | 319200 | 315600 | 312100 |
| 2.0 | 308500 | 305000 | 301500 | 298100 | 294600 | 291200 | 287700 | 284300 | 281000 | 277500 |
| 2.1 | 274300 | 270900 | 267000 | 264300 | 260500 | 257700 | 254400 | 251400 | 248300 | 245100 |
| 2.2 | 242000 | 238500 | 235800 | 232700 | 229700 | 226600 | 223000 | 220700 | 217700 | 214800 |
| 2.3 | 211900 | 209000 | 206100 | 203300 | 200500 | 197700 | 194900 | 192200 | 189400 | 186700 |
| 2.4 | 184100 | 181400 | 178800 | 176200 | 173600 | 171100 | 168500 | 166000 | 163500 | 161100 |
| 2.5 | 158700 | 156200 | 153900 | 151500 | 149200 | 146900 | 144600 | 142300 | 140100 | 137900 |
| 2.6 | 135700 | 133500 | 131400 | 129200 | 127100 | 125100 | 123000 | 121000 | 119000 | 117000 |
| 2.7 | 115100 | 113100 | 111200 | 109300 | 107500 | 105600 | 103800 | 102000 | 100300 | 98530 |
| 2.8 | 96800 | 95100 | 93420 | 91700 | 90120 | 88510 | 86910 | 85340 | 83750 | 82260 |
| 2.9 | 80760 | 79270 | 77800 | 76300 | 74530 | 73530 | 72140 | 70780 | 69440 | 68110 |
| 3.0 | 66810 | 65520 | 64260 | 63010 | 61780 | 60570 | 59380 | 58210 | 57050 | 55920 |
| 3.1 | 54800 | 53700 | 52820 | 51550 | 50500 | 49470 | 48406 | 47460 | 46480 | 45510 |
| 3.2 | 44570 | 43630 | 42720 | 41820 | 40530 | 40060 | 39200 | 38300 | 37540 | 36730 |
| 3.3 | 35930 | 35150 | 34380 | 33630 | 32880 | 32160 | 31440 | 30740 | 30050 | 29380 |
| 3.4 | 28720 | 28070 | 27430 | 26800 | 26190 | 25590 | 25000 | 24420 | 23850 | 23300 |
| 3.5 | 22750 | 22220 | 21690 | 21180 | 20680 | 20180 | 19700 | 19230 | 18760 | 18310 |
| 3.6 | 17860 | 17430 | 17000 | 16590 | 16180 | 15780 | 15350 | 15000 | 14630 | 14260 |
| 3.7 | 13900 | 13550 | 13210 | 12870 | 12530 | 12220 | 11910 | 11600 | 11300 | 11010 |
| 3.8 | 10720 | 10440 | 10170 | 9903 | 9642 | 9387 | 9137 | 8894 | 8656 | 8424 |
| 3.9 | 8198 | 7976 | 7760 | 7549 | 7344 | 7143 | 6947 | 6756 | 6569 | 6387 |
| 4.0 | 6210 | 6036 | 5868 | 5708 | 5543 | 5386 | 5234 | 5085 | 4940 | 4799 |
| 4.1 | 4661 | 4527 | 4396 | 4269 | 4145 | 4024 | 3907 | 3792 | 3681 | 3572 |
| 4.2 | 3467 | 3364 | 3264 | 3187 | 3072 | 2980 | 2890 | 2803 | 2718 | 2635 |
| 4.3 | 2555 | 2477 | 2401 | 2327 | 2256 | 2186 | 2118 | 2052 | 1988 | 1926 |
| 4.4 | 1866 | 1807 | 1750 | 1695 | 1641 | 1589 | 1538 | 1489 | 1441 | 1395 |
| 4.5 | 1350 | 1306 | 1264 | 1223 | 1183 | 1144 | 1107 | 1070 | 1035 | 1001 |
| 4.6 | 968 | 935 | 904 | 874 | 845 | 818 | 789 | 762 | 736 | 711 |
| 4.7 | 687 | 664 | 641 | 619 | 598 | 577 | 557 | 538 | 519 | 501 |
| 4.8 | 484 | 467 | 450 | 434 | 419 | 404 | 390 | 376 | 363 | 350 |
| 4.9 | 337 | 325 | 313 | 302 | 291 | 280 | 270 | 260 | 251 | 242 |
| 5.0 | 233 | 224 | 218 | 208 | 200 | 193 | 186 | 179 | 172 | 166 |
| 5.1 | 159 | 153 | 147 | 142 | 136 | 131 | 126 | 121 | 117 | 112 |
| 5.2 | 108 | 104 | 100 | 96 | 92 | 89 | 85 | 82 | 79 | 75 |
| 5.3 | 72 | 70 | 67 | 64 | 62 | 59 | 57 | 55 | 52 | 50 |
| 5.4 | 48 | 46 | 44 | 43 | 41 | 39 | 38 | 36 | 35 | 33 |
| 5.5 | 32 | 30 | 29 | 28 | 27 | 26 | 25 | 24 | 23 | 22 |
| 5.6 | 21 | 20 | 19 | 18 | 17 | 17 | 16 | 15.3 | 14.7 | 14 |
| 5.7 | 13.4 | 12.9 | 12.3 | 11.7 | 11.3 | 10.8 | 10.3 | 9.9 | 9.3 | 9 |
| 5.8 | 8.6 | 8.2 | 7.9 | 7.5 | 7.2 | 6.9 | 6.6 | 6.3 | 6 | 5.7 |
| 5.9 | 5.4 | 5.2 | 5 | 4.8 | 4.6 | 4.4 | 4.2 | 4 | 3.8 | 3.6 |
| 6.0 | 3.4 | 3.3 | 3.1 | 3 | 2.9 | 2.7 | 2.6 | 2.4 | 2.3 | 2.2 |

## (1) DPU

DPU:计算单位产品缺陷数(DPU:Defects Per Unit):

$$DPU = \frac{缺陷总数}{生产的产品总数}$$

## (2) DPMO

DPMO:计算每百万机会的缺陷数(DPMO:Defects Per Million Opportunities):

$$DPMO = \frac{单位产品缺陷数}{机会/单位产品} \times 1,000,000$$

### 2. 计数型的过程能力指数计算示例

例1:工厂刚生产完一批共40,000台洗衣机,其中发现100台洗衣机有缺陷,则DPU、DPMO和Sigma是多少?

解:DPU = 0.0025  DPMO = 2500  Sigma = 4.31

例2:有12,412台A型电机被组装到干燥机中。每台电机有3个不良的机会(分别是功率、振动和总重)。在本月中,发现了200个不良发生。求DPU、DPMO和Sigma是多少?

解:DPU = 0.0161  DPMO = 5371  Sigma = 4.05

例3:工厂刚生产出一批共400台冰箱(每台冰箱有134个部件)。在生产中,发现了12,312个不良(错组装或损坏)部件。求DPU、DPMO和Sigma是多少?

解:DPU = 30.78  DPMO = 229,701  Sigma = 2.24

注:Sigma值通过查Sigma表得出。DPMO对应Sigma值如表5-18所示。

### 5.3.5 西格玛水平($Z$值)

#### 1. $Z$值的含义

$Z$值指满足关键顾客要求条件下的合格率对应的标准正态分布的分位数,$Z$值大小即为西格玛水平。$Z$值是均值与某一个特定取值(通常为关键顾客要求的规格限)之间能容纳的标准偏差的数目,代表了某特定关键顾客要求下过程的Sigma表现。如图5-33所示。

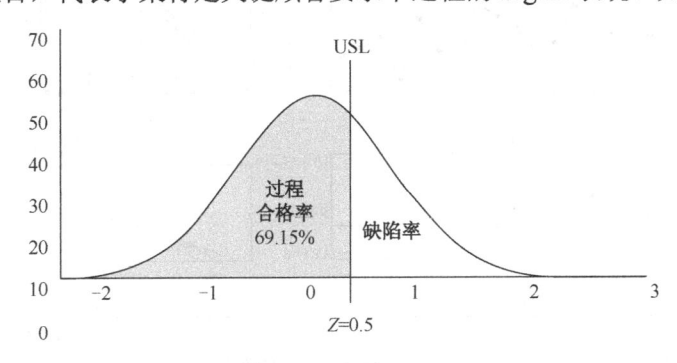

图5-33 $Z$值示意图

$Z$值求解思路如图5-34所示:

对于规格上限:$Z_{USL} = (USL - u)/\sigma$,式中:$\sigma$为标准差,$u$为平均值,USL为规格上限。

对于规格下限：$Z_{LSL}=(u-LSL)/\sigma$，式中：$\sigma$ 为标准差，$u$ 为平均值，LSL 为规格下限。

## 2. 运用 MINITAB 计算 Z 值

运用 MINITAB 计算 Z 值有多种方法，这里主要介绍两种方法。一是在求解过程能力时直接在选项中直接选择"水平对应 Z 值"；二是先求缺陷率或良品率再转换为 Z 值。以本任务数据为例进行说明。

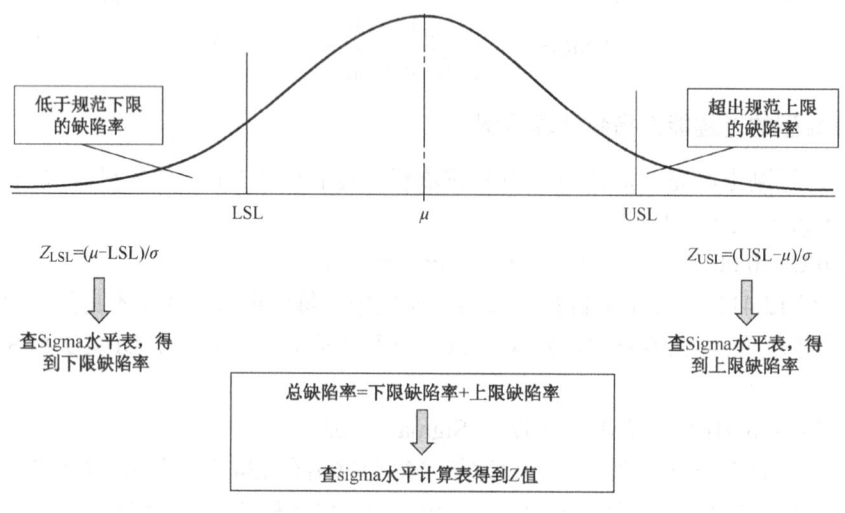

图 5-34　Z 值的求解过程示意图

方法一：在过程能力分析中求 Z 值（不包括 $1.5\sigma$ 的偏移）

在工作表输入数据后，选择统计>质量工具>Capability Sixpack>正态，在正态对话框中单击选项，在选项中直接选择水平对应 Z 值，然后再按确定后输出如图 5-35 所示。从图中就可以得出 Z 值=2.23。

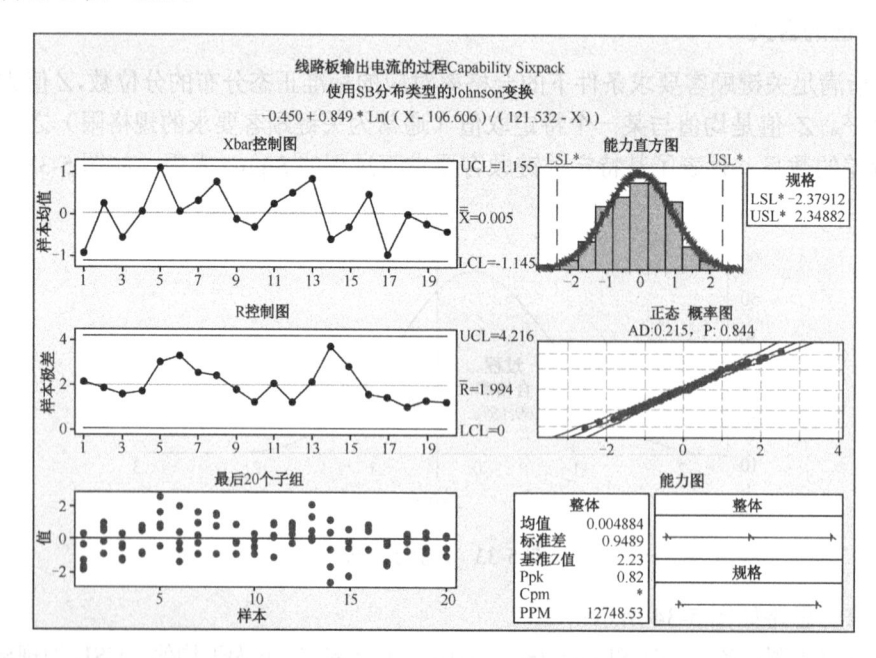

图 5-35　过程能力 Z 值

方法二：求缺陷率或良品率再转换为 Z 值，其操作步骤如下：

1）先通过统计>基本统计量>显示性描述统计，求出标准差和均值，得出：标准差为 3.41，均值为 115.66。

2）计算合格率。选择计算>概率分布>正态，分别输入相关数据，再按确定后得出如图 5-36 所示结果。

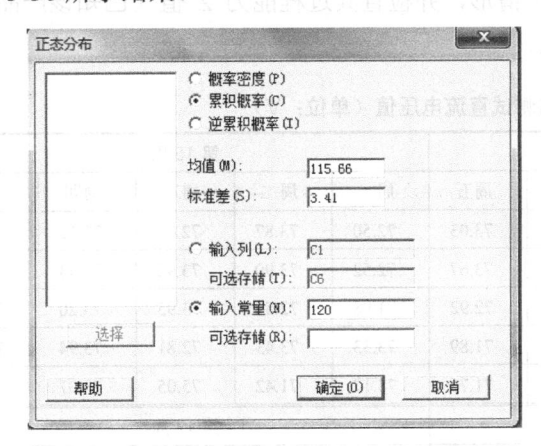

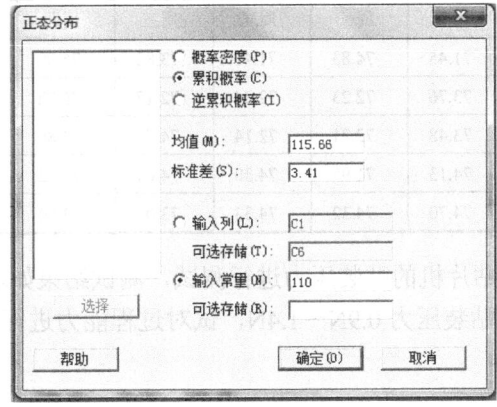

图 5-36 累积分布函数输出结果图

从图中可以得到 $P$（110<$x$<120）=0.8984-0.0484=0.8500 即满足顾客要求的合格率为 0.8500。

3）根据合格率算 Z 值。选择计算>概率分布>正态，在对话框中选择"逆累积概率"，均值输入 0，标准差输入 1，输入常量填 0.85，再按"确定"后即可从会话栏中得到 $Z=1.04$。

3. Z 值与 $C_p$ 和 $P_p$ 的关系

$Z_{短期}=$（USL-LSL）$/2\sigma$    $C_p=Z_{短期}/3$    $Z_{长期}=Z_{短期}-1.5$    $P_p=Z_{长期}/3$

# 任务实施

### 1. 实验准备

1）上网计算机，Windows 操作系统。

2）IE6 及以上浏览器。

3）MINITAB 16。

## 2. 实验例操作

按照本任务所述的 MINITAB 分析操作步骤解决下列实际问题。

例 1：某电子有限公司，有一种产品的重要特性是直流电压值，该厂为控制该项目的特性，每天从制程中随机抽取 5 个样本，测定直流电压，共得到 25 组数据。请根据这些数据绘制 $\overline{X}$-$R$ 控制图，调查此制程的控制情形，并检查其过程能力 $Z$ 值（已知该产品的特性规格为：75±5V）。数据见表 5-17。

表 5-17　产品的测试直流电压值（单位：V）

| 日期 | 第 14 周 | | | | | 第 15 周 | | | | |
|---|---|---|---|---|---|---|---|---|---|---|
|  | 周一 | 周二 | 周三 | 周四 | 周五 | 周一 | 周二 | 周三 | 周四 | 周五 |
| $X_1$ | 71.52 | 73.06 | 72.82 | 72.45 | 73.03 | 72.50 | 73.87 | 72.45 | 73.11 | 72.27 |
| $X_2$ | 72.62 | 74.06 | 74.57 | 74.15 | 73.67 | 72.52 | 73.90 | 73.92 | 73.43 | 69.78 |
| $X_3$ | 72.58 | 74.95 | 72.35 | 74.41 | 72.92 | 71.98 | 72.54 | 73.95 | 73.20 | 72.35 |
| $X_4$ | 73.33 | 73.03 | 73.77 | 73.75 | 71.89 | 73.33 | 73.43 | 72.81 | 73.94 | 73.44 |
| $X_5$ | 73.23 | 73.06 | 72.83 | 75.79 | 71.76 | 73.17 | 71.42 | 75.05 | 73.07 | 73.49 |
| 日期 | 第 16 周 | | | | | 第 17 周 | | | | |
|  | 周一 | 周二 | 周三 | 周四 | 周五 | 周一 | 周二 | 周三 | 周四 | 周五 |
| $X_1$ | 72.86 | 75.27 | 75.31 | 73.07 | 71.45 | 74.83 | 71.41 | 73.82 | 75.09 | 74.02 |
| $X_2$ | 75.41 | 74.60 | 74.21 | 72.38 | 73.76 | 72.23 | 72.34 | 72.17 | 75.32 | 72.76 |
| $X_3$ | 72.42 | 74.45 | 74.05 | 74.31 | 73.48 | 72.71 | 72.14 | 74.77 | 73.86 | 74.43 |
| $X_4$ | 75.48 | 74.14 | 73.73 | 72.23 | 74.13 | 71.95 | 74.30 | 74.04 | 72.52 | 73.10 |
| $X_5$ | 75.12 | 74.49 | 72.68 | 72.47 | 74.70 | 74.32 | 74.33 | 73.01 | 72.64 | 74.63 |

例 2：某电子公司 SMT 车间对高速贴片机的贴装压力进行测试，测试结果如表 5-13 所示。要求：根据提供的数据，为了确保贴装压力 0.9N～1.4N，试对过程能力进行分析。

## 3. 提交实验报告

# 练　习

### 一、名词解释

1. 过程能力；2. 短期能力指数 $C_p$、$C_{pk}$；3. 长期性能指数 $P_p$、$P_{pk}$；4. $Z$ 值

### 二、选择题

1. 表明过程能力充分，技术管理能力已经很好，应继续维持的 $C_p$ 值范围为（　　）。
    A. $C_p \geq 1.67$ 　　　　　　　　　　B. $1.67 > C_p \geq 1.33$
    C. $1.33 > C_p \geq 1.0$ 　　　　　　　D. $0.67 > C_p$

2. 表示技术管理能力已很差，应采取措施立即改善的 $C_p$ 值范围为（　　）。
    A. $0.67 > C_p$ 　　　　　　　　　　B. $C_p \geq 1.67$
    C. $1.0 > C_p \geq 0.67$ 　　　　　　D. $1.33 > C_p \geq 1.0$

3. 有一电路板共有 300 个缺陷机会，现生产 1200 块共发现 360 个，则过程能力为 (   ) $\sigma$。
   A. 3.4　　　　B. 4.0　　　　C. 4.6　　　　D. 5.0
4. $C_p$=（USL-LSL）/$6\sigma$，则 $6\sigma$ 水平的过程对应的 $C_p$ 值为（   ）。
   A. 1.67　　　B. 1.33　　　C. 1.0　　　D. 2.0

### 三、填空题

1. 当过程能力处于稳定状态时，它的图形特点是中间高、两边底，呈左右基本对称，或者说呈_____分布状态。
2. 在进行过程能力分析时，首先要求对所收集的数据进行_____检验，若数据没有通过检验就需要对数据进行变换。
3. 在对数据进行正态性检验时，当 $P$ 值（填大于或小于）_____0.05 时该数据满足正态分布要求。
4. 过程处于统计状态是指点子在中心线周围随机散布，点子在控制界限_____。
5. $Z$ 值指满足关键顾客要求条件下的合格率对应的标准正态分布的分位数，_____大小即为西格玛水平。
6. 过程能力 $B=6\sigma$，是由人、机、料、法、环这五个因素所决定的。这是过程固有的分布宽度。当技术标准固定，过程能力对过程能力指数的影响十分显著。减少_____，就可以减少分散程度，从而提高过程能力，以满足技术标准的要求。

### 四、简答题

1. 长期性能指数 $P_{pk}$ 与短期能力指数 $C_{pk}$ 有何区别？
2. 简述使用 MINITAB 16 进行过程能力分析的步骤。
3. 使用 MINITAB 16 求 $Z$ 值的方法有哪些？

## 任务 4　测量系统分析

### ▍任务描述

从前面几个任务可以看出数据分析在质量管理和过程控制活动中已得到了广泛的应用，而数据的质量又取决于测量系统的能力。本任务主要介绍用 MINITAB 进行测量系统分析的方法，以便判定测量系统的适合性，评估测量系统的变差，确保测量系统能够满足测量产品的要求；通过测试系统的分析，对不可接受或风险较大的测量系统，提出相应的改进措施并实施，努力减少测量的变差。

## 知识准备

### 5.4.1 什么是测量系统分析

**1. 测量系统分析的定义**

测量（Measurement）被定义为"对某具体事物赋予数字（或数值），以表示它们对于特定特性之间的关系"。此定义由 C.Eisenhart 首次提出。赋予数字的过程被定义为测量过程，而指定的数值被定义为测量值。测量系统是指用来对被测特性赋值的操作、程序、量具、设备、软件以及操作人员的集合，是指用来获得测量结果的整个过程。而测量系统分析就是运用统计学的方法来了解测量系统中的各个波动源，以及它们对测量结果的影响，最后给出测量系统是否合乎使用要求的明确判断。

测量系统分析的目的是确定所使用的数据是否可靠。测量系统分析还可以：评估新的测量仪器；将两种不同的测量方法进行比较；对可能存在问题的测量方法进行评估；确定并解决测量系统误差问题。

**2. 测量系统的组成及其变异原因**

如图 5-37 所示测量系统主要由人、机、料、法、环组成的。因此，影响测量系统变异原因有：①测量操作人员的熟练度、感觉、气氛；②测量设备不稳定性，配件磨损，电力不稳定性；③被测的样本管理，包括标准样本、量产样本、良品样本和不良样本；④测量方法问题：测量位置，测量次数，测量条件，标准次序；⑤测量环境问题：湿度，清洁度，震动，电压变化，气温变化，灰尘及噪声。

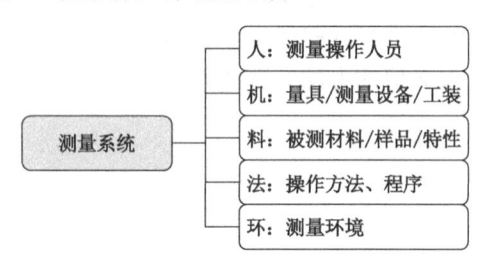

图 5-37 测量系统的组成

**3. 测量系统变异的来源**

测量系统分析主要是评估测量系统的变异占过程总体变异的比例。过程总体变异包括由部件之间的差异引起的流程变异和测量系统的变差引起的测量变异。

$$\sigma_T^2 = \sigma_P^2 + \sigma_M^2$$

$\sigma_T$ 为总体变异（观测到的过程变差）；$\sigma_P$ 为流程变异（实际的过程变差）；$\sigma_M$ 为测量变异（测量系统的变差）。而构成测量系统变异的来源如图 5-38 所示。

从图中可以看出测量系统变异的来源有：稳定性、偏倚、线性、分辨力、重复性和再现性。其中从准确性方面进行评估的指标有：稳定性、偏倚、线性和分辨力；从精确性方面进行评估的指标有：重复性和再现性。

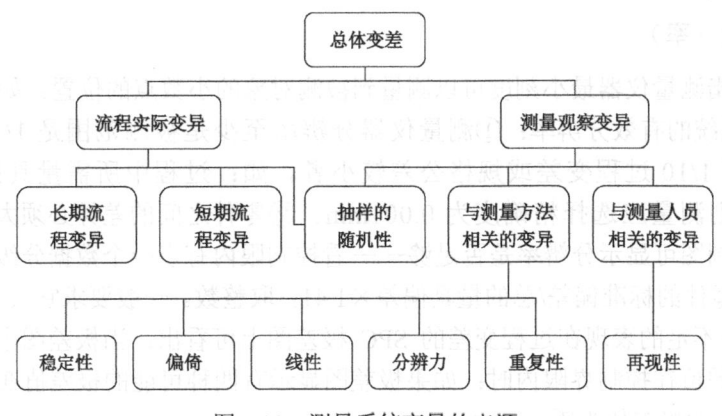

图 5-38 测量系统变异的来源

## 5.4.2 测量系统分析的指标

**1. 稳定性**

稳定性是指测量系统在某持续时间内测量同一基准或零件的相同特性时获得的测量值的总变差，即一个稳定的测量过程在位置方面是处于统计上受控状态。如图 5-39 所示。

可将数据按时间顺序画在 $Xbar\text{-}R$ 或 $Xbar\text{-}S$ 控制图上来评估。

**2. 偏倚**

偏倚是测量结果的观测平均值与基准值的差值。基准值的取得可以通过采用更高级别的测量设备进行多次测量，取其平均值来确定。如图 5-40 所示。

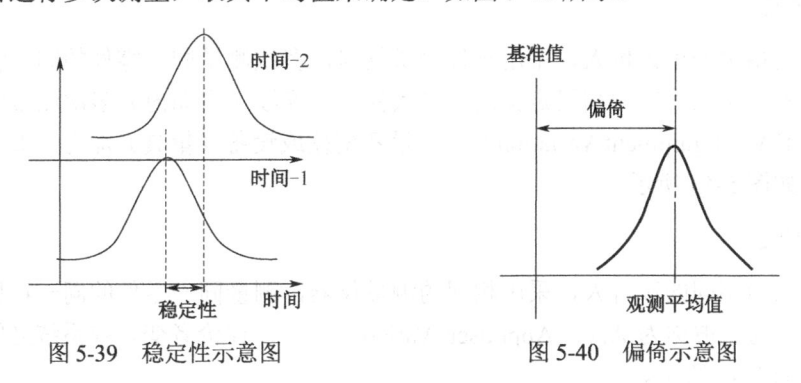

图 5-39 稳定性示意图

图 5-40 偏倚示意图

**3. 线性**

线性是指在量具预期的工作范围内，偏倚值的变化量。如图 5-41 所示。

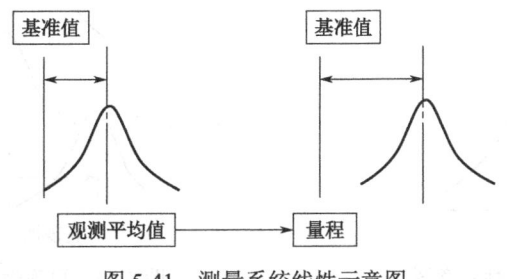

图 5-41 测量系统线性示意图

### 4. 分辨力（率）

分辨力是指测量仪器最小刻度可以测量到被测对象的小数点的位置。如图5-42所示。

1）测量系统的有效分辨率：①测量仪器分辨率至少是被测范围是1/10，即其最小刻度应能读到1/10过程变差或规格公差较小者。如：过程中所需量具读数的精确度是0.01mm，则测量应选择精确度为0.001mm。②零件之间的差异必须大于最小测量刻度。③极差控制图可显示分辨率是否足够——看控制限内有多少个数据分级。不同数据分级的计算为：零件的标准偏差/总的量具偏差×1.41，取整数。一般要求它大于5才可接受。

2）分辨率不足的表现在过程变差的SPC极差图上可看出：当极差图中只有一、二或三种可能的极差值在控制界限内时；如果极差图显示有四种可能的极差值在控制界限内，且超过1/4以上的极差值为零。

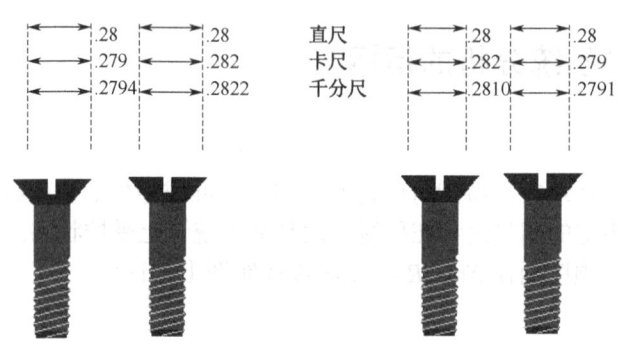

图5-42 分辨力示意图

### 5. 重复性

重复性是指由一个评价人，采用一种测量仪器，多次测量同一零件的同一特性时获得的测量值变差，是在固定的和已定义的测量条件下，连续（短期内）多次测量中的变差。通常被称为E.V（Eguipment Variation）——设备变差或设备（量具）能力（潜能）或系统内部变差。如图5-43所示。

### 6. 再现性

再现性指由不同的评价人，采用相同的测量仪器，测量同一零件的同一特性时测量平均值的变差。通常被称为A.V（Appraiser Variation）——评价者变差或系统之间（条件）的误差。如图5-44所示。

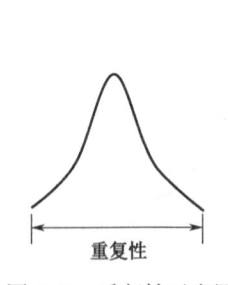

图5-43 重复性示意图

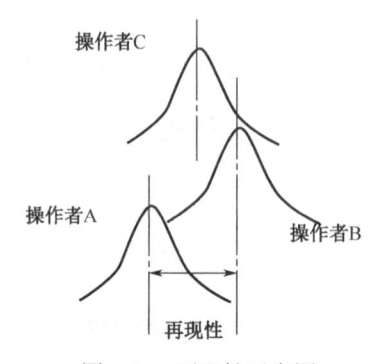

图5-44 再现性示意图

### 5.4.3 Gage R&R P/T

**1. Gage R&R 或 GRR（见图 5-45）**

量具 Gage R&R 是重复性和再现性合成变差的一个估计。换句话说，Gage R&R 等于系统内部和系统之间的方差的总和。它说明了有多少百分比的总变差由测量系统变差所带来的。

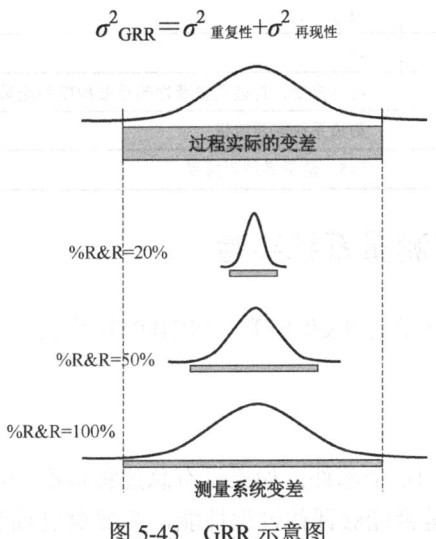

$$\sigma^2_{GRR} = \sigma^2_{重复性} + \sigma^2_{再现性}$$

图 5-45 GRR 示意图

**2. P/T 比**

将测量系统的变差与产品容差比较是最常用的方法，称 *P/T* 比，如图 5-46 所示。*P/T* 可以表达与产品规格比较时的好坏程度。一般来说，当测量系统只是用来检验生产线样本是否合格时，*P/T* 是很有效的。因为这时候，即使过程能力（$C_{pk}$）不足，*P/T* 也可以给你足够的信心来判断产品的好坏。测量系统变差与过程变差的比较（%R&R）更适合于研究过程的能力与过程改进。

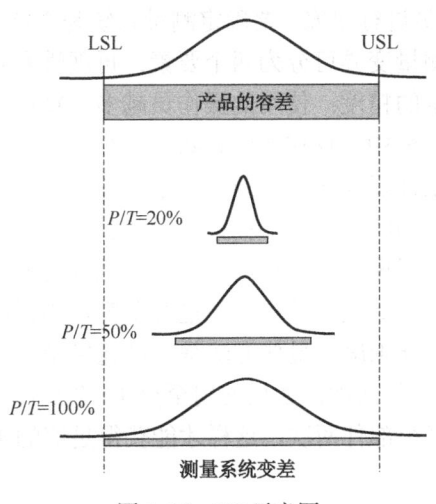

图 5-46 *P/T* 示意图

注意：6.0 标准偏差占测量系统散布的 99.73%，该图说明有多少百分比的公差由测量系统变差所占据。

3. Gage R&R、P/T 判断原则（表 5-18）

表 5-18  Gage R&R、P/T 判断原则表

| % R&R | P/T | 结论 |
| --- | --- | --- |
| <5% | <5% | 很好 |
| ≤10% | ≤10% | 好 |
| 10%－30% | 10%－30% | 可以接受，视被测量特性的重要程度和测量成本等因素而定 |
| >30% | >30% | 测量系统需要改进 |
| 可区分类别数 | | ≥5，测量系统可接受 |

### 5.4.4　如何安排测量系统实验

在自定义工作表中设置量具 R&R 研究。MINITAB 会自动为操作员和部件创建列，并随机指定测量的进行顺序。

**1. 设置研究**

1）操作员应至少测量 10 个部件；如果没有总过程标准差的历史估计值，则应测量更多部件。要确定测量系统是否能够评估过程性能，需要对过程变异进行很好的估计。可以从大量历史数据或研究中的部件估计过程变异。如果拥有过程变异历史估计值，通常需要 10 个部件即可。如果没有历史估计值，应考虑使用 10 个以上的部件。尽管需要大量部件才能获得非常精确的过程变异估计值，但使用 15 至 35 个部件获得的估计值比使用 10 个部件要好得多。

2）请选择代表典型的长时间过程输出的部件。如果部件的变异不是典型的过程变异，则研究结果可能不准确。例如，不要测量连续部件、来自单个班次或单个生产线的部件或来自一批拒绝品的部件。

3）选择至少 3 个操作员进行研究。要确定测量系统是否能够评估过程性能，需要对测量变异进行很好的估计。测量变异可分为两个要素：再现性和重复性。在研究中使用的操作员人数会影响再现性要素的精度；使用的操作员越多，精度就越高。普遍接受的做法是使用 3 至 5 名操作员。在研究中，操作员的人数不应少于 3 名，除非使用测量系统的实际操作员人数不到 3 名。如果怀疑操作员之间存在较大差异，则应考虑使用多于 3 至 5 名的操作员。在识别出操作员之间的差异后，如某个操作员的测量值低于其他操作员，通常可通过培训提高一致性。在选择操作员进行研究时，应确保他们能代表使用测量系统的所有操作员。如果只使用最好（或最差）的操作员进行研究，结果将会出现偏倚，不能提供操作员差异的准确估计。确保准确度的最佳方法是随机选择操作员进行研究。

4）操作员应测量每个部件两次。如果使用至少 10 个部件和至少 3 个操作员，应让每个操作员以随机顺序测量每个部件两次，这样才能获得足够的重复性估计值。

**2. 执行研究**

1）操作员应在典型条件下测量部件。为了确保结果准确表示过程，应在正常操作的相

同条件（如研究允许的测量环境和时间）下执行研究。

2）让操作员以随机顺序测量部件以减少偏倚。为了确保数据收集顺序不影响结果，操作员应以随机顺序测量部件。在设置工作表时，MINITAB 将随机指定测量的进行顺序。

### 3．假设

1）应正确校准测量设备。在使用测量设备之前，应检查其在一段时间内的线性、偏倚和稳定性。该设备应在整个测量范围内以及设备的生命期内提供准确的测量值（与标准值相比）。通常，这些任务由负责量具校准和维护（例如度量衡）的部门执行。

2）从稳定过程中选择部件。理想情况下，选择研究用的部件时，过程应是稳定的。这个假设很难验证，因为只有在确定了测量系统是可靠的之后，才能评估过程稳定性。

3）为了确定测量系统是否能够用于接受或拒绝部件，至少必须提供一个规格限。

### 4．创建量具 R&R 研究工作表示例

一家电极制造商要评估用于测量电极柱外径的测量系统，以确定该系统能否准确地测量柱。此研究检查 15 个部件、3 名操作员和 2 个仿行，共 90 次测量。

1）选择统计 > 质量工具 > 量具研究 > 创建量具 R&R 研究工作表。
2）在部件数中，输入 15。
3）在操作员数中，输入 3。
4）在仿行数中，输入 2。单击确定。

会话窗口输出：

量具 R&R 研究工作表
部件：15　　操作员：3
仿行：2　　总试验数：90

数据窗口输出：

| C1 | C2 | C3-T | C4-T | |
|---|---|---|---|---|
| 标准序 | 运行序 | 部件 | 操作员 | |
| 7 | 1 | 3 | 1 | |
| 40 | 2 | 14 | 1 | |
| 4 | 3 | 2 | 1 | 每个操作员完成第一个仿行后再开始测第二个仿行。 |
| 19 | 4 | 7 | 1 | |
| 31 | 5 | 11 | 1 | |
| …… | …… | …… | …… | |
| 67 | 46 | 8 | 1 | |
| 76 | 47 | 11 | 1 | |
| …… | …… | …… | …… | 第二个仿行 |
| 51 | 89 | 2 | 3 | |
| 90 | 90 | 15 | 3 | |

解释结果：

3 名操作员测量 15 个电极，每个测量 2 次，共测量 90 次。运行序列出了测量所应采

取的顺序。第一次测量是操作员 1 对部件 3，然后对部件 14。在本例中，操作员 1 首先完成他的所有测量，然后是操作员 2 和 3。所有操作员都应先完成其第一个仿行，然后再开始仿行的第二个序列。

### 5.4.5 如何使用 MINITAB 进行测量系统分析

MINITAB 提供了若干命令帮助确定有多少过程变异是由测量系统中的变异造成的。

类型 1 量具研究是一个很好的出发点，它可以评估测量系统的能力。此研究使用来自单个部件的多个测量值来评估偏倚和重复性的效应，且是在量具 R&R（扩展）、量具 R&R（交叉）和量具 R&R（嵌套）研究之前进行，后三者有助于发现测量系统中的缺陷。为帮助设置量具 R&R（交叉或嵌套）研究的工作表，请使用创建量具 R&R 研究工作表。

其他命令包括：

1）量具运行图，帮助您快速评定测量值在不同操作员和部件之间的差异。
2）属性量具研究（分析法），检验属性测量系统的测量系统精确度。
3）量具线性和偏倚研究，检验量具的线性和准确度。
4）属性一致性分析，帮助评估由多个检验员为名义和顺序数据给出的主观评级或分类的一致性。使用创建属性一致性分析工作表帮助设置工作单。

**1. 量具重复性和再现性研究**

量具重复性和再现性研究确定观测的过程变异中有多少是由于测量系统变异所致。使用 MINITAB 可以执行交叉、嵌套或一般量具 R&R 研究。

- 当每个部件由每个操作员多次测量时，请使用量具 R&R 研究（交叉）。必须具有包含随机因子的平衡设计。
- 当每个部件只由一名操作员测量（如在破坏性试验中）时，请使用量具 R&R 研究（嵌套）。在破坏性试验中，测量特征在测量过程后与其在开始时不同。撞击试验即是破坏性试验的一个例子。必须具有包含随机因子的平衡设计。
- 当需要包含除操作员和部件以外的更多因子、包含固定因子、包含混合的交叉和嵌套因子或不平衡设计时，请使用量具 R&R 研究（扩展）。除了部件和操作员之外，最多可以具有八个因子。所有因子既可以为固定或随机的因子，也可以为交叉或嵌套的因子。设计可以是平衡的，也可以是不平衡的。要帮助建立用于量具 R&R 研究的工作表，请使用创建量具 R&R 研究工作表。

MINITAB 提供了两种用于评估重复性和再现性的方法：Xbar 和 R 法以及方差分析法。Xbar 和 R 法将整体变异分为三种类别：部件间变异、重复性和再现性。方差分析法进一步将再现性划分为其操作员以及操作员与部件交互作用这两个要素。在某种程度上，方差分析法比 Xbar 和 R 法更准确，因为它考虑了操作员与部件交互作用。使用量具 R&R 研究（交叉）可以在 Xbar 和 R 法与方差分析法之间进行选择，而量具 R&R 研究（嵌套）和（扩展）只使用方差分析法。

（1）创建量具 R&R 研究工作表

选择统计 > 质量工具 > 量具研究 > 创建量具 R&R 研究工作表。如图 5-47 所示。选择统计 > 质量工具 > 量具研究 > 量具 R&R 研究（交叉）。

某中小企业对某一产品性能测试数据进行 R&R 研究,公司仅有两名试验人员 A 和 B。试验由 A 和 B 两位试验员对 10 件该机型产品分别进行两次性能测试,测得数据如表 5-19 所示,其规格公差为 350。试用 MINITAB 分析量具重复性和再现性。

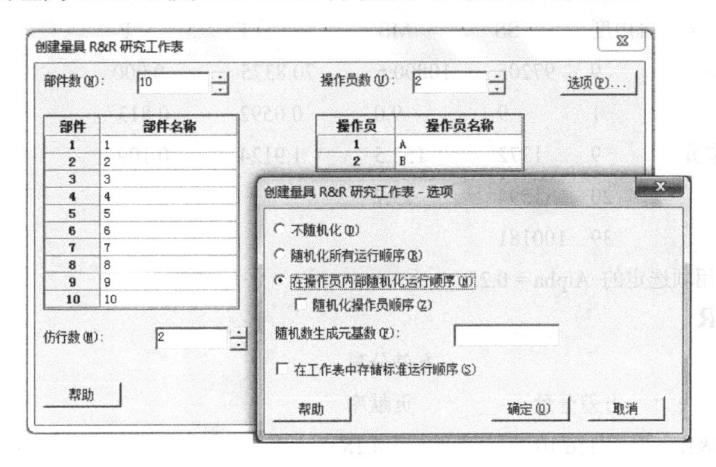

图 5-47 创建量具 R&R 研究工作表对话填写示意图

表 5-19 重复性和再现性测量数据表

| 试验员 | 次别 | 样机编号 | | | | | | | | | |
|---|---|---|---|---|---|---|---|---|---|---|---|
| | | 1 | 2 | 3 | 4 | 5 | 6 | 7 | 8 | 9 | 10 |
| A | 1 | 3431 | 3545 | 3496 | 3393 | 3551 | 3541 | 3541 | 3518 | 3558 | 3530 |
| | 2 | 3432 | 3534 | 3477 | 3385 | 3544 | 3518 | 3528 | 3504 | 3537 | 3534 |
| B | 1 | 3439 | 3524 | 3479 | 3407 | 3544 | 3533 | 3554 | 3526 | 3549 | 3516 |
| | 2 | 3436 | 3521 | 3470 | 3405 | 3561 | 3534 | 3535 | 3510 | 3563 | 3510 |

在出现的对话框中操作:部件号:输入包含部件名或部件号的列。操作员:输入包含操作员姓名或编号的列。测量数据:输入包含观测到的测量值的列。方差分析:选择此项以使用方差分析法,如图 5-48 所示。而后单击选项按图 5-48 所示填写数据及选项,最后单击"确定"按钮输出图 5-49 结果。

图 5-48 量具 R&R 研究(交叉)方差选项对话框

**会话窗口输出：**

**量具 R&R 研究 - 方差分析法**

**包含交互作用的双因子方差分析表**

| 来源 | 自由度 | SS | MS | F | P |
|---|---|---|---|---|---|
| 部件 | 9 | 97205 | 10800.6 | 70.8375 | 0.000 |
| 操作员 | 1 | 9 | 9.0 | 0.0592 | 0.813 |
| 部件 * 操作员 | 9 | 1372 | 152.5 | 1.9124 | 0.109 |
| 重复性 | 20 | 1594 | 79.7 | | |
| 合计 | 39 | 100181 | | | |

删除交互作用项选定的 Alpha = 0.25

**量具 R&R**

| 来源 | 方差分量 | 方差分量 贡献率 |
|---|---|---|
| 合计量具 R&R | 116.10 | 4.18 |
|   重复性 | 79.72 | 2.87 |
|   再现性 | 36.37 | 1.31 |
|     操作员 | 0.00 | 0.00 |
|     操作员*部件 | 36.37 | 1.31 |
| 部件间 | 2662.02 | 95.82 |
| 合计变异 | 2778.12 | 100.00 |

过程公差 = 350

| 来源 | 标准差（SD） | 研究变异<br>(6 * SD) | %研究变异<br>(%SV) | %公差<br>(SV/Toler) |
|---|---|---|---|---|
| 合计量具 R&R | 10.7748 | 64.649 | 20.44 | 18.47 |
|   重复性 | 8.9289 | 53.573 | 16.94 | 15.31 |
|   再现性 | 6.0309 | 36.186 | 11.44 | 10.34 |
|     操作员 | 0.0000 | 0.000 | 0.00 | 0.00 |
|     操作员*部件 | 6.0309 | 36.186 | 11.44 | 10.34 |
| 部件间 | 51.5948 | 309.569 | 97.89 | 88.45 |
| 合计变异 | 52.7079 | 316.247 | 100.00 | 90.36 |

可区分的类别数 = 6

（2）结果分析

会话窗口中可以看出，部件 $P$ 值<0.05，说明部件对变差的影响非常显著，此时 R&R 研究有意义。%GR&R=20.44% <30%，$P/T$=18.47%<30%，说明量具对于变差的测量能力是可勉强接受的。但是测量系统的重复性变差较大，可以考虑从进一步维护、校准测量设备，减少零件内偏差等角度对测量系统进行改进。区别分类数=6>5，说明测量系统能可靠地对过程变差进行分级，测量系统是可以接受的。由此，基于对给定规范公差的比率及区别分类数，测量系统是可以接受的。

从图 5-49 可以看出：①变异分量图表明：过程大部分变异来自于工件与工件之间，来自测量系统的偏差很小；②R 控制图（重复性极差控制图）表明：两位试验员对各样机的测试结果都在极差控制限内，说明他们进行试验的方式是一致的；③Xbar 控制图（部件评价人均值图）表明：只有 4 点在控制限内，有 90%的测量结果在控制界限之外，说明测量系统能够检测到各部件代表的过程的变差，且没有明显发现试验员与试验员之间的差异；④测量值×部件图（部件链图）表明 10 个部件之间存在很大的变差，没有奇异读数或不一致的零件；⑤测量值×操作员图（评价人比较图）表明：A 和 B 两位试验员之间无差异，也就是说来自评价人之间的变差为 0；⑥部件×操作员交互作用图（部件评价人交互图）表明：交互作用曲线基本是平行的，也就是说在评价人与零件之间没有显著的交互作用。

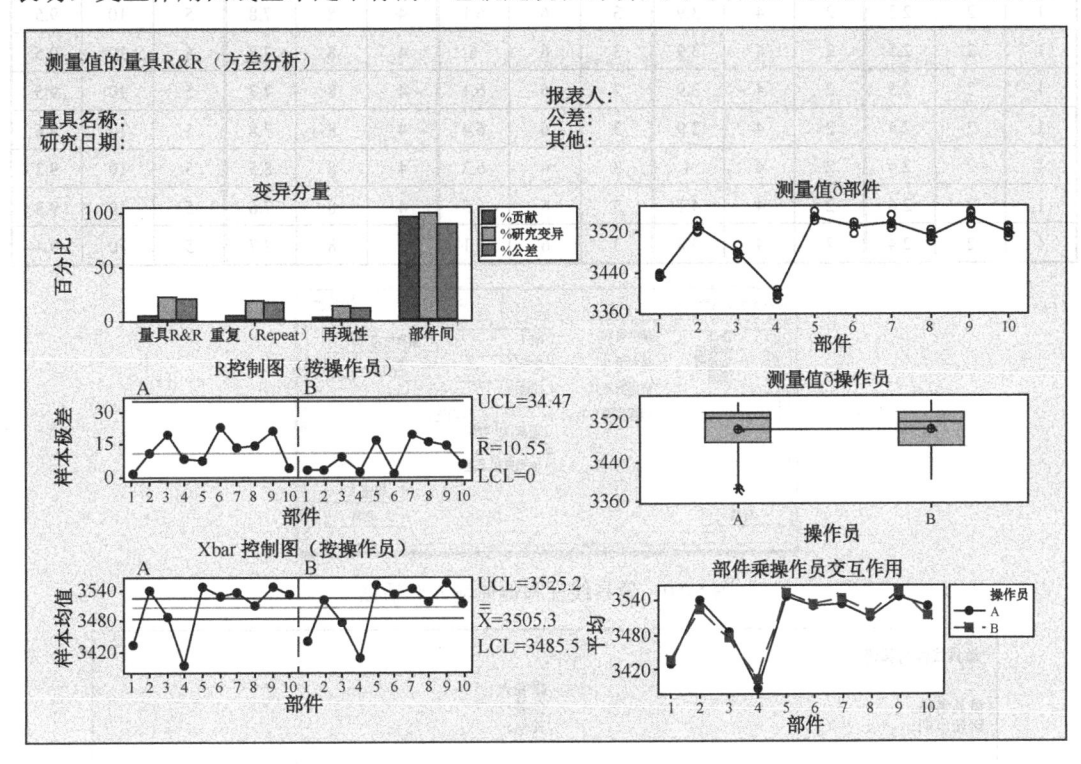

图 5-49 量具 R&R 研究——方差分析法输出图

### 2. 量具线性和偏倚研究

量具线性通过预期测量值范围指出测量值的准确度。它回答"对于所测量的所有大小的对象，我的量具的准确度是否都相同？"这一问题。量具偏倚检查实测平均测量值和参考值或主要值之间的差。它可以回答"与主要值比较，我的量具偏倚程度如何？"这一问题。

某公司采用新测量系统，需要评价测量系统的线性与偏倚。基于已证明的过程变差，在测量系统操作量程内选择了 5 个零件。每个零件经过全尺寸检测测量以确定其基准值，然后再由测量人员分别测量每个零件 12 次。研究中零件是被随机选择的，测量数据见表 5-20。具体操作如下：选择统计 > 质量工具 > 量具研究 > 量具线性和偏倚研究，在出现对话框后按图 5-50 输入相关信息，然后按"确定"按钮即可输出结果，如图 5-51 所示。

表 5-20  量具线性与偏倚数据表

| 部件 | 参考值 | 测量值 | 部件 | 参考值 | 测量值 | 部件 | 参考值 | 测量值 | 部件 | 参考值 | 测量值 | 部件 | 参考值 | 测量值 | 部件 | 参考值 | 测量值 |
|---|---|---|---|---|---|---|---|---|---|---|---|---|---|---|---|---|---|
| 1 | 2 | 2.7 | 2 | 4 | 5.1 | 3 | 6 | 5.8 | 4 | 8 | 7.6 | 5 | 10 | 9.1 | | | |
| 1 | 2 | 2.5 | 2 | 4 | 3.9 | 3 | 6 | 5.7 | 4 | 8 | 7.7 | 5 | 10 | 9.3 | | | |
| 1 | 2 | 2.4 | 2 | 4 | 4.2 | 3 | 6 | 5.9 | 4 | 8 | 7.8 | 5 | 10 | 9.5 | | | |
| 1 | 2 | 2.5 | 2 | 4 | 5.5 | 3 | 6 | 5.9 | 4 | 8 | 7.7 | 5 | 10 | 9.3 | | | |
| 1 | 2 | 2.7 | 2 | 4 | 3.8 | 3 | 6 | 6 | 4 | 8 | 7.8 | 5 | 10 | 9.4 | | | |
| 1 | 2 | 2.3 | 2 | 4 | 3.9 | 3 | 6 | 6.1 | 4 | 8 | 7.8 | 5 | 10 | 9.5 | | | |
| 1 | 2 | 2.5 | 2 | 4 | 3.9 | 3 | 6 | 6 | 4 | 8 | 7.8 | 5 | 10 | 9.5 | | | |
| 1 | 2 | 2.5 | 2 | 4 | 3.9 | 3 | 6 | 6.1 | 4 | 8 | 7.7 | 5 | 10 | 9.5 | | | |
| 1 | 2 | 2.4 | 2 | 4 | 3.9 | 3 | 6 | 6.4 | 4 | 8 | 7.8 | 5 | 10 | 9.6 | | | |
| 1 | 2 | 2.4 | 2 | 4 | 4 | 3 | 6 | 6.3 | 4 | 8 | 8.5 | 5 | 10 | 9.2 | | | |
| 1 | 2 | 2.6 | 2 | 4 | 4.1 | 3 | 6 | 6.5 | 4 | 8 | 7.6 | 5 | 10 | 9.3 | | | |
| 1 | 2 | 2.4 | 2 | 4 | 3.8 | 3 | 6 | 6.1 | 4 | 8 | 7.7 | 5 | 10 | 9.4 | | | |

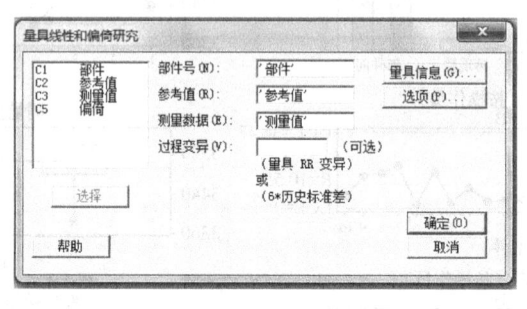

图 5-50  量具线性和偏倚输入对话框

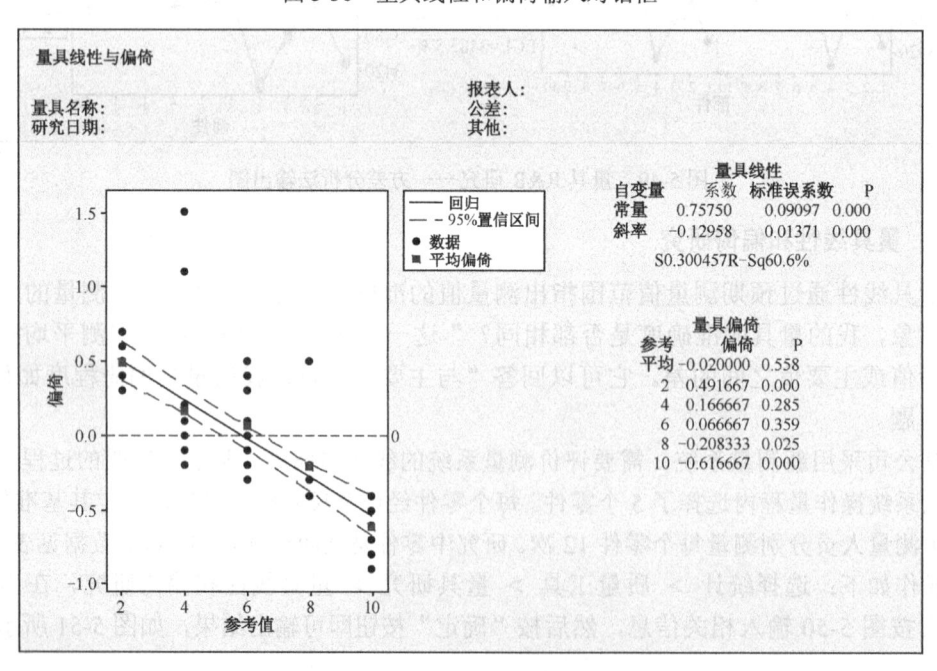

图 5-51  量具线性和偏倚输出结果图

从图中可以看出 $P$ 值=0.000<0.05，线性关系是显著的，特别是量程在 2-4 之间随着量程的增大偏倚减少。从量偏倚来看，量程为 4、6 时，$P$ 值>0.05，不存在显著偏倚，而量程为 2、8、10 时存在显著偏倚，但从图中可以看出量程为 4 时波动很大。像这样随着量程的增大偏倚减少的量具一般不采用。

### 5.4.6 计数型测量系统分析

计数型测量系统的最大特征是其测量值是一组有限的分类数，如合格、不合格，优、良、中、差、极差等。计数型测量系统分析与计量型测量系统分析有所不同，一般可以从一致性比率和卡帕值两个方面着手考虑。

**1. 一致性比率**

一致性比率是度量测量结果一致性最常用的一个统计量，它的计算公式可以统一地概括为：一致性比率＝一致性的次数÷测量的总次数。根据侧重点和比较对象的不同，又可以分为四大类。

1）操作者对同一部件重复测量时应一致，这类似于计量型测量系统的重复性分析。每个操作者内部都有各自的一致性比率。

2）操作者不但对同一部件重复测量时应一致，而且应与该部件的标准一致（若标准值已知），这类似于计量型测量系统的偏倚性分析。将每个操作者的测量结果与标准值相比较，又有各自不同的一致性比率。

3）所有操作者对同一部件重复测量时应一致，这类似于计量型测量系统的再现性分析。操作者之间有一个共同的一致性比率。

4）各操作者不但对同一部件重复测量时应一致，而且应与该部件的标准一致（若标准值已知）。通常，使用这种一致性比率来衡量计数型测量系统的有效性。一般说来，一致性比率至少要大于 80%，最好达到 90% 以上。当其值小于 80% 时，应采取纠正措施，以保证测量数据准确可靠。

表 5-21 计数型数据检验结果

| 零件 | 检验员 A | | | 检验员 B | | | 检验员 C | | | 基准 |
|---|---|---|---|---|---|---|---|---|---|---|
| | 第1次 | 第2次 | 第3次 | 第1次 | 第2次 | 第3次 | 第1次 | 第2次 | 第3次 | |
| 1 | 0 | 0 | 0 | 0 | 0 | 0 | 0 | 0 | 0 | 0 |
| 2 | 1 | 1 | 1 | 1 | 1 | 1 | 1 | 1 | 1 | 1 |
| 3 | 1 | 0 | 0 | 0 | 0 | 0 | 0 | 0 | 0 | 0 |
| 4 | 0 | 0 | 0 | 0 | 0 | 0 | 0 | 0 | 0 | 0 |
| 5 | 1 | 1 | 1 | 1 | 1 | 0 | 1 | 1 | 1 | 1 |
| 6 | 0 | 0 | 0 | 0 | 0 | 0 | 0 | 0 | 0 | 0 |
| 7 | 1 | 1 | 1 | 1 | 1 | 1 | 1 | 1 | 1 | 1 |
| 8 | 1 | 0 | 0 | 0 | 0 | 0 | 1 | 0 | 0 | 0 |
| 9 | 1 | 1 | 1 | 1 | 1 | 1 | 1 | 1 | 1 | 1 |
| 10 | 0 | 0 | 0 | 0 | 0 | 0 | 0 | 0 | 0 | 0 |

例如，为对某计数型量具进行测量系统分析，测量系统研究小组决定随机地从过程中抽取 10 个零件样本，使用 3 名检验员，每位检验员对每个零件评价 3 次。指定 1 为可接受判断，0 为不可接受判断。检验结果如表 5-21 所示，试对测量系统进行分析。

使用 MINITAB 求解步骤：

1）选择统计 > 质量工具 > 创建属性一致性分析工作表。

2）选择工作表中的样本标准/属性：选择此项可根据工作表中存储的样品名称和已知标准生成列。

3）在对话框中输入如图 5-52 所示的信息后，单击"确定"按钮，完成创建属性工作表。

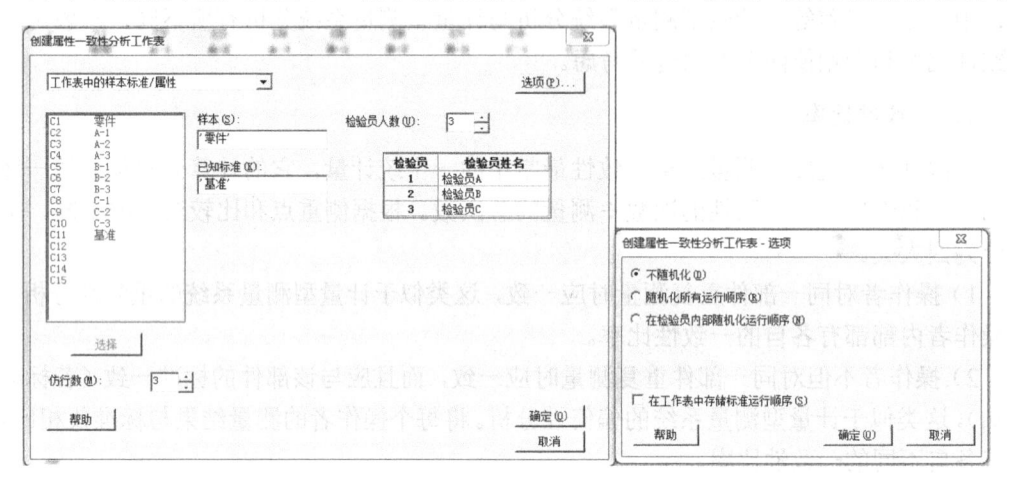

图 5-52 对话框输入内容

4）在所建立的工作表中输入评估值，然后选择统计 > 质量工具 > 属性一致性分析。

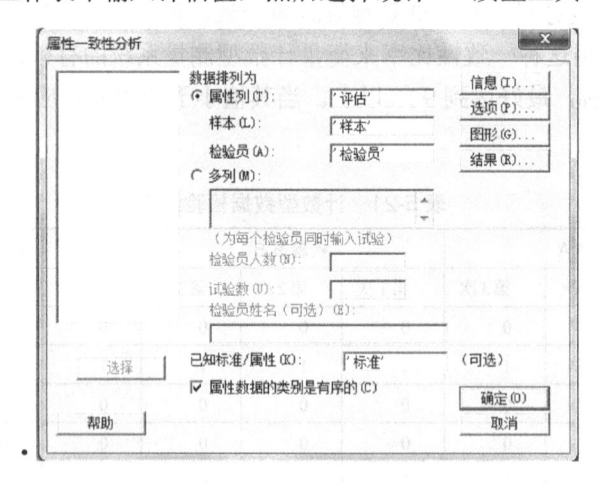

图 5-53 属性一致性分析对话框输入信息示意图

5）在属性列中输入该评估的列，在样本中输入样本的列，在检验员中输入检验员的列。如图 5-53 所示，然后单击确定，会话窗口输出如下：

评估的属性一致性分析

检验员自身

评估一致性

| 检验员 | # 检验数 | # 相符数 | 百分比 | 95% 置信区间 |
|---|---|---|---|---|
| 检验员 A | 10 | 8 | 80.00 | (44.39, 97.48) |
| 检验员 B | 10 | 8 | 80.00 | (44.39, 97.48) |
| 检验员 C | 10 | 10 | 100.00 | (74.11, 100.00) |

（百分比列标注：重复性的一致性比率）

# 相符数：检验员在多个试验之间，他/她自身标准一致。

### 每个检验员与标准

评估一致性

| 检验员 | # 检验数 | # 相符数 | 百分比 | 95% 置信区间 |
|---|---|---|---|---|
| 检验员 A | 10 | 8 | 80.00 | (44.39, 97.48) |
| 检验员 B | 10 | 8 | 80.00 | (44.39, 97.48) |
| 检验员 C | 10 | 10 | 100.00 | (74.11, 100.00) |

（百分比列标注：偏倚的一致性比率）

# 相符数：检验员在多次试验中的评估与已知标准一致。

### 检验员之间

评估一致性

| # 检验数 | # 相符数 | 百分比 | 95% 置信区间 |
|---|---|---|---|
| 10 | 7 | 70.00 | (34.75, 93.33) |

（百分比列标注：再现性的一致性比率）

# 相符数：所有检验员的评估一致。

### 所有检验员与标准

评估一致性

| # 检验数 | # 相符数 | 百分比 | 95% 置信区间 |
|---|---|---|---|
| 10 | 7 | 70.00 | (34.75, 93.33) |

（百分比列标注：总体有效性的一致性比率）

# 相符数：所有检验员的评估与已知的标准一致。

输出图形如图 5-54 所示，它是一张二合一图形。其中左图是显示各检验员重复性的区间图，右图是显示各检验员偏倚的区间图，生动地展示了会话窗口中的计算结果。

解释结果：检验员 C 的评估水平最佳，检验员 A 和检验员 B 的评估水平相当。整体而言，总体有效性的一致性比率＝70% < 80%，为了保证测量数据的一致性，改进该计数型测量系统必不可少。

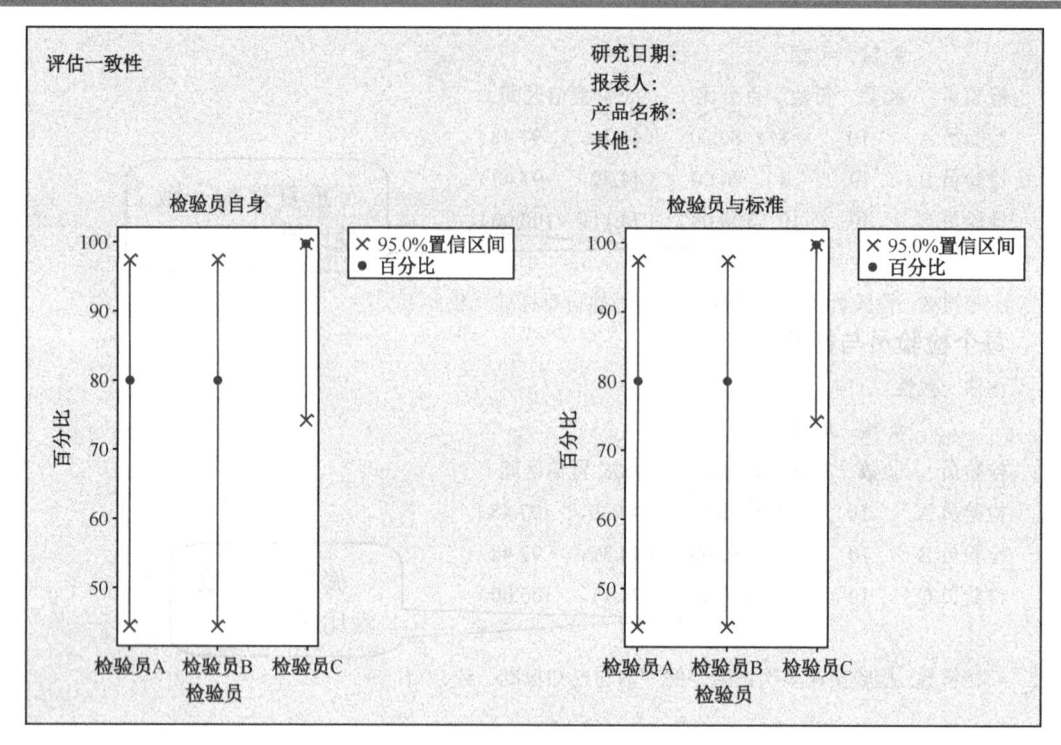

图 5-54　计数型测量系统的分析图

## 2. 卡帕值（k）

卡帕值是另一个度量测试结果一致程度的统计量，只用于两个变量具有相同的分级数的情况。它的计算公式可以统一地概括为：$k=(P_0-P_e)/(1-P_e)$。$P_0$ 为实际一致的比率；$P_e$ 为期望一致的比率。$k$ 的取值范围是从 $-1$ 到 1，当 $k$ 为 1 时，表示两者完全一致；$k$ 为 0 时，其中：表示一致程度不比偶然猜测好；当 $k$ 为 $-1$ 时，表示两者截然相反，判断完全不一致。通常，$k$ 为负值的情况很少出现，表 5-22 归纳了常规情况下 $k$ 的判断标准。在计数型测量系统中研究一测量员重复两次测量结果之间的一致性，一个测量员的测量结果与标准结果之间的一致性，或者两个测量员的测量结果之间的一致性时，都可以使用 $k$。

表 5-22　计数型测量系统的合格标志

| $k$ | 测量系统能力 |
| --- | --- |
| 大于 0.9 | 良好 |
| 介于 0.7~0.9 | 可接受 |
| 小于 0.7 | 不合格 |

在实际应用过程中仍可以使用 MINITAB 来求解，方法类似上一例，先创建属性一致性分析工作表，然后选择统计 > 质量工具 > 属性一致性分析。这里不再赘述。

# 任务实施

1. 实验准备

1）上网计算机，Windows 操作系统。

2）IE6 及以上浏览器。

3）MINITAB 16。

2. 实验例操作

按照本任务所述的 MINITAB 分析操作步骤解决下列实际问题。

某传感器企业对某一产品性能测试数据进行 R&R 研究。公司 3 名试验人员 A、B 和 C 对 10 件该产品分别进行 3 次性能测试，测量的数据如表 5-23 所示，其规格公差为 0.50。试用 MINITAB 分析量具重复性和再现性。

表 5-23 R&R 研究数据

| 测试人 | A | | | B | | | C | | |
|---|---|---|---|---|---|---|---|---|---|
| 部件号 | 第1次 | 第2次 | 第3次 | 第1次 | 第2次 | 第3次 | 第1次 | 第2次 | 第3次 |
| 1 | 5.32 | 5.32 | 5.32 | 5.34 | 5.34 | 5.36 | 5.30 | 5.34 | 5.30 |
| 2 | 5.44 | 5.40 | 5.44 | 5.46 | 5.46 | 5.48 | 5.46 | 5.40 | 5.42 |
| 3 | 5.48 | 5.48 | 5.50 | 5.50 | 5.46 | 5.48 | 5.50 | 5.50 | 5.50 |
| 4 | 5.20 | 5.22 | 5.20 | 5.24 | 5.26 | 5.26 | 5.22 | 5.22 | 5.24 |
| 5 | 5.24 | 5.24 | 5.24 | 5.24 | 5.24 | 5.26 | 5.28 | 5.24 | 5.24 |
| 6 | 5.52 | 5.50 | 5.50 | 5.54 | 5.52 | 5.56 | 5.58 | 5.54 | 5.56 |
| 7 | 5.38 | 5.38 | 5.38 | 5.40 | 5.42 | 5.44 | 5.40 | 5.36 | 5.38 |
| 8 | 5.34 | 5.34 | 5.36 | 5.36 | 5.38 | 5.38 | 5.36 | 5.34 | 5.36 |
| 9 | 5.44 | 5.44 | 5.42 | 5.46 | 5.44 | 5.44 | 5.44 | 5.46 | 5.42 |
| 10 | 5.40 | 5.40 | 5.40 | 5.40 | 5.42 | 5.40 | 5.40 | 5.42 | 5.40 |

3. 提交实验报告

# 练 习

一、名词解释

1. 稳定性；2. 偏倚；3. 线性；4. 重复性；5. 再现性；6. 分辨力。

二、选择题

1. 重复性是由（　　）个评价人，采用同一种测量仪器，多次测量同一零件的同一特性时获得的测量变差。

　　A. 1　　　　　　B. 2　　　　　　C. 3　　　　　　D. 4

2. 位置误差通常是通过分析（　　）和线性来确定。

　　A. 偏倚　　　　B. 精密度　　　　C. 重复性　　　　D. 再现性

3. 以下哪种分析方法不是用于基本计量型的测量系统（　　）。

  A．极差法   B．均值和极差法  C．假设检验分析  D．ANOVA

4．在测量系统分析中，由不同的评价人，采用相同的测量仪器，测量同一零件的同一特性时测量平均值的变差，称为（  ）。

  A．稳定性   B．重复性   C．再现性   D．线性

5．测量系统的稳定性分析通常是通过（  ）控制图来实现的。

  A．$X\text{Bar-}R$  B．$P$     C．$nP$     D．$C$

6．可区分组数作为判断分辨力足够与否的标准。当可区分组数为（  ）时，测量系统具备起码的分辨力。

  A．1     B．3     C．4     D．5

7．测量系统的重复性和再现性相对于公差的百分比可以勉强接受的标准是（  ）。

  A．必须小于 10%      B．必须小于 5%

  C．可以大于 30%      D．必须小于 30%

8．（  ）是指重复性随测量的预期量程的变化程度。

  A．稳定性   B．一致性   C．均一性   D．线性

### 三、填空题

1．测量系统的稳定性是表示测量系统随_____的偏倚值。

2．测量系统的线性是表示在量具正常_____内的偏倚变化量。

3．测量系统的_____通常被称为测量设备的变差。

4．测量系统的_____通常被称为评价人的变差。

5．测量系统应处于统计受控状态意味着在重复测量条件下，测量系统中的变差只能由_____造成，而不能由特殊原因造成。

6．通常，使用一致性比率来衡量计数型测量系统的有效性。一般说来，一致性比率至少要大于_____，最好达到_____以上。

### 四、简答题

1．什么是测量系统？

2．写出总体变异、流程变异和测量变异三者之间的关系式。

3．MSA 对量具的分辨力有什么要求？

4．测量系统变差的类型有哪些？

# 学习情境 6　六西格玛管理和 ISO9000 基本知识

## ▍能力目标

1. 具备利用 6σ（六西格玛）基础理论选择课题的初步能力。
2. 具备使用 6σ 常用工具分析与解决实际问题的一般能力。

## ▍知识目标

1. 掌握 6σ 基本概念、组织构成和选题的一般流程。
2. 掌握 6σ 改善流程的方法和常用工具。
3. 掌握 ISO9000 基本知识。

## 任务 1　六西格玛管理基本理念

### ▍任务描述

六西格玛管理是从质量管理的思想发展而来的。美国企业一直重视质量管理，其质量管理起源于泰勒。在美国 50 年代后期，美国国防部颁布和实施了有关军工产品标准，后被英国标准局采用，现已发展成为国际标准化组织的 ISO 9000 标准。随着日本商品的质量在世界领先，20 世纪 80 年代，美国人转而向日本学习质量管理，并把它发展成为 TQM——全面的质量，全过程的质量，全员参与的质量和全企业的质量。随之美国 1987 年 8 月 20 日通过了马可姆·波里奇国家质量改进法案，它是具有划时代意义的立法。

在美国，质量控制大体经历了质量检验、统计质量控制、全面质量管理到马克姆·波里奇法案（核心是定点超越）4 个阶段。美国企业界在对 TQM 的实践中，认为 TQM 太过于笼统，没有数字，也认为 TQM 的东方哲学难以适应西方文化，并且对 TQM 的"不断改进"的慢节奏也颇有疑问，随之他们提出了崭新的管理理论——六西格玛。本任务主要是了解六西格玛的内涵，理解六西格玛六大主题、参与项目所需的技能、项目的组织构成、选择项目的一般流程，学习使用六西格玛工具改进流程的方法——DMAIC。

## 知识准备

# 6.1 六西格玛管理基本理念

## 6.1.1 六西格玛基本概念

**1. 什么是 6σ**

(1) σ的含义

σ 是希腊字母,中文发音为西格玛,用来描述任一过程参数的平均值的分布或离散程度。在统计学上是指"标准差"。对制造过程而言,σ 值是指示过程作业状况良好程度的标尺。σ 越高过程状况越好。

σ 代表"标准方差":

$$\sigma = \sqrt{\frac{\sum(x-\bar{x})^2}{n-1}} \qquad \bar{x} = \frac{x_1+x_2+x_3+x_4\cdots x_n}{n}$$

$$\sigma = \sqrt{\frac{\sum(x-\bar{x})^2}{n-1}} = \sqrt{\frac{(x_1-\bar{x})^2+(x_2-\bar{x})^2+(x_3-\bar{x})^2+\cdots+(x_n-\bar{x})^2}{n-1}}$$

(2) 什么是 σ 水平($Z_0$、$Z$)

西格玛水平(通常用英文字母 $Z$ 表示)是过程满足顾客要求能力的一种度量,即将过程输出的平均值、标准差与顾客要求的目标值(规格限)联系起来并进行比较,得出的结果。若过程无偏移为 $Z_0$,有偏移为 $Z$,则:

$$Z_0 = \frac{T_u - T_l}{2\sigma} \qquad Z = Z_0 + 1.5$$

举例:3 个西格玛能力如图 6-1 所示,从图中可以看出,拐点与平均值之间的距离是一个标准差。如果 3 倍的标准差都落在目标值和规格的上下限内,我们就称这个过程具有"3 个西格玛能力"。σ 前面的数字越大说明过程能力越好、越高。

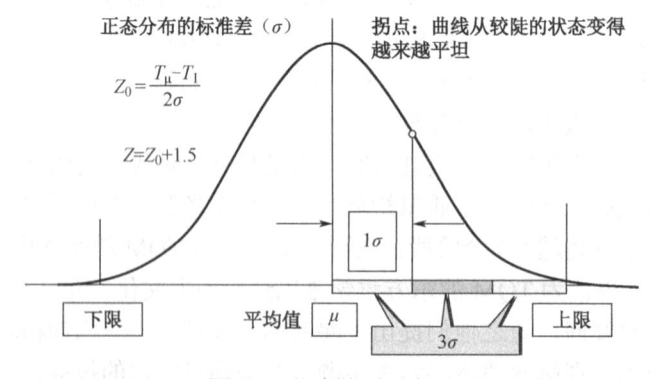

图 6-1 能力的图形表示

(3) 6σ 的含义

6σ 实际上是指六西格玛质量水平。如图 6-2 所示,过程输出质量特性平均值($\mu$)通常在规格中心点周围漂移。漂移幅度在规格中心点±1.5σ范围内。若将±1.5σ漂移计算在内，六西格玛质量特性的不符合规格限产品为0.00034%，即3.4DPPM。以此类推，质量的σ水平与合格率及不良率的对应关系见表6-1。

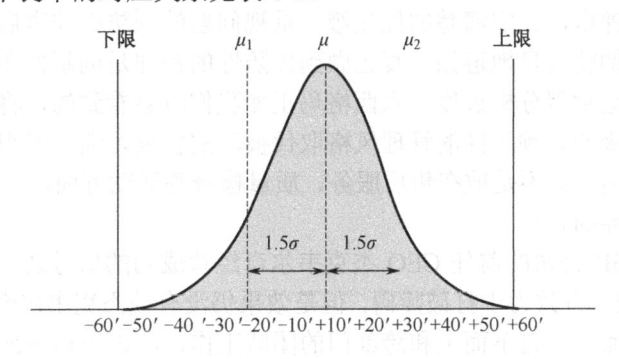

图6-2 六西格玛的图形表示

表6-1 质量的σ水平与合格率及不良率的对应关系表

| 质量水平（σ等级） | 百分比% | 不良品率（百万分比） |
|---|---|---|
| 1 | 30.85 | 691500 |
| 2 | 69.15 | 308500 |
| 3 | 93.32 | 66800 |
| 4 | 99.3790 | 6210 |
| 5 | 99.97670 | 233 |
| 6 | 99.999660 | 3.4 |

### 2．六西格玛的六大主题

主题一：真正关注顾客

在六西格玛中，以顾客为关注的焦点最为重要。举例来说，对六西格玛业绩的测量从顾客开始，通过对SIPO（供方、输入、过程、输出、顾客）模型分析，来确定六西格玛项目。因此，六西格玛改进和设计是以对顾客满意所产生的影响来确定的，六西格玛管理比TQM（全面质量管理）更加关注顾客。但六西格玛体系中的顾客已经不再是狭义的顾客，它包括外部顾客（通常所说的顾客）和内部顾客（流程的下游）。

主题二：以事实和数据驱动管理

六西格玛把"以数据和事实为管理依据"的概念提升到一个新的、更有力的水平。虽然全面质量管理在改进信息系统、知识管理等方面投入了很多注意力，但很多经营决策仍然是以主观观念和假设为基础。六西格玛原理是从分辨"什么指标对测量经营业绩是关键的"开始，然后收集数据并分析关键变量。这时问题能够被更加有效地发现、分析和解决——永久地解决。

主题三：采取的措施应针对过程

无论把重点放在产品和服务的设计、业绩的测量、效率和顾客满意的提高上或是业务经营上，六西格玛都把过程视为成功的关键载体。六西格玛活动的最显著突破之一是使得领导们和管理者确信过程是构建向顾客传递价值的途径。而全面质量管理虽然是要求全过程管理，但是缺乏重点突出。从这个角度讲，六西格玛又是一种流程管理的科学方法。

主题四：预防性的管理

本主题含义非常简单，预防即意味着在事件发生之前采取行动，而不是事后反应。六西格玛管理中，预防性的管理意味着对那些常常被忽略的经营活动养成习惯：制定有雄心的目标并经常进行评审，设定清楚的优先级，重视问题的预防而非事后补救，询问做事的理由而不是因为惯例就盲目地遵循。真正做到预防性的管理是创新性和有效变革的起点，而绝不会令人厌烦地觉得分析过度。六西格玛正如我们将会看到的，将综合利用工具和方法，以动态的、积极的、预防性的管理风格取代被动的管理习惯。组织应该把资源放在认识、改善和控制原因上而不是放在售后服务、质量检查等活动方面。

主题五：无边界的合作

"无边界"是 GE 公司的前任 CEO 杰克韦尔奇经营成功的口号之一。在推行六西格玛之前，GE 的总裁们一直致力于打破障碍，但是效果仍没有使杰克韦尔奇满意。六西格玛的推行，加强了自上而下、自下而上和跨部门的团队工作，改进公司内部的协作以及与供方和顾客的合作，这种合作机会是很多的，每天有数十亿美元浪费在组织间缺乏沟通及相互竞争上面，而这些组织本该有共同的目标：为顾客提供价值。我们所说的六西格玛对跨部门工作方式的改善即是六西格玛对"无边界"的巨大贡献。

主题六：力求完美，但又容忍失败

怎样能在力求完美的同时还能够容忍失败？从本质上来讲，这两方面是互补的。不推行新的观念和方法，没有公司能够接近六西格玛水平，而新的观念和方法通常包括一些风险。如果人们看到了接近完美的可能方法，但又太害怕随之而来的错误，他们将永远不会尝试。

幸运的是我们将要讨论的业绩改进技术中，包括大量的风险管理方法，这样挫折或失败的范围就会有所限制。虽然每个以为六西格玛目标的公司都必须力求使其财务结果趋于完美，但同时也该能够接受并管理偶然的挫折。这些理论和实践使全面质量管理一直追求的零缺陷和最佳效益的目标得以实现。

六西格玛管理是一个渐进过程，它从一个梦想或一个愿景开始，接近完美的产品和服务以及极高的顾客满意为目标。这给传统的全面质量管理注入新的动力，也使依靠质量取得效益成为现实。

### 3. 参与六西格玛项目需要培养的五项技能

（1）把握全局的能力

在六西格玛中所谓的被赋权的员工是那些有广阔的视野的人，他们还根据最终顾客的利益以及整个过程的利益做出决策。

（2）收集数据的能力

收集数据并不意味着精妙的统计运算。它指把事实从观点和猜测中剥离出来，并且能准确地记录和解释事实。在六西格玛活动中，必须以数据和事实说话。

（3）突破旧观念的能力

六西格玛变革活动中可能遇到的最大的、隐性的障碍就是我们目前对一些事情的看法。这些看法大部分被证明是错的。坚持这些看法会阻碍变革和导致自满，而自满是断送企业前程的常见病。

（4）合作能力

六西格玛项目和结局不断证实:双赢的方法比一方赢一方输的方法能创造出更高的价值。你必须接受这个理念，并且以此寻求更好的方法来组成团队，分享成果，承担责任，倾听，重视别人的意见，以及寻求产生最大收益的解决方法——这种收益往往是从客户角度开始的。

（5）在变革中发展能力

不管你喜欢或是不喜欢，变化总会发生的。当然，没有好的理由的变化是糟糕的，但是那些能使你和你的同事把事情做得更好的变化却是很棒的。最重要的技巧是：使变化为你、你的顾客和你的组织服务。

## 6.1.2 六西格玛组织的构成

六西格玛的组织机构如图 6-4 所示，主要由集团管理委员会、总倡导者、倡导者、推进办公室和项目小组等组成。各组织的组成、职责如下。

**1．六西格玛推进委员会：**

1）组成：一般由公司高层领导组成。

2）职责：①六西格玛推行初始阶段各种职位设置和架构搭建。②选择项目分配资源。③定期评估各项目进程，指出过程的优点和问题。

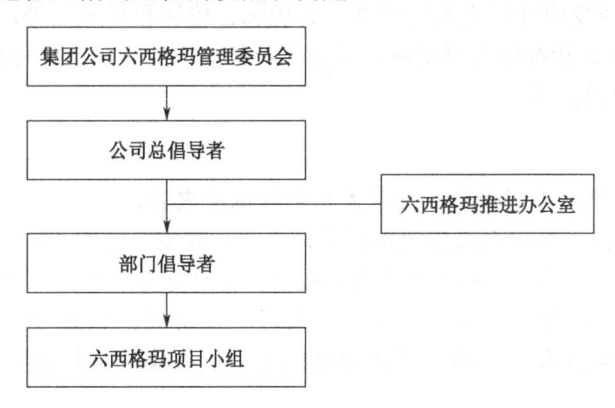

图 6-4 六西格玛的组织机构图

**2．倡导者**

1）组成：一般由公司高层领导担任（行政管理人员或者一个关键的管理人员）。

2）职责：①为六西格玛项目提供各种所需的人力、物力、信息等各方面资源。支持六西格玛项目，管理项目小组，清除项目实施时的各种障碍，化解纠纷。

②推进项目进程，帮助项目组解决问题。

③倡导者通常发起一个黑带项目，他的工作通常是战略性的，即部署实施战略、确定目标、分配资源、监控过程等，他的支持和激励是企业内六西格玛改进成功的重要驱动因素。

**3．公司六西格玛推进办公室**

1）组成：一般由各部门推举的骨干人员组成。

2）职责：①根据公司的六西格玛工作目标，协助各部门制定分解计划。②协助各部门策划六西格玛工作，系统推进质量持续改进。③支持和加强各部门六西格玛工作。协调跨部门项目的沟通与合作。④协助财务部门对六西格玛项目进行效益审核，监控六西格玛项目实际收益及效果。⑤负责公司六西格玛项目日常管理工作。包括组织、记录、协调六西格玛培训和教材选编；组织公司六西格玛项目立项审批、项目实施监控、成果发表、考核和奖励；定期总结各部门六西格玛项目的进程和质量改善效果；协调并记录各部门六西格玛工作奖励情况。⑥负责公司黑带大师、黑带、绿带的资格认证和管理工作。⑦负责公司六西格玛宣传、推广及其他相关工作。

4．部门六西格玛推进小组

1）组成：一般由各部门指定的黑带、绿带人员组成。

2）职责：①执行本单位六西格玛工作及推行质量改善工作。②执行本单位策略任务。③负责各部门的项目协调，解决合作中出现的问题。④定期总结本单位六西格玛项目的进程、业绩及效果。⑤参加公司六西格玛办公室组织的跨部门项目。⑥监控项目实际收益及效果。⑦本单位六西格玛奖励和考核。⑧向本单位倡导者汇报六西格玛推进工作的进展和实际收益的改进绩效。

5．黑带大师（MBB）

（1）组成：黑带大师是从高层管理、技术人员中挑选出来的。

（2）职责：主任黑带是全职六西格玛管理人员，其主要职务为：①与倡导者共同协调六西格玛项目的选择及项目组成人员培训。②挑选、培训和指导黑带，对黑带实施技术支持。③组织人员、协调和推进项目实施，保证黑带和他们的团队工作保持在一定的轨道上，能够恰当地完成他们的工作。

6．黑带（BB）

1）组成：黑带是从中层管理、技术人员中挑选出来的。

2）职责：黑带也是专职六西格玛项目管理人员，其主要的职责：①负责具体的六西格玛项目及其团队的管理。②培训绿带及项目成员。③对绿带工作给予支持。④负责使团队开始运作，树立信心，观察和参加培训，管理团队地进展，以及使项目最终获得成功。⑤黑带必须拥有多项技术，包括：解决问题的能力，收集和分析数据的能力，领导才能和很好的管理意识。

7．绿带（GB）

1）组成：一般由基层骨干人员组成。

2）职责：绿带为兼职六西格玛项目管理人员，其主要职责：①负责具体执行和实施六西格玛项目。②对项目组成员进行培训和指导。③把六西格玛心得理念和工具带到企业日常活动中去。

8．项目小组成员

1）组成：主要由绿带及一线员工组成。

2）职责：项目成员为六西格玛项目的具体实施人员，主要职责：①按 DMAIC 流程运用适当工具实施六西格玛项目。②参加项目会议，与小组其他成员合作，完成会议决议及组长安排的工作。

### 6.1.3 六西格玛项目的选择

我们知道，六西格玛管理法是通过获取客户心声而得到关键质量 CTQ（Critical To

Quality），再通过实施多个六西格玛改善项目以 DMAIC 模式来达到突破性改善的目标，那么如何选择六西格玛项目？选择项目时必须考虑哪些因素？这对于改善能否成功，改善效果是否显著非常重要。

**1. 项目选择的基本着眼点**

①对客户满意度产生影响。②与组织发展战略相符。③项目财务收益（按项目结束后一年内的收益计算，收益底线视公司的具体规模及销售额而定）。④成功机会大。⑤项目范围大小适当。⑥项目须由高层管理支持并批准。

**2. 选择六西格玛项目的标准**

1）对公司和客户利益有重大影响：①首先选择的项目应是客户关注的，与客户满意度密切相关的。②所选择的项目应对组织业绩有显著影响，组织存在的目标在于追求收益，如所选六西格玛项目对组织的生存和发展关系不大，则价值不大。

2）所选项目应为原因尚未搞清楚，解决方案未知的项目。如果原因已经很清楚，只是改善需要投入成本过高，而暂未进行的，则没有必要作为六西格玛项目，如公司 PCBA 焊接品质差的原因已知为手工插件弯脚所致，根本改善对策为购买自动插件机来代替人工插件，但公司出于发展战略考虑暂未购买，此改善项目就没有必要作为六西格玛项目；如果解决方案已知，同样不必作为六西格玛项目。因为六西格玛系统在推行时需要资源投入，如果问题很简单，没有必要投入资源去按照项目的模式实施，可以用较简单的六西格玛思想和方法解决。

3）所选的项目应可实施：①项目的复杂性应在适当范围。②项目的范围应可管理。③项目所需的资源应可得到。④项目实施应取得高层支持和认同。

**3. 六西格玛项目选择的一般流程**

选择六西格玛项目时，一般按以下流程来进行，如图 6-5 所示，共有 11 个步骤。
（1）确认你所提供的产品和服务

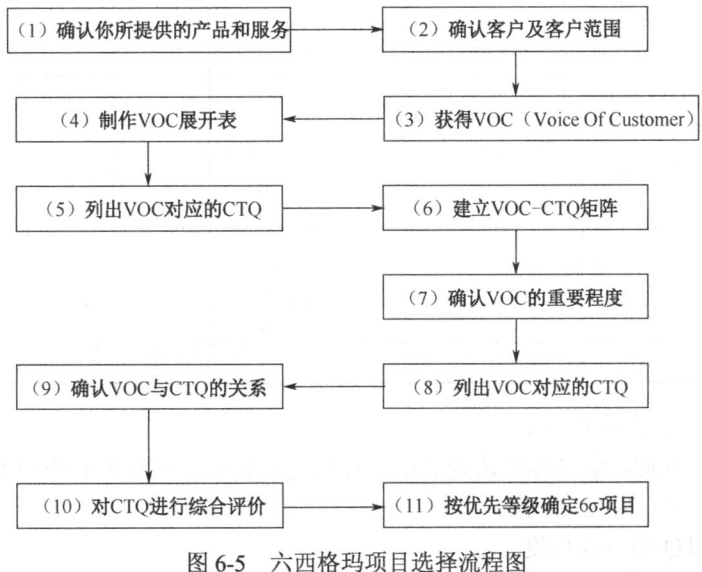

图 6-5 六西格玛项目选择流程图

(2) 确认客户及客户范围

六西格玛项目始于"客户的心声"(VOC, Voice Of Customer), 因此, 找准客户是关键的第一步。客户分为外部客户和内部客户两种, 一般是以外部客户为主, 某些支持性部门如后勤一般与外部客户关系不大, 其客户可定位为内部客户, 人事部门所面对的也是内部客户。

(3) 获得 VOC

获取 VOC 的渠道很多, 如正式的会谈、市场调查、顾客满意度调查、客户投诉、服务部门的报告等。如, 通过调查顾客对 DVD 产品的要求, 了解液晶电视机厂家的 VOC 为读碟能力强、兼容性好、使用寿命长等。

(4) 制作 VOC 展开表

展开表是将经过整理的 VOC 分层次进行展开, 以便直观察看的一种表格。如以上所提到的 VOC 之一——读碟能力强可进一步分解为: 高档碟可读、轻微划伤或脏污的碟也可读。

(5) 列出 VOC 对应的 CTQ

每一个 VOC 对应着一个或数个产品的技术要求, 即关键质量指标 (CTQ)。

(6) 建立 VOC-CTQ 矩阵

在列出 VOC 展开表和 VOC 对应的 CTQ 后, 可将 VOC 展开表与 CTQ 相对应建立 VOC-CTQ 矩阵, 以 DVD 产家为例, VOC-CTQ 矩阵如表 6-2 所示。

表 6-2 VOC-CTQ 矩阵

| VOC（客户的心声） | | CTQ（关键质量因子） | | 技术性能 | | | | | | |
|---|---|---|---|---|---|---|---|---|---|---|
| | | | | 设计 | | | | 组件选择 | | ... |
| | | | | 光路设计 | 结构设计 | 接口设计 | 电路设计 | 元器件兼容性 | 关键元件质量 | |
| | | | | 9 | 3 | 1 | 1 | 3 | 3 | |
| 好用且耐用 | 读碟能力强 | 高档碟可读 | 1 | ○ | | | | | | |
| | | 普通碟可读 | 5 | ○ | ◎ | | | | ○ | |
| | | 轻微划花或脏污的碟也可读 | 1 | | ◎ | | ○ | | ○ | |
| | 兼容性强 | 与SONY伺服板兼容 | 1 | | | ◎ | | ◎ | | |
| | | 与三星伺服板兼容 | 1 | | | ◎ | | ◎ | | |
| | 轻巧 | 重量轻 | 2 | ◎ | ◎ | | | | | |
| | | 厚度薄 | 1 | ◎ | ◎ | ▲ | | | | |
| | | 体积小 | 1 | ◎ | ◎ | ▲ | | | | |
| | ... | | | | | | | | | |

(7) 确认 VOC 的重要程度

对各项客户 VOC, 根据客户认为的重要程度进行评分, 按重要到不重要分为 5 档进行评分, 分别为 5、4、3、2、1 分。

(8) 确认 CTQ 的重要程度

各项 CTQ 的重要程度是指技术上实现的难易度, 按由难到易分三档进行评分, 分别是

9、3、1。

（9）确定 VOC 与 CTQ 的关系

VOC 与 CTQ 的相关关系可在 VOC-CTQ 矩阵中确定，其相关关系可分为三级，从相关性强至相关性弱分别为 9、3、1，用符号表示为：◎=9，○=3，▲=1。

（10）对 CTQ 进行综合评估

评分的方法如下："高档碟可读"与"光路设计"相关关系为"○"，则其关系程度为：3，"高档碟可读"之 VOC 的重要性为：1，"光路设计"之 CTQ 的难易度为：9，则："○"对应的分数为（1+9）×3=30。依次可计算出各 VOC 与 CTQ 相关点的分值如表 6-3 所示。从表中可以看出，"光路设计"之 CTQ 的综合评分为：351 分，其他 CTQ 的分数计算方法与此相同。

表 6-3 "光路设计"之 CTQ 综合评分表

| VOC（客户的心声） | 光路设计 | |
| --- | --- | --- |
|  | 相关符号 | 分值 |
| 高档碟可读 | ○ | 30 |
| 普通碟可读 | ○ | 42 |
| 重量轻 | ◎ | 99 |
| 厚度薄 | ◎ | 90 |
| 体积小 | ◎ | 90 |
| 合计分数 | | 351 |

同时还须根据所有 CTQ 综合评分分值的大小对各个 CTQ 进行排序，确定各个 CTQ 的优先级别。

（11）根据各个 CTQ 的优先级别来选定要实施的六西格玛项目

六西格玛项目是一个系统工程，往往需要跨部门功能小组来实施，但有些六西格玛项目涉及范围小，实施部门大多为支持部门，目标客户也大多为内部客户，此时可以简化项目选择流程来选择六西格玛项目。

## 6.1.4 六西格玛改进流程方法——DMAIC

### 1. 什么是 DMAIC

DMAIC 是六西格玛管理中流程改善的重要工具。六西格玛管理不仅是理念，同时也是一套业绩突破的方法。它将理念变为行动，将目标变为现实。这套方法就是六西格玛改进方法 DMAIC 和六西格玛设计方法 DFSS。

DMAIC 是指定义（Define）、测量（Measure）、分析（Analyze）、改进（Improve）、控制（Control）五个阶段构成的过程改进方法，一般用于对现有流程的改进，包括制造过程、服务过程以及工作过程等等。

DFSS 是 Design for Six Sigma 的缩写，是指对新流程、新产品的设计方法。

### 2. DMAIC 的主要工作

DMAIC 的主要工作如表 6-4 所示。

### 3. DMAIC 各阶段的常用工具

六西格玛的各阶段决策均是数据给出的。为此，六西格玛管理法的各个阶段均有系统的处理数据的方法和工具，各阶段常用工具如下。

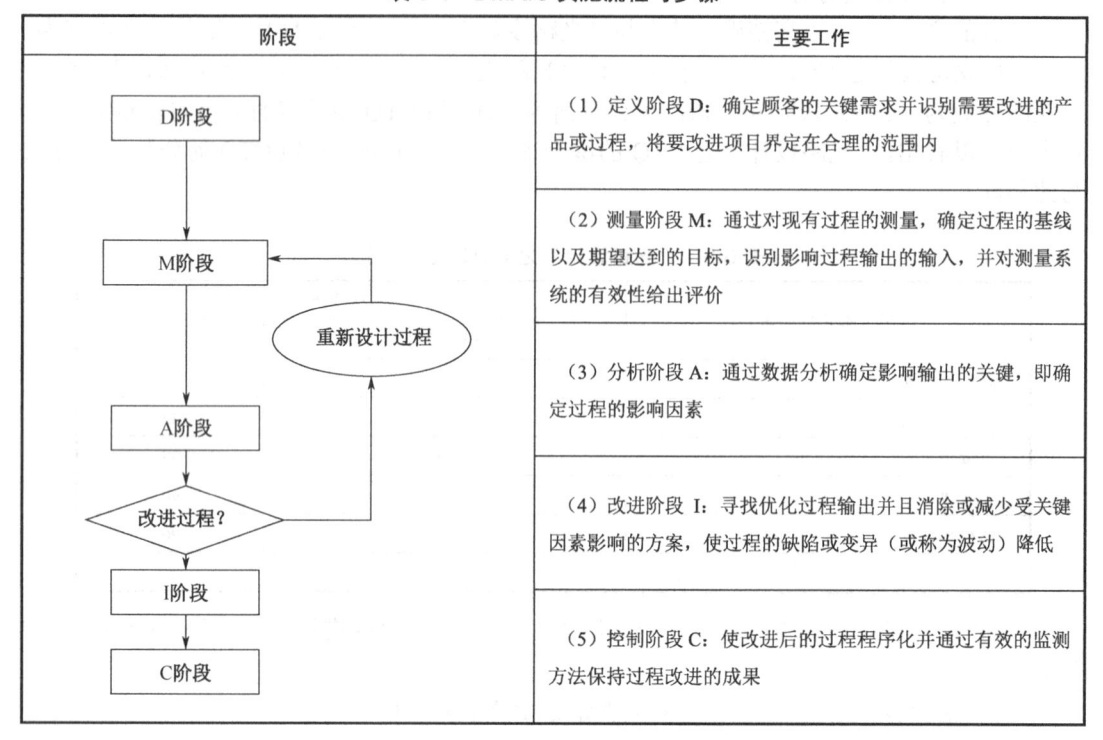

表 6-4　DMAIC 实施流程与步骤

| 阶段 | 主要工作 |
| --- | --- |
| D阶段 → M阶段 → 重新设计过程 → A阶段 → 改进过程? → I阶段 → C阶段 | （1）定义阶段 D：确定顾客的关键需求并识别需要改进的产品或过程，将要改进项目界定在合理的范围内 |
| | （2）测量阶段 M：通过对现有过程的测量，确定过程的基线以及期望达到的目标，识别影响过程输出的输入，并对测量系统的有效性给出评价 |
| | （3）分析阶段 A：通过数据分析确定影响输出的关键，即确定过程的影响因素 |
| | （4）改进阶段 I：寻找优化过程输出并且消除或减少受关键因素影响的方案，使过程的缺陷或变异（或称为波动）降低 |
| | （5）控制阶段 C：使改进后的过程程序化并通过有效的监测方法保持过程改进的成果 |

（1）定义阶段常用工具

柏拉图、箱图、流程分析、KANO 分析、质量功能展开、质量成本分析、因果图。

（2）测量阶段常用工具

散布图、直方图、基本统计、正态性检验、时间序列图、条形图、箱图、测量系统分析、失效模式和影响分析、过程能力分析。

（3）分析阶段常用工具

多变量分析、假设检验、置性区间与参数估计、回归分析、方差分析、直方图、柏拉图、箱图。

（4）改善阶段常用工具

试验设计、头脑风暴法。

（5）控制阶段常用工具

控制图、预控图、防错程序、统计过程控制、标准作业程序。

### 4. DMAIC 的实施步骤

（1）测量阶段 D

问题或机会和目标的陈述→将顾客之声转换成顾客关键要求→确定项目的范围、计划及预期效益→绘制和分析流程图→识别"快赢"并改进流程→完善项目授权书→制定团队指导方针和基本准则。

（2）测量阶段 M

IPO（输入、过程和输出）指标分析→制定运行定义和数据收集计划→测量系统分析→收集并分析数据→过程稳定性分析→过程能力分析→收集相关指标数据。

（3）分析阶段 A

流程分层→定性识别和筛选潜在根本原因→制定根本原因的验证计划→验证根本原因。

（4）改进阶段 I

针对确认的根本原因提出改进方案→评估并筛选改进方案→制定实施经确认的改进方案计划→验证实施结果计划→按计划验证实施结果。

（5）控制阶段 C

制定控制计划→实施控制计划→固化改进方案→推广项目成果→项目结题并移交→团队总结经验教训及建立下一步措施和计划。

## 任务实施

### 1. 实验准备

1）上网计算机，Windows 操作系统。

2）IE6 及以上浏览器。

3）Office：Microsoft Excel 2003，Microsoft Word 2003。

4）MINITAB 16 软件。

### 2. 实验过程

例：求关键输入变量。

某厂来料加工成品线路板，该厂最近生产的成品线路板经常出现各种缺陷，工厂质量管理小组的负责人决定运用因果矩阵工具对成品线路板的生产过程进行分析，找出影响缺陷的关键因素，并制定相应的策略，从而消除缺陷，改善产品质量。

1）质量管理小组根据成品线路板的加工工序流程，结合目前的产品缺陷，经过调查研究和头脑风暴法，得出成品线路板加工过程主要出现的问题如下：①线路板组件不良。②焊接短路。③焊接少锡。④功能测试不良。⑤在线测试不良。

2）成品线路板质量问题的重要程度赋值如表 6-5 所示。

表 6-5 成品线路板质量问题的重要程度赋值表

| 关键输出变量名称 | 赋值 | 关键输出变量名称 | 赋值 |
| --- | --- | --- | --- |
| 线路板组件不良 | 10 | 功能测试不良 | 10 |
| 焊接短路 | 8 | 在线测试不良 | 10 |
| 焊接少锡 | 5 | 板裂 | 9 |

3）质量管理小组调查分析成品线路板生产过程中的各个工序的主要影响因素，对成品线路板输入变量与输出变量的相互关系进行赋值，绘制出如表 6-6 所示的因果矩阵。

4）要求确定关键输入变量。

表 6-6 因果矩阵表

| 序号 | 工序 | 输入变量 | 线路板组件不良 | 焊接短路 | 焊接少锡 | 功能测试不良 | 在线测试不良 | 板裂 | 得分 |
|---|---|---|---|---|---|---|---|---|---|
| | | | 10 | 8 | 5 | 10 | 10 | 9 | |
| 1 | 丝网印刷 | 印刷机调整 | 1 | 2 | 5 | 0 | 0 | 0 | |
| | | 胶水密度 | 1 | 0 | 0 | 0 | 0 | 0 | |
| 2 | SMT 贴片 | 贴片速度 | 1 | 3 | 4 | 0 | 4 | 0 | |
| | | SMT 料包装 | 1 | 5 | 5 | 0 | 3 | 0 | |
| 3 | 回流焊接炉 | 回流焊参数设置 | 2 | 4 | 6 | 2 | 4 | 0 | |
| 4 | 半成品检查 | 检查员能力 | 1 | 4 | 4 | 2 | 2 | 0 | |
| | | 生产速度 | 1 | 2 | 2 | 2 | 2 | 0 | |
| 5 | 插件 | 作业员能力 | 3 | 8 | 8 | 2 | 2 | 0 | |
| | | 生产速度 | 1 | 2 | 2 | 1 | 1 | 0 | |
| 6 | 弯脚 | 弯脚工具 | 5 | 8 | 8 | 4 | 3 | 0 | |
| | | 作业员能力 | 4 | 5 | 5 | 3 | 1 | 0 | |
| 7 | 过波峰炉 | 波峰炉参数 | 10 | 10 | 10 | 5 | 6 | 5 | |
| | | 助焊剂型号 | 3 | 5 | 7 | 0 | 0 | 0 | |
| 8 | 焊点检查 | 检查员能力 | 8 | 3 | 3 | 0 | 0 | 0 | |
| 9 | 执锡 | 烙铁参数 | 2 | 4 | 2 | 0 | 0 | 0 | |
| | | 执锡方法 | 3 | 5 | 0 | 5 | 6 | 0 | |
| 10 | 在线测试 | 夹具设置 | 8 | 0 | 0 | 0 | 10 | 0 | |
| 11 | 功能测试 | 程序设置 | 10 | 0 | 8 | 0 | 0 | 0 | |
| 12 | 贴标贴纸 | — | 1 | 0 | 0 | 0 | 0 | 0 | |
| 13 | 外观检查 | 检查员能力 | 2 | 1 | 1 | 0 | 8 | 0 | |
| 14 | 包装 | — | 1 | 0 | 0 | 0 | 0 | 0 | |

# 练 习

## 一、名词解释

1. 六西格玛；2. 黑带大师（MBB）；3. 绿带（GB）；4. DMAIC；5. CTQ。

## 二、选择题

1. VOC 是指（　　）
   A．质量特性　　　　　　　　B．客户需求
   C．质量水平　　　　　　　　D．标准差
2. 最早实施六西格玛质量策略的公司是（　　）
   A．美国 GE 公司　　　　　　B．Amazon 公司
   C．三星公司　　　　　　　　D．摩托罗拉公司

3．六西格玛的质量水平与百万机会缺陷数的对应值是（　　）。
   A．66807　　　　B．6210　　　　C．233　　　　D．3.4
4．负责具体的六西格玛项目及其团队的管理是（　　）的职责。
   A．倡导者　　　　　　　　　　　B．黑带大师
   C．黑带　　　　　　　　　　　　D．绿带
5．六西格玛项目选择的一般流程的第一步是（　　）。
   A．确定产品或服务　　　　　　　B．获得 VOC
   C．评估 CTQ　　　　　　　　　　D．制作 VOC 展开表

三、填空题

1．_____用来描述任一过程参数的平均值的分布或离散程度。

2．西格玛水平是（通常用英文字母 Z 表示）是过程满足____要求能力的一种度量，即将过程输出的平均值、_____与顾客要求的目标值、规格限联系起来并进行比较，得出的结果。

3．参加六西格玛项目应培养的五大技能是：把握全局的能力、_____、突破旧观念的能力、合作能力和_____。

四、简答题

1．简述六西格玛的内涵。
2．六西格玛的组织是由几部分构成的？
3．六西格玛项目的选择有什么标准？
4．六西格玛有哪六大主题？
5．简述 DMAIC 各阶段的实施步骤。

# 任务2　六西格玛部分工具的应用

## 任务描述

六西格玛是一个代名词，含义是客户驱动下的持续改进，旨在持续改进企业业务流程，使客户满意。其方法体系的运用不仅局限于解决质量问题，而且包括时间、成本、服务等各个方面。其方法体系也不仅仅是统计技术，而是一系列的管理技术和工业工程技术的集成。因此，任何能够帮助你更好地理解、处理和改进一项业务或过程的方法和技术都可称为是六西格玛工具，包括近年的一些精益工具（如快速换模）也可认为是六西格玛工具。但有些技术对于计划和运行六西格玛项目是特别关键的。掌握这些工具将可以使你更清楚六西格玛是如何工作的。本任务主要学习假设检验、方差分析、DOE、FMEA 和 QFD 等工具的应用。

## 知识准备

## 6.2 六西格玛部分工具的应用

### 6.2.1 假设检验

**1. 定义**

假设检验是评估有关总体的两个互斥语句的过程。假设检验使用样本数据来确定数据对哪个语句提供最佳支持。这两个语句被称为原假设和备择假设。它们始终是有关总体属性的语句,如参数值、多个总体的对应参数之间的差异,或能够最好地描述总体的分布类型。可以使用假设检验回答的问题的示例包括:女大学生的平均身高是否等于66英寸?她们身高的标准差是否等于5英寸?男大学生和女大学生的身高是否相等?女大学生的身高是否服从正态分布?

假设检验是一种常用的统计工具,在质量管理活动中,能熟练应用会取得事半功倍的效果。例如,某公司加工一批零件,外圆直径的目标值为5.5mm,过去的标准差为0.016,要判断该批零件外圆直径均值是否超出目标,只须从加工的零件中抽取样本,通过MINITAB假设检验即可得出结论。

**2. 假设检验的类别**

假设检验依据不同的条件和用途可分为三类:比较一个样本与目标,相互比较两个样本,比较两个以上的样本。具体内容如表6-7所示。

表6-7 假设检验类别

| 类别1 | 类别2 | 类别3 |
| --- | --- | --- |
| 比较一个样本与目标 | 相互比较两个样本 | 比较两个以上的样本 |
| 1. 单样本 $t$($u$ 已知)<br>2. 单样本标准差 $Z$($\sigma$ 已知)<br>3. 单样本不良率($p$ 已知)<br>4. 卡方拟合优度 | 1. 双样本 $t$<br>2. 配对 $t$<br>3. 双样本标准差<br>4. 双样本不良率<br>5. 卡方拟合优度 | 1. 单因子方差分析<br>2. 标准差检验<br>3. 卡方不良率<br>4. 相关卡方检验 |

**3. 假设检验的步骤**

假设检验的一般操作步骤:

① 建立原假设和备择假设。原假设:$H_0$ 说明总体参数等于所需值,如 $H_0$:$u = 5$。备择假设:$H_1$ 或 $H_A$,说明总体参数不同于原假设中的总体参数的值,如 $u < 5$ 或 $u > 5$ 或 $u \neq 5$。

② 选择显著性水平(一般为5%)。

③ 选择检验方法。

④ 计算关于样本数据的 P 值。

⑤ 比较 P 值和显著性水平导出的结论。$P>0.05$ 时，接受原假设，拒绝备择假设；$P<0.05$ 时，接受备择假设，拒绝原假设。

4．假设检验事例

在 MINITAB 中有两种操作方法：一是选择统计 > 基本统计量 > 假设检验类别，如单体样本；二是选择协助>假设检验>选择一种假设检验。

某电子公司为了提高生产效率，降低成本，对某一产品进行可制造性的改进，形成另一种产品。现须评估改进前后两种产品的主要性能是否发生变化。该产品的主要性能是传感距离，分别从两种产品批量生产中随机抽取的样本的测量数据如表 6-8 所示。

表 6-8 样本的测量数据　　　　　　　　　　　　　　　　单位：mm

| 改进前 | | | | 改进后 | | | |
|---|---|---|---|---|---|---|---|
| 4.93 | 4.89 | 4.84 | 4.97 | 4.85 | 4.87 | 4.85 | 4.90 |
| 4.90 | 4.88 | 4.92 | 4.93 | 4.96 | 4.89 | 4.81 | 4.84 |
| 4.88 | 4.87 | 4.87 | 4.93 | 4.88 | 4.90 | 4.87 | 4.91 |
| 4.90 | 4.88 | 4.93 | 4.91 | 4.85 | 4.92 | 4.96 | 4.95 |
| 4.93 | 4.91 | 4.95 | 4.95 | 4.90 | 4.85 | 4.91 | 4.86 |

本题采用 MINITAB 解决。原假设：$u_{改进前}=u_{改进后}$；备择假设：$u_{改进前}\neq u_{改进后}$。

方法一：在工作表中将数据分别输入在 C1 和 C2 列，选择统计 > 基本统计量 >2t 双样本 t，然后按图 6-6 所示输入对话框，再按确定。会话窗口输出结果如下。

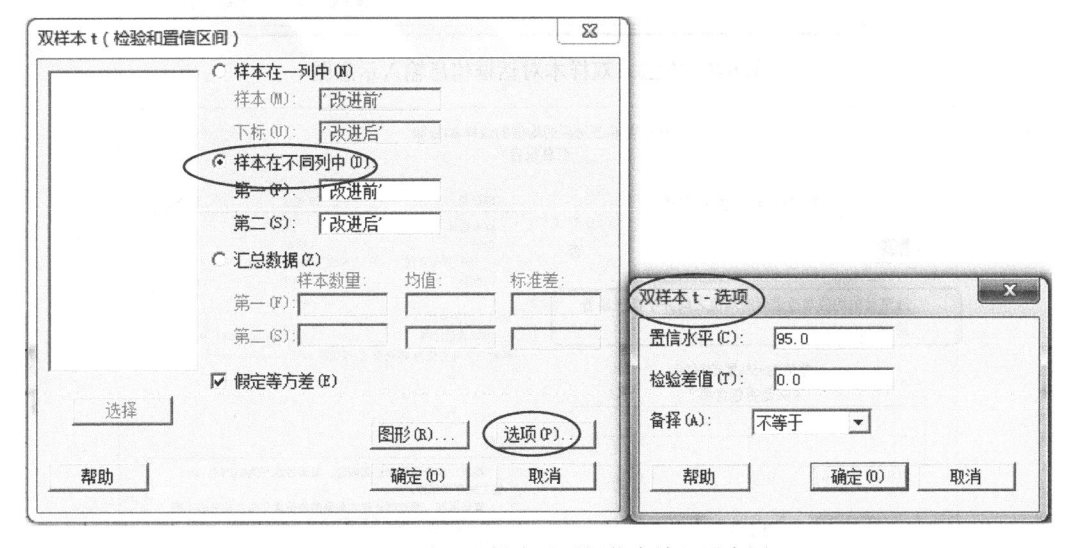

图 6-6　方法一双样本对话框信息输入示意图

```
改进前 与 改进后 的双样本 T
        N      均值      标准差    均值标准误
改进前   20    4.9085    0.0327    0.0073
改进后   20    4.8865    0.0412    0.0092
差值 = mu （改进前） - mu（改进后）
```

差值估计值：0.0220
差值的95%置信区间：（-0.0018， 0.0458）
差值 = 0（与 ≠）的 T 检验：T 值= 1.87 P 值 = 0.069 自由度 = 38
两者都使用合并标准差 = 0.0372

解释结果：$P = 0.069 > 0.05$，说明改进前后性能没有显著变化。

方法二：选择协助>假设检验，单击双样本 t，按图 6-7 所示输入对话框内容，然后再按确定，输出结果如图 6-8 所示。从图中很容易看出结论同方法一。

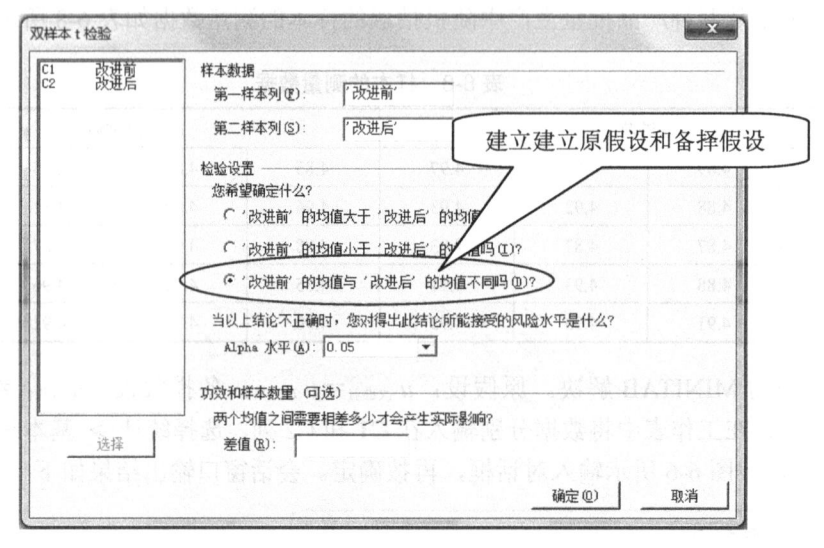

图 6-7 方法二双样本对话框信息输入示意图

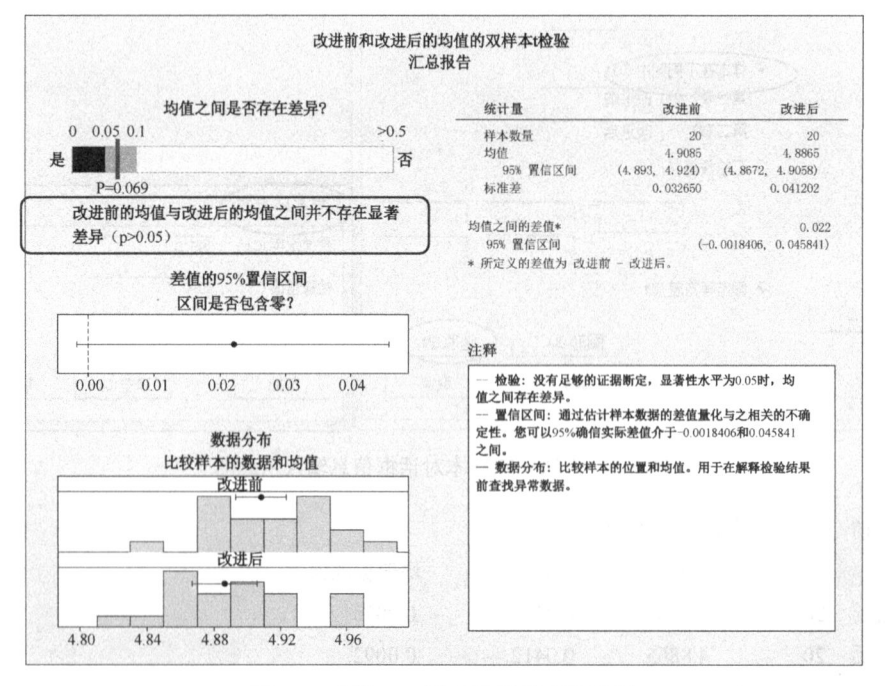

图 6-8 方法二双样本检验输出结果图

### 5. 方差分析

（1）什么是方差分析

方差分析（Analysis of Variance，简称 ANOVA），又称"变异数分析"或"F检验"，是英国统计与遗传学家，现代统计科学的奠基人之一的罗纳德·艾尔默·费希尔发明的，用于两个及两个以上样本均值差别的显著性检验。

（2）方差分析的主要作用

方差分析（ANOVA）用来分析响应变量（连续型数据）与一个或多个预测变量（离散型数据）之间关系。实际上，方差分析将用于检验两个总体均值相等性的双样本检验扩展到更一般的比较两个以上均值相等性的原假设，以及对应的均值并非全都相等的备择假设。

（3）方差分析的基本原理

方差分析依据的基本原理就是方差的可加性原则。作为一种统计方法，方差分析把实验数据的总变异分解为若干个不同来源的分量。一是表示本组内数据间的随机误差的大小，用 $SS_E$ 表示，称为组内离差平方和；二是表示不同组数据间的差异，用 $SS_A$ 表示，称为组间离差平方和。因此，数据总的离差平方和 $SS_T=SS_A+SS_E$。

方差分析的基本思想就是求出组间离差平方和 $SS_A$ 和组内离差平方和 $SS_E$ 比值。比值越大，说明因子越显著。为了消除样本个数及水平数的影响，在计算比值时，还要除以各自的自由度，得到其均方和 $MS_A$ 和 $MS_E$，该比值称为 $F$ 统计量。见表 6-9。

表 6-9 各种离差平方和的关系式

| 来源 | 离差平方和 | 自由度 | 均方和 | F |
| --- | --- | --- | --- | --- |
| 因子 | $SS_A$ | $dF_A=K-1$ | $MS_A=SS_A/df_A$ | $F=MS_A/MS_E$ |
| 误差 | $SS_E$ | $dF_E=n-K$ | $MS_E=SS_E/df_E$ | |
| 总和 $T$ | $SS_T=SS_A+SS_E$ | $dF_T=n-1$ | | |

$K$ 表示实验条件下的个数；$n$ 表示每种实验条件中的被试个数。

（4）方差分析的假设检验

1）方差分析的假定条件：

① 正态假定：假定因子有 $K$ 个水平，每一水平服从均值为 $u_i$、方差为 $\sigma^2$ 的正态分布，$i=1, 2, \cdots, K$，每一水平下的指标便构成一总体。

② 方差相等：因子在每一水平下服从正态分布且方差相等。

③ 数据相互独立：对于第 $i$ 个水平下收集的数据是相互独立的。

2）在上述三个条件成立的前提下，建立检验假设。

$H_0$：多个样本总体均值相等，即 $u_1=u_2=\cdots=u_i$。

$H_1$：多个样本总体均值不相等或不全等，即 $u_1 u_2 \cdots u_i$ 中至少有一组不相等。

（5）使用 MINITAB 进行方差分析举例

某团队要考查温度对某一产品硬度的影响，选择了 300℃，500℃，800℃，8000℃来进行实验，希望评估温度对产品硬度是否存在显著影响。其数据见表 6-10。

表 6-10　各种温度条件下的硬度测量值

| 温度（℃） | 300 | 500 | 800 | 8000 | 总和 |
| --- | --- | --- | --- | --- | --- |
| 硬度（N） | 90 | 95 | 91 | 96 | |
| | 92 | 93 | 90 | 96 | |
| | 88 | 91 | 93 | 97 | |
| | 89 | 92 | 89 | 94 | |
| | 92 | 95 | 88 | 92 | |
| 和 | 451 | 466 | 451 | 475 | |
| 均值 | 90.2 | 93.2 | 90.2 | 95 | 92.15 |

解：因子是温度，因子的不同取值水平（300℃，500℃，800℃，8000℃）是离散型数据。响应变量是硬度，为连续型数据。因此，选择只有一个因子的方差分析：单因子方差分析。

1）验证是否满足方差分析条件：

① 正态检验：在 MINITAB 16 中选择图形 > 概率图 > 多个，然后在出现的对话框中将图形变量选为硬度，用于分组的类别变量选择温度，同时勾选图形变量构成组。如图 6-9 所示。

最后单击确定则出现图 6-10 所示硬度概率图。由于图概率图中各种温度下的 $P>0.05$，因此，满足了方差分析的正态分布要求。

② 等方差检验：选择统计 > 方差分析 > 等方差检验，则在会话窗口中输出：

等方差检验：硬度与温度

95% 标准差 Bonferroni 置信区间

| 温度 | N | 下限 | 标准差 | 上限 |
| --- | --- | --- | --- | --- |
| 300 | 5 | 0.94436 | 1.78885 | 7.42152 |
| 500 | 5 | 0.94436 | 1.78885 | 7.42152 |
| 800 | 5 | 1.01546 | 1.92354 | 7.98029 |
| 8000 | 5 | 1.05582 | 2.00000 | 8.29751 |

Bartlett 检验（正态分布）

检验统计量 = 0.07，p 值 = 0.995

Levene 检验（任何连续分布）

检验统计量 = 0.00，p 值 = 1.000

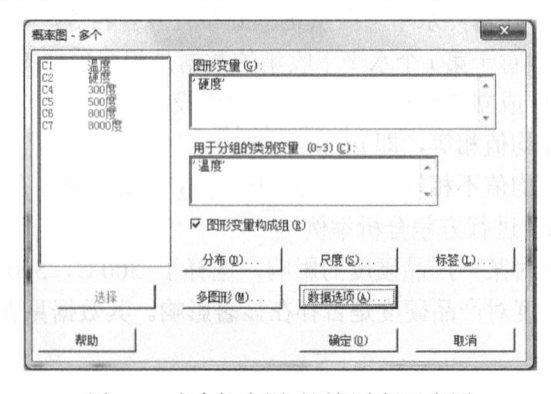

图 6-9　多个概率图对话框选择示意图

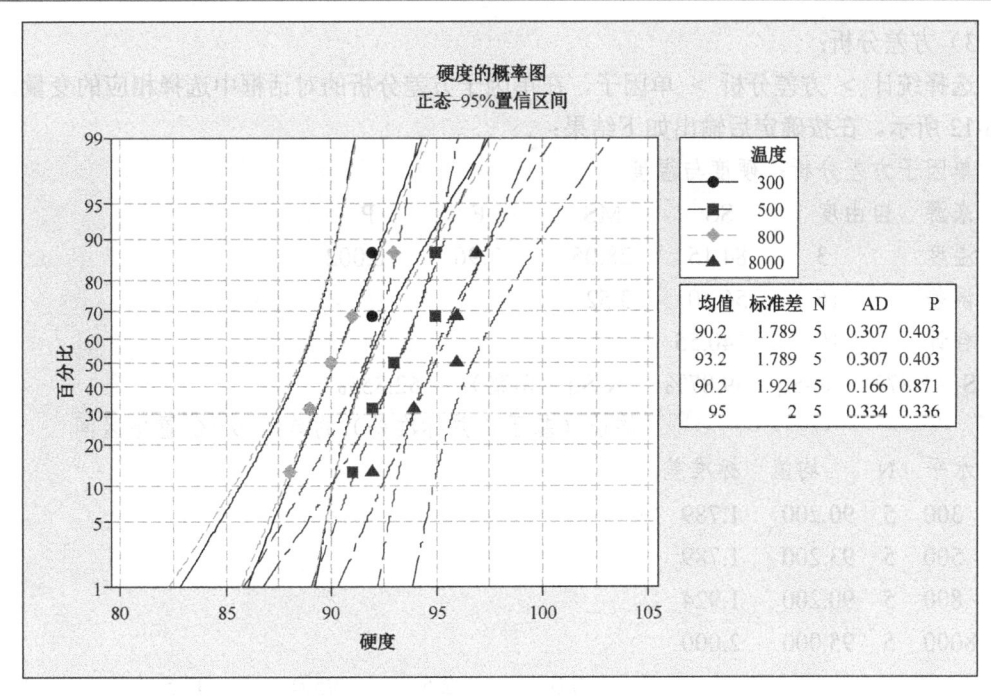

图 6-10　正态分布检验的概率图

由于正态分布下 $P = 0.995 > 0.05$，因此，通过了等方差检验，如图 6-11 所示。
③数据相互独立：数据的独立性在数据收集中必须保证。
2）建立假设检验：
$H_0$：4 种温度条件下硬度总体均值相等，即 $u_1=u_2=u_3=u_4$
$H_1$：4 种温度条件下硬度总体均值不相等或不全等，即 $u_1\ u_2\cdots u_4$ 中至少有一组不相等。

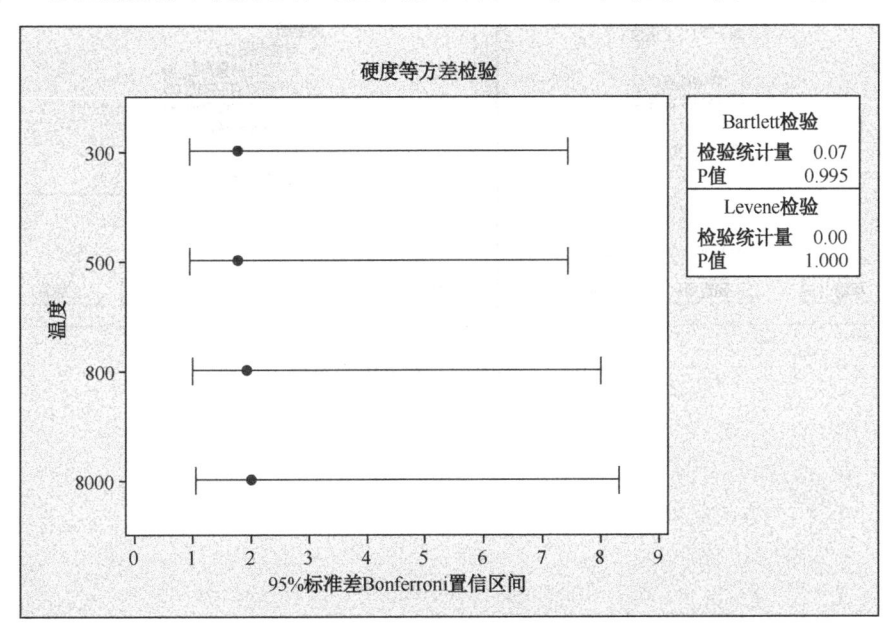

图 6-11　硬度等方差检验图

3）方差分析：

选择统计 > 方差分析 > 单因子，在单因子方差分析的对话框中选择相应的变量，如图 6-12 所示。在按确定后输出如下结果：

单因子方差分析：硬度与温度

| 来源 | 自由度 | SS | MS | F | P |
|---|---|---|---|---|---|
| 温度 | 3 | 84.15 | 28.05 | 7.96 | 0.002 |
| 误差 | 16 | 56.40 | 3.52 | | |
| 合计 | 19 | 140.55 | | | |

S = 1.877    R-Sq = 59.87%    R-Sq（调整）= 52.35%

均值（基于合并标准差）的单组 95% 置信区间

| 水平 | N | 均值 | 标准差 |
|---|---|---|---|
| 300 | 5 | 90.200 | 1.789 |
| 500 | 5 | 93.200 | 1.789 |
| 800 | 5 | 90.200 | 1.924 |
| 8000 | 5 | 95.000 | 2.000 |

90.0    92.5    95.0    97.5

合并标准差 = 1.877

从输出结果 $P=0.002<0.05$ 及图 6-13 硬度与温度的单值图可以得出，不同的温度对硬度有显著的影响。

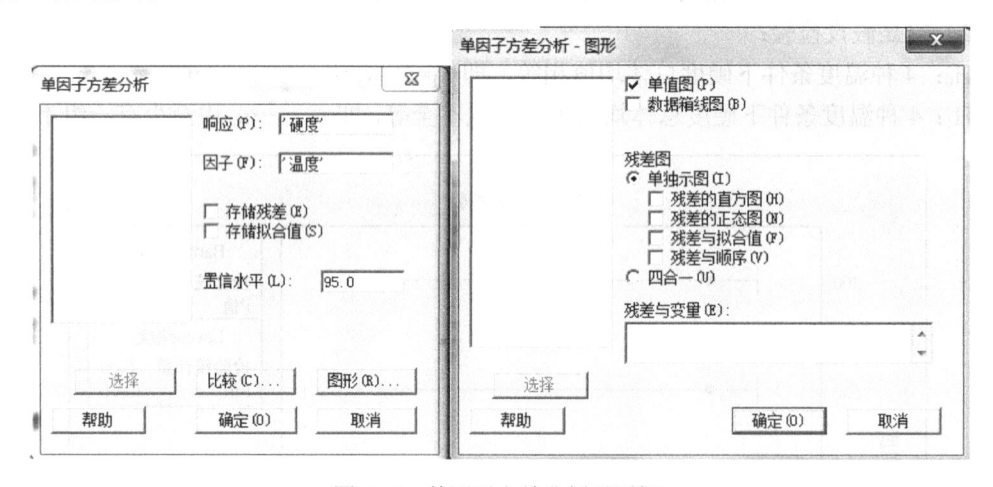

图 6-12　单因子方差分析对话框

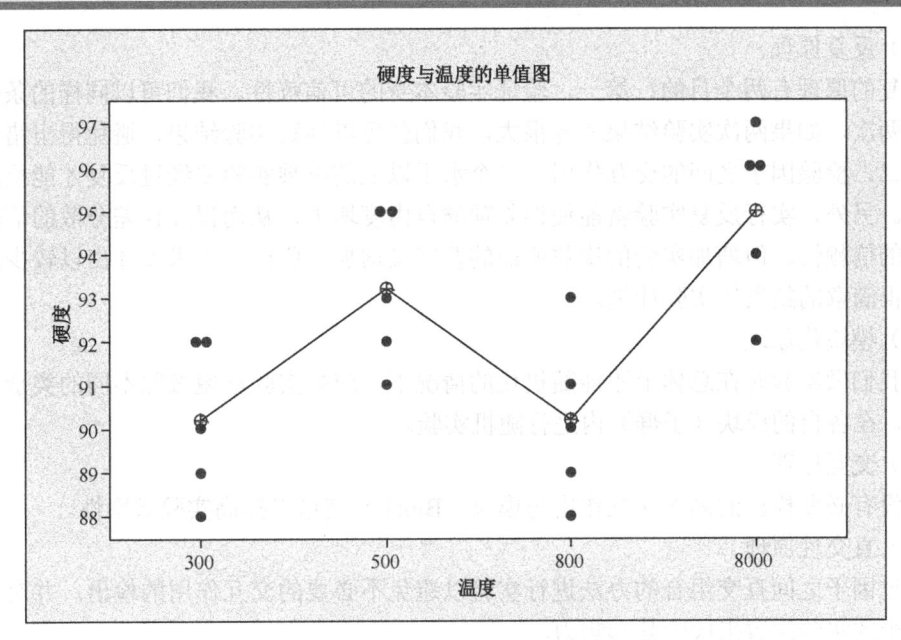

图 6-13　硬度与温度的单值图

## 6.2.2　实验设计（DOE）

**1. 实验设计的概念**

实验设计（Design of Experiments）是一种对实验的计划和系统设计的方法。包括针对要解决的问题采取何种实验方法、实验步骤、数据收集计划、统计分析工具和如何用最少的实验次数获得尽可能多的信息等内容。

实验设计是通过选定对输出变量（$Y$）产生影响的若干输入变量（$X$），为得到 $Y$ 的最佳输出，通过实验人为地设定和改变 $X$ 的条件，以调查和研究 $Y$ 和 $X$ 之间的相互关系并找出和决定输入变量的最佳设定条件的一系列的系统实验。

**2. 实验设计的用途**

1）描述工程的特征。决定哪个 $X$ 对 $Y$ 的影响最大，包括可控和不可控的 $X$。明确关键性的工程变量及噪声变量，明确工程中需要仔细控制的变量，为控制输入而不是画输出的管理图提供方向。

2）优化工程。决定关键性输入应该设置在什么地方；决定"真实的"规格限。

3）产品设计。在早期设计阶段帮助理解 $X$，为"强健的"设计提供方向。

**3. 实验计划的基本原理**

（1）随机原理

原有数据如果经人调整或处理就会产生误差：抽样有抽样误差，实验有实验误差，分析有分析误差，误差随处存在。但如果这样的误差偏向于某一侧时就会导出与实验毫不相关的怪结论。而如果这样的误差均匀地分配到实验当中就能避免因误差得出的错误结论。这种方法就称随机化。

（2）反复原理

反复的原理有两个目的：第一，验证实验本身的可信赖性。我们可以同样的条件下反复实验两次，如果两次实验结果差异很大，我们就可以怀疑实验结果，避免得出错误的结论。第二，检验因子之间的交互作用。二个水平以上的阶乘实验要经过反复才能检测出交互作用。另外，实行反复实验就能使误差项的自由度增大，从而提高误差分散的信赖和实验结果的信赖性。但增加实验的次数所需的费用又增加，所以要力求设计出以较少的实验次数获得满意的结果的实验计划。

（3）模块化原理

当我们做实验时在总体上不能随机化的情况下，应把实验环境按照不同的类别分成几个模块，在各自的模块（子群）内进行随机实验。

（4）交互原理

把没有必要检出的高次交互作用与模块（Block）交错以提高实验效率性。

（5）直交性原理

通过因子之间直交组合的办法进行实验以避免不必要的交互作用的检出。并对多个因子用较少的实验次数来检验其影响力。

4．实验计划常用的术语

1）响应变量：所关注的可测量的输出结果，如良品率，强度等。

2）因子：可控变量通过有意的变动可以确定其对响应变量的影响，如计量因子：温度，压力等；计数因子：原料种类等，常用 $X$ 表示。

3）水平：因子的取值或设定，如时间因子的水平1：5秒，时间因子的水平2：10秒。

4）处理：是指各因子单一水平的组合。如，处理1：100度温度下，压力1气压；处理2：150度温度下，压力2气压。

5）重复：指在不重新组合实验设定的情况下，连续进行实验并收集数据。

6）复制：指每个数据在重新设定测试组合之后收集的。

7）随机化：适当安排实验次序，使每个实验被选出的机会都相等。

8）全因子实验：组合所有的因子和每个因子水平的实验。

9）部分因子实验：如果没有全部资源和时间时，采用的一种只运行全因子实验中的部分组合的实验。

10）主效果：一个因子在多水平下的变化导致输出变量的平均变化。

11）交互作用：改变其他因子的不同水平，使一个因子水平的主效果有所改变。在这种情况下因子间具有的作用。

12）中心点：检查一个两水平因子实验的主效果在两个水平之间是否是线性的。

13）区组：在相对类似的条件下进行的一组试验运行。虽然每个测量值都应在一致的试验条件（而不是作为试验的一部分而改变的条件）下采集，但这并非总是可能的。在试验设计和分析中使用区组可以最小化因多余因子产生的偏倚和误差方差。

14）$P$ 值：检查一个因子效果是否显著的概率值。

15）曲率：检查中心点是否显著的值。

16）失拟：检查简化模型过程是否合适（失拟表示被剔除的项是显著的话，那么模型所包含的项中有不显著的）。

17）残差分析：检查分析结果是否可用，主要是从正态、随机这两个角度进行分析。

18）确定系数 R-Sq、R-Sq（预测）、R-Sq（调整）：检查模型准确性，三个数值应尽量接近。

19）系数：$Y=f(x)$ 中各 x 的系数，决定方程的系数，准备模型化。

20）响应优化器：基于 $Y=f(x)$ 进行望大、望小、望目的对 x 的预测。

5．实验设计的常用类型（表 6-11）

表 6-11 实验设计的常用类型比较表

| DOE 种类 | 筛选实验 | 部分要因实验 | 完全要因实验 | 反映表面实验 |
| --- | --- | --- | --- | --- |
| 因子数 | 6 以上 | 4-10 | 1-5 | 2-3 |
| 目的 | 选择重要因子 | 局部交互作用 | 因子之间关系 | 因子间最适条件的设定 |
| 推测 | 为了改善的大概方向（线形效果） | 主效果和局部交互作用 | 所有的主效果和交互作用 | 输出变量的预测模型（曲率效果） |

注意：考虑实验的目的和预算等来选择 DOE 类型。

6．DOE 实验的一般步骤

设计试验的执行通常分为四个阶段：计划、筛选（也称为过程特征化）、优化和验证。一般步骤如下：

1）通过确认历史数据或收集的现场数据来确定目前的过程能力。
2）确定实验目标。
3）确定衡量实验输出结果的变量。
4）确定影响输出结果的各类可控因子和噪声因子。
5）确定每个因子的水平数和各水平的实际取值。
6）选择实验用表，使其能适应所选择的因子和水平数，并确定实验次数。
7）验证测量系统。
8）实验资源准备，包括人员、材料、设备等，建立测试计划。
9）进行实验，确保每个实验单元均被对应于其实验条件并画好标识。
10）测量实验单元。
11）分析数据标记主要影响因子。
12）确认取得最好输出结果的因子水平的组合。
13）在优化组合的因子和水平值上进行反复试验以确认效果。
14）通过标准化作业程序固化实验条件（因子和水平），并进行应有的控制。
15）重新评估过程能力。

7．完全要因实验例题

（1）实际问题描述

某电子科技公司专业生产光电产品，为了提高生产效率，通过测定和流程分析后，得出影响生产效率的主要原因是光机调整时间长造成的。而影响光机调整时间的主要因子有三个，分别是底板、光机板、反射板。现希望掌握调整时间与底板、光机板、反射板的关系，选定使调整时间最小化的最合适工程条件。

（2）确定每个因子的水平数和各水平的实际取值

A 底板：变形（-1）&无变形（+1）；B 光机板：变形（-1）&无变形（+1）；C 反射板：变形（-1）&无变形（+1）。

（3）选择实验用表

选择实验用表使其能适应所选择的因子和水平数，并确定实验次数、建立实验计划和实施实验。

选择统计 ＞DOE＞ 因子 ＞ 创建因子设计，在对话框中选择设计类型"两水平因子（默认生成元）"，因子数：3，单击"设计"项选择全因子后按确定。如图 6-14 所示。

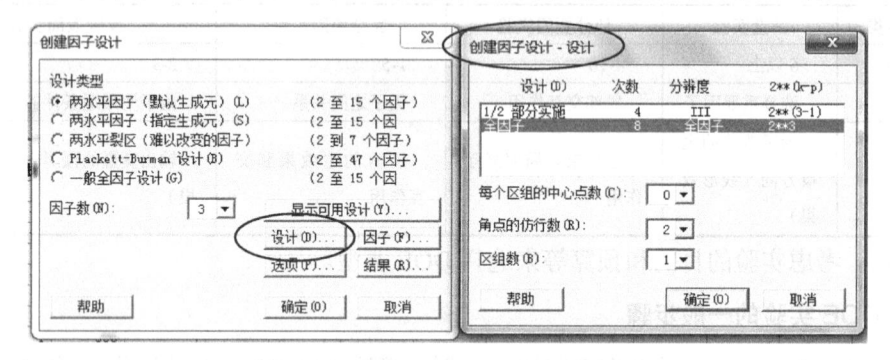

图 6-14  创建因子"设计"对话框选择示意图

分别单击"选项"、"因子"和"结果"项，并依次输入相关信息，如图 6-15 所示。

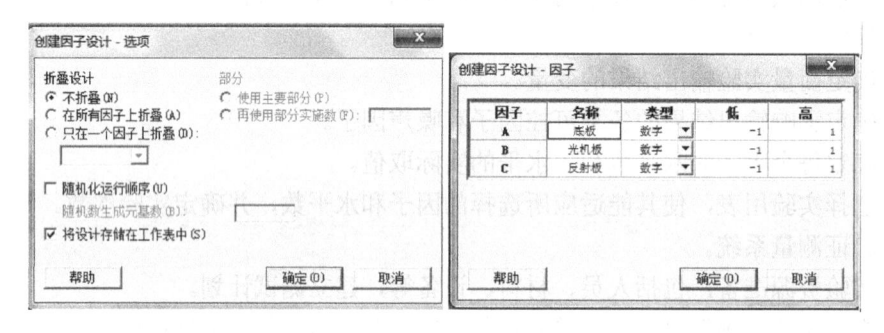

图 6-15  创建因子设计"选项"，"因子"项对话框填写示意图

通过单击"确定"生成全因子实验设计表。最后根据实验表的要求进行实验并把实验结果输入到 MINITAB 数据窗口"调整时间"列中，如表 6-12 所示。

表 6-12  全因子实验设计表

| 标准序 | 运行序 | 中心点 | 区组 | 底板 | 光机板 | 反射板 | 调整时间 |
|---|---|---|---|---|---|---|---|
| 1 | 1 | 1 | 1 | -1 | -1 | -1 | 531 |
| 2 | 2 | 1 | 1 | 1 | -1 | -1 | 517 |
| 3 | 3 | 1 | 1 | -1 | 1 | -1 | 302 |
| 4 | 4 | 1 | 1 | 1 | 1 | -1 | 257 |
| 5 | 5 | 1 | 1 | -1 | -1 | 1 | 350 |
| 6 | 6 | 1 | 1 | 1 | -1 | 1 | 393 |
| 7 | 7 | 1 | 1 | -1 | 1 | 1 | 384 |

续表

| 标准序 | 运行序 | 中心点 | 区组 | 底板 | 光机板 | 反射板 | 调整时间 |
|---|---|---|---|---|---|---|---|
| 8 | 8 | 1 | 1 | 1 | 1 | 1 | 217 |
| 9 | 9 | 1 | 1 | -1 | -1 | -1 | 253 |
| 10 | 10 | 1 | 1 | 1 | -1 | -1 | 412 |
| 11 | 11 | 1 | 1 | -1 | 1 | -1 | 332 |
| 12 | 12 | 1 | 1 | 1 | 1 | -1 | 200 |
| 13 | 13 | 1 | 1 | -1 | -1 | 1 | 233 |
| 14 | 14 | 1 | 1 | 1 | -1 | 1 | 435 |
| 15 | 15 | 1 | 1 | -1 | 1 | 1 | 306 |
| 16 | 16 | 1 | 1 | 1 | 1 | 1 | 221 |

（4）通过筛选识别影响效应的少数关键变量

筛选的主要目的是识别出会影响响应的少数"重要"因子或关键变量。MINITAB 识别这些影响因子的三个图形：正态图、半正态图和柏拉图。通过这些图形，可以比较效应的相对大小并评估其统计显著性。

选择统计 > DOE > 因子 > 分析因子设计，在响应中选择调整时间列，单击图形在出现的对话框中效应图勾选正态和柏拉图，图中的残差点选正规，残差图点选单独示图。如图 6-16 所示。

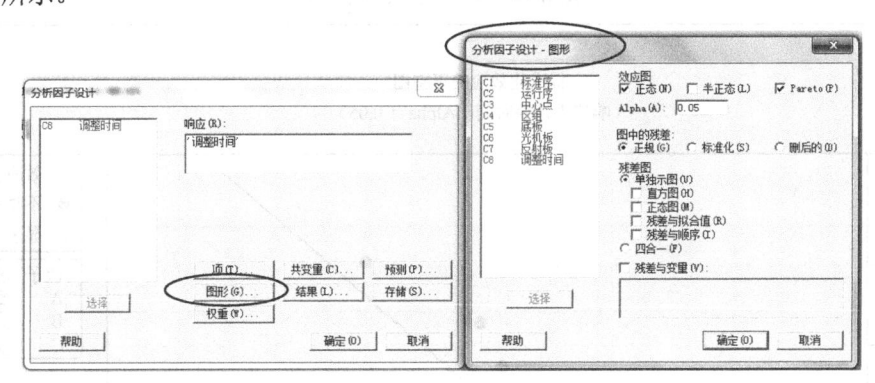

图 6-16 分析因子设计图形选择示意

按确定后单击项（T），在出现的对话框中模型中包含项的阶数选 3，所选项如图 6-17 所示。

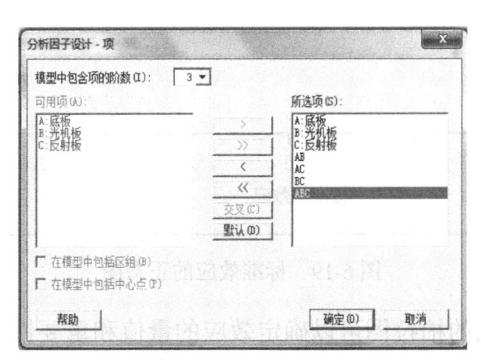

图 6-17 分析因子设计－项对话框

最后按确定，出现如图 6-18 所示的标准效应的柏拉图和图 6-19 所示的标准化效应的正态图。

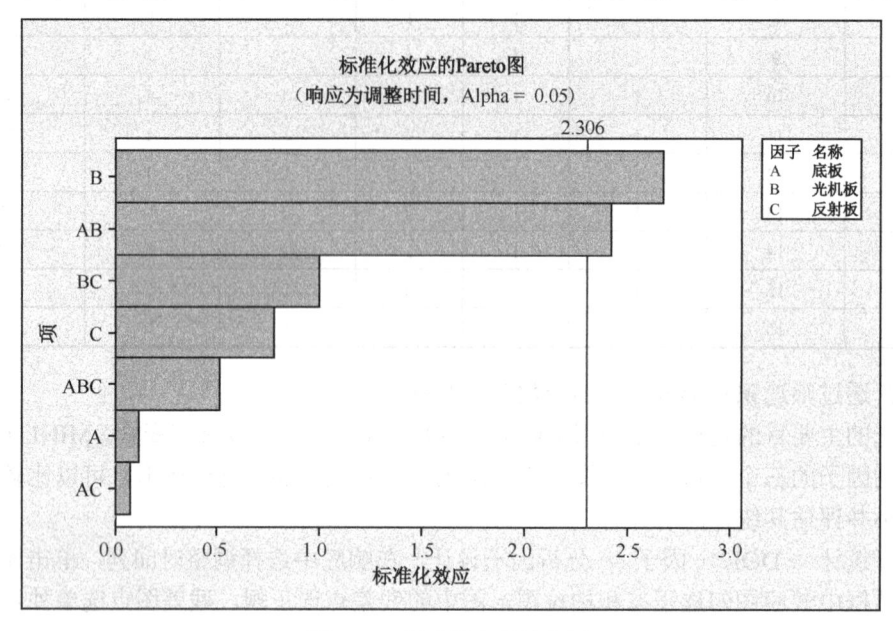

图 6-18　标准效应的柏拉图

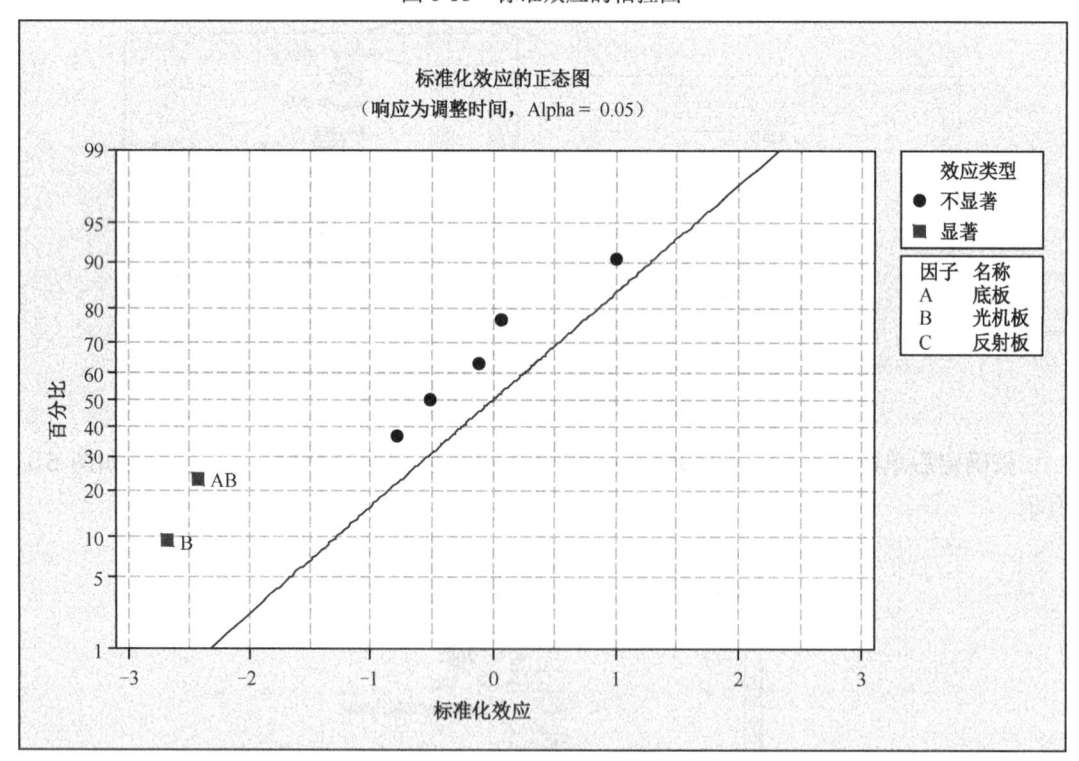

图 6-19　标准效应的正态图

解释结果：使用效应的柏拉图可以确定效应的量值和重要性。该图显示效应的绝对值并在图上绘制一条参考线。任何延伸超出此参考线的效应都可能是显著的。从图 6-18 中可以看出显著的有 B、AB。在效应的正态概率图中，不在拟合线附近的点通常表示重要效应。与不重要效应相比，重要效应更大，且一般离拟合线较远。不重要效应往往比较小且分布在零附近。从图 6-19 中可以看出 B、AB 是显著的。会话窗口输出如下的结果：

拟合因子：调整时间与底板，光机板，反射板

调整时间 的估计效应和系数（已编码单位）

| 项 | 效应 | 系数 | 系数标准误 | T | P |
|---|---|---|---|---|---|
| 常量 | | 333.94 | 21.10 | 15.82 | 0.000 |
| 底板 | -4.87 | -2.44 | 21.10 | -0.12 | 0.911 |
| 光机板 | -113.12 | -56.56 | 21.10 | -2.68 | 0.028 |
| 反射板 | -33.12 | -16.56 | 21.10 | -0.78 | 0.455 |
| 底板*光机板 | -102.38 | -51.19 | 21.10 | -2.43 | 0.041 |
| 底板*反射板 | 3.12 | 1.56 | 21.10 | 0.07 | 0.943 |
| 光机板*反射板 | 42.37 | 21.19 | 21.10 | 1.00 | 0.345 |
| 底板*光机板*反射板 | -21.87 | -10.94 | 21.10 | -0.52 | 0.618 |

P 值 < 0.05

S = 84.4138    PRESS = 228022
R-Sq = 65.18%    R-Sq（预测）= 0.00%    R-Sq（调整）= 34.72%

调整时间 的方差分析（已编码单位）

| 来源 | 自由度 | Seq SS | Adj SS | Adj MS | F | P |
|---|---|---|---|---|---|---|
| 主效应 | 3 | 55673 | 55673.2 | 18557.7 | 2.60 | 0.124 |
| 底板 | 1 | 95 | 95.1 | 95.1 | 0.01 | 0.911 |
| 光机板 | 1 | 51189 | 51189.1 | 51189.1 | 7.18 | 0.028 |
| 反射板 | 1 | 4389 | 4389.1 | 4389.1 | 0.62 | 0.455 |
| 2 因子交互作用 | 3 | 49144 | 49144.2 | 16381.4 | 2.30 | 0.154 |
| 底板*光机板 | 1 | 41923 | 41922.6 | 41922.6 | 5.88 | 0.041 |
| 底板*反射板 | 1 | 39 | 39.1 | 39.1 | 0.01 | 0.943 |
| 光机板*反射板 | 1 | 7183 | 7182.6 | 7182.6 | 1.01 | 0.345 |
| 3 因子交互作用 | 1 | 1914 | 1914.1 | 1914.1 | 0.27 | 0.618 |
| 底板*光机板*反射板 | 1 | 1914 | 1914.1 | 1914.1 | 0.27 | 0.618 |
| 残差误差 | 8 | 57006 | 57005.5 | 7125.7 | | |
| 纯误差 | 8 | 57006 | 57005.5 | 7125.7 | | |
| 合计 | 15 | 163737 | | | | |

调整时间 的异常观测值

| 观测值 | 标准序 | 调整时间 | 拟合值 | 拟合值标准误 | 残差 | 标准化残差 |
|---|---|---|---|---|---|---|
| 1 | 1 | 531.000 | 392.000 | 59.690 | 139.000 | 2.33R |
| 9 | 9 | 253.000 | 392.000 | 59.690 | -139.000 | -2.33R |

R 表示此观测值含有大的标准化残差

（5）优化组合的因子，缩小模型

由于 B、AB 的影响比较显著，而 C（即反射板）影响不显著，因此，只对 A、AB、B 进行分析。

选择统计 > DOE > 因子 > 分析因子设计，在响应中选择"调整时间"列，单击"项"，在出现的对话框中将 BC、ABC 从右边移入左边，然后按确定，则输出优化后标准化效应的柏拉图如图 6-20 所示，而优化后标准化效应的正态图如图 6-21 所示。

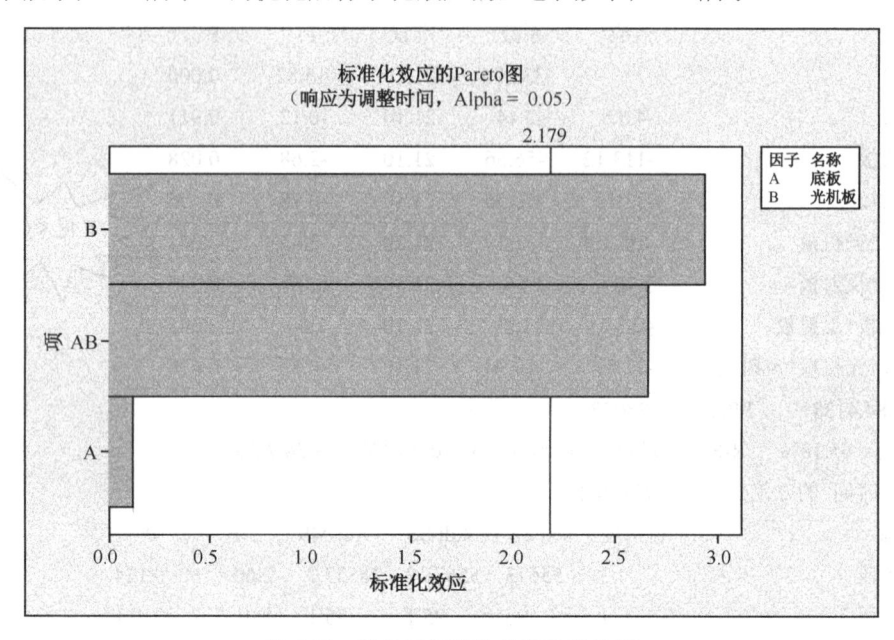

图 6-20  优化后标准化效应的柏拉图

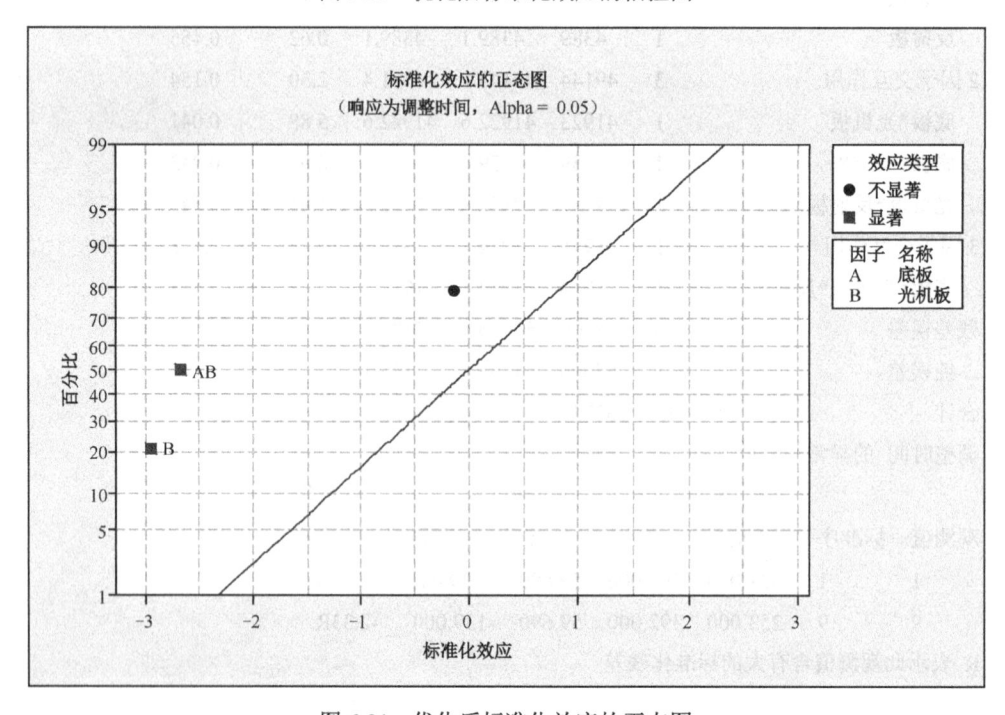

图 6-21  优化后标准化效应的正态图

解释结果：从图 6-20 和图 6-21 中可以看出显著的有 AB 和 B。会话窗口输出如下的结果：

**拟合因子：调整时间与底板、光机板**

调整时间 的估计效应和系数（已编码单位）

| 项 | 效应 | 系数 | 系数标准误 | T | P |
|---|---|---|---|---|---|
| 常量 | | 333.94 | 19.17 | 17.42 | 0.000 |
| 底板 | -4.87 | -2.44 | 19.17 | -0.13 | 0.901 |
| 光机板 | -113.12 | -56.56 | 19.17 | -2.95 | 0.012 |
| 底板*光机板 | -102.38 | -51.19 | 19.17 | -2.67 | 0.020 |

S = 76.6650    PRESS = 125387
R-Sq = 56.92%    R-Sq（预测）= 23.42%    R-Sq（调整）= 46.16%

（P 值 < 0.05）

调整时间 的方差分析（已编码单位）

| 来源 | 自由度 | Seq SS | Adj SS | Adj MS | F | P |
|---|---|---|---|---|---|---|
| 主效应 | 2 | 51284 | 51284.1 | 25642.1 | 4.36 | 0.038 |
| 　底板 | 1 | 95 | 95.1 | 95.1 | 0.02 | 0.901 |
| 　光机板 | 1 | 51189 | 51189.1 | 51189.1 | 8.71 | 0.012 |
| 2 因子交互作用 | 1 | 41923 | 41922.6 | 41922.6 | 7.13 | 0.020 |
| 　底板*光机板 | 1 | 41923 | 41922.6 | 41922.6 | 7.13 | 0.020 |
| 残差误差 | 12 | 70530 | 70530.3 | 5877.5 | | |
| 　纯误差 | 12 | 70530 | 70530.3 | 5877.5 | | |
| 合计 | 15 | 163737 | | | | |

调整时间 的异常观测值

| 观测值 | 标准序 | 调整时间 | 拟合值 | 拟合值标准误 | 残差 | 标准化残差 |
|---|---|---|---|---|---|---|
| 1 | 1 | 531.000 | 341.750 | 38.332 | 189.250 | 2.85R |

R 表示此观测值含有大的标准化残差

（6）分析残差图，确认模型的适合性

残差图用于检查回归和方差分析中模型的拟合优度。检查残差图有助于确定是否满足普通最小二乘假设。如果满足这些假设，则普通最小二乘回归将产生方差最小的无偏系数估计。

选择统计 > DOE > 因子 > 分析因子设计 > 图形，在图形对话框中点选"四合一"，则输出如图 6-25 所示的残差图。

解释结果：

① 残差的正态概率图。如果残差呈正态分布，则此图中的点一般应该形成一条直线。如果图中的点不能形成一条直线，则正态性假设可能不成立。本例 $P=0.067>0.05$。

② 残差的直方图。一种显示残差的一般特征（包括典型值、展开和形状）的研究性工具。一侧的长尾可能表示偏斜分布。如果有一个或两个条形与其他条形距离较远，这些点有可能是异常值。

③ 残差与拟合值。此图应显示残差在 0 两侧的随机模式。如果某个点远离大多数点，则该点可能是异常值。残差图中也不应该有任何可识别的模式。例如，如果残差值的展开倾向于随拟合值增大，则可能违反方差恒定这一假设。

④ 残差与数据顺序。这是一个所有残差以收集数据的顺序排列的图，可以用于找出非随机误差，特别是与时间相关的效应。此图有助于检查残差彼此不相关这一假设。

从图 6-22 中可以看出残差满足正态性、随机性要求。

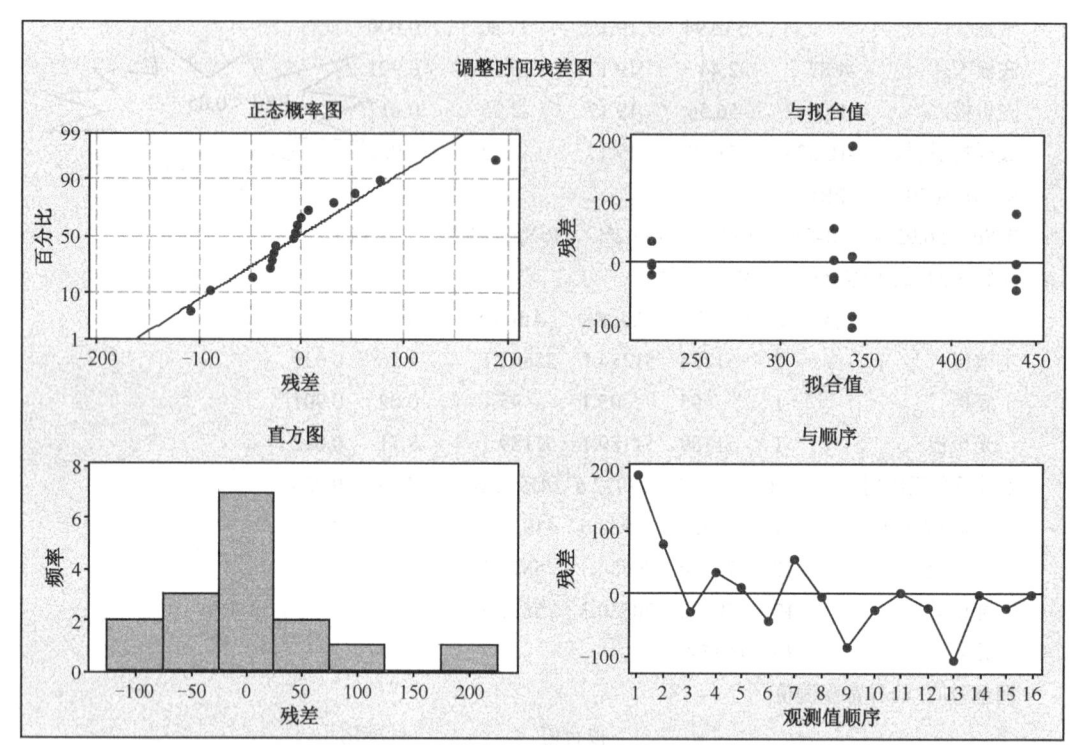

图 6-22 调整时间残差图

（7）分析主效果和交互作用效果

选择统计 > DOE > 因子 > 因子图，在因子图的对话框中勾选主效应图，选择数据均值，单击"设置"并按图 6-23 所示输入信息，交互作用图的"设置"与主效应图相同，图中未列出。然后单击确定输出如图 6-24 所示的主效应图和图 6-25 所示的交互作用图。

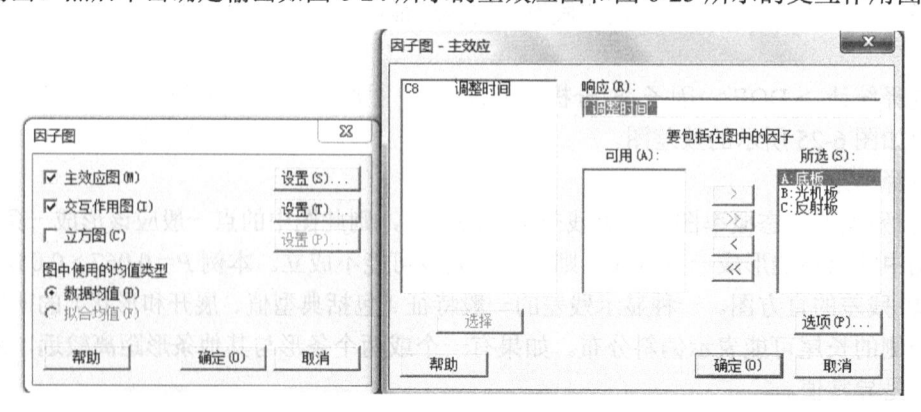

图 6-23 因子图对话框

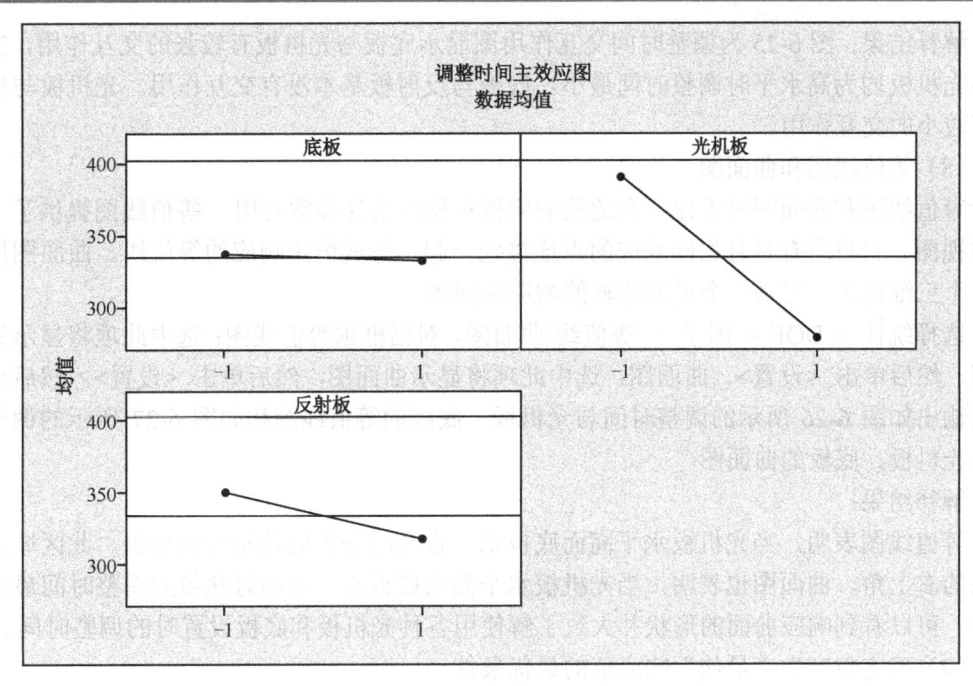

图 6-24　调整时间主效应图

解释结果：主效应图表明底板这个因子从低水平移动到高水平时调整时间基本不变；光机板这个因子从低水平移动到高水平时调整时间显著减少；反射板这个因子从低水平移动到高水平时调整时间减少。

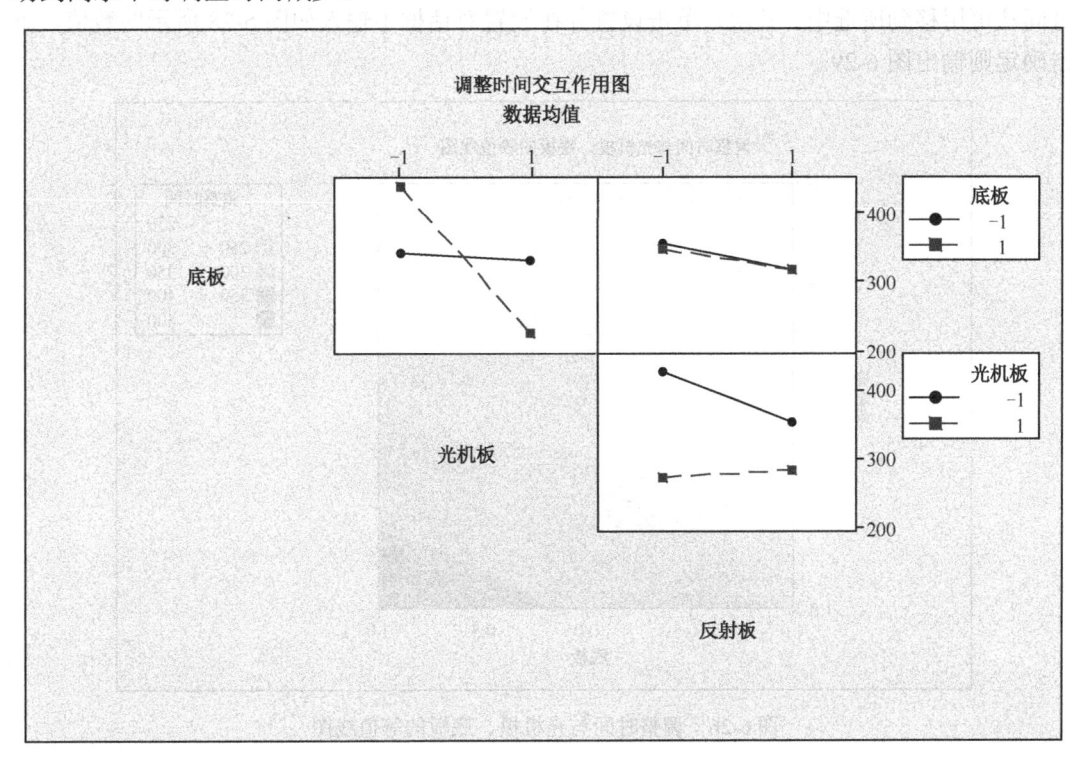

图 6-25　调整时间交互作用图

解释结果：图 6-25 为调整时间交互作用图显示底板与光机板有较强的交互作用，当底板和光机板均为高水平时调整时间最小。底板与反射板基本没有交互作用。光机板与反射板有较小的交互作用。

（8）等值线图和曲面图

等值线图和曲面图对于建立合适的响应值和操作条件非常有用。等值线图提供了一个二维视图，它将所有具有相同响应的点连接到一起，形成恒定响应的等值线。曲面图提供了一个三维视图，它是一个更为清晰的响应曲面图。

选择统计 > DOE > 因子 > 等值线/曲面图，对话框项等值线图：选中此项将显示等值线图，然后单击 <设置>。曲面图：选中此项将显示曲面图，然后单击 <设置>。然后按确定则输出如图 6-26 所示的调整时间与光机板、底板的等值线图和如图 6-27 所示的调整时间与光机板、底板的曲面图。

解释结果：

等值线图表明，当光机板水平高而底板水平也高时获得的调整时间最少。此区域出现在图的右上角。曲面图也表明，当光机板水平高而底板水平也高时获得的调整时间最少。此外，可以看到响应曲面的形状并大致了解使用各种光机板和底板设置时的调整时间。

（9）确定将产生"最佳"响应值的最优条件

使用响应优化器帮助确认共同优化单个响应或一组响应的输入变量设置组合。共同优化可用 MINITAB 计算最优解并绘图。最优解作为图的起始点。使用此优化图可以交互地更改输入变量设置以执行敏感度分析，可能还可以改进初始解。

首先，选择统计 > DOE > 因子 > 响应优化器，在对话框中使用方向键将响应列调整时间从可用移到所选中。其次，单击设置并在设置对话框中输入如图 6-28 所示的数值，单击确定则输出图 6-29。

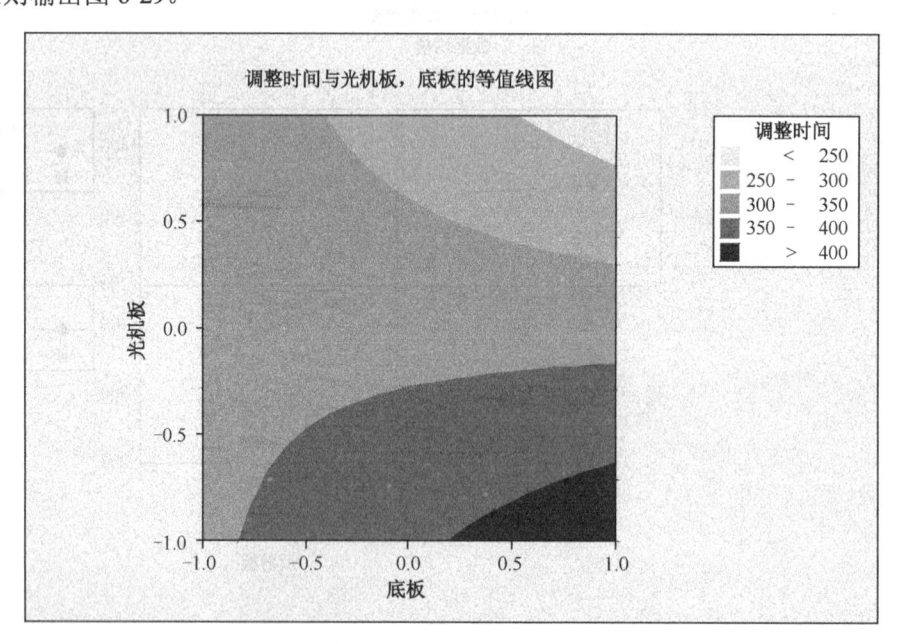

图 6-26 调整时间与光机板、底板的等值线图

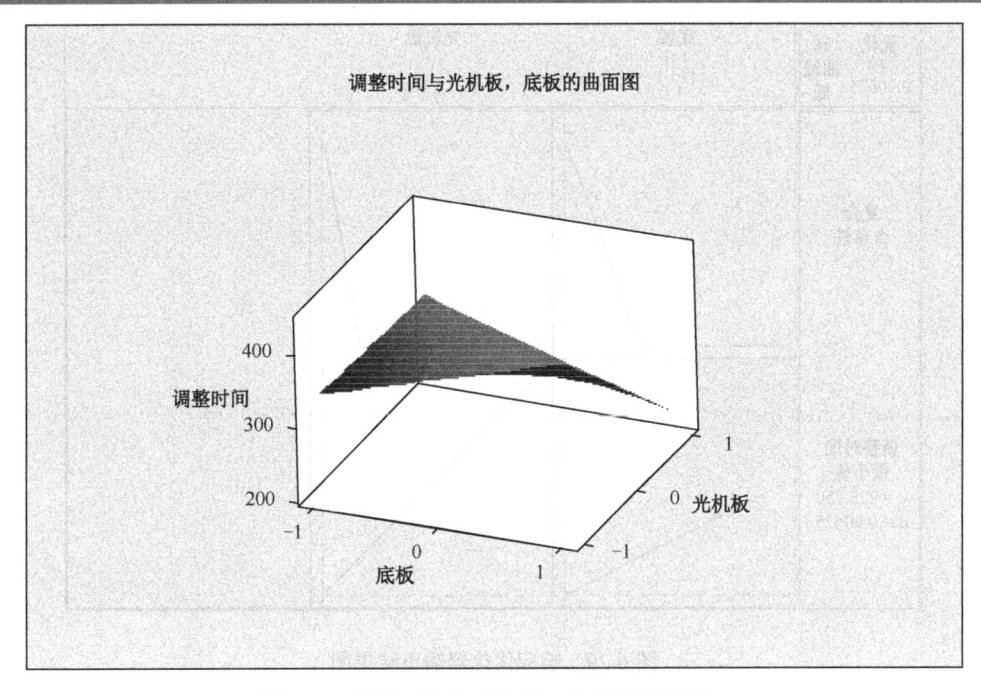

图 6-27　调整时间与光机板、底板的曲面图。

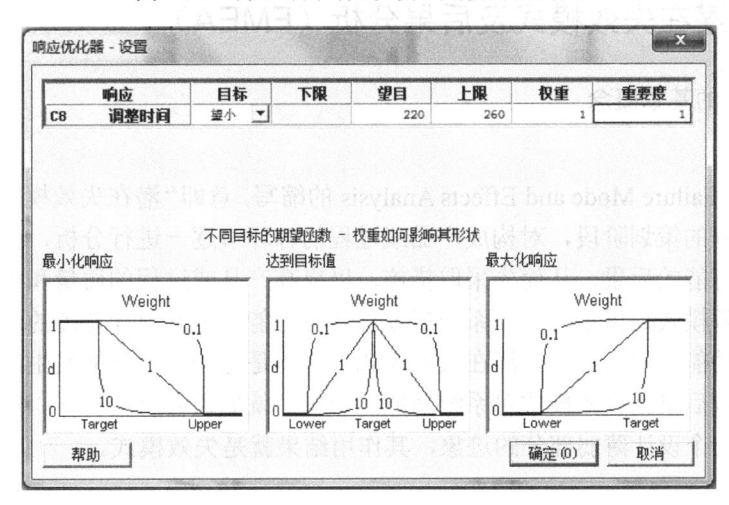

图 6-28　响应优化器设置示意图

解释结果：复合合意性（D）是评估设置对一组响应的整体优化程度。合意性值的范围为 0 到 1。1 表示理想情况；0 表示一个或多个响应位于可接受的限制外。从图 6-29 中可以看出复合合意性为 0.906，说明已达到较理想情况。而要得到此合意性，要将因子水平设置为会话窗口中"响应优化"下显示的值。也就是说，要将底板和光机板水平均设为 1 时，调整时间最小。如果要尝试改善此初始解，则可以根据图 6-29 移动红色垂直条形以更改因子设置，并观察响应的单个合意性以及复合合意性如何变化。

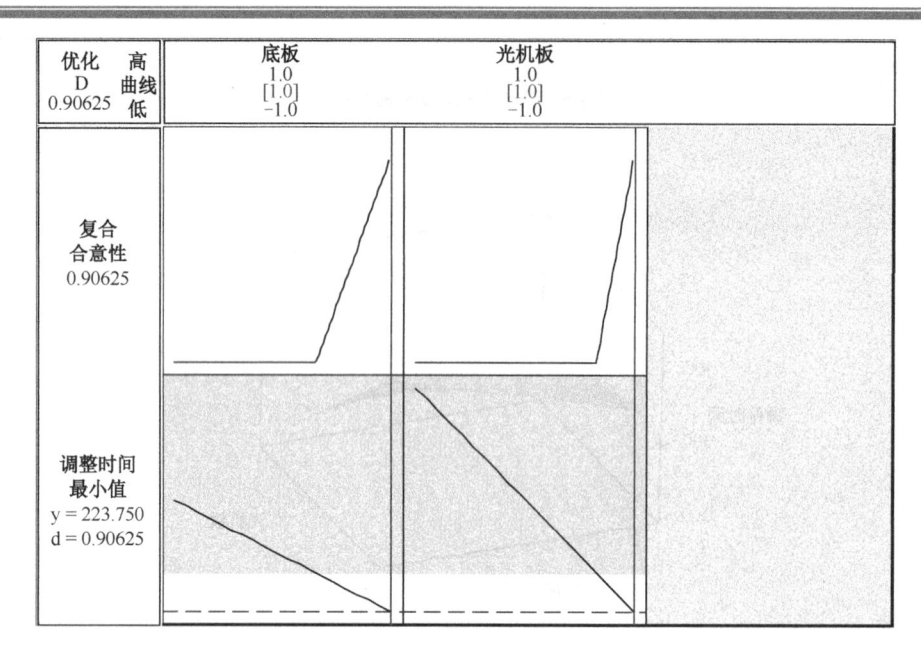

图 6-29　响应优化器输出结果图

## 6.2.3　潜在失效模式及后果分析（FMEA）

**1. FMEA 的基本概念**

（1）定义

FMEA，是 Failure Mode and Effects Analysis 的缩写，意即"潜在失效模式与后果分析"，是对产品或过程的策划阶段，对构成产品或过程的各环节逐一进行分析，找出潜在的失效模式，分析其可能的后果，从而先采取措施，以提高产品或过程的质量和可靠性的系统化活动。潜在失效模式是指系统、子系统或零部件有可能未达到设计意图的形式。对于一个特定项目及其功能，列出每一个潜在失效模式。前提是这种失效可能发生，但不是一定发生。潜在的失效后果是失效模式对系统功能的影响，就如顾客感受一样。潜在失效的起因和机理：是指一个设计薄弱部分的迹象，其作用结果就是失效模式。

（2）分类

FMEA 按其应用的领域可分为：设计 FMEA（DFMEA）和过程 FMEA（PFMEA）。设计部门的下道过程是过程设计，所以在产品设计中未考虑到的问题可能造成过程失效模式的发生。设计 FMEA 不能依靠过程检测作为控制措施。PFMEA 应将 DFMEA 作为重要的输入，DFMEA 中标明的特殊性也应在 PFMEA 中进行重点分析。

（3）优点

FMEA 的优点：①FMEA 有助于对设计问题的早期发现，设计的 FMEA 还有助于可制造性和装配性的早期考虑。②FMEA 给出的失效模式的风险评估顺序，提供改进的优先控制系统，引导资源去解决应优先解决的问题。③FMEA 还是识别特殊特性的重要工具，FMEA 的结果也用来制定质量控制计划。

（4）历史

FMEA 的历史：最早用于 20 世纪 60 年代 Apollo 计划期间的宇宙航空工业，1974 年美国海军应用 FMEA 开发了 MIL-STD-1629 标准，20 世纪 70 年代后期，由于成本驱动而应用于汽车工业。

**2. FMEA 计算**

1）严重度（$S$）：是潜在失效模式发生时，对下序零件、子系统、系统或顾客影响后果的严重度的评价指标。严重度仅用于后果，要减少严重度级别的数值，只能通过修改设计实现，严重度的评估分为 1 到 10 级。

表 6-13 严重度评估表

| 影响 | 影响严重性的标准 | 分值 |
| --- | --- | --- |
| 无预兆的破坏 | 此缺陷模式影响安全操作或与政府法规相违背且无预兆 | 10 |
| 有预兆的破坏 | 此缺陷模式影响安全操作或与政府法规相冲突并有预兆 | 9 |
| 很高 | 操作无法进行，丧失主要功能 | 8 |
| 高 | 操作可实施，但降低了性能，客户不满意 | 7 |
| 中 | 操作可实施，但舒适与方便方面有损失，客户实践证明不舒适 | 6 |
| 低 | 操作功能可实现，但舒适与方便方面降低，客户有些不满意 | 5 |
| 很低 | 舒适程度不够这类缺点被大多数客户发现 | 4 |
| 非常低 | 舒适度、方便性等项目不合适被部分客户发现 | 3 |
| 罕见 | 舒适度、方便性等项目不合适被个别客户发现 | 2 |
| 极为罕见 | 无影响 | 1 |

2）频度（$O$）：指某一特定失效起因或机理出现的可能性。通过设计更改来消除或控制一个或更多的失效起因或机理是降低频度数的唯一途径。频度的评估分为 1 到 10 级。

表 6-14 频度评估表

| 缺陷概率 | 可能不良率 | $C_{pk}$（过程能力） | 分值 |
| --- | --- | --- | --- |
| 很高，缺陷几乎不可避免 | ≥1/2 | <0.33 | 10 |
|  | 1/3 | ≥0.33 | 9 |
| 高，重复发生的缺陷 | 1/8 | ≥0.51 | 8 |
|  | 1/20 | ≥0.67 | 7 |
| 中等，偶然有缺陷 | 1/80 | ≥0.83 | 6 |
|  | 1/400 | ≥1.00 | 5 |
| 低，相对少的缺陷 | 1/2000 | ≥1.17 | 4 |
|  | 1/15000 | ≥1.33 | 3 |
| 极低，缺陷基本不会发生 | 1/150000 | ≥1.50 | 2 |
|  | 1/1500000 | ≥1.67 | 1 |

3）不易探测度（$D$）：指零部件、子系统或系统投产之前，用现行的控制方法来探测潜在的失效原因/机理能力的评价指标。不易探测度的评估指标分为 1 到 10 级。

4）风险顺序数（$RPN$）：风险顺序数 $RPN$=严重度数（$S$）×频度（$O$）×不易探测度（$D$）。风险顺序数是对设计风险性的度量，应当用于对设计中那些担心事项进行排序。$RPN$ 取值在 1~1000 之间，如果风险系数很高，设计人员必须采取纠正措施，努力减少这个值。在一般实践中，不管 $RPN$ 大小如何，当严重度（$S$）高时，就应予特别注意。例：飞机出事故的严重度比汽车高很多，但频度相对而言低很多。

表 6-15 不易探测度评估表

| 探测性 | 设计或过程探测出的可能性 | 分值 |
|---|---|---|
| 绝对不可能 | 不能侦测出潜在原因和缺陷模式或没有设计过程控制 | 10 |
| 非常困难 | 设计或过程控制侦测出潜在原因和不良模式的概率微乎其微 | 9 |
| 困难 | 设计或过程控制侦测出潜在原因和不良模式的概率极低 | 8 |
| 很低 | 设计或过程控制侦测出潜在原因和不良模式的概率很低 | 7 |
| 低 | 设计或过程控制侦测出潜在原因和不良模式的概率低 | 6 |
| 中等 | 设计或过程控制侦测出潜在原因和不良模式的概率较高 | 5 |
| 高 | 设计或过程控制侦测出潜在原因和不良模式的概率高 | 4 |
| 非常高 | 设计或过程控制侦测出潜在原因和不良模式的概率很高 | 3 |
| 几乎没问题 | 设计或过程控制侦测出潜在原因和不良模式的概率极高 | 2 |
| 可测出 | 设计或过程控制侦测出潜在原因和不良模式的概率为 100% | 1 |

### 3. 什么时候使用 FMEA

越早开始越好。因为 FMEA 旨在及早识别出潜在的失效。对 DFMEA 而言，在设计概念形成、设计方案初步确定时应该开始 FMEA 初稿的编制。在设计活动的各重要阶段，对 FMEA 的初稿进行评审，并不断修改，而在设计任务完成之时完成 FMEA 工作。FMEA 是一动态文件，在整个产品寿命期内，根据反馈信息对 FMEA 进行重新评审和修改。

要完成 FMEA 工作，非常关键的是要发挥集体智慧。因此，FMEA 的成功必须依靠小组的共同努力。必须组成一个包括设计、制造、装配、质量、生产、工艺等方面的小组。在 QS9000 质量管理体系中称为多方论证小组。

### 4. 应用举例

某电子有限公司为确保产品 PCB 板的焊接质量，对波峰焊接过程进行 PFMEA，见表 6-16。首先，通过组织相关工程技术人员和现场管理人员讨论分析影响产品焊接质量的各种因素，如机台参数设置、机台性能、焊接不良的检测标准等；其次，分析潜在的失效模式及其潜在的失效影响；再次，分析潜在的要因；最后，分别对严重度数（$S$）、频度（$O$）、不易探测度（$D$）进行评分并计算风险顺序数 RPN。从表中可以看出 RPN 值高的有：机台参数（288）、机台性能（252）和焊接不良的检测标准（180），这些 RPN 值高的应当列入优先处理要素。与此同时，对于 SEV 值≥8 的因素也要制定相应的措施。在 PFMEA 之后，一般需要制定质量控制计划并按 PDCA 循环工作程序实施、检查改进效果。若效果达不到预期还可进行多次 PFMEA。

表 6-16 PFMEA 在波峰焊接质量中的应用

| 序号 | 过程输入 | 潜在失效模式 | 潜在失效影响 | S | 潜在要因 | O | 当前控制方法 | D | RPN | 推荐的措施 |
|---|---|---|---|---|---|---|---|---|---|---|
| 1 | 机台参数设置 | 不合理 | 焊接不良增多 | 8 | 操作者经验不足 | 6 | 人员培训 | 6 | 288 | 须做实验确认合理的参数设置 |

续表

| 序号 | 过程输入 | 潜在失效模式 | 潜在失效影响 | S | 潜在要因 | O | 当前控制方法 | D | RPN | 推荐的措施 |
|---|---|---|---|---|---|---|---|---|---|---|
| 2 | 机台性能 | 新旧及型号不同 | 连焊多 | 7 | 设备工作状态 | 6 | 无 | 6 | 252 | 更新或改进设备 |
| 3 | 焊接不良的检测标准 | 标准不明确 | 检出连焊点数少 | 6 | 人员培训未到位 | 6 | 无 | 5 | 180 | 对员工进行标准普查，并定期培训 |
| 4 | 机台操作者的技能水平 | 技能水平低 | 焊接不良增多 | 8 | 操作者经验不足 | 6 | 现场指导 | 3 | 144 | 总结波峰焊操作规程，编写《波峰焊培训教材》 |
| 5 | 机台维护 | 不合理 | 焊接不良增多 | 8 | 设备故障 | 3 | 设备维修 | 4 | 96 | 定期进行设备检维 |
| 6 | 助焊剂喷雾量大小 | 喷雾量小 | 连焊增多 | 8 | 喷嘴未及时清理 | 4 | 清理喷嘴 | 3 | 96 | 建立定期清理喷嘴的制度 |
| 7 | PCB板过波峰方向 | DIP方向不合理 | 连焊多 | 8 | PCB板DIP方向与波峰方向不一致 | 8 | 改变波峰方向 | 1 | 64 | 采用看板管理 |
| 8 | LQC检查者 | 未及时发现问题 | 检出连焊点数少 | 6 | 精神状态不好 | 3 | KPI考核 | 2 | 36 | / |
| 9 | 设备的维护保养 | 保养不好 | 不良点多 | 4 | 未及时保养 | 3 | 及时进行保养 | 3 | 36 | / |
| 10 | 车间温、湿度 | 不合要求 | 连焊等不良多 | 2 | 环境控制不合理 | 3 | 无 | 5 | 30 | / |
| 11 | 助焊剂喷雾量大小 | 喷雾量小 | 连焊增多 | 8 | 气压小 | 3 | 调节 | 1 | 24 | / |

## 6.2.4 质量功能展开（QFD）

质量功能展开过程通过一系列图表和矩阵来完成。这些矩阵和图表很像一系列房屋，称为质量屋。它是用于质量设计、改进产品和服务质量的一种图示方法。

### 1. 质量屋的组成

质量屋是驱动整个QFD（质量功能展开）过程的核心，它是一个大型的矩阵，由7个不同的部分组成（图6-30）。这7个组成部分分别如下。

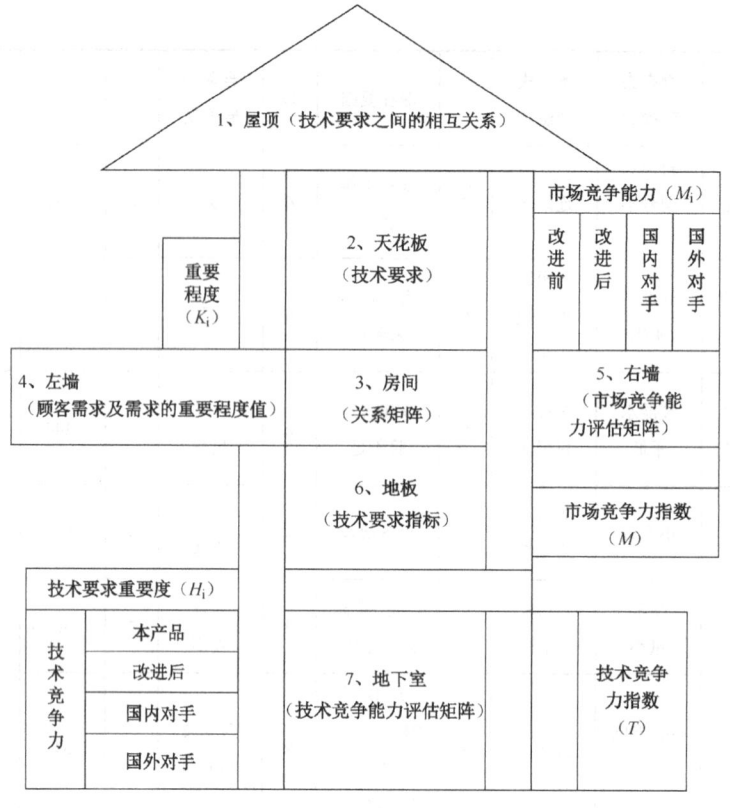

图 6-30 质量屋的组成示意图

① 屋顶：相关关系矩阵，即技术要求与技术要求之间关系。
② 天花板：由顾客需求转换得到的可执行、可度量的技术要求。
③ 房间：表示顾客需求和技术要求之间的相关关系。
④ 左墙：顾客对改进产品的需求以及需求的重要程度值。顾客需求是指由顾客确定的产品和服务特性。不同的产品有不同的顾客需求。例如，对于汽车来说，顾客需求可能是车门容易开启；对于银行来说，顾客需求可能是取款不用排队等。重要程度值是指顾客对产品的各项需求进行定量的评分。
⑤ 右墙：市场竞争能力评估矩阵，从顾客角度来评估产品在市场上的竞争力，具体包含本企业竞争力评价和对手企业竞争力评价。
⑥ 地板：表示技术要求指标及其重要程度。
⑦ 地下室：技术竞争能力评估矩阵，它是企业内部相关人员对满足顾客需求的技术要求的先进程度所给出的评价。

**2. 顾客需求重要程度**

对顾客需求的重要性进行评估，顾客需求重要程度用 $K_i$ 表示（$i$=1，2，3，4，…，$m$），其可取五个等级，具体如表 6-17 所示。

**3. 技术要求与顾客需求之间的相关度**

技术要求与顾客需求之间的相互关系通常用关系矩阵 $r_{ij}$ 表示，建议 $r_{ij}$ 采用 0、1、3、5、7、9 等关系度等级，具体如表 6-18 所示。

表 6-17 顾客需求重要程度等级表

| 等级 | 顾客需求重要性评估数值的含义 |
|---|---|
| 1 | 表示不影响功能实现的需求 |
| 2 | 表示不影响主要功能实现的需求 |
| 3 | 表示比较重要的影响功能实现的需求 |
| 4 | 表示重要的影响功能实现的需求 |
| 5 | 表示基本的、涉及安全的特别重要的需求 |

根据实际情况，必要时也可以采用中间等级。2 介于 1、3 之间；4 介于 3、5 之间；6 介于 5、7 之间；8 介于 7、9 之间。

表 6-18 技术要求与顾客需求之间的相互关系程度表

| $r_{ij}$ | 技术要求与顾客需求之间关系评估数值的含义 |
|---|---|
| 0 | 表示技术要求与顾客需求之间不存在关系 |
| 1 | 表示技术要求与顾客需求之间存在微弱关系 |
| 3 | 表示技术要求与顾客需求之间存在较弱的关系 |
| 5 | 表示技术要求与顾客需求之间存在一般关系 |
| 7 | 表示技术要求与顾客需求之间存在密切关系 |
| 9 | 表示技术要求与顾客需求之间存在非常密切的关系 |

**4．技术要求之间的相关度**

技术要求之间的相关度可采用下列符号表示，如表 6-19 所示。

表 6-19 技术要求之间的相关度

| 符号 | 表示意义 |
|---|---|
| ○ | 表示正相关，该交点所对应的两项技术要求之间存在互相加强、相互叠加的交互作用 |
| ◎ | 表示强正相关，该交点所对应的两项技术要求之间存在很强相互叠加的交互作用 |
| × | 表示负相关，该交点所对应的两项技术要求之间存在互相减弱、相互抵消的作用 |
| # | 表示强负相关，该交点所对应的两项技术要求之间的作用相互排斥，有很大的矛盾 |

**5．市场竞争力评估**

市场竞争力用 $M_i$ 表示，$M_i$ 可取值为 1、2、3、4、5，具体数值代表含义如表 6-20 所示。

表 6-20 市场竞争力表

| $M_i$ | 市场竞争力评估数值的含义 |
|---|---|
| 1 | 表示无竞争可言，产品积压，无销路 |
| 2 | 表示无竞争能力低下，市场份额递减 |
| 3 | 表示可以进入市场，但并不拥有优势 |
| 4 | 表示在国内市场中拥有竞争优势 |
| 5 | 表示在国内市场中拥有较大的竞争优势，可以参与国际市场竞争，且占有一定份额 |

**6．技术竞争力评估**

技术竞争能力是指企业的技术水平，具体包括产品设计能力、工艺水平、制造水平和测试水平等，用 $T_j$ 表示，$T_j$ 可取数值 1、2、3、4、5，各数值的含义如表 6-21 所示。

表 6-21 技术竞争力表

| $T_j$ | 技术竞争力评估数值的含义 |
|---|---|
| 1 | 表示技术水平低 |
| 2 | 表示技术水平一般 |
| 3 | 表示技术水平达到行业先进水平 |
| 4 | 表示技术水平达到国内先进水平 |
| 5 | 表示技术水平达到国际先进水平 |

7. QFD

QFD 是一个非常结构化的、矩阵驱动的过程，其运行包括 4 个阶段：
1）将顾客需求转化成产品特性。
2）将产品特性转化成零件特性。
3）将零件特性转化成关键工艺操作。
4）将关键工艺操作转化成生产要求。

8. 质量屋适用事项

质量屋量化分析了顾客需求与转化顾客需求的技术要求和方法之间的关系程度，经过数据处理后找到满足顾客需求贡献最大的技术要求，从而改进原有产品，以更好地满足顾客需求。质量屋主要适用于以下两种情况。
① 分析顾客对老产品的新需求，以便找出产品质量改进点。
② 将顾客需求转化为可执行、可度量的技术要求与方法时。
此外，质量屋还可以用于新产品设计与开发过程。

9. 应用举例

例：某电子科技有限公司为了使本公司的模拟量传感器改进后能够占有较高的市场份额，在进行模拟量传感器设计改进时采用了质量屋这一工具，从而确定模拟量传感器改进的关键技术要求和能够实现企业目标的设计方案。

顾客对模拟量传感器的主要要求有六个方面：测量距离准确，输出线性好，可靠性高，使用方便，价格适中，外形美观。

模拟量传感器设计要求的指标主要有七个：振荡电路设计、电源电路设计、控制程序设计、安装方式设计、外形设计、成本控制和材料。

根据上述的条件建立起来的质量屋如图 6-31 所示。通过计算市场能力指数，可知该公司改进后的模拟量传感器市场竞争力提高了 0.18，即模拟量传感器改进后，能获得更高的市场占有率。模拟量传感器经过设计改进后，技术竞争能力提高了 0.22，与国外竞争对手在技术方面还存在一定的差距，但就国内市场来说，该模拟量传感器在技术方面已经达到较高水平。同时从质量屋中也可以看出设计的关键技术要求为控制程序设计和振荡电路设计。

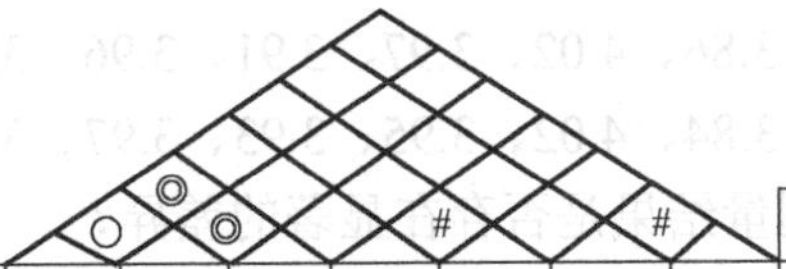

## 学习情境 6　六西格玛管理和ISO9000基本知识

| 技术要求<br>顾客需求 | | 重要程度 $K_i$ | 1 振荡电路设计 | 2 电源电路设计 | 3 控制程序设计 | 4 安装方式设计 | 5 外形设计 | 6 成本控制 | 7 材料 | 市场竞争力 $M_i$ | | | |
|---|---|---|---|---|---|---|---|---|---|---|---|---|---|
| | | | | | | | | | | 本产品 | 改进后 | 国内对手 | 国外对手 |
| 1 | 测量距离准 | 5 | 9 | 5 | 5 | 0 | 0 | 1 | 2 | 4 | 5 | 4 | 5 |
| 2 | 输出线性好 | 4 | 0 | 1 | 9 | 0 | 0 | 1 | 0 | 3 | 4 | 3 | 4 |
| 3 | 可靠性高 | 3 | 5 | 7 | 5 | 3 | 0 | 1 | 7 | 4 | 5 | 5 | 5 |
| 4 | 使用方便 | 3 | 0 | 0 | 0 | 9 | 1 | 0 | 0 | 4 | 5 | 5 | 5 |
| 5 | 价格适中 | 1 | 1 | 0 | 3 | 1 | 0 | 9 | 3 | 4 | 5 | 4 | 4 |
| 6 | 外形美观 | 2 | 0 | 0 | 0 | 5 | 9 | 1 | 1 | 5 | 5 | 5 | 5 |
| | | | | | | | | | | 0.78 | 0.96 | 0.84 | 0.94 |
| $H_j=(5\times9+4\times0+3\times5+3\times0+1\times1+2\times0)=61$ | | | 磁芯及线圈线径与匝数合理选择 | 静态功耗低输出，电压稳定纹波小 | 程序设计稳定好，调试方便 | 用户安装简单，无需特殊工具 | 美观大方，工艺水平高 | 售价不高于同行水平 | 选择可靠性好的电子器件 | 市场竞争力指数 $M$<br><br>$M=(5\times4+4\times3+3\times4+3\times4+1\times4+2\times5)\div\{5\times(5+4+3+3+1+2)\}=0.78$ | | | |
| 技术要求的重要度 $H_j$ | | | 61 | 50 | 79 | 47 | 21 | 23 | 36 | | | | |
| 技术竞争力 $T_j$ | 本产品 | | 4 | 4 | 3 | 3 | 5 | 4 | 3 | 0.71 | 技术竞争力指数 $T$ | | |
| | 改进后 | | 5 | 5 | 4 | 5 | 5 | 5 | 4 | 0.93 | | | |
| | 国内对手 | | 4 | 4 | 3 | 4 | 5 | 4 | 4 | 0.76 | | | |
| | 国外对手 | | 5 | 5 | 5 | 5 | 5 | 4 | 5 | 0.99 | | | |

$T=(61\times4+50\times4+79\times3+47\times3+21\times5+23\times4+36\times3)\div[5\times(61+50+79+47+21+23+36)]=0.71$

图 6-31　开发电压模拟量传感器的质量屋

## 任务实施

### 1. 实验准备

1）上网计算机，Windows 操作系统。

2）IE6 及以上浏览器。

3）Office：Microsoft Excel 2003，Microsoft Word 2003。

4）MINITAB 16 软件。

### 2. 实验过程

（1）假设检验

1）某电子有限公司 CNC 加工中心在镗孔换刀具前后测得其加工后的尺寸为：
换刀前 A:35.1，35.2，35.3，35.4，35.2，35.3；换刀后 B:35.4，35.3，35.4，35.2，35.3，35.4。问：换刀具前后过程是否发生变化？

2）某电子有限公司三位测试人员 A、B、C 分别对 10 个样本进行测试，其数据如下：
A：3.97、3.87、4.06、3.87、3.95、3.93、3.85、3.90、3.86、4.05；

B：4.01、3.97、4.04、3.86、4.02、3.97、3.91、3.96、3.89、4.12；
C：3.99、3.94、4.05、3.84、4.02、3.95、3.93、3.97、3.87、4.11。
问：三位测试人员的测量结果是否存在显著的差异？

（2）实验设计（DOE）

1）问题描述：通过测定和分析后，知道影响半导体制造合格率的主要因子是温度、浓度和压力，现希望掌握合格率与反应温度、浓度和压力的关系，选定使合格率最大化的最合适工程条件。

2）要因及水平的决定：

反应温度（℃）：160℃（-1）&180℃（+1）

浓度（%）：20%（-1）&40%（+1）

压力（Psi）：5PSI（-1）&10PSI（+1）

3）依据实验计划表的实验数据见表6-22。

表6-22 响应为合格率实验数据表

| 实验顺序 | 反应温度 | 浓度 | 压力 | 合格率（%） |
|---|---|---|---|---|
| 1 | -1 | -1 | -1 | 60 |
| 2 | 1 | -1 | -1 | 72 |
| 3 | -1 | 1 | -1 | 54 |
| 4 | 1 | 1 | -1 | 68 |
| 5 | -1 | -1 | 1 | 52 |
| 6 | 1 | -1 | 1 | 83 |
| 7 | -1 | 1 | 1 | 45 |
| 8 | 1 | 1 | 1 | 80 |

4）潜在失效模式分析（FMEA）。某公司丝网印刷过程潜在失效模式见表6-23，请通过头脑风暴法确定SEV、OCC、DET的值并求出RPN，并确定需要优先要因。

表6-23 丝网印刷过程潜在失效模式

| 序号 | 过程输入 | 潜在的失效模式 | 潜在的失效影响 | SEV | 潜在的要因 | OCC | 当前的控制方法 | DET | RPN | 推荐的措施 |
|---|---|---|---|---|---|---|---|---|---|---|
| 1 | 丝网印刷 | 没有对准 | 焊点可靠性 | | 设备精度与误差 | | 工人自检 | | | |
| 2 | | 焊接厚度超标 | 不足或过多的焊接 | | 钢网磨损 | | 计算机自检 | | | |
| 3 | | | | | 设备问题 | | 工人自检 | | | |
| 4 | | 玷污 | 功能失效 | | 操作问题 | | 检查清洗 | | | |

# 练 习

## 一、名词解释

1．质量屋；2．潜在失效模式；3．频度；4．风险系数；5．水平；6．因子

## 二、选择题

1．指某一特定失效起因或机理出现的可能性是（　　）
　　A．风险系数　　　B．严重度　　　　C．频度　　　　　D．不易探测度
2．QFD 的含义是（　　）
　　A．质量屋　　　　B．失效模式　　　C．因果矩阵　　　D．质量功能展开
3．（　　）给出的失效模式的风险评估顺序，提供改进的优先控制系统，引导资源去解决应优先解决的问题
　　A．CTQ　　　　　B．VOC　　　　　C．FMEA　　　　　D．QFD
4．下列对 DOE 实验说法有误的是：（　　）
　　A．DOE 实验方法能减少实验成本
　　B．DOE 实验方法能缩短缩短产品开发时间和生产时间
　　C．DOE 实验方法能提高员工的积极性
　　D．DOE 实验方法能改善流程绩效水平
5．全因子实验设计一般是几个因子条件下进行：（　　）
　　A．4 因子以内　　B．7 因子以内　　C．5 因子以内　　D．7 因子以上
6．用来确定 $Y$ 与 $X$ 间关系式实验设计，我们会用：（　　）
　　A．因子筛选实验设计　　　　　　　B．回归设计
　　C．稳健设计　　　　　　　　　　　D．混料设计

## 三、填空题

1．确定否定假设检验中原假设的适当性。$P$ 值范围介于 0 到 1 之间，一般 $P$ 值设置为＿＿＿＿，$P$ 值越小，错误地否定原假设的概率就越＿＿＿＿＿＿＿＿＿。
2．残差值是指＿＿＿＿＿＿＿＿＿＿与其相应拟合值（$\hat{y}$）之间的差。
3．QFD 是一个非常结构化的、矩阵驱动的过程，其运行包括 4 个阶段：将顾客需求转化成产品特性、将产品特性转化成零件特性、＿＿＿＿＿＿＿＿、将关键工艺操作转化成生产要求。
4．FMEA 给出的失效模式的风险评估＿＿＿＿＿＿＿，提供改进的优先控制系统，引导资源去解决应优先解决的问题。
5．在 QFD 技术中以三种形式来定性地描述工程特征之间的相关影响关系，即正相关（向相同方向变化）、＿＿＿＿＿＿＿＿＿＿＿和负相关（向相反方向变化）。
6．RPN 取值在＿＿＿＿＿＿＿＿之间，如果风险系数很高，设计人员必须采取纠正措施，努力＿＿＿＿＿＿＿＿这个值。

## 四、简答题

1．对 3 因子时间、温度、催化剂进行全因子实验，分析实验结果，用 MINITAB 软件计算，结果如下：

拟合因子：产出，时间，温度，催化剂
产出 的效应和系数的估计（已编码单位）

| 项 | 效应 | 系数 | 系数标准误 | T | P |
|---|---|---|---|---|---|
| 常量 | | 45.5592 | 0.09546 | 477.25 | 0.000 |
| 时间 | 2.9594 | 1.4797 | 0.09546 | 15.50 | 0.000 |
| 温度 | 2.7632 | 1.3816 | 0.09546 | 14.47 | 0.000 |
| 催化剂 | 0.1618 | 0.0809 | 0.09546 | 0.85 | 0.425 |

S = 0.381847　　　PRESS = 5.33236
R-Sq = 98.54%　　R-Sq（预测）= 92.36%　　R-Sq（调整）= 96.87%

通过对上面的分析，可以看出，对产出有显著影响的因子是什么？
2. 简述全因子实验的步骤。
3. 举例说明如何对过程进行 PFMEA。
4. 质量屋的适用条件有哪些？

# 任务 3　ISO9000 基本知识

## 任务描述

进入 20 世纪 90 年代以来，为适应世界经济一体化的进程，世界上许多国家都制定了比较高的市场准入制度，即国家以法律的形式规定：必须符合某种标准要求的商品才能进入市场，这就涉及到生产商品的厂商的合格评定问题。通过权威的认证机构对厂商的质量管理体系进行评价，当证明符合"质量管理和质量保证"标准的有关规定后，便确定其为合格的供应商，予以注册，发给证书。

开展质量管理体系认证活动，已经成为厂商赢得用户、占领市场必不可少的活动。

目前风行世界的 ISO 9000 族标准，就是在这一背景下产生并迅速被世界各国所采用。还有许多企业利用这套标准来改善自己的质量管理体系。本任务主要是学习 ISO9000 相关知识，主要是最新版的 ISO9001:2015 和一般体系认证的常识。

## 知识准备

## 6.3　ISO9000 基本知识

### 6.3.1　ISO9000 基本概念

1. 什么是 ISO

ISO 即国际标准化组织，是由多国联合组成的非政府性国际标准化机构。到目前为止，

ISO 有正式成员国 120 多个。ISO1946 年成立于瑞士日内瓦，负责制定在世界范围内通用的国际标准，以推进国际贸易和科学技术的发展，加强国际间经济合作。ISO 的技术工作是通过技术委员会（简称 TC）来进行的。根据工作需要，每个技术委员会可以设若干分委员会（简称 SC）。TC 和 SC 下面还可设立若干工作组（简称 WG）。

### 2. 什么是 ISO 9000

ISO9000 是质量管理体系系列标准代号，是由 ISO 组织的 TC176（质量保证技术委员）会制定的。首次颁布于 1987 年，1994 年、2000 年、2005 年进行修订。近百个国家已正式将 ISO9000 系列的国际标准引用为自己的国家标准，如中国：GB/T19001-2015 等同于 ISO9001:2015。GB/T 是指推荐性国家标准，GB 即"国家标准"的汉语拼音缩写，"T"是推荐的意思。推荐性国标是指生产、交换、使用等方面，通过经济手段调节而自愿采用的一类标准，又称自愿标准。这类标准任何单位都有权决定是否采用，违反这类标准，不承担经济或法律方面的责任。但是，一经接受并采用，或各方商定同意纳入经济合同中，就成为各方必须共同遵守的技术依据，具有法律上的约束性。

## 6.3.2 ISO9001:2015 七项质量管理原则

ISO9001：2015 标准的主要变化在于其格式变化，以及增加了风险的重要性，其主要的变化包括：采用与其他管理体系标准相同的新的高级结构，有利于公司执行一个以上的管理体系标准；风险识别和风险控制成为标准的要求；要求最高管理层在协调质量方针与业务需要方面采取更积极的职责。其重要的七大变化有：①采用新的高级结构。②风险管理引入标准，但不再使用预防措施。③新的要求、组织的环境背景。④更加推崇过程方法的应用。⑤更适用于"服务"型组织。⑥文件化的信息。⑦七项质量管理原则。其中，七项质量管理原则如图 6-32 所示。

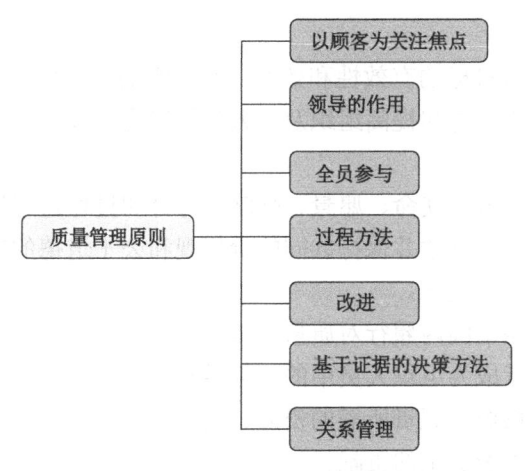

图 6-32 七项质量管理原则组成图

### 1. 以顾客为关注焦点

（1）说明

质量管理的主要关注点是满足顾客要求并且努力超越顾客的期望。

(2) 原理

组织只有赢得顾客和其他相关方的信任才能获得持续成功。与顾客相互作用的每个方面，都提供了为顾客创造更多价值的机会。理解顾客和其他相关方当前和未来的需求，有助于组织的持续成功。

(3) 关键利益点

①增加顾客价值。②提高顾客满意度。③增进顾客忠诚。④增加重复性业务。⑤提高组织的声誉。⑥扩展顾客群。⑦增加收入和市场份额。

(4) 可行的措施

- 了解从组织获得价值的直接和间接的顾客。
- 了解顾客当前和未来的需求和期望。
- 将组织的目标与顾客的需求和期望联系起来。
- 将顾客的需求和期望，在整个组织内予以沟通。
- 为满足顾客的需求和期望，对产品和服务进行策划、设计、开发、生产、交付和支持。
- 测量和监视顾客满意度，并采取适当的措施。
- 确定有可能影响到顾客满意度的相关方的要求和期望，确定并采取措施。
- 积极管理与顾客的关系，以实现持续成功。

2. 领导作用

(1) 说明

各层领导建立统一的宗旨和方向，并且创造全员参与的条件，以实现组织的质量目标。

(2) 原理

统一的宗旨和方向，以及全员参与，能够使组织将战略、方针、过程和资源保持一致，以实现其目标。

(3) 关键利益点

①提高实现组织质量目标的有效性和效率。②组织的过程更加协调。③改善组织各层次、各职能间的沟通。④开发和提高组织及其人员的能力，以获得期望的结果。

(4) 可行的措施

- 在整个组织内，就其使命、愿景、战略、方针和过程进行沟通。
- 在组织的所有层次创建并保持共同的价值观和公平道德的行为模式。
- 培育诚信和正直的文化。
- 鼓励在整个组织范围内履行对质量的承诺。
- 确保各级领导者成为组织人员中的实际楷模。
- 为组织人员提供履行职责所需的资源、培训和权限。
- 激发、鼓励和表彰员工的贡献。

3. 全员参与（积极参与）

(1) 说明

整个组织内各级人员的胜任、授权和参与，是提高组织创造价值和提供价值能力的必要条件。

（2）原理

为了有效和高效地管理组织，各级人员得到尊重并参与其中是极其重要的。通过表彰、授权和提高能力，促进在实现组织的质量目标过程中的全员参与。

（3）关键利益点

①避过组织内人员对质量目标的深入理解和内在动力的激发以实现其目标。②在改进活动中，提高人员的参与程度。③促进个人发展、主动性和创造力。④提高员工的满意度。⑤增强整个组织的信任和协作。⑥促进整个组织对共同价值观和文化的关注。

（4）可行的措施

- 与员工沟通，以增进他们对个人贡献的重要性的认识。
- 促进整个组织的协作。
- 让员工确定工作中的制约因素，毫不犹豫能主动参与。
- 赞赏和表彰员工的贡献、钻研精神和进步。
- 针对个人目标进行绩效的自我评价。
- 为评估员工的满意度和沟通结果进行调查，并采取适当的措施。

4．过程方法

（1）说明

当活动被作为相互关联的功能连贯过程进行系统管理时，可更加有效和高效地始终得到预期的结果。

（2）原理

质量管理体系由相互关联的过程所组成。理解体系是如何产生结果的，能够使组织尽可能地完善其体系和绩效。

（3）关键利益点

①提高关注关键过程和改进机会的能力。②通过协调一致的过程体系，始终得到预期的结果。③通过过程的有效管理、资源的高效利用及职能交叉障碍的减少，尽可能提升其绩效。④使组织能够向相关方提供关于其一致性、有效性和效率方面的信任。

（4）可行的措施

- 确定体系和过程需要达到的目标。
- 为管理过程确定职责、权限和义务。
- 了解组织的能力，事先确定资源约束条件。
- 确定过程相互依赖的关系，分析个别过程的变更对整个体系的影响。
- 对体系的过程及其相互关系进行管理，有效和高效地实现组织的质量目标。
- 确保获得过程运行和改进的必要信息，并监视、分析和评价整个体系的绩效。
- 对能影响过程输出和质量管理体系整个结果的风险进行管理。

5．改进

（1）说明

成功的组织总是致力于持续改进。

（2）原理

改进对于组织保持当前的业绩水平,对其内、外部条件的变化做出反应并创造新的机会都是非常必要的。

(3) 关键利益点

①改进过程绩效、组织能力和顾客满意度。②增强对调查和确定基本原因以及后续的预防和纠正措施的关注。③提高对内外部的风险和机会的预测和反应能力。④增加对增长性和突破性改进的考虑。⑤通过加强学习实现改进。⑥增强改革的动力。

(4) 可行的措施
- 促进在组织的所有层次建立改进目标。
- 对各层次员工进行培训,使其懂得如何应用基本工具和方法实现改进目标。
- 确保员工有能力成功地制定和完成改进项目。
- 开发和部署整个组织实施的改进项目。
- 跟踪、评审和审核改进项目的计划、实施、完成和结果。
- 将新产品开发或产品、服务和过程的更改都纳入到改进中予以考虑。
- 赞赏和表彰改进。

### 6. 基于证据的决策方法

(1) 说明

基于数据和信息的分析和评价的决策更有可能产生期望的结果。

(2) 原理

决策是一个复杂的过程,并且总是包含一些不确定因素。它常涉及多种类型和来源的输入及其解释,而这些解释可能是主观的。重要的是理解因果关系和潜在的非预期后果。对事实、证据和数据的分析可导致决策更加客观,因而更有信心。

(3) 关键利益点

①改进决策过程。②改造对实现目标的过程绩效和能力的评估。③改进运行的有效性和效率。④增加评审、挑战和改变意见和决策的能力。⑤增加证实以往决策有效性的能力。

(4) 可行的措施
- 确定、测量和监视证实组织绩效的关键指标。
- 使相关人员能够获得所需的全部数据。
- 确保数据和信息足够准确、可靠和安全。
- 使用适宜的方法对数据和信息进行分析和评价。
- 确保人员对分析和评价所需的数据是胜任的。
- 依据证据,权衡经验和直觉进行决策并采取措施。

### 7. 关系管理

(1) 说明

为了持续成功,组织需要管理与供方等相关方的关系。

(2) 原理

相关方影响组织的绩效。组织管理与所有相关方的关系,以最大限度地发挥其在组织绩效方面的作用。对供方及伙伴的关系网的管理是非常重要的。

(3) 关键利益点

①通过对每一个与相关方有关的机会和限制的响应,提高组织及其相关方的绩效。②对目标和价值观,与相关方有共同的理解。③通过共享资源和能力,以及管理与质量有关的

风险,增加为相关方创造价值的能力。④使产品和服务稳定流动的、管理良好的供应链。
（4）可行的措施
- 确定组织和相关方（例如：供方、合作伙伴、顾客、投资者、雇员或整个社会）的关系。
- 确定需要优先管理的相关方的关系。
- 建立权衡短期收益与长期考虑的关系。
- 收集并与相关方共享信息、专业知识和资源。
- 适当时,测量绩效并向相关方报告,以增加改进的主动性。
- 与供方、合作伙伴及其他相关方共同开展开发和改进活动。
- 鼓励和表彰供方与合作伙伴的改进和成绩。

### 6.3.3 ISO9001:2015 质量管理体系结构

1. 两个模型

新版标准更新了两个模型,即过程模型和 QMS 结构模型。

（1）过程模型

传统的过程模型只是关注输入、活动和输出,以及对这三个过程环节的监控。新的过程模型则进一步向过程的两端延伸,从而强化和确保过程的效率和有效性。如图 6-33 所示。

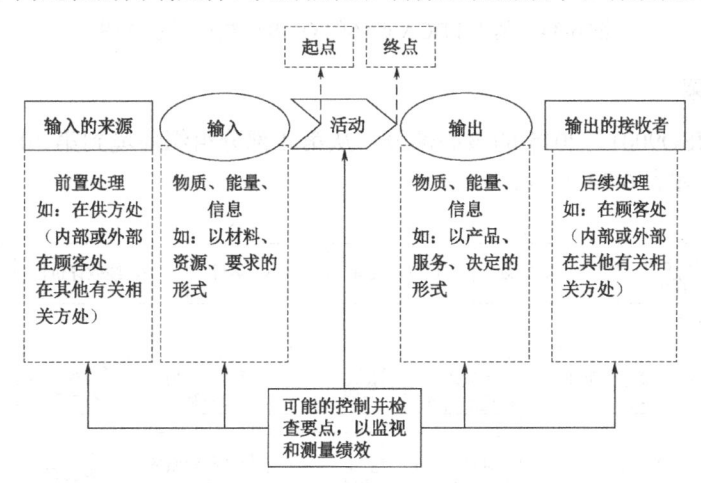

图 6-33 单一过程要素示意图

1）在输入方面,需要进一步考虑输入的来源。它可能是一个过程或几个过程,也可能是一个对象或者几个相关方。基于输入的结果和过程的有效性,组织也需要考虑对输入来源的监控。

2）在输出方面,需要进一步考虑输出的接受者。它可能是一个过程或几个过程也可能是一个对象或者几个相关方。为了确保输出的结果和过程的有效性,组织也需要考虑对输出的接受者的监控。

（2）QMS（质量管理体系）结构模型

这一全新的 QMS 模型蕴含有很多新意,如图 6-34 所示,简单地说包括以下方面：

1）QMS 现在是在领导力驱动下的 PDCA 循环。这意味着管理者特别是最高管理者需要更积极参与和支持 QMS 的活动,标准也明确要求最高管理者对 QMS 的有效性负责。

2）QMS 的输入依然来自于顾客的要求，但是需要进一步考虑组织环境以及相关方的要求。考虑组织环境及相关方的需求和期望，是组织实现持续成功不可缺少的环节。

3）QMS 的输出则直接关注 QMS 的结果。这一结果包括产品和服务是否满足要求，是否导致增强顾客满意度。并考虑最终是否符合组织的战略方向。

事实上，上述几个方面是相互强化、相互激励的关系，从而促进 QMS 的有效性。

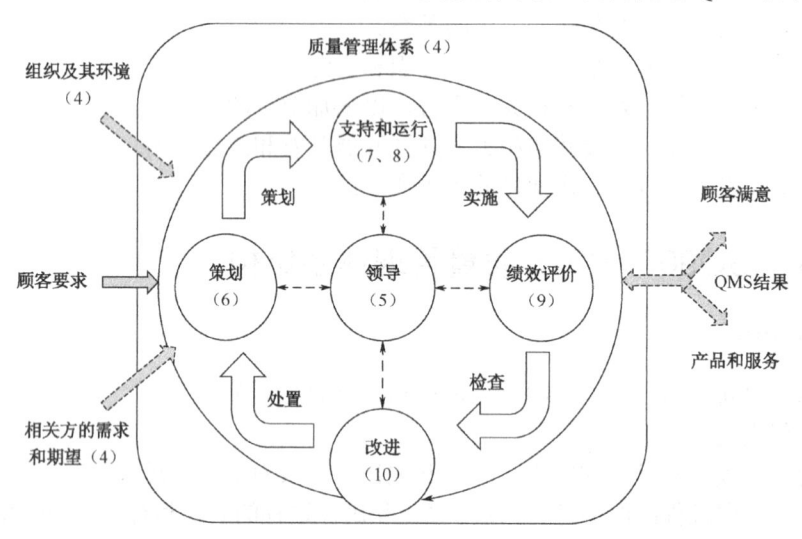

图 6-34 基于 PDCA 循环的 QMS 结构模型示意图

## 2. 核心框架

图 6-35 为 ISO9001：2015 的核心部分，从第 4 部分组织环境到第 10 部分的改进。各部分的主要条款如表 6-24 所示。

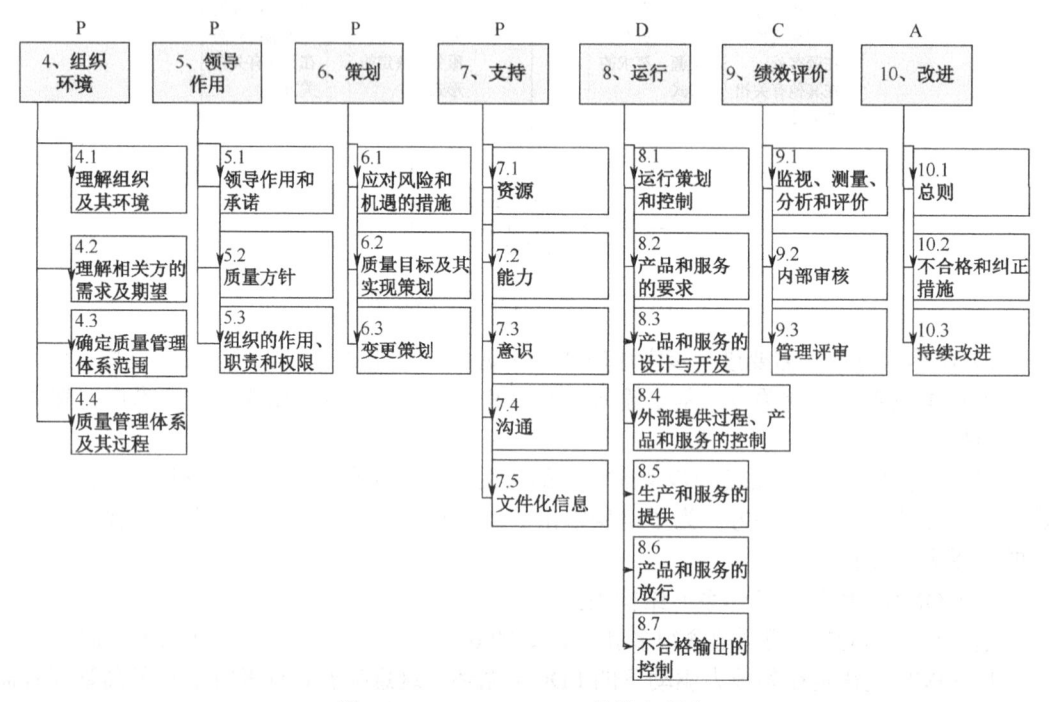

图 6-35 ISO9001：2015 的核心部分

表 6-24　ISO9001:2015 核心条款

| ISO9001:2015 核心条款 | |
|---|---|
| 4　组织情境 | 8　运行 |
| 4.1　理解组织及其情境 | 8.1　运行的策划和控制 |
| 4.2　理解相关方的需求和期望 | 8.2　产品和服务要求的确定 |
| 4.3　确定质量管理体系范围 | 8.2.1　顾客沟通 |
| 4.4　质量管理体系及其过程 | 8.2.2　与产品和服务有关的要求的确定 |
| 5　领导力 | 8.2.3　与产品和服务有关的要求的评审 |
| 5.1　领导力和承诺 | 8.2.4　产品和服务要求的变更 |
| 5.1.1　总则 | 8.3　产品和服务的设计和开发 |
| 5.1.2　以顾客为关注焦点 | 8.3.1　总则 |
| 5.2　质量方针 | 8.3.2　设计和开发的策划 |
| 5.2.2　制定质量方针 | 8.3.3　设计和开发的输入 |
| 5.2.2　沟通质量方针 | 8.3.4　设计和开发的控制 |
| 5.3　组织的角色、职责和权限 | 8.3.5　设计和开发的输出 |
| 6　质量管理体系策划 | 8.3.6　设计和开发的更改 |
| 6.1　应对风险和机会的措施 | 8.4　外部提供的过程、产品和服务的控制 |
| 6.2　质量目标和实现计划 | 8.4.1　总则 |
| 6.3　变更的策划 | 8.4.2　控制类型和程度 |
| 7　支持 | 8.4.3　外部供方信息 |
| 7.1　资源 | 8.5　生产和服务提供 |
| 7.1.1　总则 | 8.5.1　生产和服务提供的控制 |
| 7.1.2　人员 | 8.5.2　标识和可追溯性 |
| 7.1.3　基础设施 | 8.5.3　顾客或外部供方的财产 |
| 7.1.4　过程运行环境 | 8.5.4　防护 |
| 7.1.5　监视和测量资源 | 8.5.5　交付后活动 |
| 7.1.6　组织知识 | 8.5.6　变更的控制 |
| 7.2　能力 | 8.6　产品和服务的放行 |
| 7.3　意识 | 8.7　不合格输出的控制 |
| 7.4　沟通 | 9　绩效评价 |
| 7.5　文件化信息 | 9.1　监视、测量、分析和评价 |
| 7.5.1　总则 | 9.1.1　总则 |
| 7.5.2　编制和更新 | 9.1.2　顾客满意 |
| 7.5.3　文件化信息的控制 | 9.1.3　分析和评价 |
| 10　改进 | 9.2　内部审核 |
| 10.1　总则 | 9.3　管理评审 |
| 10.2　不合格和纠正措施 | 9.3.1　总则 |
| 10.3　持续改进 | 9.3.2　管理评审输入 |
| | 9.3.3　管理评审输出 |

### 6.3.4 认证和质量认证

**1. 认证和质量认证概述**

（1）合格评定和质量认证

1）合格评定的定义：直接或间接确定相关要求被满足的相关活动。

WTO/TBT 协定（关于贸易当中技术壁垒协定）更明确地指出了合格评定是指"当证明符合技术法规和标准而进行的第一方自我声明、第二方验收、第三方认证，以及认可的活动"。

2）由第三方进行的合格评定的主要活动，如图 6-36 所示。

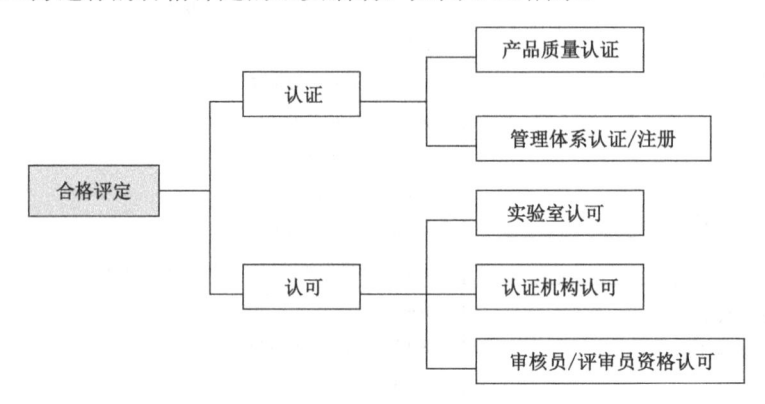

图 6-36 合格评定的构成

（2）认证和认可

1）认证是指第三方认证机构依据程序对产品、过程或体系符合规定的要求给予书面保证（认证证书）。

2）认可是指权威机构依据程序对体系和人员具有从事特定任务的能力给予正式承认。

3）认证与认可之间的主要区别是：

① 认证由独立的第三方进行，认可由权威机构进行。

② 认证的结果是给予书面保证，认可是给予正式承认。

③ 认证是证明符合性（符合标准或体系文件），认可是证明具备某种资格和能力。

（3）产品质量认证和质量管理体系认证

1）产品质量认证是指依据产品标准和相应的技术要求，由产品认证机构对某一产品实施合格评定，并通过颁发产品认证证书和认证标志，以证明某一产品符合相应标准和要求的活动。

产品质量认证分为合格认证和安全认证。

2）质量管理体系认证是指依据质量管理体系标准，由质量管理体系认证机构对质量管理体系实施合格评定，并通过颁发体系认证证书，以证明某一组织有能力按规定的要求提供产品的活动。质量管理体系认证亦称质量管理体系注册。

管理体系认证可分为质量管理体系认证、环境管理体系认证、职业健康安全管理体系认证等。管理体系认证一般都是自愿性认证（除非法规有特别要求）。

3）认证的类型：

① 认证依其性质可分为强制性认证和自愿性认证。

② 依其对象又可分为产品认证和管理体系认证。

③ 3C（China Compulsory Certification）认证，即中国强制性产品认证。

现在的热点为 3C 认证。第一批产品目录包括 19 大类、132 种产品，主要为电器产品（如家用电器产品）、机动车、轮胎等。国家强制性产品认证执法检查从 2003 年 8 月 1 日正式启动。

**2. 质量管理体系审核与认证**

（1）审核的定义

为获得审核证据并对其进行客观的评价，以确定满足审核准则的程度所进行的系统的、独立的并形成文件的过程。该定义可以理解为：

1）审核是一项基于审核证据的活动，是对审核证据进行收集、分析和评价的过程。

2）审核是系统的过程。

3）审核是独立的过程。

4）审核是形成文件过程，是指审核是一项始于文件（审核计划）又终于文件（审核报告）的基于文件支持的活动。

5）审核是一项符合性的检查活动，即将收集到的审核证据与审核准则相比较，以确定审核证据满足审核准则的程度。

（2）质量管理体系审核和认证的主要区别和联系

1）质量管理体系认证包括了质量管理体系审核的全部活动。

2）质量管理体系审核是质量管理体系认证的基础和核心。

3）审核仅需要提交审核报告，而认证需要颁发认证证书。

4）当经批准的审核报告发出后，审核即告结束；而颁发认证证书后，认证活动并未终止。

5）纠正措施的验证通常不视为审核的一部分，而对于认证来说，却是一项必不可少的活动。

6）质量管理体系审核不仅只有第三方审核，而对于认证来说，认证审核就是一种第三方审核。

（3）质量管理体系认证的实施

典型的质量管理体系认证的主要活动包括以下内容。其中第 2 至第 7 项加上审核的后续活动（内审的活动）为审核过程。

1）认证申请与受理。拟申请认证的申请方，向质量管理体系认证机构提出认证申请，在申请书上至少应明确受审核方的规模、组织结构、覆盖的产品及拟申请认证的标准。

2）审核的启动：

① 策划、组织和实施该特定时间段审核所必要的活动、审核次数及指定审核组长，组织的最高管理者应对审核方案的管理进行授权。

② 由审核委托方确定审核目的，审核目的确定审核要完成的事项，可包括：确定受审核方管理体系或其一部分与审核准则的符合程度；评价管理体系确保满足法律法规和合同

要求的能力；评价管理体系实现规定目的的有效性；识别管理体系潜在的改进方面。

③ 审核委托方和审核组长根据审核方案程序确定审核范围和准则。

④ 确定的可行性审核，选择审核组。当确定审核可行时，选择审核组应当考虑实现审核目的所需的能力。当只有一名审核员时，审核员应当承担审核组长全部适用的职责。

⑤ 与受审核方建立初步联系。与受审核方就审核的事宜建立初步联系可以是正式或非正式的，但应由负责管理审核方案的人员或审核组长进行。

3）文件评审。在现场审核前应评审受审核方的文件。通过文件评审，全面了解受审核方质量管理体系文件是否符合质量管理体系标准及其他审核准则的要求。在某些情况下，为取得对可获得信息的适当的总体了解，可以进行现场初访。初访并不是审核的必备活动。如果发现文件不适宜、不充分，审核组长应通知审核委托方和负责管理审核方案的人员以及受审核方，应决定审核是否继续进行或暂停直至有关文件的问题得到解决。

4）现场审核的准备：

① 编制审核计划。审核组长应编制一份审核计划，为审核委托方、审核组和受审核方之间就审核的实施达成一致提供依据。审核计划应当便于审核活动的日程安排和协调，审核计划的详细程度应当反映审核的范围和复杂程度。

② 审核组工作分配。

③ 准备工作文件。审核组成员应准备的工作文件有：检查表和审核抽样计划；记录信息表格，如不符合报告等。

5）现场审核的实施：

① 举行首次会议。目的：确认审核计划；介绍审核活动的实施；确认审核渠道；向受审方提供询问的机会。

② 审核中的沟通。根据审核的范围和复杂程度，在审核过程中，可能有必要对审核组内部，以及审核组与受审核方之间的沟通进行正式安排。审核组应当定期讨论以交换信息，评定审核进展情况，以及需要时重新分派审核组成员的工作。

③ 向导和观察员的作用和职责。向导和观察员可与审核组同行，但不是审核组成员，不应影响或干扰审核的实施。

④ 信息的收集和验证。在审核中，与审核目的、范围和准则有关的信息，包括与职能、活动和过程间接口有关的信息，应通过适当的抽样收集并验证。只有可验证的信息方可作为审核证据。审核证据应予以记录。

⑤ 形成审核发现。应对照审核准则评价审核证据以形成审核发现。审核发现能表明符合或不符合审核准则，记录每个符合的审核发现及其支持的证据，并记录不符合及其支持的审核证据。可以对不符合进行分级。应当与受审核方一起评审不符合，以确认审核证据的准确性，并使受审核方理解不符合。

⑥ 准备审核结论。在末次会议前，审核组应当讨论并准备审核结论。

⑦ 举行末次会议。末次会议应由审核组长主持，并以受审核方能够理解和认同的方式提出审核发现和结论。审核组在现场审核的末次会议上，还应就审核结论提出意见，一般有以下三种情况（仅就认证活动而言）：推荐认证/注册，所有不符合均已采取纠正措施并得到有效实施。推迟推荐认证/注册，一部分过程须重新审核。不推荐认证/注册，全部

过程须重新审核。

6) 审核报告的编制、批准和分发：

① 审核报告的编制。审核组长应对审核报告的编制和内容负责。

审核报告内容：审核目的；审核范围；明确审核委托方；明确审核组长和成员；现场审核活动实施的日期和地点；审核准则；审核发现；审核结论。

② 审核报告的批准和分发。审核报告应当在商定的时间期限内完成。审核报告应根据审核方案程序的规定注明日期，并经评审和批准。经批准的审核报告应当分发给审核委托方指定的接受者。审核报告属审核委托方所有，审核组成员和审核报告的所有接受者都应予以保密。

7) 审核的完成：当审核计划中的所有活动已完成，并颁发了经过批准的审核报告时，审核即告结束。审核的相关文件应根据参与各方的协议，并按照审核方案程序、适用的法律法规和合同要求予以保存或销毁。

8) 纠正措施的验证：审核组在现场审核的末次会议上，应对审核中发现的不符合项提出纠正措施的要求。纠正措施由受审核方确定并在商定的期限内实施。所谓纠正措施的跟踪验证，是指对受审核方纠正措施的实施计划及其完成情况和效果进行跟踪核实、查证的活动。

9) 认证后的监督：

① 认证机构在确认受审核方纠正措施已完成并得到有效实施后，向受审核方颁发质量管理体系认证证书。证书的内容主要涉及受审核方的名称、地址、认证的标准、覆盖的产品范围及证书的有效期限。认证后的监督是指认证机构对获证的受审核方在证书有效期内（一般为三年）所进行的监督审核或复评。证书三年有效期内，监督审核时间间隔不超过一年。

② 证书持有期间发现问题的处置方式：

a. 证书暂停。有下列情况之一的应暂停认证证书和标志：获证方未经认证机构批准，更改质量管理体系且影响到体系认证资格；监督审核中发现获证方质量管理体系达不到规定要求，但严重程度尚不构成撤销体系认证资格；体系认证证书和标志使用不符合认证机构的规定；未按期交纳认证费用且经指出后不予纠正；其他违反体系认证规则的情况。证书暂停后，若原持证者在规定时间内满足规定的条件后，体系认证机构取消暂停，否则，撤销体系认证资格，收回体系认证证书。

b. 证书撤销。有下列情况之一的，撤销认证资格，收回体系认证证书：证书暂停通知发出后，持证者未按规定要求采取适当纠正措施；监督审核中发现存在严重的不符合；合同中规定其他构成撤销体系认证资格的情况。被撤销体系认证资格者，一年后方可重新提出体系认证申请。

c. 证书注销。有下列情况之一的应予以证书注销：由于体系认证规则变更，持证者不愿或不能确保符合新要求；持证有效期满，未能在提前足够时间内提出重新认证申请；持证者正式提出注销。

③ 复评（重新审核）。获证的受审核方的认证证书有效期届满时，可重新提出认证申请，认证机构受理后重新组织的认证审核活动称为复评。

## 练 习

**一、名词解释**

1．ISO9000；2．七项质量管理原则；3．认证；4．合格认证；5．认可。

**二、填空题**

1．七项质量管理原则有：以顾客为关注焦点、_____、全员参与、_____、改进、基于证据的决策方法和_____。

2．GB/T19000族，其中GB/T是指_____，19000是指标准顺序号。

3．ISO9001:2015新标准采用了过程方法，该方法结合了_____循环与基于风险的思维。

4．3C（China Compulsory Certification）认证，即_____。

5．质量管理体系认证是指_____标准，由质量管理体系认证机构对质量管理体系实施合格评定，并通过颁发体系认证证书，以证明某一组织有能力按规定的要求提供产品的活动。

6．所谓纠正措施的_____，是指对受审核方纠正措施的实施计划及其完成情况和效果进行跟踪核实、查证的活动。

**三、简答题**

1．简述7项质量管理原则。

2．请画图说明QMS结构模型。

3．由第三方进行合格评定的主要活动有哪些？

4．简述质量管理体系审核和认证的主要区别和联系。

# 参 考 文 献

[1] ISO 9001:2015. 质量管理体系要求.2015 年 9 月.

[2] IPC-A-610E CN. 电子组件的可接受性.2010 年 4 月.

[3] GB/T 2828.1-2012. 计数抽样检验程序.第 1 部分：按接收质量限（AQL）检索的逐批检验抽样计划.2012 年 11 月.

[4] GB/T 4091-2001. 常规控制图.2001 年 3 月.

[5] 闵亚能. 实验设计（DOE）应用指南. 北京：机械工业出版社，2011.

[6] 杨鑫，刘文长. 质量控制过程中的统计技术. 北京：化学工业出版社，2014 .

[7] 张帆，丁文兴，王安华，陈志民，于振凡. 六西格玛管理与统计技术. 北京：中国质检出版社，中国标准化出版社，2014 年.

[8] 徐明达. 创新型 QC 小组活动指南. 北京：机械工业出版社，2012.

[9] 江艳玲，何应成. 现场与 5S 管理实操应用全案. 北京：中国工人出版社，2013.

[10] 姚小凤，姜巧萍. 88 个优秀品质管控方法. 北京：人民邮电出版社，2011.

# 反侵权盗版声明

电子工业出版社依法对本作品享有专有出版权。任何未经权利人书面许可,复制、销售或通过信息网络传播本作品的行为;歪曲、篡改、剽窃本作品的行为,均违反《中华人民共和国著作权法》,其行为人应承担相应的民事责任和行政责任,构成犯罪的,将被依法追究刑事责任。

为了维护市场秩序,保护权利人的合法权益,我社将依法查处和打击侵权盗版的单位和个人。欢迎社会各界人士积极举报侵权盗版行为,本社将奖励举报有功人员,并保证举报人的信息不被泄露。

举报电话:(010)88254396;(010)88258888
传　　真:(010)88254397
E-mail:　dbqq@phei.com.cn
通信地址:北京市万寿路 173 信箱
　　　　　电子工业出版社总编办公室
邮　　编:100036